全国高校社会主义经济理论与实践研讨会第26次年会合影留念
2012.10.27 于河南大学

全国高校社会主义经济理论与实践研讨会丛书

社会主义经济理论研究集萃（2012）

稳中求进的中国经济

卫兴华　洪银兴　黄泰岩　耿明斋　等著

WENZHONG QIUJIN DE
ZHONGGUO JINGJI

经济科学出版社
Economic Science Press

图书在版编目（CIP）数据

社会主义经济理论研究集萃．2012：稳中求进的中国经济/卫兴华等著．—北京：经济科学出版社，2012.12
（全国高校社会主义经济理论与实践研讨会丛书）
ISBN 978-7-5141-2781-2

Ⅰ.①社…　Ⅱ.①卫…　Ⅲ.①社会主义经济-研究-中国　Ⅳ.①F120.2

中国版本图书馆CIP数据核字（2012）第307151号

责任编辑：柳　敏　于海汛
责任校对：杨　海
版式设计：齐　杰
责任印制：李　鹏

社会主义经济理论研究集萃
（2012）
稳中求进的中国经济
卫兴华　洪银兴　黄泰岩　耿明斋　等著
经济科学出版社出版、发行　新华书店经销
社址：北京市海淀区阜成路甲28号　邮编：100142
总编部电话：88191217　发行部电话：88191537
网址：www.esp.com.cn
电子邮件：esp@esp.com.cn
汉德鼎印刷厂印刷
华玉装订厂装订
710×1000　16开　25.5印张　450000字
2012年12月第1版　2012年12月第1次印刷
ISBN 978-7-5141-2781-2　定价：50.00元
（图书出现印装问题，本社负责调换。电话：88191502）

总 序

全国高校社会主义经济理论与实践研讨会是在原国家教委的倡导下于1985年组织创办的，由北京大学、中国人民大学、南开大学、复旦大学、武汉大学、吉林大学、厦门大学、西南财经大学等8所部直属大学的一批学者组成领导小组。老一辈经济学家宋涛、胡代光、滕维藻、谷书堂、蒋学模、谭崇台、关梦觉、陶大镛、刘诗白、卫兴华、陈征、张维达、吴宣恭等先后担任领导小组成员，宋涛教授担任领导小组组长。

在教育部的大力领导和支持下，全国高校社会主义经济理论与实践研讨会经历了二十几个春秋，在风雨中坚持不懈，举办了26次大型的讨论并出版了26部论文集，影响不断扩大，经久不衰，参与者热情不减。其中，一个重要原因是研讨会的强大的凝聚力。凝聚力的基础就是马克思主义经济学及其理论创新。这个研讨会是高校从事马克思主义政治经济学教学与研究的教师的聚会。每次研讨会都有老一辈经济学家的坚强领导和掌舵，有举办单位的周密组织，有各个高校的积极支持，有所有参会者的热烈参与。特别是每次会议的讨论每次会议都有明确的议题，议题能够紧扣时代的脉搏，理论联系实际，有自主和谐的会议气氛，每次会议都能取得成果，对大家都有收获。20多年来，参加会议的许多代表是年年积极参加，还有一批批年轻同志的不断加入。这个会议培养出了一批坚持马克思主义、理论联系实际的经济学专家。对各个高校坚持以中国化的马克思主义经济学进课堂、进教材、进学生头脑作出了重大贡献。参加会议的一批批年轻人在学术界崭露头角进入了学术和行政的重要岗位。所有这些表明，我们这个研讨会已经办出了品牌，办出了吸引力。

从2007年第21次会议开始，领导小组进行了新老交替。经多方征求意见，包括原领导小组成员的意见，并向教育部有关领导汇报和获得同意，确定了研讨会领导小组成员的调整，决定新的领导小组主要由原来8所大学推选年轻代表组成，由南京大学洪银兴教授担任组长，其他成员有林岗、黄泰岩、刘伟、逄锦聚、庄宗明、刘灿、简新华、李慧中、谢地等教授，黄泰岩教授兼任秘书长，张宇、黄桂田、张二震三位教授任副秘书长。2010年，研讨会领导小组增补北京师范大学李晓西教授为领导小组成员。从第21次年会开始，会务组织和具体的工作安排则由新领导小组协商处理。但是老一辈经济学家继续在为研讨会掌舵，新一届领导小组成员决心秉承传统，增强活力，不仅要把老一辈经济学家开创的事业继承下来，还要越办越好。特别是在多元化的年代，在出现多个全国性论坛和年会的背景下，以自身的特色，特别是以坚持马克思主义、推进马克思主义经济学中国化的特色增强凝聚力和吸引力。

伴随着我国改革开放的历史进程，我国高校经济学界以马克思主义政治经济学的基本理论和方法为指导，积极借鉴现代西方经济学的有益成果，深入研究我国改革、开放和转型中的重大理论和实践问题，为建立中国特色的社会主义经济理论体系做出了重要贡献。其中包括：社会主义初级阶段及其基本经济制度理论，社会主义市场经济理论、公有制为主体多种所有制经济共同发展的理论，按劳分配为主体多种分配方式并存的理论，两次收入分配都要处理好公平与效率的理论，对外开放与中国经济发展理论，等等。这些都是马克思主义经济学中国化的创新性理论成果。

马克思主义经济学的中国化，是我们理论创新的方向。中国马克思主义经济学的研究，一定要面向中国改革、转型和发展的经济实际。马克思主义经济学的本质特征之一就是其开放性。我们既要吸收发达国家的发展先进生产力的先进经验，又要吸收西方经济学中的积极成分。对于马克思主义经济学理论，不仅仅要解决坚持问题，更要解决好发展问题。马克思主义经济学的与时俱进，也就是马克思主义经济学在中国特色社会主义的实践中发展，在吸取各种经济学流派的积极成果中发展。

过去每年的研讨会都要出版一本包括所有提供论文的概要的文集。从2007年的第21次年会起出版的会议文集不再是全部论文的概要，而是经评审组专家评审，在大会入选的论文中选择部分切合年会主题的代表性论文结集由经济科学出版社出版。文集的具体编辑工作由黄泰岩、张宇、黄桂田、张二震担任，陈亮做了文集编辑的基础工作。我们希望每年出版的文集能够代表当年马克思主义经济中国化研究的高端水平，努力为积极推进马克思主义经济学理论的中国化研究，深入回答发展中国特色社会主义的重大理论和实际问题，培养造就一批马克思主义理论家特别是中青年理论家作出应有的贡献。

全国高校社会主义经济理论与实践研讨会领导小组

目录

第二篇　协同创新的模式与构建

第三篇　深化改革的方向与策略

第四篇 中国经济学的创新与发展

致　　词

——在全国高校社会主义经济理论与实践研讨会
第26次年会开幕式上的讲话

教育部社会科学司司长　杨　光

尊敬的各位专家、老师们、同学们：

大家上午好！

在这美好的金秋时节，在全党全国各族人民喜迎党的十八大胜利召开的重要时刻，我们大家汇聚在有着百年发展积淀的河南大学，参加第26次全国高校社会主义经济理论与实践研讨会，我谨代表教育部社科司，对本次研讨会的召开和河南大学百年校庆表示热烈的祝贺，向来自全国各高校的专家学者表示诚挚的问候！

全国高校社会主义经济理论与实践研讨会自1986年首次召开以来，历经20多年，始终高举中国特色社会主义这一伟大旗帜，围绕中国经济改革发展中的深层次理论问题与重大实践问题开展学术研究，以高度的理论自觉与学术自信，推动中国经济学理论研究与学术发展的自主创新，促进了全国高校经济学者之间学术交流与协同创新的深化，业已成为促进马克思主义经济学中国化、时代化、大众化的重要推动力量。

新中国成立以来，特别是改革开放以来，经过不断地探索与选择，中国一跃成为举足轻重的经济大国，经济总量位居世界第二，中国特色社会主义道路取得了举世公认的辉煌成就。时代需要我们以历史和与时俱进的现实眼光来审视中国经验、中国道路，任何盲目崇拜、照搬照抄别国理论和经验的做法，只会在生机盎然的伟大实践面前黯然失色。时代需要我们立足于改革发展的生动实践，把握中国国情，解决中国问题，不断深化马克思主义理论研究与学术发展的自主创新，打造具有中国特色、中国风格、中国气派的经济学学术话语体系，这是时代赋予我们各位专家学者的机遇和历史责任。

与此同时，我们看到，经济全球化时代资本主义经济危机所暴露出的资本主义基本矛盾及其深度调整所带来的新特点、新趋势，必将推动马克思主义经济学的创新发展和国际话语权的提升。中国道路、中国经验成为普遍关注的话题，在中国特色社会主义这一伟大事业不断推进的过程中，仍有许多新情况、新问题需要我们去不断地探索与实践。今天的世界正在发生巨大变化，今天的中国正处于改革发展的关键阶段，我们需要继续全面深化改革开放。实践已经证明，没有改革开放，就没有中国的今天；我们希望和坚信，通过持续有效的改革开放，中国的明天将更美好。在机遇与挑战并存的复杂形势下，我们必须保持奋发有为的精神状态，不断增强理论自觉与学术自信，深入推进马克思主义经济学的自主创新，在开放的学术体系中兼收并蓄、兼容并包，在复杂多元的学术竞争中增强马克思主义经济学的指导地位和学术话语权。我们需要深入基层，面向现实，推进学术“走转改”，要紧紧围绕中国经济改革发展进程中的重大理论、重大战略和热点难点问题，特别是围绕科学发展、转变经济发展方式、促进社会和谐、促进社会公平、改善民生、增加人民福祉等理论与实践问题，不断加强学术研究的协同创新，切实推进马克思主义经济学研究成果的理论深化和政策转化，为党和国家以及地方政府的决策管理提供咨询建议与理论支撑，全面提高创新能力和服务能力。

20 多年来，全国高校社会主义经济理论与实践研讨会的持续召开与活力常在，显现了研讨会的凝聚力和影响力。研讨会主题始终紧扣时代脉搏，积极推动对马克思主义经济学中重大理论与实践问题的研究探索，取得了突出成果，体现了服务经济社会发展的根本出发点。

我相信，通过这次会议的研讨，马克思主义经济学在理论与实践相结合、坚持与发展相结合的基础上一定会不断产生更加丰硕的成果；也一定能够推动高校经济学界进一步解放思想，改革开放，凝聚力量，攻坚克难，为坚持和发展中国特色社会主义，促进理论创新和实践发展，为全面建设小康社会，实现中华民族伟大复兴的宏图大业做出新的、更大的贡献。

预祝会议取得圆满成功，祝各位专家身体健康、万事如意！

谢谢大家！

全国高校社会主义经济理论与实践研讨会第26次年会

开 幕 词

林 岗

尊敬的来宾、亲爱的同行们，我们又一次聚会了，一年一度的中国高校经济学界最隆重的学术会议又召开了，而且是在正值百年校庆的河南大学召开的。借此机会，我谨代表全体与会代表，对河南大学百年校庆表示热烈的祝贺！

这次会议是3月底发出征稿通知，到7月中旬共收到论文192篇，从高校中评审出100多篇参会论文。我代表研讨会领导小组对全体与会同志表示热烈欢迎，对给予研讨会大力支持的教育部社科司、众多学者、全国各有关高校表示衷心的感谢！特别要感谢高水平承办此次年会的河南大学经济学院！

这次年会事先拟定的四个主题，都是关系到我国社会经济进一步发展和改革的重大问题。第一个问题是我国经济增长条件变化带来的问题和对策。第二个问题是技术创新的理论和实践研究。第三个问题是我国现阶段改革开放的难点与对策。第四个问题是中国经济学的创新与发展。这里，我简要地对会议领导小组确定这些题目的考虑作一个说明。

我国经济增长速度在新的发展阶段的变化，这是一个全世界都在关注的大问题。今后，我国经济增速发生变化是肯定的，因为支持经济增长的一系列因素在中长期内会发生变化。无论从经济增长的供给条件还是需求条件来看，这种变化都是难以避免的。

从供给层面来看，首先是劳动力的供应会发生变化。据预测，我国2015年人口达到峰值，此后劳动力供给会下降。这对我们将是一个挑战，因为过去30多年我国经济高速增长的重要的一个条件，就是充足的劳动力供应。

其次，与劳动力供应变化相应的是，我们的储蓄率也会发生变化，储蓄率的变化又会影响到国内的投资。新增劳动年龄人口减少，会导致抚养比的提高，抚养比提高会对储蓄率从而投资发生不利的影响。

最后，供给方面的因素是自然资源供给。自然资源约束趋紧，也是影响经济增速的一个大问题。如果我们的经济继续沿着过去的高消耗的方式增长，当我们还远没有达到美国等发达国家的人均消耗水平的时候，我们的资源供应就会出现问题，资源价格必然大幅度上涨，我们的经济增长必然难以持续。

从需求层面看，一般说来情况是比较乐观的，因为，我国的工业化、城市化过程还没有完成，而随着工业化、城市化过程的推进，大量农业劳动者转入工业并在城市定居，会使需求不断增长或者说会使国内市场不断扩大。但是，要使这种可能成为现实，需要解决一系列的问题。首先是缩小过于悬殊的贫富差距。这个问题应当说迄今并没有得到妥善解决。贫富差距过大的问题不解决，收入差别不缩小，国内的有效需求就很难随国内生产能力的扩大而同步增长。过去，我国经济的出口依存度很高，产能的扩大在很大程度上是靠国外市场需求来消化的。现在，世界经济危机仍在持续，还说不准会在什么时候结束，世界经济的重新繁荣，还看不到前景。外需在缩小。最近订单有所增加，是因为有圣诞节和新年带来的部分需求。至于 2013 年 3 月会怎么样，现在很难说。减少对外需的过度依赖，也是要着力解决的问题。

供给和需求两个层面的一系列重要因素的变化，形成对我国经济增长的严峻挑战。只有推进技术创新和深化经济体制改革，我们才能成功地应对这些挑战。

要消除人口总量与年龄结构的变化导致劳动力供应的降低和储蓄率减少的负面影响，就必须大幅度地提高劳动生产率。而劳动生产率的提高要通过技术创新才能实现。我们经济增长的自然资源紧约束问题，则要靠提高资源的利用效率来解决，这也需要我们进行技术上的创新。我国现在强调协同创新，就是要发扬我们社会主义集中力量办大事的优势，解决一系列关系经济发展和国家安全的战略性、前瞻性、基础性的重大技术问题，为我们的经济增长提供持续增长的动力支撑。创新对我们今后的经济增长至关重要，其重要性怎么强调都不过分。

克服影响经济增长条件不利的变动因素方面的还要深化改革。不仅技术创新的动力需要通过改革来激发，而且缩小贫富差距从而扩大内需也需要改革来保障。实际上，自党的十七大以来，在调节收入的初次分配和再分配，建立健全覆盖全社会的保障体系等一系列问题上，都进行了重大的改革。我想今后改革的一个基点，应该是强调共同富裕，只有共同富裕，使占人口多数的一般劳动者手里都有钱，都能较充分地分享经济增长的成果，经济增长的需求条件才会有保障，才不会发生生产过剩的问题。

至于我们所研讨的第四个问题，即中国经济学的创新与发展，这是我们这个研讨会一贯的特点。20 多年以来，研讨会始终一方面强调用马克思主义理论作指导来解决中国的现实问题，另一方面又强调通过解决现实问题来推进具有中国特色的马克思主义经济学理论的发展。中国经济学的创新发展是和我国的经济增长、改革开放实践的发展始终同步的。从当前来看，我觉得我国经济学的创新发展应该到了一个新的坎上。中国文化自信在逐步增强，中国文化在世界上的话语权也逐步增大，可是我们的经济学教育和研究却存在相当严重的食洋不化的问题，在我们的课堂里面、在我们的研究中形成了一种新的教条主义，或者说我们的经济学正沦为西方主流经济学的学术殖民地。甚至会发生这样的滑稽事：如果你说新古典理论不好，或者你批评新制度经济学，马上会有人跟你急，而且比美国人还要着急。这种情况对我们追求经济学的真理是不利的，也和我们国家经济实力的增强，国际地位大幅度的提升，都是不相称的。我们的经济学需要从西方主流经济学的思想桎梏中解放出来，需要在马克思主义经济学的方法论原则的指导下，进行不断的创新和发展。

今年这个年会已经是第 26 次年会，在会议中间我们要一如既往地贯彻百花齐放、百家争鸣的方针，将我们的学术研究与中国经济社会发展中的重大理论课题与实践问题紧密结合起来，反映我们高校马克思主义经济学研究的自主创新成果，服务于我们的祖国。

再一次感谢教育部社科司对年会的指导和支持。衷心感谢河南大学为我们提供了优良的与会环境和会务服务。

最后，预祝本次研讨会圆满成功！

全国高校社会主义经济理论与实践研讨会第26次年会

闭 幕 词

刘 伟

各位老师、各位专家、各位代表、同志们、朋友们：

大家下午好！我受大会领导小组的委托，对本次年会的讨论成果作概括性的总结。

全国高校社会主义经济理论与实践研讨会第26次年会在中共十八大召开前夕，在正值百年校庆之际的美丽而富有历史底蕴的河南大学成功召开，在领导小组的精心统筹、河南大学暨河南大学经济学院周到热情的接待和安排、全体代表的积极参与下，经过两天的紧凑而热烈的讨论和交流，圆满完成了所有议程，即将闭幕。

大会开幕式由耿明斋院长主持，河南大学党委书记关爱和教授发表了热情洋溢的欢迎辞；河南省人民政府发展研究中心主任王永苏同志对河南省经济和社会发展状况尤其是“三化协调发展”战略作了睿智而幽默的介绍；教育部社科司杨光司长发表了重要讲话，对全国高校社会主义经济理论与实践研讨会26年来坚持不懈地召开并仍保活力及取得的系列成果进行了充分肯定，结合当前和未来的中国经济和社会发展面对的主要问题，期待今后的研讨会取得更大的成果。林岗教授在开幕词中，对领导小组确定的本次研讨会的四个议题进行了解读，并对本次研讨会提出了要一如既往地坚持百花齐放、百家争鸣的方针，以服务国家战略为出发点，开好研讨会的要求。

本次年会在保持和发扬往届年会优良传统的基础上，展现了本次会议的特点。

第一，本次年会是在中共十八大召开前夕的一次学术研讨会，不仅意义重大，而且，以四个议题——我国新阶段经济增长速度变化带来的挑战及其应对；协同创新的理论与实践研究；我国现阶段改革开放的难点与对策；中国经济学的创新与发展——展开研讨和交流的内容是中国当前和未来经济和经济学发展面对的重大课题。从一定意义上说，这次研讨会是理解、领会和研究中共十八大即将出台的方针、政策的前期准备和铺垫，具有重要意义。

第二，本次会议规模更大，参与面更广，论文质量更高。本次研讨会在发出征文通知后，收到来自全国50多所高校和科研机构经济学者递交的学术论文192篇，经过专家组的认真审阅确定了100余篇入选论文，包括特邀代表在内，参会代表达220多人，这是26年来规模最大的一次研讨会。本次参会论文研究的问题更集中，研究更深入，写作更规范。从8月份领导小组在论文评审中难以取舍的局面和本次研讨会的发言中都能感受到这方面的特点。

第三，会议的内容丰富，发言者准备充分，参与度更高。本次会议采取了大会主题报告、分论坛讲演的方式，举行了三场大会发言，有40多位代表做了主题发言；在两个分论坛上，有20多位学者发表了演讲。尤其是像卫兴华先生、吴宣恭先生等老一辈学者的引领和表率作用，不论是中年专家、还是年轻新锐的发言和演讲，不仅比往届准备更充分，内容更深入，更具有理论和现实针对性，而且更守时，言简意赅。

现就本次会议主要交流的内容简要回顾如下。

一、关于我国新阶段经济增长速度变化带来的挑战及其应对

由国际国内众多因素决定和影响的中国经济增长速度正在变化过程中，如何理解和应对这种变化，学者们在从中国经济增长的要素供给条件的变化、国际因素的变化、经济发展阶段的变化、需求尤其是消费需求的变化等多重角度对决定和影响中国经济增长速度变化的系列因素及其存在的问题进行了揭示和解释。在此基础上，提出了一系列有针对性的对策建议和思路。学者们还就与本议题相关的跨越“中等收入陷阱”，经济发展方式转变，收入分配制度改革，扩大内需特别是扩大消费，甚至假日制度的改革等问题进行了讨论。

二、关于协同创新的理论与经验研究

从要素扩张驱动型经济发展模式向创新驱动型经济发展模式的转变，实现科学发展，是经济理论和中国经济发展面对的重要课题。在本次会议上，学者们对科技创新的协同性、社会科学创新的协同性等相关问题进行了讨论和交流。针对创新源头的变化、创新模式、创新主体、创新机制、创新体制等方面的变化发表了有针对性的意见。

三、关于我国现阶段改革开放的难点与对策

对于现阶段我国改革面对的难点问题，学者们发表了各自的看法和对

策建议，包括收入分配及其收入差距问题，区域发展不平衡问题，老工业基地改造问题，工业化、城镇化和农村现代化协调发展问题，农村土地及其土地财政问题，地方政府融资平台去杠杆问题，金融和经济运行潜存的风险化解问题，等等，从改革的角度进行了热烈的讨论。

四、中国经济学的创新与发展

本次年会还举行了经济学院院长（系主任）论坛，参与该论坛的各位院长、系主任就经济学科建设中的协同创新问题展开了交流和讨论。除此之外，在大会发言和分论坛的演讲中，对经济学在中国的发展、经济学科的发展和创新等展开了讨论和交流。

因为本次年会学术讨论的内容非常丰富，所以与会代表的精彩观点难以一一列举，所取得的成果也难以仓促地进行总结和提炼。具体和完整的内容反映在大会《论文集》中，按照惯例，我们将从入选论文中选出若干代表性论文，结集出版。

全国高校社会主义经济理论与实践研讨会已经举办了26次，我们这个研讨会体现出一种执着的精神，从中国社会经济发展的实践出发，探讨社会主义经济理论命题。我国自鸦片战争以来，在社会科学当中有一种致命的缺陷，即缺乏理论自信和自觉。以经济学为例，我看了一些大学在20世纪初建立经济系时的课程，大多是直接引入西方的，或者经过“拜占庭”转入的，或西方、或苏联、或东洋，即使马克思主义也是十月革命送来的，难免有教条主义倾向。但我们创新取得的成就，在理论上都是源于自身的创造，如三民主义、毛泽东思想，以及中国特色社会主义，等等。今天，我们这个研讨会始终围绕着中国实践，坚持马克思主义原则与中国问题的结合，这是极其可贵的。

各位专家、各位老师、朋友们：本次大会已经取得圆满成功，达到了预期目的。感谢各位代表的参与和思想贡献，感谢中南财经政法大学为研讨会承担的审稿工作服务，还要特别感谢河南大学经济学院周到热情的工作。我们2013年再见！

谢谢大家！

第一篇

经济发展的机制与途径

关于发展的多纬度思考

颜鹏飞 *

关于发展问题的阐述和论战，答案纷呈，而中国现阶段的争论主要集中在：(1) 怎样看待发展和公平的关系？怎样看待“先增长后分配”的口号？(2)“做大蛋糕”、“做好蛋糕”与“分好蛋糕”之争。(3) 是强调总体增长和人均收入的增长理论，还是强调从“总体增长”转变成“益贫式增长”和“包容性增长”？(4) 怎样区分科学发展与非科学发展、经济发展与经济增长、经济发展与社会发展？(5) 怎样看待“高速度低质量增长”或“可继续有质量的发展”？本文对此作了初步的探讨，旨在反对形而上学的发展观，倡导科学的发展观。

一、正确区分经济发展与经济增长

经济学意义上的发展与增长，是有明确界定的两个不同的概念。经济增长指社会财富的增长，经济发展指随着经济的增长而促成的社会经济各领域多方面的变化，如社会发展、文化发展以及生态文明。联合国教科文组织在《文化政策促进发展行动计划》中指出，“发展可以最终以文化概念来定义，文化的繁荣是发展的最高目标。”

两者既有区别又有联系：(1) 经济增长内涵较窄，经济发展内涵较广；(2) 经济增长是一个数量概念，经济发展兼具数量概念和质量概念；(3) 经济增长是经济发展的基础，没有经济增长，不可能有经济发展，经济发展是经济增长的结果和目的，但也有可能出现无发展的增长现象；

---

* 颜鹏飞，武汉大学经济思想史研究所教授、博士生导师。

（4）GNP 一般是衡量经济增长的通用尺度，而衡量经济发展的指标呈现多元化趋势，其中包括 HDI（人类发展指数）、GPI（真实发展指标）、MDP（国内发展指数）、ISEW（可持续经济福利指数）、GNH（国民幸福总值）、绿色 GNP 等；（5）由此而衍生出发展经济学与增长经济学，前者是以后进国家的经济增长与经济发展为研究对象的，并且越来越把研究扩展到经济学之外的政治、社会、文化等其他领域，后者大多关注发达国家的经济增长问题，着重研究经济增长的各个具体因素和增长的源泉，并且经历了斯密型古典增长理论—新古典增长理论—新增长理论三大发展阶段，呈现下述五大取向，即知识外溢和边干边学增长型、内生技术变化增长型、线性技术内生增长型、开放经济内生增长型、劳动分工和专业化内生增长型等。应该正确解读关于经济发展与经济增长的辩证关系：经济增长即社会财富总量的增长是经济发展、社会发展、文化发展以及生态文明传承的基础。发展经济学与增长经济学迄今已经出现了融合的取向，新增长经济学的研究对象把发展中国家也囊括其中，力图把发展经济学融合到主流经济学的理论框架之中。

我们一度犯过“唯 GDP 至上”的形而上学错误。短缺经济的历史让中国成为最看重 GDP 总量的国家，这在一个特定历史时期是可以理解的，可是却走向另一个极端即大力推行以 GDP 增长为唯一目标的新发展主义、新生产力论或 GDP 至上主义，以至于造成了生态环境恶化、资源严重浪费、发展难以为继、民生问题丛生等不良后果。因此，必须反对“GDP 崇拜”、“GDP 情结”、“GDP 图腾化”，即以透支资源、透支环境、透支未来，以牺牲生态环境、社会环境和社会软件（教育、卫生、计划生育、扶贫、环境保护等）为代价去追逐 GDP；应该杜绝和谨防“带血的 GDP”、低端低技术附加值 GDP、“土建 GDP”、房地产 GDP、泡沫 GDP、“黑色 GDP”、“重 GDP”、仅仅分享“蛋糕的碎片”的 GDP，等等。

但是，应该注意一种倾向掩盖下的另一种倾向：人为割离发展与增长的联系，过分放大两者的对立，宣传 GDP 无用论、稳定压倒一切论、“分好蛋糕”优先论，甚至将 GNP 戏称为“垃圾、噪音和污染”（Garbage，Noise，Pollution）。这是另一种形而上学观。中国社会对 GDP 应该持理性、务实的态度，应该搞两点论，有贬有褒，褒既不能过度，贬又不能太损。作为“20 世纪最伟大的发明之一”（萨缪尔森语）的 GDP 及其相关指标，是一国经济活动总量的晴雨表和国际通用的测度指标，也是反映一国国力或者比较各国经济能力强弱的最通用的“灯塔般的指标”。

因此，告别GDP崇拜不是要告别GDP，而是弥补这一指标的缺陷和不足，辅之以更为科学、全面和系统的测度指标体系。例如，中国科学院发布的《中国科学发展报告（2011）》，首次推出了“中国GDP质量指数”，即通过数量维（发展度）、质量维（协调度）和时间维（持续度）三者本质叠加的最大化构成了“GDP质量指数”，并且采用了“经济质量、社会质量、环境质量、生活质量、管理质量”五大子系统。这是把单一追求数量属性的GDP改造成以“数量质量综合度量”的测度工具的有益尝试。

值得关注的是，温家宝在2012年第五届夏季达沃斯论坛上，提出了“有质量的增长”这一概念，抓住中国发展的症结：

1. 应该是全面、协调、可持续的增长。对于中国来说，就是要着力解决地区发展不平衡、城乡发展不平衡的问题，并且使经济与社会协调发展。

2. 有质量的增长应该是有科技支撑和科技含量的增长。这就必须进一步推进科技体制改革，使企业真正成为研发和创新的主体。

3. 有质量的增长应该是低碳、绿色和环保的增长。我们要采取更坚决有力的措施，实现“十二五”提出的降低二氧化碳排放强度的目标，同时实现其他各项环保目标，减轻人口、资源、环境对经济发展的压力。

4. 有质量的增长应该是惠及民生的增长。也就是说增长的结果应该为绝大多数人民所共享，我们所追求的不但是经济增长，而是人的全面发展和社会全面进步。

5. 有质量的增长应当是有一定的发展速度、有比较低的通货膨胀率、可持续的增长。

毋庸置疑，批判基于GDP为纲论的低质量GDP或者高速度低质量增长，推崇可持续有质量发展，这是我们的一个努力方向。

二、正确区分科学发展与非科学发展

非科学发展被称为“增长中的贫困”、“增长中的烦恼”、“不带来好运的增长”、“发展陷阱”或者GDP至上主义，至少有七种“增长困境”，即Jobless（无就业的增长）、Ruthless（无情的增长）、Voiceless（无声的增长）、Rootless（无根的增长）、Futureless（无望的增长）、Independence-less（低头的增长），以及Controlless（失控的增长）等。

科学发展着力实现创新型发展、协调型发展、绿色型发展、公平与和谐型发展和非依附型发展，着重解决what、how、for、by、of五大问题。

1. 促进创新型发展，构建创新型国家。“创新型国家”有狭义和广义之分。前者着眼于科学技术的创新，后者则是涵盖制度创新、科技创新、文化理论创新在内的综合性概念。我们必须完成从启蒙型、模仿性移植走向自主创新，从附庸经济、打工经济、外包经济、“世界加工厂”或者“OEM（贴牌生产）大国”一类的“躯干型国家”转向“世界工厂”、“世界办公室”和“世界实验室”一类的“大脑型国家”和创新型国家，提高我国国际竞争力。此外，应该从对西方经济理论和经济体制的大规模移植、引进和模仿，进入着力建构中国形态、中国气派或中国学派的经济学体系的新阶段，开展具有中国形态的“术语革命”（马克思语）或“话语领导权”（福柯语）运动，实现学术的自主性和原创性。

2. 促进协调型发展，构建经济结构合理，供求均衡，投资、消费和出口协调拉动，并且统筹经济增长、社会进步和环境安全的经济发展方式，完成从粗放式发展方式（“量”的过度扩张）向集约式发展方式（“质”的战略提升）的转型。

3. 促进绿色型发展，构建资源节约型社会、环境友好型社会和生态文明型社会。绿色型发展的深层次含义是：绿色生产力或者绿色生产方式已经成为社会经济发展的新的“领先因素”和“始基因素”。这是从人与自然这一视角，解决“怎样发展”从而走出可持续发展的瓶颈和困境的一个重大问题。

4. 促进公平与和谐型发展，构建和谐的民富国强的小康社会。中国也面临社会发展模式的战略转型问题，这是涉及与民生问题息息相关的“为谁发展”、“发展成果为谁拥有和享受”的重大问题。

5. 促进开放型自主发展，谨防依附型发展，构建开放型自主经济。这是从一个新的视角，解决“怎样发展”的又一个重大问题。

中国改革开放之所以成功的秘诀就是：发展是硬道理，而这种发展的本质就是“有利于生产力的发展，有利于社会关系的发展，有利于更高级的新形态的各种要素的创造。”（马克思语）。因此，发展过程中产生的问题，是要通过进一步的发展尤其经济增长逐步解决或催生解决条件。在现阶段，以加快转变经济发展方式为主线，贯穿于经济建设、社会建设、文化建设和生态建设全过程和各领域，从而更加注重全面协调可持续发展，更加注重统筹兼顾，更加注重以人为本、注重保障和改善民生，是重中之重。

三、科学发展重在“结合”：关于“蛋糕三论”的争论

所谓蛋糕三论就是如何“做大蛋糕”、“分好蛋糕”和“做好蛋糕”，以及如何正确处理这三者之间的辩证关系。这是涉及发展五论的重大问题。

1. “做大蛋糕”至关重要，这是发展的本质（what）之所在。否则，食之者众，生之者寡，用之者疾，为之者舒，社会经济就会滑坡乃至塌陷。但是，这一方面的政策设计出了点问题，唯 GDP 主义亦即发展主义甚嚣尘上，需要花大力气予以解决。

2. “分好蛋糕”是涉及由谁来享受发展成果（of）的重大问题。我们的经济总量已经位居全球第二，但是，关于“分好蛋糕”政策设计出了点问题，没有正确处理好“先富”与“共富”的关系，需要花大力气予以解决。

3. “做好蛋糕”就是怎样发展（how）。应该强调指出，质量是最具普遍性的创新驱动要素，是驱动经济发展的一个普适的要素。如果说，20 世纪是生产率的世纪，那么，21 世纪是质量的世纪（朱兰语）。质量已成为全球人类生存和国家发展命运的全局性、系统性的重大问题，应该上升到国家战略层面，实施质量立国、质量兴国、质量强国和质量革命的国家战略。①

但是，中国目前还没有完全脱掉低质量粗放型发展的帽子。服务质量、生活质量、环境质量、产品质量、工程质量，问题不少。有一种意见认为：质量问题是最大的民生问题，医药、食品质量问题最多，以至于中国之大，已经安放不下一张能够安全地吃饭的餐桌了。我们的竞争力指数不尽如人意，尚存在国际产业链低端（定价权和标准设立权甚少）、国际知识链（话语权甚少）或者“微笑曲线”的低端。这说明，这一方面的

① 实施“质量强国”战略是国家强大的必由之路。在现代国际经济发展史上，质量在大国崛起中发挥着重大的推进作用。例如，20 世纪 50 年代，德国政府实施了“以质量推动品牌建设，以品牌助推产品出口”的政策，使德国制造业在战后迅速崛起，在全球确立了“德国品牌，质量一流”的国家形象，打造出奔驰、宝马、西门子等一大批世界知名品牌。又如，20 世纪 60 年代，日本政府主导实施“质量救国”战略，凭借质量优势大举进入欧美和全球市场，最终成为世界经济强国。正如世界著名质量管理专家朱兰博士所评价的：“日本的经济振兴是一次成功的质量革命。”

发展理念、政策取向和顶层设计出了问题，需要花大力气予以解决。

正确的发展理念、政策取向和顶层设计在于：不仅要把“做大蛋糕”这篇文章做好，更要在“做好蛋糕”、“分好蛋糕”上面花大力气，必须三者兼顾，不可偏废，标本兼治，重在“结合”。中国古代辩证法的真谛就是“同则不继”、“和实生物”，不能扬此抑彼而是取其“中”致其“和”。经典作家关于“融合”、“互相过渡”、“互为中介”的辩证法——把发展过程“当作对立面的统一来认识”，亦即把握“两个矛盾方面的共存、斗争以及融合成一个新范畴，就是辩证运动的实质”这一原则。因此，既要一分为二（对立哲学、斗争哲学），又要合二为一（统一哲学、和谐哲学），既要“在对立面的统一中把握对立面”，又要从诸种事物的对立和运动中把握统一面。必须把握中国转轨期社会经济形态——其特点是处在一种变迁、调整、转化、过渡、非均衡、亦此亦彼的转型形态——这个“特殊对象的特殊逻辑”和方法论。党的“十七大”关于“十条基本经验”亦即著名的“十个结合”，2010 年 12 月中央经济工作会议提出“五大注重”，2011 年政府工作报告凸显“四点坚持”，都是与“结合”、“统一”、“统筹”、“兼顾”、“均衡”、“协调”以及“处理（各种）关系”息息相关的。这是中国特色的社会主义转型期方法论应用的典范。①

由此观之，怎样“做大蛋糕”、“分好蛋糕”和“做好蛋糕”，以及如何正确处理这三者之间的辩证关系，其方法论的真谛就是必须三者兼顾，不可偏废，重在“结合”，科学发展。

---

① 中共中央十七大对改革开放的实践经验做出了新的理论概括，这就是“十条基本经验”即著名的“十个结合”。“把坚持马克思主义基本原理同推进马克思主义中国化结合起来，把坚持四项基本原则同坚持改革开放结合起来，把尊重人民首创精神同加强和改善党的领导结合起来，把坚持社会主义基本制度同发展市场经济结合起来，把推动经济基础变革同推动上层建筑改革结合起来，把发展社会生产力同提高全民族文明素质结合起来，把提高效率同促进社会公平结合起来，把坚持独立自主同参与经济全球化结合起来，把促进改革发展同保持社会稳定结合起来，把推进中国特色社会主义伟大事业同推进党的建设新的伟大工程结合起来。”

跨越“中等收入陷阱”：产业结构变迁与城市化

——基于国际经验的比较研究

乔晓楠　张　欣*

本文以跨越“中等收入陷阱”作为研究的目标与国际经验比较的标准，选取7个成功跨越“中等收入陷阱”和7个尚未成功的新兴经济体作为研究样本，分别构造1961~2010年面板数据的计量经济模型，从实证研究的角度分析两类经济体产业结构变迁与城市化及其协同性的特点和差异，并与我国的发展特征相比较，进而为我国产业结构变迁与城市化的协调发展及顺利跨越“中等收入陷阱”提供政策建议。

一、计量模型

产业结构变迁与城市化的一般规律，已有理论已经给出了描述。“配第—克拉克定律”指出，随着人均国民收入水平的提高，劳动力首先由第一次产业向第二次产业转移，当人均国民收入水平进一步提高时，劳动力便向第三次产业转移。发展经济学中的“二元经济理论”又进一步强调在工业化的进程中，农业部门的剩余劳动力会向具有更高边界收益的工业部门转移，进而推动了城市化的发展。本文的创新之处在于要精确刻画两类经济体在跨越中等收入阶段的产业结构升级与城市化方面的表现，因此本文的研究思路包括以下四个步骤：首先，基于是否已经跨越了中等收入阶段，将涉及的样本经济体分为两大类。其次，确定以人均GDP（*gdppc*）作为计量研究的基础，即计量模型的解释变量。对此需要解释两点：其

---

* 乔晓楠，南开大学经济学院讲师、经济学博士；张欣，南开大学经济学院研究生。

一，以人均 GDP 作为解释变量并非强调其是导致被解释变量变化的原因，而意在刻画特定经济发展阶段与相关经济表现对应的关系；其二，之所以选取人均 GDP 而不是人均 GNI，主要是受到数据可得性的限制，但由于人均 GDP 与人均 GNI 大致相当，所以对结果影响很小，相同的处理方式可参见郑秉文（2011）。再次，利用可以反映产业结构变迁、城市化及其协同性的相关指标分别对人均 GDP 进行回归估计，进而从国际经验的角度发现其演进的规律与特点。最后，对比中国的相关数据，找出问题并提出对策。具体的计量模型设置如下：

（一）城市化模型

本文以城市化率（*urban*）作为衡量城市化水平的指标。诺瑟姆（Northam，1975）通过对英、美等国家城市人口占总人口比重随时间变化特征的研究，总结出了城市化发展的一般规律，并将其概括为诺瑟姆曲线（城市化生长曲线），即在城市化的初期（城市化率小于 30%），城市化水平发展缓慢，到中期阶段（城市化率在 30% ~70% 之间）后开始加速发展，而到了后期（城市化率超过 70%）又趋向缓慢，整个发展过程的轨迹类似于一条被拉平的 S 型曲线。借鉴这一思路，我们也采用生长曲线模型（Logistic 模型）对城市化率进行估计，具体形式参见回归方程：

$$urban_{it} = \frac{1}{1 + \exp(\alpha_i + \beta_1 \ln gdppc_{it} + \varepsilon_{it})} \tag{1}$$

（二）产业结构变迁模型

本文以高级化程度（*TS*）作为衡量产业结构发展水平的指标。其中，*TS* 采用服务业产值与工业产值之比（$TS = serv/indus$）进行计算①。通过对不同类型的经济体 *TS* 值与对数人均 GDP 的散点图的观察，我们发现成功的经济体与尚未成功的经济体 *TS* 值随经济的增长呈现先下降后上升的 U 型趋势，而中国呈现为先下降后上升的 V 型趋势，1980 年为 V 型的拐点。为了更好地刻画这一特征差异，我们采用回归方程（2）对成功经济体与尚未成功的经济体的 *TS* 值进行估计，采用回归方程（3）对中国进行估计。

---

① 已有文献一般采用非农产业产值占总产值的比重作为产业结构高级化的度量，但干春晖等（2011）指出这种度量方式无法反映出“经济结构服务化”这一产业结构变迁的重要特征，本文借鉴了他们的做法。

$$TS_{it}=\alpha_i+\beta_1\ln gdppc_{it}+\beta_2(\ln gdppc_{it})^2+\varepsilon_{it} \tag{2}$$

$$TS_{it}=\alpha_i+\beta_1\ln gdppc_{it}+\beta_2 D_t+\beta_3 D_t\ln gdppc_{it}+\varepsilon_{it},\ D_t=\begin{cases}0(1961\sim1980)\\1(1981\sim2010)\end{cases} \tag{3}$$

(三) 产业结构变迁与城市化协同性模型

在借鉴已有研究的基础上，本文从工业产值占比（*indus*）、工业就业占比（*emindus*）、服务业产值占比（*serv*）、服务业就业占比（*emserv*）四个方面考虑产业结构变迁与城市化进程的协同性。进而可以构造以下四个协同性指标（*CI*），即城市化率与工业产值占比的比值 $urban\_indus=urban/indus$；城市化率与工业就业占比的比值 $urban\_emindus=urban/emindus$；城市化率与服务业产值占比的比值 $urban\_serv=urban/serv$；城市化率与服务业就业占比的比值 $urban\_emserv=urban/emserv$。通过对散点图的观察，可以发现不同类型经济体四个协同性指标与对数人均 GDP 都呈现线性关系，因此依据回归方程（4）对协同性指标进行估计：

$$CI_{it}=\alpha_i+\beta_1\ln gdppc_{it}+\varepsilon_{it} \tag{4}$$

(四) 模型的设置与估计方法

上述回归方程中，下标 i 和 t 分别表示经济体和时间；β_1，β_2，β_3为相应解释变量的回归系数；α_i表示经济体的固定效应；ε_{it}为残差项。我们对人均 GDP 取自然对数以克服残差的异方差问题。之所以使用固定效应模型分别对成功跨越中等收入阶段的经济体和尚未成功的经济体进行回归，主要是为了控制经济体之间的特定差异。此外，为了克服固定效应模型中同一经济体在不同时期残差的自相关问题，使用聚类稳健的标准差（Cluster-robust Standard Error）对模型的标准差进行调整。对中国的数据使用 OLS 进行回归，此时 α_i 即为常数项。同样，为了解决残差的自相关问题，用异方差自相关稳健的标准差（Heteroskedasticity and Autocorrelation Consistent Standard Error，HAC）对模型的标准差进行调整①。

二、数据说明

基于前文设定的计量模型，我们进一步对选取的样本进行时点划分，

① 这种方法被称为“Newey-West 估计法”（Newey and West，1987）。

并给出数据的统计性描述，从而为随后的实证分析做准备。

（一）样本经济体的时点划分

综合考虑可比性与数据可得性，本文选取了14个经济体作为研究样本。其中，成功跨越“中等收入陷阱”的经济体包括日本、韩国、意大利、西班牙、葡萄牙、希腊和匈牙利，尚未成功的经济体包括马来西亚、阿根廷、智利、哥伦比亚、墨西哥、巴西和乌拉圭①。以人均GNI为标准，将一个经济体由低收入区间跨入中下等收入区间的年份定义为“第一时点”，由中下等收入区间跨入中上等收入区间的年份定义为“第二时点”，由中上等收入区间跨入高收入区间的年份定义为“第三时点”。各经济体具体的时点划分参见表1。

表1　样本经济体的时点划分

经济体	第一时点	第二时点	第三时点	经济体	第一时点	第二时点
日本	1961年前	1972年前	1978年	马来西亚	1961年	1992年①
韩国	1970年	1979年	1995~2001年②	阿根廷	1961年前	1991年
意大利	1961年前	1972年前	1979年	智利	1961年前	1993年
西班牙	1961年前	1972年前	1980年	哥伦比亚	1962年	2008年
葡萄牙	1961年前	1972年	1994年	墨西哥	1961年前	1990年
希腊	1961年前	1968年	1996年	巴西	1964年	1989年
匈牙利	1965年	1975年	2007年	乌拉圭	1961年前	1987年
				中国	1999年	2010年

注：①尚未成功的经济体长期在中下等收入区间与中上等收入区间徘徊，因此可能存在多个第二时点，文中标出的为最近的一个时点。

②韩国在1995年成为高收入国家后，1998年受亚洲金融危机的影响又降为中等收入国家，2001年再次进入高收入国家行列。

资料来源：根据世界银行公布的历年经济体分类标准（1987~2010年）整理得到，具体可参见世界银行网站：http：//data. worldbank. org/about/country-classifications/a-short-history。1987年之前的时点划分为作者参考世界银行Bank Operational Lending Category的分类标准及WDI数据库中的人均GNI（Atlas Method）指标估计得到。

通过对表1的分析可以发现，成功跨越“中等收入陷阱”的经济体与尚未成功的经济体都在20世纪六七十年代跨过了第一时点，即成为了中

---

① 在样本选取的过程中基于可比性的考虑，没有将20世纪50年代之前实现跨越的经济体（如英国等）和体量过小的经济体（如中国香港、新加坡等）纳入其中。

下等收入国家，但其后两类经济体的发展情况则出现了显著差异。成功经济体的经济一直保持高速增长，由第一时点到第二时点平均为10年，由第二时点到第三时点平均为24年；而尚未成功的经济体在成为中下等收入国家后经济长期处于增长和衰退的循环中，平均用了34年才最终跨过了第二时点，且至今仍未步入高收入行列。由此可见，所谓的“中等收入陷阱”准确地讲应该称为“中上等收入陷阱”。我国在1999年成为中下等收入国家后，用了11年的时间完成了由第一时点到第二时点的跨越，进入了中上等收入区间。这与成功经济体的情况大致相同，未来的关键则在于经济能否持续增长，从而顺利跨越第三时点，成为高收入国家。

（二）数据来源与统计性描述

为了确保数据统计口径具有一致性，本文所使用的数据均来自世界银行WDI（World Development Indicators）数据库，其中，人均GDP以2000年不变美元计，工业产值占比、服务业产值占比指相应产值占GDP的比重，工业就业占比、服务业就业占比指相应产业的就业人数占总就业人数的比重。

三、产业结构变迁与城市化特征的实证分析

利用前文设定的计量模型，本文将首先观察城市化与产业结构变迁各自在经济增长过程中表现出来的特征，并比较两类经济体之间的差异。

（一）城市化的特征

从经济增长的角度来看待城市化的发展水平，并且进行比较，有益于我们做出客观准确的判断。表2报告了回归方程（1）的估计结果。

表2　　城市化率与人均GDP回归结果

	成功的经济体	尚未成功的经济体	中国
ln*gdppc*	−7.504*** （0.154）	−1.158*** （0.139）	−0.444*** （0.0155）
C	6.319*** （1.396）	8.410*** （1.132）	3.658*** （0.102）

续表

	成功的经济体	尚未成功的经济体	中国
固定效应	Yes	Yes	—
组内 R^2	0.8567	0.7920	0.9844
样本量	314	350	50

注：括号内是回归系数的标准差。回归系数右上角的 *** 、** 和 * 分别表示 1%、5% 和 10% 的显著水平。固定效应模型下常数项 *C* 表示经济体的固定效应的均值。

由表 2 的回归结果可以发现，回归系数均在 1% 的水平下通过了显著性检验，拟合优度较高。这说明两类经济体以及中国的城市化进程存在着共同的发展规律，符合城市化生长曲线的形式。为了进一步探究不同类型经济体的城市化进程的差异，我们将回归的拟合值制作为图 1，并对中国第二时点到第三时点的发展情形进行预测①。

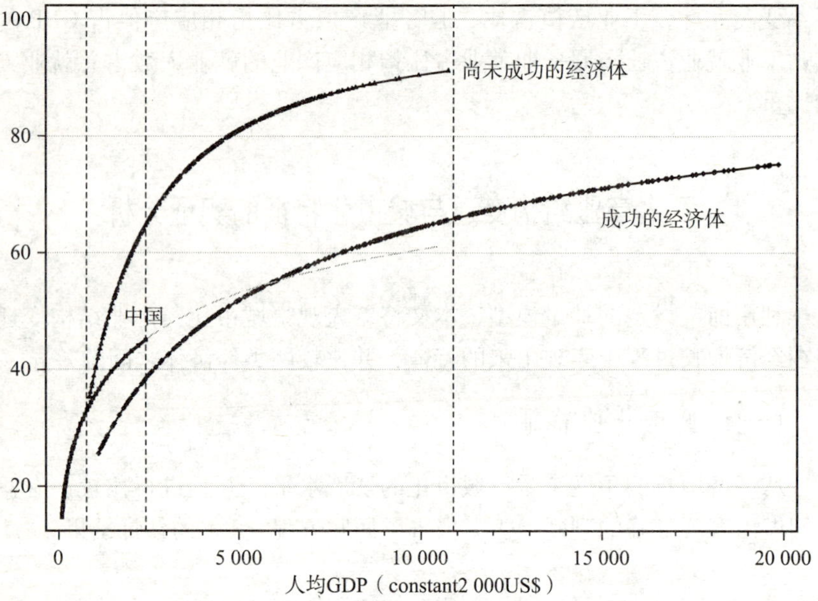

注：图中三条竖虚线由左到右分别代表第一时点、第二时点和第三时点的位置；中国第二时点到第三时点的虚线部分表示预测曲线；人均 GDP 取值限定在 20 000 美元以下。

图 1　城市化率与人均 GDP

① 由于人均 GDP 以 2000 年不变美元计，因此时点划分参照世界银行公布的 2000 年的标准进行标注，并根据经济体的发展阶段进行了微小的调整，下同。

图1反映出，无论是成功的经济体还是尚未成功的经济体，其城市化进程在第一时点之后都处于城市化生长曲线的后半段，即城市化率由快变慢的阶段。但是，尚未成功的经济体城市化率明显高于成功经济体，差值超过了20%，说明尚未成功的经济体普遍存在过度城市化问题。中国的城市化率低于尚未成功的经济体，略高于成功经济体，其发展趋势与成功经济体接近。因此，以人均GDP衡量城市化的发展程度，与成功经济体相比，中国不存在明显的城市化滞后或超前问题。

（二）产业结构变迁的特征

产业结构高级化是产业升级的一种表现。本文以产业结构的高级化程度来反映不同类型经济体在经济增长过程中结构变迁的特征。表3报告了回归方程（2）和方程（3）的估计结果。

表3　　　　产业结构高级化程度与人均GDP回归结果

	成功的经济体		尚未成功的经济体	中国
ln*gdppc*	-4.470 (3.906)	-10.522** (2.458)	-9.246** (2.558)	0.554*** (0.0517)
$(\ln gdppc)^2$	0.293 (0.208)	0.622** (0.144)	0.5886** (0.166)	—
D	—	—	—	-3.531*** (0.264)
D×ln*gdppc*	—	—	—	0.709*** (0.0519)
C	17.884 (18.299)	45.476** (10.411)	37.645*** (9.831)	3.285*** (0.246)
固定效应	Yes	Yes	Yes	—
组内 R^2	0.3430	0.6454	0.1393	0.8691
样本量	259	209	316	50

注：括号内是回归系数的标准差。回归系数右上角的***、**和*分别表示1%、5%和10%的显著水平。固定效应模型下常数项*C*表示经济体的固定效应的均值。其中成功的经济体左边一栏为整体的回归结果，右边一栏为剔除匈牙利后的回归结果。

由表3的回归结果可以发现，尚未成功的经济体的回归系数在5%的水平下显著，说明存在共同的发展特征，而成功经济体的回归系数已经在10%的水平下丧失了显著性，共同特征不再明显。再次观察散点图，我们

发现匈牙利的 *TS* 值与其他经济体相比明显偏低，将其剔除后再次回归，成功经济体的回归系数也已经在 5% 的水平下显著。进一步我们将拟合值制作成图 2，并对中国第二时点到第三时点的发展情形进行预测①。

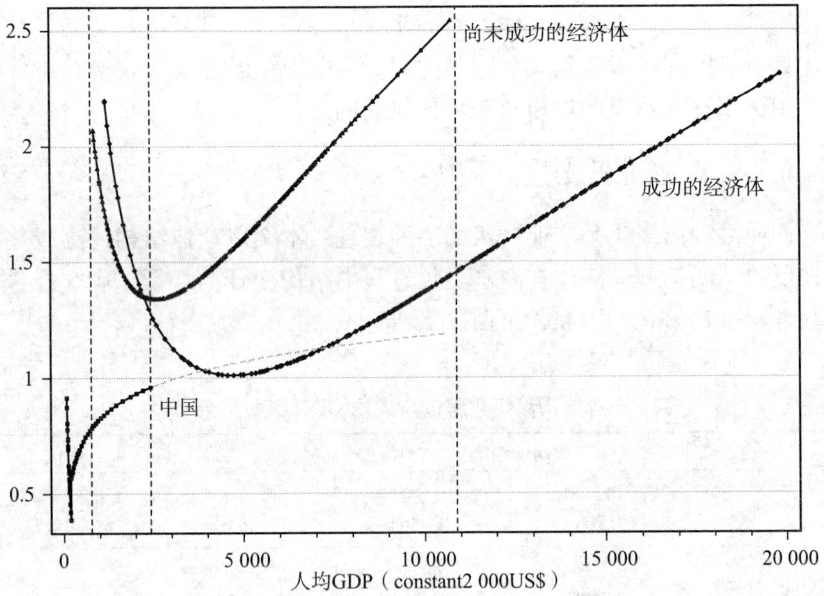

注：图中三条竖虚线由左到右分别代表第一时点、第二时点和第三时点的位置；中国第二时点到第三时点的虚线部分表示预测曲线；人均 GDP 取值限定在 20 000 美元以下。

图 2　产业结构高级化程度与人均 GDP

图 2 反映出，成功的经济体与尚未成功的经济体在第二时点之前 *TS* 值的大小与变化趋势都基本相同，但在第二时点之后出现了分化。尚未成功经济体的 *TS* 值到第二时点后就由下降转而上升，拐点处的 *TS* 值大概为 1.3；而成功经济体则继续下降，在 *TS* 值下降到 1 后才转而上升。因此，尚未成功的经济体的产业结构高级化程度在第二时点后明显高于成功经济体，并且差距不断扩大。这说明尚未成功经济体产业结构的"服务化"发展超前于成功经济体，而"工业化"之路却尚未走完。中国的 *TS* 值已经处于上升阶段，但还明显低于成功经济体，在第二时点时刚刚接近于 1，

① 由于人均 GDP 以 2000 年不变美元计，因此时点划分参照世界银行公布的 2000 年的标准进行标注，并根据经济体的发展阶段进行了微小的调整，下同。

这说明以服务业产值与工业的产值之比衡量产业结构的高级化程度，中国的经济结构的服务化程度还较低，但同时也有超前服务化的问题存在。

四、产业结构变迁与城市化协同性的实证分析

下面本文将从工业产值占比、工业就业占比、服务业产值占比和服务业就业占比四个方面衡量产业结构变迁的程度，实证分析两类经济体产业结构变迁与城市化协同性特点，并与我国的发展情况进行比较。

（一）城市化率与工业产值占比的协同性

从世界各国的工业化与城市化的发展进程来看，一方面工业化是城市化的“发动机”，另一方面城市化的发展也要与工业化相协调，过度城市化也可能会抑制产业结构变迁与经济增长。我们以城市化率与工业产值占比的比值来衡量工业化与城市化的相对发展程度，进而比较不同类型经济体之间的差异。此时 $CI = urban\_indus$，表 4 报告了回归方程（4）的估计结果。

表 4　　城市化率与工业产值占比的协同指标回归结果

	成功的经济体	尚未成功的经济体	中国
ln*gdppc*	0.697** (0.265)	0.526* (0.248)	0.153*** (0.0178)
C	−4.424 (2.415)	−2.210 (2.026)	−0.287** (0.116)
固定效应	Yes	Yes	—
组内 R^2	0.4855	0.1858	0.8496
样本量	300	316	50

注：括号内是回归系数的标准差。回归系数右上角的 ***、** 和 * 分别表示 1%、5% 和 10% 的显著水平。固定效应模型下常数项 *C* 表示经济体的固定效应的均值。

从表 4 的回归结果来看，回归系数至少在 10% 的水平下通过了显著性检验，说明同一类别下不同类型经济体的城市化与工业化的相对发展程度随着经济的增长存在着共同的变化特征。我们进一步将模型拟合值及中国的预测值制作成图 3 来观察这些特征。

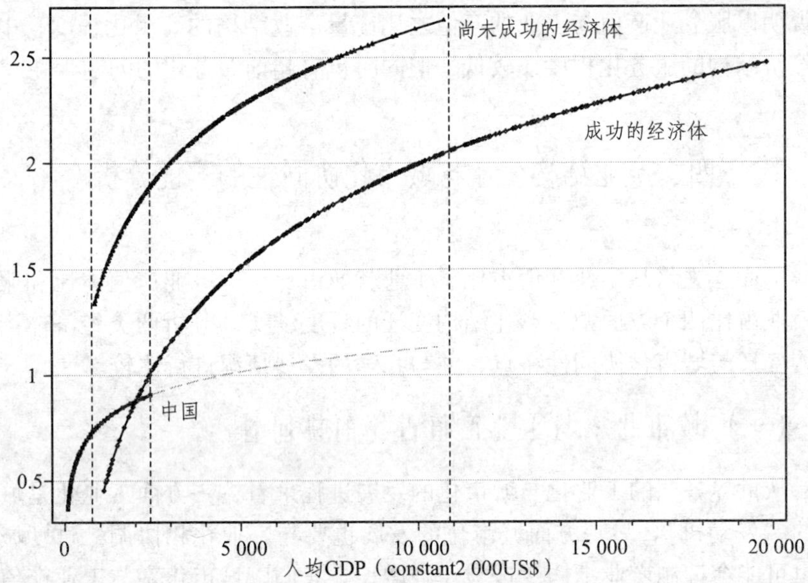

注：图中三条竖虚线由左到右分别代表第一时点、第二时点和第三时点的位置；中国第二时点到第三时点的虚线部分表示预测曲线；人均 GDP 取值限定在 20 000 美元以下。

图 3　城市化率与工业产值占比的协同性

图 3 反映出不同类型经济体城市化率与工业产值占比的比值随人均 GDP 增长的变化规律。从成功经济体的变化轨迹来看，随着经济的发展，这一比值在逐渐上升，且上升的速度相对于人均 GDP 的增长在减慢，说明城市化水平的增速快于工业化，但同时增速在减缓。在第二时点之前，该比值小于 1，说明工业化的发展程度快于城市化，越过第二时点之后，城市化进程就已经超过了工业化。这一发展特征与钱纳里等（1988）的描述基本一致，他们认为在工业化和城市化的初期，工业化的发展快于城市化，当两者达到某一水平后，城市化将快于工业化，并促进工业化的发展。尚未成功的经济体这一比值的发展形态与成功的经济体基本一致，但数值却明显高于成功的经济体，这说明相对于工业化水平，尚未成功经济体的城市化率偏高。中国的城市化水平增速快于工业化，同时增速在减慢，并且在第二时点时城市化水平仍低于工业化水平，进而该比值也明显低于成功的经济体。因此，以工业产值占比衡量工业化程度，中国的城市化水平滞后于工业化水平。

（二）城市化率与工业就业占比的协同性

产业结构变迁包括产值结构的转变与就业结构的转变，如果说工业化带动了城市化，那是工业化首先改变了产值结构，产值结构又进一步影响就业结构，最终是就业结构的调整带动了人口向城市的转移，加速了城市化进程。因此，就业结构的转变与城市化的联系更为紧密。我们以城市化率与工业就业占比的比值来衡量工业化与城市化的相对发展程度，比较不同类型经济体之间的差异。此时 $CI = urban\_emindus$，表 5 报告了回归方程（4）的估计结果。

表 5　城市化率与工业就业占比的协同指标回归结果

	成功的经济体	尚未成功的经济体		中国
ln*gdppc*	0.871 *** (0.070)	0.641 (0.501)	2.867 *** (0.616)	−0.298 *** (0.0420)
C	−6.016 *** (0.655)	−2.218 (4.172)	−20.849 ** (5.189)	−0.519 * (0.254)
固定效应	Yes	Yes	Yes	—
组内 R^2	0.6823	0.0852	0.4106	0.8511
样本量	207	175	116	29

注：括号内是回归系数的标准差。回归系数右上角的 *** 、** 和 * 分别表示 1%、5% 和 10% 的显著水平。固定效应模型下常数项 *C* 表示经济体的固定效应的均值。尚未成功的经济体左边一栏为整体的回归结果，右边一栏为剔除马来西亚与智利后的回归结果。

从表 5 可以看出，成功经济体的回归系数在 1% 的水平下显著，说明存在共同的发展特征，而尚未成功经济体的回归系数已经在 10% 的水平下丧失了显著性，共同特征不再明显。通过对散点图的观察，我们发现马来西亚和智利的这一比值的变化特征与其他经济体不一致，大体呈现了先下降后上升的趋势，将这两个经济体剔除后再次回归，尚未成功的经济体的回归系数也已经显著。进一步我们将模型拟合值及中国的预测值制作成图 4。

图 4 反映出，成功经济体这一比值的变化轨迹与前文中城市化率与工业产值占比的比值的变化轨迹在趋势和数值上都基本相同，说明成功经济体的工业化产值结构与就业结构的变动基本一致。而尚未成功的经济体虽然变化趋势一致，但在数值上却明显偏高。这说明尚未成功经济体的工业

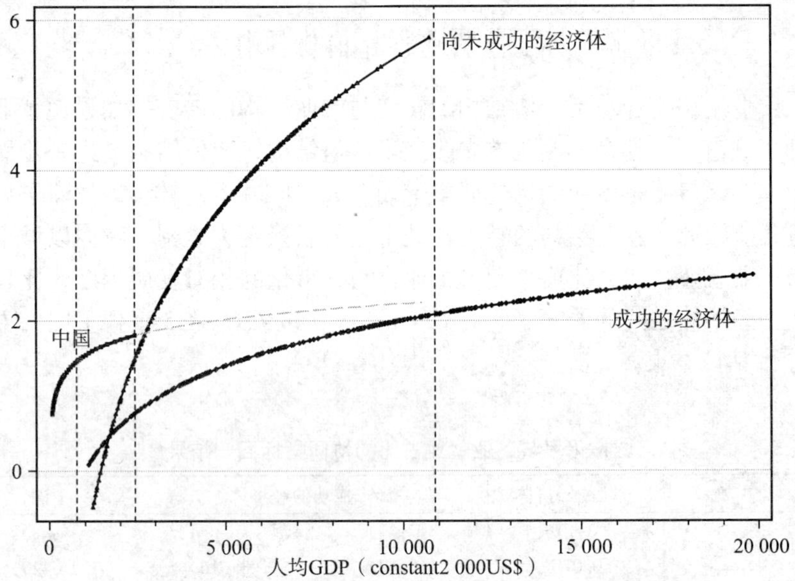

注：图中三条竖虚线由左到右分别代表第一时点、第二时点和第三时点的位置；中国第二时点到第三时点的虚线部分表示预测曲线；人均 GDP 取值限定在 20 000 美元以下。

图 4　城市化率与工业就业占比的协同性

化产值结构与就业结构的变动不一致，城市化与工业就业结构的转变联系并不紧密，城市化的发展在很大程度上不是由工业吸纳就业能力的提高带动的。我国该比值高于成功的经济体，在第二时点时已经接近于 2。因此，如果以工业就业占比衡量工业化程度，中国的城市化水平超前于工业化水平。这与前文的结论截然相反，究其原因主要是由我国工业化产值结构与就业结构存在较大偏差造成的，即我国工业化的就业结构转变明显滞后于产值结构的转变。

（三）城市化率与服务业产值占比的协同性

工业化是城市化的“发动机”，但是随着工业化的发展，其吸纳就业的能力也在逐渐减弱，这时是服务业的发展进一步推动了产业结构的变迁。到了工业化的后期，工业化程度相对稳定，此时城市化率是随着服务业比重的提升而增长的，即经济的服务化带动了城市化的发展。我们从城市化率与服务业产值占比的比值分析城市化与产业结构变迁的协同性。此时 $CI = urban\_serv$，估计结果参见表 6。

表 6　　城市化率与服务业产值占比的协同指标回归结果

	成功的经济体		尚未成功的经济体	中国
ln*gdppc*	−0.167 (0.342)	−0.697 * (0.310)	0.319 ** (0.103)	0.107 *** (0.0125)
C	2.718 (3.117)	7.612 * (2.862)	−1.250 (0.845)	0.220 ** (0.084)
固定效应	Yes	Yes	Yes	—
组内 R^2	0.0591	0.4983	0.3759	0.7577
样本量	259	213	316	50

注：括号内是回归系数的标准差。回归系数右上角的 ***、** 和 * 分别表示 1%、5% 和 10% 的显著水平。固定效应模型下常数项 *C* 表示经济体的固定效应的均值。其中成功的经济体左边一栏为整体的回归结果，右边一栏为剔除韩国后的回归结果。

由表 6 的回归结果可以看出，尚未成功经济体的回归系数在 5% 水平下显著，存在共同的特征，而成功经济体的回归系数已经在 10% 的水平下丧失了显著性。同样，通过观察散点图我们发现，韩国该比值的变化特征与其他经济体并不一致，呈现为类似于倒 U 型的先上升后下降的趋势，剔除韩国后再次回归，成功经济体的回归系数也已经显著。进一步我们将拟合值制作成图 5，并同样对中国第二时点到第三时点的发展情形进行预测。

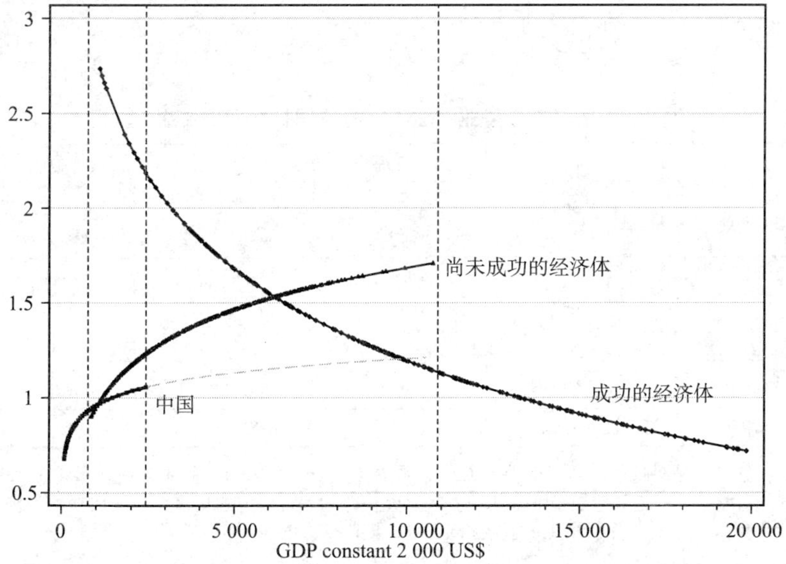

注：图中三条竖虚线由左到右分别代表第一时点、第二时点和第三时点的位置；中国第二时点到第三时点的虚线部分表示预测曲线；人均 GDP 取值限定在 20 000 美元以下。

图 5　城市化率与服务业产值占比的协同性

图5反映出不同类型经济体城市化率与服务业产值占比的比值随人均GDP增长的变化规律。从成功经济体的变化轨迹来看，随着经济的发展，这一比值在逐渐下降，且下降的速度相对于人均GDP的增长在减慢，说明服务业的发展速度快于城市化，但同时增速在减缓。在第三时点之前，该比值始终大于1，到第三时点之后逐渐小于1，说明在经济增长的前期，主要是工业化带动了城市化，使城市化水平明显高于服务业发展水平，之后随着经济的增长，服务业迅速发展，并最终成为了带动城市化率提高的主导力量。越过第三时点后，服务业发展水平就逐渐超过了城市化水平。与成功经济体不同，尚未成功的经济体这一比值随着经济的增长在上升，且大于1，说明城市化的发展速度快于服务业，且发展水平也高于服务业。中国的城市化进程增速快于服务业，并且在第二时点时该比值超过1，即城市化水平高于服务业发展水平，但还明显低于成功经济体。因此，如果以服务业产值占比来衡量，中国的城市化水平滞后于服务业发展水平。

（四）城市化率与服务业就业占比的协同性

进一步从服务业就业结构转变的角度来分析城市化与服务业发展的协同性，并比较不同类型经济体的差异。此时 $CI = urban\_emserv$，表7报告了回归方程（4）的估计结果。

表7　　城市化率与服务业就业占比的协同指标回归结果

	成功的经济体	尚未成功的经济体		中国
ln*gdppc*	−0.364** (0.105)	0.100 (0.082)	0.211* (0.0822)	−0.102*** (0.0171)
C	4.592*** (0.980)	0.443 (0.680)	−0.580 (0.685)	−2.022*** (0.111)
固定效应	Yes	Yes	Yes	—
组内 R^2	0.3131	0.0808	0.2623	0.8511
样本量	207	175	99	29

注：括号内是回归系数的标准差。回归系数右上角的***、**和*分别表示1%、5%和10%的显著水平。固定效应模型下常数项 *C* 表示经济体的固定效应的均值。尚未成功的经济体左边一栏为整体的回归结果，右边一栏为剔除智利、墨西哥和巴西后的回归结果。

从表7的回归结果可以发现，成功经济体的回归系数在5%的水平下显著，说明存在共同的发展特征，而尚未成功经济体的回归系数已经在

10% 的水平下丧失了显著性，共同特征不再明显。通过对散点图的观察，我们发现各经济体的发展轨迹缺乏明显的共同趋势，将偏离较大的经济体智利、墨西哥和巴西剔除后回归，则回归系数在 10% 的水平下显著。进一步我们将拟合值制作成图 6，并对中国的发展情形进行预测。

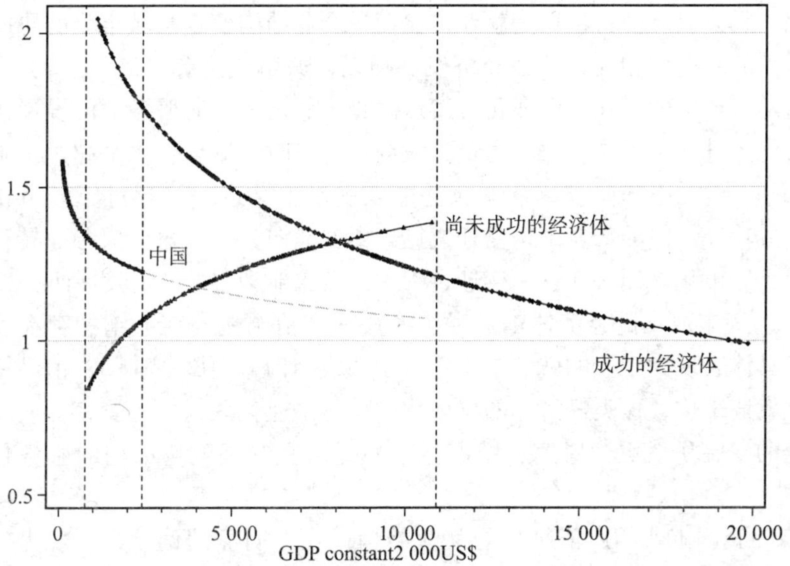

注：图中三条竖虚线由左到右分别代表第一时点、第二时点和第三时点的位置；中国第二时点到第三时点的虚线部分表示预测曲线；人均 GDP 取值限定在 20 000 美元以下。

图 6　城市化率与服务业就业占比的协同性

图 6 反映出，成功的经济体该比值的变化轨迹与前文中城市化率与服务业产值占比的比值的变化轨迹在趋势和数值上也基本相同，说明成功经济体的服务业产值结构与就业结构的变动基本一致。尚未成功的经济体该比值仍为上升趋势，在数值上却明显低于城市化率与工业就业占比的比值，这说明相对工业而言，尚未成功经济体的城市化进程与服务业的发展联系更为紧密。我国该比值呈现下降的趋势，数值大于 1，即服务业就业的增速快于城市化且城市化水平高于服务业发展水平，但该比值还明显低于成功的经济体。因此，如果以服务业就业占比衡量，中国的城市化水平同样滞后于服务业发展水平。

（五）小结

基于以上实证分析的结果，我们将不同类型经济体产业结构变迁与城市化的协同性总结如下：

1. 成功经济体工业和服务业的产值结构与就业结构的转变基本一致。因此，无论以产值占比还是就业占比衡量产业结构变迁与城市化的协同性所得到的结论都相同，即在经济发展初期，城市化主要依靠工业化带动，之后随着经济的增长，工业化程度逐渐趋于稳定，这时服务业的发展成为城市化率进一步提高的主导力量。大约在第二时点城市化水平超过了工业化水平，而在第三时点之后服务业的发展水平又进一步超过了城市化水平。成功经济体的产业结构变迁遵循着由农业向工业，再向服务业转移的规律，城市化率便是在这一变迁过程中随着工业和服务业的发展而提高。

2. 尚未成功的经济体工业和服务业的产值结构与就业结构存在着偏差，具体表现为工业的就业结构滞后于产值结构，而服务业的产值结构滞后于就业结构；这类经济体的城市化进程与工业化联系并不紧密，而与服务业的发展联系更为紧密，城市化率的提高主要是就业结构的服务化带动的。

3. 我国工业的产值结构与就业结构存在着明显的偏差，表现为就业结构显著滞后于产值结构；服务业的就业结构起初滞后于产值结构，目前已基本一致，并有进一步超前的趋势。正是由于上述产值结构与就业结构存在偏差，以不同指标衡量产业结构变迁与城市化的协同性所得到的结论有所不同。如以工业产值占比衡量工业化程度，我国的城市化滞后于工业化，而以工业就业占比衡量工业化程度，我国的工业化又滞后于城市化；但无论以产值占比还是就业占比衡量经济服务化程度，我国的城市化水平都滞后于服务业的发展。

由于不同指标的使用对比较的结果产生了较大的影响，因此有必要从整体上对我国城市化水平的合理性作出一个基本判断。本文认为，城市化水平首先要与经济发展水平相一致，而反映经济发展水平的基本指标就是人均 GDP①。由前文的分析可知，我国的城市化水平与成功的经济体相比

① 安虎森和陈明（2005）与“工业化与城市化协调发展研究”课题组（2002）也认为人均 GDP 既能反映出社会发展的水平，也是一个国家工业化程度的标志，无论是工业化还是城市化一般都要与人均 GDP 的上升相一致，因此人均 GDP 是衡量城市化水平的一个较好的标准。

基本持平，因此我国并不存在明显的城市化的滞后或超前问题，而我国出现的产业结构变迁与城市化不协调的原因在于产业结构的偏差，而非城市化的偏差。具体而言，我国工业产值结构、服务业产值结构和就业结构超前于同一收入水平下成功的经济体，而工业就业结构又滞后于同一收入水平下成功的经济体。

五、结论与政策建议

研究表明：（1）以人均 GDP 衡量城市化水平，尚未成功的经济体的城市化率与成功经济体相比明显偏高，我国的城市化水平与成功的经济体基本持平，不存在明显的城市化的滞后或超前问题。（2）以服务业产值与工业产值之比衡量产业结构高级化程度，同一收入水平下，尚未成功的经济体产业结构“服务化”发展超前于成功的经济体，而我国的产业结构高级化程度与成功的经济体相比还较低，但也存在着一定的服务业发展超前的趋势。（3）成功经济体城市化的发展由依靠工业带动逐渐转向依靠服务业带动，工业和服务业的产值结构与就业结构的转变基本一致；尚未成功的经济体城市化进程与工业化联系不紧密，主要依靠就业结构的服务化带动，工业和服务业的产值结构与就业结构存在偏差；我国产业结构变迁与城市化的发展还不协调，其问题在于产业结构的偏差，而非城市化的偏差，即工业产值结构、服务业产值结构和就业结构超前于同一收入水平下成功的经济体，而工业就业结构却相对滞后。上述结论的政策含义如下：

第一，我国应继续走工业化道路，同时注意充分利用工业存在的吸纳就业的空间。从产业结构高级化的角度来看，成功经济体与尚未成功经济体的显著差异在于成功经济体在第二时点之后产业结构高级化程度继续保持下降，这说明工业产值占比的增长速度仍快于服务业。鉴于我国目前刚刚跨越第二时点，未来的一段时期内仍应以工业发展作为带动经济增长的主要动力。工业就业结构的滞后也说明其还存在较大的吸纳劳动力的空间。

第二，我国应防止服务业的超前发展，同时避免服务业产值结构与就业结构偏差的两个极端。虽然前文的研究表明我国产业结构高级化程度与成功的经济体相比还偏低，但这是由于工业产值结构过高造成的。目前我国服务业产值结构和就业结构都已经超前于同一收入水平下成功的经济体，尤其是就业结构已经从滞后于产值结构发展到与产值结构基本持平，并且还有进一步超前的趋势。因此，在工业化道路尚未完成之前，服务业的发展需要协调适度，而不应成为推动经济增长的主导力量。此外，服务业的产值结构与就业结构也应注意协调发展，其原因在于服务业的产值结构超前就业结构或就业结构超前产值结构的两种极端，均会造成整体产业结构合理化程度的下降，进而导致产业层面的收入分配差距加剧，影响国内消费需求的形成。

第三，我国应继续以工业化推动城市化，促进产业结构变迁与城市化的协调发展。我国尚处在工业化的进程之中，仍需要将工业作为吸收农业剩余劳动力的主要产业部门。同时，我们要吸取尚未成功经济体的教训，不应在工业化尚未完成之时就依靠服务业就业来转移农业剩余劳动力，避免由于产业结构的过早服务化而导致过度城市化问题。

中国能跨越“中等收入陷阱”吗

——基于利益集团理论视角的分析

卢现祥　罗小芳*

世界银行近期发布的《中国2030展望》报告指出，在过去50年间，只有13个国家或地区成功地从中等收入经济体晋级为高收入经济体。世界银行前行长佐利克认为目前摆在中国面前的新问题是“中等收入陷阱”，即从中等收入过渡到高收入，比从低收入过渡到中等收入更难。可以说，“十二五”期间，是中国跨越“中等收入陷阱”的关键时期。中国是否逼近“中等收入陷阱”？陷入“中等收入陷阱”的根源是什么？中国如何跨越“中等收入陷阱”？本文将基于利益集团理论视角探讨这三个问题。

一、中国逼近“中等收入陷阱”了吗

“中等收入陷阱”是2006年世界银行在其《东亚经济发展报告》中明确提出的一个概念。它指的是当一个国家的人均收入达到世界中等水平后，由于实现经济发展方式转变缓慢，导致增长动力不足，最终出现经济停滞徘徊的一种状态。换言之，一个国家突破人均GDP1 000美元的“贫困陷阱”后，很快会奔向1 000美元至3 000美元的“起飞阶段”。但当人均GDP达到或超过3 000美元时，即人均收入达到世界中等水平后，快速发展中积聚的矛盾集中爆发，体制与机制的更新进入临界点。“中等收入陷阱”国家的特征是：经济增长回落或停滞、贫富分化、腐败多发、过度

* 卢现祥，中南财经政法大学经济学院教授、博士生导师；罗小芳，中南财经政法大学经济学院副教授。

城市化造成畸形发展、社会公共服务短缺、就业难、社会动荡、金融体系脆弱，等等，这其中的许多特征相互之间具有内在联系，并相互强化。

所谓收入陷阱，是指在一个促进人均收入提高的因素发挥作用之后，由于这个因素具有某种程度的不可持续性，其他制约因素又会将其作用抵消，把人均收入拉回到原来的（生存）水平上面，从而达到一种均衡状态。

面对“中等收入陷阱”有三种情况，一是掉入“中等收入陷阱”而难以自拔的国家，如拉美一些国家在20世纪70年代进入中等收入国家行列，却因为没有处理好经济发展、贫富差距和对外经济关系等问题，而一直陷于低谷；二是正在努力摆脱“中等收入陷阱”的国家，如马来西亚、泰国等东南亚国家；三是成功跨越“中等收入陷阱”的国家，如日本、韩国等新兴工业化国家分别在20世纪60年代和70年代成功跨越“中等收入陷阱”，迈进了高收入国家行列。

中国是否陷入“中等收入陷阱”？对此我们的判断是，中国有逼近“中等收入陷阱”的危险，我国当前经济增长势头趋缓，并且中等收入陷阱的一些特征已不同程度地显现出来。我国逼近“中等收入陷阱”的危险表现为：

第一，经济增长放缓与自主创新能力不足并存。从粗放型增长向集约型增长是一种必然趋势。但是自主创新能力不足严重地制约着我国经济发展方式的转变和产业的升级换代。我国90%的产品是贴牌生产。目前国内很多文化艺术作品创造力不够，90%的作品属于模仿和复制的（柳斌杰，2011）。这些年我国在教育、科技方面投资也不少，但是这些投资与预期相比还差得比较远。这其中的重要原因是，我国教育、科技投入主要来自于政府。来自于政府的投资往往是软预算约束，并且其投资的成本与效率没有人去真正的关心，这就必然导致投资的低效率。教育、科技投入在任何国家都是存在的，但在投资的多少和投资的方式上是有差别的。因此，我国科技投入体制的问题以及背后的制度因素是需要我们探讨的问题。在《全球竞争力报告（2010～2011）》中，中国竞争力指数排在第27位，但是，这主要是得益于中国宏观经济稳定和市场规模等因素，而反映科技水平的因素则大多排位较低。例如，金融市场成熟度排在57位，高等教育与培训排在60位，而技术准备仅仅排在第78位。

第二，贫富分化与腐败严重并存。最近的调查显示，2010年，中国有1 000万元人民币流动资产的家庭有54万，占全国人口的比例只有0.1%。他们的总财富多达2.68万亿美元，超过当年全国GDP的44%，或者是全国财富存量的20%。同年，中国人均GDP虽然达到了4 600美元，但是，全国60%的人的平均收入却达不到1 200美元，还是处于贫困或温饱的状态。我国的行业收入差距及国企的垄断高收入都加剧了我国的收入差距和贫富分化。我国城乡中收入差距、地区之间的收入差距、行业中的收入差距、不同企业所有制之间收入差距都是利益失衡的表现。从表面看，这些是收入分配的问题，但实质上是分配中的利益机制及制度安排问题。更为严重的是，我国的贫富分化中“腐败”因素占有相当的比重。贫富分化与腐败往往互相强化。在“中等收入陷阱”中，过大的收入差距或贫富分化是最为突出的特征。如果收入分配恶化达到伤害经济激励和社会稳定的程度，就会阻碍经济增长，使人均收入水平不能继续提高。

第三，过度城市化造成畸形发展与社会公共服务短缺并存。为什么一方面出现过度城市化造成畸形发展，另一方面社会公共服务又短缺的矛盾状态呢？这与政府主导的经济发展体制密切相关，与强势政府行为有关。我国的城市化是在房地产市场及土地市场缺乏有效利益制衡机制及制度安排下进行的。自1998年住房分配货币化以来，中国短时间内在最大范围内形成了一个世界上绝无仅有的“造城运动”，各地水泥森林拔地而起。在暴利的驱使下，不仅导致了全国产业结构升级的逆选择，而且导致了社会资金与财富的逆流向，从而使得房地产业与其他行业之间的利益失衡越来越严重（易宪容，2006）。我国过度城市化现象也比较明显，城市的摩天楼越来越多，城市的表面越来越豪华，城市的建筑寿命越来越短，这些都是过度城市化的表现。但是另一方面，与快速的经济发展相比，我国的基础教育、医疗服务、社会秩序等公共服务供给不足。公共服务的短缺并不是差钱，而是缺乏一套形成有效公共服务的制度体系。

第四，就业困难、社会不稳定、金融体系脆弱与我国生产要素市场的不健全有关。生产要素市场改革的滞后加大了我国陷入“中等收入陷阱”的可能性。这主要体现在资本市场、土地市场及劳动力市场改革的滞后。随着工业化、城市化及市场化的推进，许多要素（土地、资产、自然资源等）不断变现、增值、升值，但这些好处在我国现行制度下其流向和结构出现了偏差，并没有惠及到更多的人，而是大量地集中到少数利益集团手中。我国的要素市场是在缺乏市场“基因”下发展起来的，受利益集团的影响和行政驱动，弱化了市场经济配置资源的基本功能，而在一些方面成为少数利益集团的“寻租场”，这将成为我国社会主义市场经济体制建立的最大问题。我国金融体系的脆弱并不仅仅是指其技术和管理层面的，而且包括制度层面的。在现行体制下，利益集团会经常“绑架”国家。如近几年来，国家向国内金融机构注资达5万亿元之巨，由于银行经营有国家为之担保，由于银行当期利润与银行当期经营者的利益直接相关，于是银行借助国家信用无限扩张。一些房地产市场炒作者一人竟可借款几个亿，买一百多套房，从而用银行的钱把房价炒高，侵害与掠夺他人的利益（易宪容，2006）。

二、“中等收入陷阱”形成的主要根源在于缺乏制约利益集团的制度体系

在经济发展过程中，一国从低收入向中等收入迈进中起作用的一些因素，到了中等收入阶段就不够了。一些原有的机制也难以发挥作用了。或者说，原有的机制不适用变化了的条件，从而难以发挥作用。换言之，从中等收入向高收入的迈进不仅仅是一个人均收入的提高，它还涉及经济、政治、社会及文化等方面的全面转型。

诺思指出，拉美国家的经济增长都不大成功或者半途而废，原因就是它们普遍缺乏抵御利益集团对经济的负面作用的制度体系①。换言之，利益集团会左右一国经济发展和政策与制度变迁。世界银行报告指出，深化中国经济改革可能会招致三种人的反对：一是既得利益集团；二是可能会从改革中短期受损的群体；三是将今天中国的问题归结于过去的改革（而非改革尚未完成）的意见领袖。

我国是一个正在跨越中等收入陷阱的国家。在此我们从利益集团理论视角对我国跨越中等收入陷阱中面临的深层次障碍作一个初步探讨。我们的研究发现，我国转型中的制度质量低、权力缺乏制约及社会流动的僵化有可能导致我国缺乏抵御利益集团对经济的负面作用的制度体系。

（一）制度质量低

制度质量不高的根源是多方面的，但最主要的是特殊利益集团、强势利益集团、既得利益集团的干扰使制度的设计和制度的实施及制度的运行都受到了影响，从而导致制度失灵，进而增加了整个社会的交易成本。人们发现拉丁美洲的制度质量存在明显不足，执法不严、腐败、司法体系效

---

① 芮成钢：《道格拉斯·诺思：会飞的经济学家》，载于《北京青年报》2002年5月13日。

率不高而且缺乏独立性等问题成为拉美各国的制度“特色”（菲利普·拉兰）。在从低收入向中等收入迈进中，制度和体制是重要的因素，但在从中等收入迈进高等收入国家中，制度是一个不可或缺的关键性因素。

从宏观上讲，我国制度质量体系还不高，这就为特殊利益集团、强势利益集团，甚至分利联盟的形成提供了土壤。少数人控制（垄断）资源或者借助于政府对资源控制的分配最容易形成利益集团。如我国这些年收入差距扩大及贫富分化与制度质量不高是有密切关系的。研究表明，民主程度高的国家比集权国家的基尼系数要低得多。民主与法治化程度越高的国家更有利于公共产品和公共服务的均等化。制度质量高还有利于社会的稳定。

利益集团在任何国家、任何体制下都会存在，高质量的制度体系能抵御利益集团对经济的负面影响，从而很难形成特殊利益集团、强势利益集团，甚至分利联盟。反之，在制度质量体系不高的国家，容易形成特殊利益集团、强势利益集团，甚至分利联盟。从表一可以看出，这些年来，我国经济总量不断增长，正式规则也在不断的完善，但是与我国经济社会发展的要求和其他国家相比，我国正式制度的质量的提高还显得相对滞后，这两者的矛盾将会严重地制约我国从中等收入国家向高收入国家迈进。

（二）权力缺乏制约为利益集团左右制度的形成提供了条件

制度设计过程实际上是不同利益集团博弈的结果。制度设计常常更多地牵涉到利益派别间的谈判和讨价还价，牵涉到正规政府制度的功能发挥。个人既可以在既定的制度框架内专心于生产，也可以从规则制定者、立法者和政府机构中争取法律或规则的有利变动，以实现个人财富最大化，具体的途径取决于改变权利结构的相对成本。当成本较低时，有影响的利益集团会影响制定一些使社会的生产能力只部分实现的经济制度。为什么我们不能总是选择到最有益于社会财富最大化的制度安排？这与利益集团的存在及其对制度安排的影响是分不开的。奥尔森分析了利益集团对经济发展和制度变迁的影响，认为利益的变化是制度变迁的基础。如果一个社会允许某些特殊利益集团具有强权地位，那么他们会拼命剥夺整个社会的利益，但如果有不同的利益集团形成相对均衡的态势，则会对社会产生正面影响①。

---

① 转引自罗金生：《利益集团与制度变迁：渐进转轨中的中小商业银行》，中国金融出版社2003年版，第2页。

国家在某种程度上讲是不同集团的集合体。统治者就是这些不同集团利益的“均衡者”。正如舒尔茨所指出的那样，“处于统治地位的个人在政治上依赖于特定群体集团的支持，这些集团使政体生存下去。经济政策在这个意义上讲是维持政治支持的手段。”① 制度安排（包括产权制度）的变迁经常在不同群体选民中重新分配财富、权力和收入。如果变迁中受损者得不到补偿，他们将明确地反对这一变迁。一个强有力的集团也可能促进那些有利于这个集团收入再分配的新制度安排，尽管这种变迁将损害经济的增长。显然，包括产权在内的各种制度安排并不完全取决于效率（或经济）原则，它们还取决于不同利益集团的规模、地位以及与统治者的关系。在民主与法制健全的制度环境下，在经济上强势的利益集团一般不会转变为政治上的强势利益集团，或者会大大地受到限制。

我国利益集团对制度和政策的影响有其特殊性，这主要表现为：

第一，在我国，现在一些主管部门（部委）往往成为本产业或行业的代理人，这是我国社会经济转型中一种独有的现象。从表面来看，他们代表国家和整体利益，但是实际上（甚至表现在一些规则的制定），他们往往代表了本产业、本行业的利益，这是我国不同行业收入差距扩大的重要原因之一。这些行业如果容易采用国有体制，更加剧了利益集团对经济的负面影响。这些组织往往代表一个群体的利益，他们与国家之间的博弈关系对于一个国家的制度及其体系的形成产生了重要的影响。行业之间利益失衡的行业垄断成为我国社会经济发展中一个重要制约因素。

第二，中国诸多的法律法规由政府部委所起草，与成熟国家法规由议会专门委员会起草大不相同。这样各政府部委会无限制扩张自己的权益。这必然形成政府既得利益不断扩张，不断推卸社会公共责任，政府官员权钱交易的空间不断扩张的弊病。如住建部试图实现住房信息的公开，但遇到地方政府以信息安全为由的抵制。

我国利益集团对一些政策和制度的影响越来越明显。这主要表现在产业政策和再分配及社会保障领域。例如，目前国内的房地产市场，一方面，有效的规章制度由于受到既得利益集团激烈反对而无法推行；另一方面，过时的、不适应变化了的市场环境的制度则由于有利于既得利益集团而无法调整与改革。如住房预售制度，本来是计划经济条件下的产物，是

---

① Schultz, Theodore W. “Distortions of Agricuitural Incentives”, Bloomington: Indiana University Press, 1978. P. 10.

一个由消费者单边承担风险的制度，由于职能部门倾向于房地产商的利益而难以改革（易宪容，2006）。

（三）社会流动的僵化为既得利益集团提供了生成的土壤

从深层次看，社会流动性高就不利于既得利益集团的形成。麻省理工学院经济学家阿西莫格鲁（2008）的研究显示，精英社会能实现短期的繁荣，但不能实现长期的繁荣，这主要是因为社会流动性低。精英阶层为了保护既得利益，会设置各种进入壁垒，提高进入成本，导致人才浪费和人力资源配置的低效。这使得精英之外的人士看不到个人的发展机会，进而没有激励去努力和人力资本的投资，这压制了各种生产要素投入的积极性，使得长期经济增长失去了动力。

在我国，既得利益集团不仅仅是在财富分配、资源控制等方面处于优势地位，而且还体现在社会流动方面。某一利益集团一旦处于有利地位，就可以固定下来。那些高收入、福利好、职业稳定的领域被一些特殊利益集团及子女所占有，其他群体很难进入，或者进入的门槛越来越高。清华大学研究社会流动（Social Mobility）课题组的研究发现，中国的社会流动在近20年来发生了不利于低收入阶层的变化。改革的前期即1978～1990年间，中国许多社会基层家庭的子女，能够走出其父母所在的低阶层的机会，远高于20世纪90年代初之后。因为在这之前，中国的教育机会尤其是高等教育的资源，在社会里分布较广泛，家庭所承担的教育支出较少，主要由政府买单。这样，很多穷人的子弟可以通过高等教育，在社会里获得上升的途径。但是，90年代初之后，中国的社会流动变得越来越困难。特别是到了90年代末及21世纪初，就更难发现大面积的、来自中国社会底层的青年人找到上升的机会。我国社会流动的僵化与制度性歧视（性别、城乡、地域等）有关，也与我国官本位、礼俗社会等有关。中国社科院一份名为《当代中国社会流动》的研究报告表明，父辈具有社会资本的那些人比一般人更易于成为干部。在父亲受教育程度这个自变量固定的情况下，干部子女成为干部的机会，是非干部子女的2倍多。社会向上流动有利于有权有势的人是缺乏抵御利益集团对经济负面影响的制度体系的典型表现。

由以上所述可以看出，所谓中等收入陷阱，实质上是在缺乏对利益集团制约的制度体系情况下，社会的非生产性增加、创新能力不足、资源和分配不公导致的社会不稳定增加、社会流动僵化、政府用于维稳的成本上升，从而导致交易成本上升和人均收入提高缓慢。

三、中国跨越“中等收入陷阱”的基本路径在于制度创新

（一）推进社会主义政治体制改革，建立制约利益集团的制度体系

我国在从低收入向中等收入迈进中，是在政治体制改革没有到位的条件下保持了高速增长的。从短期来看，保持高速增长是没有问题的，但是在从中等收入向高收入的迈进中，中国现有的政治体制还能支撑吗？经过三十多年的增长后，要跨越中等收入陷阱必须要解决政治体制与经济体制的不相适用性问题。这种不适用性应该是我们下一步改革应该重点关注的问题。温家宝总理在深圳特区建立 30 年时候称：没有政治体制改革的保障，经济体制改革的成果就会得而复失。

当前我国经济市场与政治市场之间由于政治体制改革的相对滞后，我国政治市场与经济市场之间还缺乏一种有效的互动机制。我国法治化程度低不仅不利于政治体制有效运行，而且大大地提高了社会经济活动中的交易成本。目前我国社会经济发展中的一些深层次问题都需要法治化程度水平的提高。如第三产业的发展，反腐败，制约政府官员的行为等都需要法治作为支撑。

经济与政治的协调发展是可持续发展的基本提前之一。我国在可持续发展的探讨上往往忽视经济与政治的协调发展。经济增长的道德基础是让所有人都能受益，增长是在机会公平基础上的增长，只有这样我们才能让增长的成果惠及到所有的人。经济增长不仅仅是大多数公民生活水平的提高，还意味着更多的机会、对多样性的容忍、社会流动性、坚持公平以及对民主的尊崇。在这些年中，迈向自由和民主最成功的国家，常常也是平均收入都上升了的国家。民主国家的基尼系数普遍低于集权国家的基尼系数。经济增长不仅对我们在物质文明上的改进有价值，也对影响我们的社会取向和政治体制有价值。经济增长使一个社会更加开放、宽容和民主，这样的社会也更能促进创业和创新，从而达到更大程度的经济繁荣①。这

① 本杰明·M·弗里德曼：《经济增长的道德意义》，中国人民大学出版社 2008 年版，第 13 页。

表明，经济增长并不仅仅是社会财富和公民收入的增长，而是包含着社会政治方面的变化，这突出表现为经济增长后更有利于民主和自由。

国家如何有效地平衡不同利益集团的关系？第一，建立制约政府偏向某一些特殊利益集团的制度安排。让政府自身中立是很难的，必须建立制约政府偏向特殊利益集团的制度安排。如部门法规和产业政策应由独立的专门委员会来制定，增加公共政策中公众的参与度的制度规定等。第二，通过制度安排约束社会中的“强势利益集团”，扶助社会中的“弱势利益集团”。不同的利益集团对政府决策的影响是不一样的，如何让“弱势利益集团”在政府的决策中也有自己的“话语权”是国家能否协调不同利益集团利益关系的基本条件之一。

（二）改革强势政府，建立强化市场型政府

在我国由低收入向中等收入的迈进过程中，在经济上形成了政府主导的市场经济，在政治上形成了威权政府。我国市场经济体制的建立主要是政府推动的，但我国社会经济中的诸多问题又与政府有关。我国社会经济中的一些问题又主要与强势的政府有关。我国形成了政府主导的市场经济体制。这表现为政府控制的资源多、政府的管制多、政府干预经济多。这种政府主导的市场经济不利于我国转变经济发展方式。在短期内，政府主导的市场经济可以克服体制的不足或制度的缺陷，但是从长期来看，政府主导的市场经济体制的问题会逐步显现出来。如过大的收入差距、贫富分化、维稳成本上升、寻租与腐败严重、政府投资过度等。更严重的是，这种格局一旦形成并产生路径依赖，将会大大地制约中国的改革与发展。所以，我们要实现从强势的政府到强化市场型政府的转变。那些成功从中等收入向高收入迈进的国家有一个共同的特点，就是完成了从强势的政府到强化市场型政府的转变。

（三）深化要素市场改革，让市场机制真正发挥作用

深化要素市场改革是市场机制发挥作用的基础。如果说，我国从低收入向中等收入国家的转变得益于商品市场的改革，那么我国从中等收入国家向高收入国家转变必须要深入要素市场的改革。我国的一些要素（如土地、资本等）还主要是由政府控制。如果这种国家主导的经济体制在从低收入向中等收入国家的转变的过程中有积极作用的话，那么在从中等收入国家向高收入国家转变的过程中其消极作用越来越大，甚至会成为我们转

变的障碍。中等收入陷阱的一些表现实际上都与政府控制的资源多、政府的管制多和政府干预多有关。在政府还控制大量资源的情况下，我们很难建立强化市场型政府。

从深层次上讲，如果我们不从制度层面完善我国市场经济体制，不加快改革的进程，让特殊利益集团、既得利益集团持续下去，那么原来设想中的社会主义的市场经济很有可能演变为一种“权贵的市场经济”，而权贵市场经济只能带来少数人的暴富，而不是我们期望的共同富裕。在一定意义上讲，跨越中等收入陷阱就是要建立共享式增长模式。共享式增长模式的形成涉及许多因素，如经济发展的水平和市场化程度；制度安排的决定因素，特别是有关资源及财富分配的制度安排上民众的参与度；公共政策的形成机制，是由政府决定还是民主决定；社会的价值观取向等，而其中共享式增长实现的机制和路径至关重要。有效的制度创新是我国跨越中等收入陷阱的前提，其中深化要素市场的改革尤为重要，有效的要素市场机制是建立抵御利益集团对经济负面作用制度体系的基础。

“资产短缺”假说的经验研究与中国的应对之策

范从来　刘绍保　刘德溯*

改革开放以来，中国在高速增长和发展的同时，尤其是进入中等收入国家后，我们面临的是一种新的经济现象：资产短缺。根据卡巴雷罗（Caballero，2006）提出的“资产短缺”假说以及我们对由陈和伊玛姆（Chen and Imam，2011）所提出的C－I指数法的修正，中国早在21世纪初就已进入了资产短缺状态。正是这种资产短缺，才使得我们的可支配收入，我们的财富总是处于流动状态，是一只一直在飞的“鸟”，找不到一个树枝停歇下来，形成了我们所看得到的流动性过剩，通货膨胀不断上升；也形成了我们所看得到的经济泡沫。显然，产品短缺时期和资产短缺状态下，经济运行和经济发展方式有着很大的区别，政府宏观调控的着力点也应发生根本性改变。我们必须认真研究导致中国资产短缺的具体因素，寻求应对之策。

一、中国资产短缺指数的构建及其测算

作为新兴经济体中的一员，也是目前世界上第二大经济体，中国经济已持续高速增长30多年，中国是否也存在资产短缺？对此，我们将通过构建中国的资产短缺指数来进行测算。

（一）中国资产短缺指数的构建

根据卡巴雷罗的“资产短缺”假说，新兴经济体普遍面临的资产短缺

---

* 范从来，南京大学商学院教授、博士生导师；刘绍保，南京大学商学院博士生；刘德溯，南京大学商学院博士生。

实际上是金融资产短缺，特别是安全级别较高的金融资产短缺。因此，在构建中国的资产短缺指数时，我们将主要从金融资产的供求差异角度进行考虑。这里，我们以总国民储蓄表示国内的金融资产需求，以本国的债券净发行规模（考虑到债券的还本付息情况）、股票发行规模以及贷款发放规模表示国内的金融资产供应。此外，我们还考虑了储蓄资金的短暂停歇和净流出①。前者可以被看做是对总国民储蓄的一种扣除，即储蓄资金的暂时漏出；后者同样也可以被看做是对总国民储蓄的一种扣除，只不过这部分储蓄已用于投资国外金融资产。当然，如果资金净流出为负值，则表明资金实际存在净流入，即此时一国总储蓄就由其总国民储蓄和外国投资者储蓄两部分组成。为更好地诠释储蓄资金的体内外循环，并加深对金融资产短缺指数构建的理解，接下来，我们将对陈和伊玛姆（2011）在其工作论文中列示的储蓄资金循环图（见图1）作进一步改进。

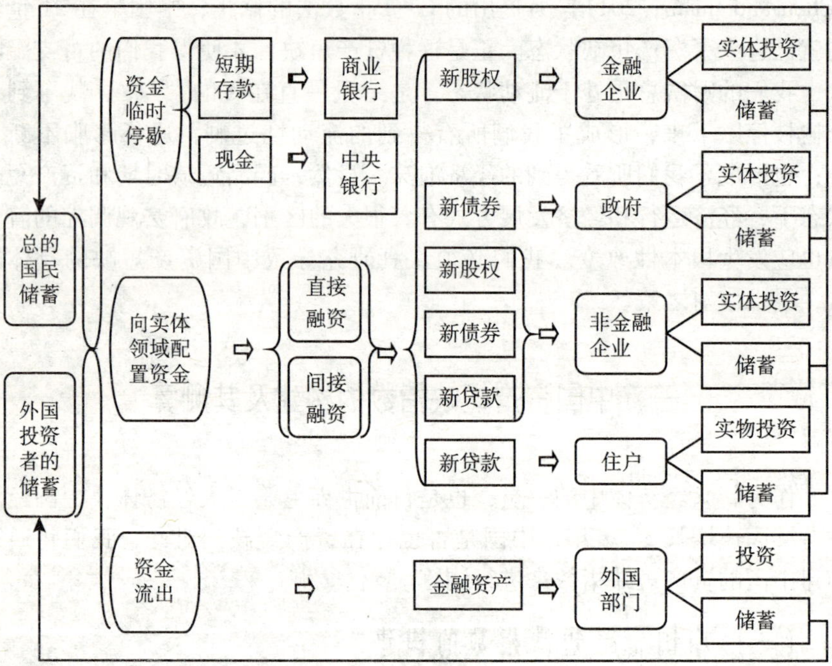

图1　储蓄资金循环

① 资金净流出＝资金流出－外国投资者储蓄。

由图1可知，在开放经济条件下，一国总储蓄不再仅仅表现为总国民储蓄，在存在资金净流入的前提下还包括外国投资者储蓄部分。其中，总国民储蓄由该国金融企业部门储蓄、政府部门储蓄、非金融企业部门储蓄以及住户部门储蓄构成。一国金融资产供应也不再仅仅由其国内部门生产，在存在资金净流出的前提下还包括外国部门生产的相应部分。不仅如此，受法律约束以及各部门资金营运方式及其信用状况影响，国内各部门在生产金融资产方面也存在着巨大差异。其中，金融企业部门主要是通过新股发行、政府部门主要是通过新债券发行、住户部门主要是通过新贷款申请实现向实体领域直接配置资金的，非金融企业部门则既可以通过新债发行、新贷款申请也可以通过新股发行向实体领域直接配置资金。

现实中，由于资金分布的不一致性，一些部门有可能存在资金盈余，一些部门有可能存在资金短缺，其余部门则有可能既无资金盈余也无资金短缺。这样，资金盈余方出于财富的保值增值急需将资金进行投资。此外，考虑到绝对指标无法比较不同储蓄规模上的资产短缺状况，不能更好地反映一国资产短缺状况在时间序列上的变化。这里，我们拟采取相对指标，即用资产短缺绝对额与储蓄规模的比值来表示。具体公式如下：

$$AS=\frac{(S-\Delta C-\Delta S.D.-NPFA)-(B+E+L)}{S} \tag{1}$$

其中，AS 为资产短缺指数；S 为国内总国民储蓄；B 为国内市场上新增债券净发行规模；E 为国内市场上新增股票发行规模；L 为国内市场上新增贷款发放规模；ΔC 为国内流通中现金变化量；$\Delta S.D.$ 为国内短期存款变化量；$NPFA$ 为国内投资者对国外金融资产的净购买（其等于国内投资者持有国外金融资产的净头寸减国外投资者持有国内金融资产的净头寸）。

需要进一步说明的是，这里，我们将 ΔC 和 $\Delta S.D.$ 作为对国内总国民储蓄的一种扣除，是因为这部分储蓄是投资者为应对各种不测事件可能发生冲击而作的一种临时性资金配置安排，极具变动性。也正因为这部分资金变动性大，为满足现金持有者随时赎回要求，央行必须将这部分因现金投放所筹集来的资金再存放于更具流动性的金融资产上去，即央行需在二级市场上频繁买卖国债和外汇；同样，为满足存款者及时取现要求，商业银行也必须将这部分以存款方式募集来的资金配置到更具流动性的资产上去，如为满足自身资金周转需要，商业银行需保有超额准备金、库存现金以及在二级市场上参与安全级别较高证券的投资。也就是说，ΔC 和

$\Delta S.D.$ 主要是为应对不测事件冲击以及资金周转需要而存在的，其会在银行系统和资金持有者之间频繁往来，而与这部分资金变动相对应的则是企业存货投资及其他投资的变化。因此，从这个意义上来说，我们也可以将其看做是另一种金融资产供给，只不过它并非是企业主动增加金融资产供应罢了。

当然，我们所构建的资产短缺指数并没有考虑到央行黄金储备变动所占用的资金，因为现实中，在未遭受强有力的外部冲击的前提下，央行黄金储备的变动频率及规模都很小，其所占用的资金相对较少。限于资料收集困难，我们也没有考虑非上市企业的股权投资、非金融企业的内部集资等。

在对 ΔC 和 $\Delta S.D.$ 等问题作进一步分析后，我们就可以对（1）式各项重新排序并化简得：

$$AS = 1 - \frac{(B + E + L + \Delta C + \Delta S.D. + NPFA)}{S} \tag{2}$$

由（2）式可知，相比于陈和伊玛姆（2011）在 *Causes of Asset Shortage in Emerging Markets* 一文中所给出的资产短缺程度测算方法（本文简称为 C－I 指数法），我们构建的这一资产短缺指数中多了一项 ΔC。这里，之所以将 ΔC 也一同纳入资产短缺指数，是因为我们认为 ΔC 和 $\Delta S.D.$ 在功能上并无不同。ΔC 同样也是投资者为应对各种不测事件可能发生冲击而做的一种临时性资金配置，意味着一笔储蓄资金暂时漏出。因此，我们将包含 ΔC 项的资产短缺指数看做是对“C－I 指数法”的一次修正。接下来，本文将据此测算特定时期内中国的资产短缺程度。

（二）中国资产短缺状况的测算

本文测算中国资产短缺状况所使用的数据来自于国家统计局网站、中国经济信息网、中国债券信息网、中国人民银行网站以及国家外汇管理局网站。样本期间拟定为 2000 年 1 季度 ~2011 年 4 季度（取决于数据的可得性和大样本要求）。具体测算结果如图 2 所示。

由图 2 可知，除 2002 年 2 季度、2003 年 2 季度、2009 年 1、2 季度中国存在金融资产过剩外，样本期间内的其他时期，中国一直存在金融资产短缺。与陈和伊玛姆（2011）利用年度数据测算并给出 2000 年、2005 年、2008 年的结果相比较，我们发现了一个很有意思的现象，即两种测算结果都表明，2000 年和 2005 年中国面临资产短缺，且在美国金融危机来

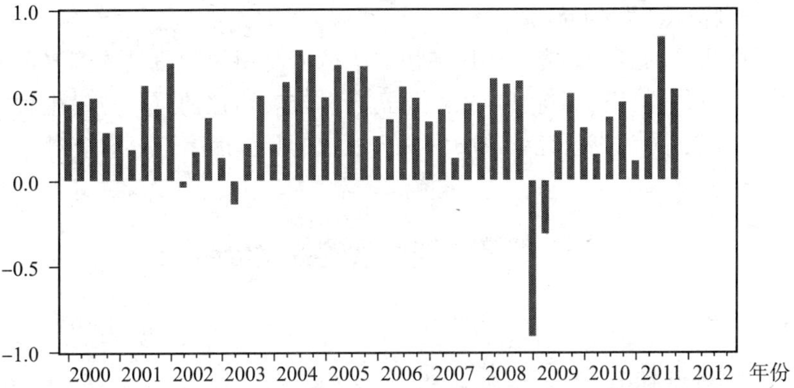

图 2　2000 ~ 2011 年间中国资产短缺状况季度走势（未经季节调整）

袭时中国的资产短缺状况发生逆转，开始出现资产过剩。只是我们的测算结果表明，受美国金融危机冲击影响，中国资产短缺状况发生逆转的时点是在 2009 年 1 季度并延续至当年的 2 季度，而并非陈和伊玛姆（2011）所认为的 2008 年。①

通过对数据的进一步分析还发现，造成这一时期国内资产短缺状况发生逆转不是因为我们测算指标中多了流通中现金变化量这一变量。与 2008 年 1 季度相比较（为避免季节因素影响），尽管 2009 年 1 季度流通中的现金变化量下降幅度惊人，高达 578. 52%，但其绝对额变动也只是从前期的增加 98. 75 亿元逆转为减少 472. 54 亿元。当然，这种逆转主要也不是由总国民储蓄、股票筹资额、债券净发行规模变动引起的，因为这一时期总国民储蓄并未减少，而是增加了 829. 55 亿元；股票筹资额并未增加，而是减少了 1 149. 36 亿元，下降幅度为 77. 37%；债券净发行规模虽有所增加，也只有区区 27. 52 亿元。本文认为，引发这一逆转的最根本原因是这一时期的贷款额和短期存款变动额都已发生了显著变化。有资料显示，这一时期，贷款增加了 32 850. 85 亿元，上涨幅度为 246. 83%；短期存款变动增加了 18 352. 82 亿元，上升幅度为 234. 26%。另外，国外投资者对国内金融资产净购买量的变化对这一逆转的出现也起到了推波助澜的作用。资料显示，这一时期，国外投资者对国内金融资产净购买减少了 1 429. 30

① 我们认为，造成这一差异的原因主要有两个：一方面，我们各自获取数据的渠道不一样；另一方面，限于数据的可得性，我们各自在对一些指标统计口径的处理上也存在一定差异。

亿元，下降幅度为44.82%。

根据我们的经验研究，中国已由过去的产品短缺阶段进入到当前的资产短缺阶段，这种转型将会导致经济运行和宏观调控的着力点发生根本性变化，我们必须认真研究导致中国资产短缺的具体因素，寻求应对之策。

二、资产短缺因素的经验分析

（一）指标选择及数据说明

1. 指标选择。前文述及，所谓资产短缺也就是金融资产需求大于金融资产供给，即市场上存在着对金融资产的超额需求。因此，一切影响金融资产需求及其创造的因素，如财富创造、财富分配、资金使用成本以及投资收益和风险等都将会对资产短缺发生影响。也正是循着这一思路并结合指标量化的难易程度，本文选取了实际 GDP 增长率、通货膨胀率、实际财政赤字、实际利率、人民币实际汇率以及美国名义利率等对中国资产短缺程度的影响进行分析。

2. 数据说明。这部分实证所使用的季度数据都是来源于中国经济信息网、中国人民银行网站、美国金融预测中心网站、中国金融投资网站以及国家外汇管理局网站，样本期间拟定为2002年1季度~2011年4季度（取决于数据的可得性和大样本要求）。名义 GDP 采用的是支出法下核算的数据。中国物价水平采用的是以2001年为基期的环比居民消费价格指数套算得来。美国物价水平采用的是以1982~1984年间为基期的定基居民消费价格指数。所有价格指数的基期都为100。通货膨胀率以同比居民消费价格上涨率表示。名义利率使用的是在1年期人民币存款年基准利率的基础之上以时间为权重进行加权后的数据。人民币名义汇率使用的是直接标价法下1美元可兑换多少元人民币的数据。名义财政赤字是以国家财政支出减其财政收入后的数据。考虑到中国股票市场自建立之初就受到国家严格控制，由此而形成的股权结构的长期割裂必然会导致流通股的股价虚高；在这种情况下，使用股票总市值并不能很好地反映中国股市变化对金融发展的贡献；为此，在测算中国的金融发展程度时，我们以流通股总市值代替股票总市值，即本文的金融发展指数采用的是广义货币供应量M2、各金融机构人民币贷款余额、债券总市值以及A、B股的流通股总市值之和与名义 GDP 比值来表示。收入分配状况指数是以城镇居民人均可支配收入和农村居民人均现金收入间比值表示（限于数据的可得性）。美国名义利率采用的是 1 年期美国国债固定期限名义利率。此外，为弱化异方差影响，本文对金融发展指数和人民币实际汇率均取自然对数；对于循环变动呈现出明显的季节波动性的季度数据，本文将采用默认参数下的 TRAMO/SEATS 法进行季节调整，所有数据处理都是由 Eviews5.0 来完成。

（二）实证检验结果

受篇幅限制，此处没有报告具体检验过程及结果，但是我们的实证检验结果不仅证实了如陈和伊玛姆（2011）所言：经济增长是造成中国面临资产短缺困扰的一大诱因；资本市场和银行体系发展并不能迅速解决资产短缺问题，国内资产创造实际存在障碍；负向外生冲击和美国名义利率上升利于缓解我国的资产短缺压力，也证实了未被陈和伊玛姆（2011）所重视的金融发展程度在缓解并最终解决我国所面临的资产短缺压力方面具有重要作用。不仅如此，我们的经验研究也不支持如陈和伊玛姆（2011）所言：在以上各因素中，财政盈余对资产短缺状况影响最强烈。

当然，我们的研究并没有证实如陈和伊玛姆（2011）所言：财政盈余对资产短缺程度有显著的正向解释力，而是表明实际财政赤字以及财政赤字占 GDP 比值指标对资产短缺程度的解释力均不显著。我们的研究证实了如陈和伊玛姆（2011）所言：通货膨胀率、实际利率、人民币实际汇率对资产短缺程度的解释力均不显著。除此之外，我们的研究也证实了未被陈和伊玛姆（2011）所重视的收入分配状况对资产短缺程度的解释力不显著。如前文所述，实际财政赤字以及财政赤字占 GDP 比值指标对资产短缺程度的解释力均不显著可能是源于我国财政赤字证券化程度一直不高以及地方政府债券市场缺位所致；而收入分配状况对资产短缺程度的解释力不显著则可能是源于我国城乡居民人均可支配收入比不能很好地反映国内贫富差距状况所致。

三、结论及启示

根据上述研究，我们得出以下几点结论及启示：

（一）中国已从产品短缺阶段进入到资产短缺阶段

改革开放早期及以前，中国一直面临产品短缺，特别是与人们日常生活需求密切相关的轻工业品的供应极其匮乏。当时，为应对这种短缺经济，政府常常会借助于凭票供应和计划调拨等手段对超额的商品需求加以控制（范从来，2000）。后来，由于中国经济多年来持续高速增长，国内开始出现了产品过剩。特别是进入到20世纪90年代后期以来，这种产品过剩变得越发严重。也正是由于产品过剩，中国经济在经历了1997年东南亚金融危机的冲击之后很长一段时期内都未能走出通货紧缩阴影（汪同三、李涛，2001）。与产品过剩相对应的是金融资产供应严重不足。根据我们的测算，早在21世纪初，中国就已进入到资产短缺阶段。

显然，产品短缺时期和资产短缺状态下，经济运行和经济发展方式有着很大的区别，政府宏观调控的着力点也应发生根本性改变。在资产短缺阶段，由于金融资产供给不足，特别是国内安全级别较高的金融资产供应严重不足，所以产品市场上更多地表现为供过于求，资产市场上更多地表现为资金过剩。与这一时期的要求相适应，企业更关心的是如何为剩余产品找市场，如何最大限度地释放产能，投资者更关心的是如何为剩余资金找投资机会，经济体面临的主要任务是如何实现经济结构转型。

（二）资产泡沫的存在具有必然性和长期性

在经济持续高速增长阶段，试图通过金融发展来解决中国的资产短缺问题进程将会非常缓慢，中国必须要习惯于资产短缺环境。

正是由于中国存在资产短缺，大量财富资金缺少可安全投资的场所，其就会越发变得躁动不已。它们会在预期的牵引下跟着感觉走，在资产、要素，甚至产品市场上游走不定。一旦这些资金持有者达成共识，认为某类资产特别安全可靠，他们更是会毫不犹豫地将大量资金向这个领域进行投送。只要这种共识还在，资金集结就会源源不断，加上投资者惜售，由资金堆积起来的价格泡沫将会快速膨大。面对这种资产泡沫，任何放任自流或进行过度干预的做法都是不可取的。这种泡沫会在预期的推动下自行破裂或是被人为地刺破，其会对经济正常运行造成不利冲击。如果这种冲击是系统性的，那么由此引发的经济调整将是深重的，其修复也将是长期的。因此，在资产短缺背景下，我们既要充分认识到价格泡沫存在的必然性和泡沫过分集中可能隐藏的巨大风险，也要认识到对这种泡沫干预的长期性。今后，我们必须要认真学习如何在泡沫中管理泡沫，即要学习如何对资产泡沫进行分类管理。对于那些泡沫现象严重且对经济运行又存在重大影响的资产领域，政府应及时出台政策加以干预，要通过干预影响人们对资产价格未来走势的预期，坚决遏制住资产价格的进一步上涨势头。

（三）警惕外部危机冲击有可能引发的系统性风险

根据我们的测算，尽管早在21世纪初中国就已进入资产短缺阶段，但也有少数时期，特别是2009年1、2季度，中国的资产短缺状况发生过大的逆转。不过，这种逆转并非源于国内各微观经济主体金融资产创造能力的大幅提升所致，而是更多地源于其为应对不利冲击增持短期存款和增加周转性贷款、国外资金流入减少以及项目后期的追加贷款等所为。这种资产短缺程度的逆转不仅不意味着产品市场上的供过于求状况已得到了改善；相反，它却预示着，中长期资产市场有可能因大量避险资金的迅速退出而陷入困境。一旦中长期资产市场出现崩盘，特别是对经济运行存在重大影响的资产市场出现崩盘，其所引发的连锁反应将会导致更多企业的经营活动陷入困境、投资者的财务状况发生恶化。严重时，这一冲击还有可能进一步波及银行体系并动摇整个金融制度的基础——信心，进而造成更深度的经济衰退和全面的经济危机。

有鉴于此，在资产短缺状态下，今后，为防止外部危机冲击有可能造成系统性风险，中国政府必须要做到防患于未然。对于那些对经济运行存在重大影响的资产市场上的价格走势，政府必须要时刻密切关注，必要时可采取一定措施加以干预，以防资产价格过于泡沫化以及由此所造成的经济结构过分扭曲。而在外部危机来袭时，一方面，因前期存在严重高估值倾向的资产市场将要面临一次深度的价格调整，整个社会对短期资金的需求会猛然增大。另一方面，因遭受危机冲击和资产价格向下调整的双重挤压，银行体系自身也会面临资金周转压力；加上经济体普遍对未来存在悲观预期，银行体系的资金供应还会进一步收缩。

（四）政府债务证券化是增加金融资产供给的重要途径

我们的研究表明，尽管政府债券余额与金融机构新增贷款发放规模、企业新增债券发行规模及其新增股票发行规模具有较高的正相关性，但受限于名义财政赤字与政府新增债券发行规模只有弱的正相关性，实际财政赤字对资产短缺指数的解释力不显著。这说明，财政赤字的低证券化程度有可能是制约政府债券发挥定价基准作用的罪魁祸首。因此，为保障金融资产有效供给，应大力推进政府债务的证券化。这种债务证券化不仅能够为市场提供丰富的金融投资品种和流动性支持，还能够为其他各微观主体的金融资产创造提供很好的定价基准。有了这种期限结构配比适当、交易活跃的政府债券市场，各微观主体在需要筹措资金时，就可以更好地比照自身的信用级别、提供担保和抵押品的条件及其对资金的期限要求，让渡一个对等的违约风险升水和期限升水，发行有价证券。

目前，我国用于证券化的政府债务主要来自中央政府的财政赤字。在这种情况下，大力发展地方政府债券市场就显得尤为重要。地方政府层级多，信用级别又介于中央政府和企业之间，发展地方政府债券市场就如同在中央政府债券市场和企业债券市场间打上了一个永久的“楔子”。这无疑会使国内债券种类更加丰富、层次更加合理，进而会使各债券市场的衔接更加紧密。当然，地方政府债券市场发展，不能搞一哄而上或一刀切，应根据各地方政府的税收条件、履约信誉和履约能力有选择地进行试点。在期限结构上，应允许地方政府先发行短期债券和有还款保证的工程项目融资债券。

（五）金融大发展是增加金融资产供给的关键举措

前文实证结果显示，金融发展指数与资产短缺指数显著负相关；滞后一期的资产短缺指数与当前的资产短缺指数显著正相关；实际利率对资产短缺指数的解释力不显著。这说明多年来，我国金融机构体系的持续发展和资本市场的从无到有并有了相当程度的发展，在增加国内金融资产供应方面虽能够发挥出相当重要的作用，但并不能收到立竿见影的效果①。也就是说，作为一个新兴国家，由于我国资本市场和银行体系的发展存在严重滞后，由此所带来的信息不对称和高交易费用限制了金融资产的创造；而大量国有企业以及国有控股企业的存在也在一定程度上阻碍了利率市场化的改革进程，影响了利率机制作用的真正发挥。因此，今后，为保障金融资产有效供给，我国必须要继续深化国内经济金融体制改革。政府要从制度层面上为新金融机构的创立扫清障碍，要通过金融机构结构的进一步优化来弱化信息不对称、信息不完全对金融资产创造所产生的不利影响。

---

① 正如卡巴雷罗（R. J. Caballero）所言，新兴经济体通过金融发展摆脱资产短缺的进程是缓慢的，世界必须要适应资产短缺环境及其衍生物的出现。

（六）密切关注资金的跨国流动

前文实证结果显示，美国的名义利率与我国的资产短缺程度显著负相关，且其影响力度仅次于经济增长。这说明，美国名义利率的变化不仅能够通过资金的跨国流动对我国的资产短缺程度产生重要影响，也预示着我国长期以来对资本与金融项目所实施的管制，特别是对资金流出的严格管制并不总是有效的。

有鉴于此，今后，中国政府在调控国内经济运行时必须要密切关注资金的跨国流动，及时掌握资金动向、出入时机及出入规模。特别是，要严密监控进出口贸易、收益等项目下的热钱流动，[①] 坚决打击任何通过地下钱庄转移资金的违法犯罪活动。此外，考虑到人民币汇率形成机制改革和人民币区域化发展已是大势所趋，在我国货币政策调控还难以适应这一新的变化时，政府不应放松对资本与金融项目管制。政府应根据汇改对汇率预期的影响、人民币区域化进程以及国内外经济金融形势的变化情况，适时调整对资本与金融项目管制的内容和力度，避免因游资大规模进出对国内资产市场和经济运行可能带来的系统性冲击。

---

① 据苏剑、童立（2011）利用趋势拟合的间接方法测算，2007～2008 年间，每年仅通过贸易渠道进入中国的伪装热钱就高达 1 000 亿元之多，2005～2010 年间合计流入中国热钱数量约为 8 200 亿美元左右，占同期国内 GDP 的比率达 3%。

我国城市化战略选择与定量分析

蔡继明　王成伟　周炳林*

中国的城市化到底是应该优先发展大城市，还是小城市或小城镇，一直众说不一。① 本文首先比较小城镇战略和大城市战略的利弊，进而讨论国家城市化战略选择的演变，最后对大中小城市和小城镇协调发展做出定量分析。

一、小城镇的兴起是我国改革开放初期特定环境下的产物

20 世纪 80 年代初，我国农村率先进行了经济体制改革，实行了家庭联产承包责任制，这一伟大的变革使农村长期压抑的生产力得到了释放，从而出现大量剩余劳动。但是，当时城乡隔绝的户籍制度，限制了农民进城就业和定居，农村大量剩余劳动力只能通过兴建乡镇企业转入非农业，由此形成了我国独具特色的“离土不离乡”、“进厂不进城”的农村工业化模式。

正是乡镇企业的迅速发展，推动了我国城镇化进程。由于乡镇企业大多是劳动密集型企业，为了实现积聚效应，乡镇企业在发展过程中逐渐向乡镇所在地转移，特别是向乡镇设立的工业小区转移。1998 年全国乡镇企

* 蔡继明，清华大学人文社会科学学院教授、博士生导师；王成伟，清华大学人文社会科学学院博士生；周炳林，经济学硕士，国信证券分析师。

① 主张优先发展小城镇的观点认为：小城镇联结农村，农民进入小城镇就业比进入大中城市的经济成本低，有利于农村人口的转移；发展大批小城镇，既有利于缓解大中城市人口膨胀带来的压力和一系列社会问题，又可以缓解每年民工潮给交通带来的压力和能源物资的消耗。（参见陈耀邦：《关于“十一五”期间加快发展小城镇的建议》，http：//cppcc. people. com. cn/GB/34952/3550093. html，2005 年 7 月 18 日）这种观点只看到了农民进入小城镇的门槛低，却没有看到小城镇没有充足的就业岗位，农民外出务工首选的是能够提供充分就业岗位的大城市。

业职工人数达12 536.5万人，占乡村从业人员总数的25.4%。这些劳动力大部分集中在乡镇，这造就了我国小城镇的繁荣，发展小城镇作为20世纪80~90年代中期我国城市化模式的选择也就应运而生了。①

特别是随着1983年费孝通先生《小城镇，大问题》一文发表②，小城镇为主的分散式发展道路成为理论界与决策层的主流思潮，全国小城镇遍地开花，小城镇得到了异乎寻常的发展。1949年，全国建制镇只有2 500多个，到1999年就达到19 000多个，加上非建制镇，总数接近60 000个。2000年6月，中共中央、国务院颁布“关于促进小城镇健康发展的若干意见”，而在1998年中共十五届三中全会通过的《中共中央关于农业和农村工作若干重大问题的决定》中，最终把“发展小城镇”确认为带动农村经济和社会发展的一个“大战略”。

尽管上述“离土不离乡”、“进厂不进城”的农村工业化模式和以小城镇为主的城市化模式，对于吸纳农村剩余劳动力，推进我国工业化和城市化进程发挥了巨大作用，但也带来了一系列弊端，如农村工业规模不经济，土地资源浪费，环境污染严重，部分农村生态环境破坏，由于镇区人口规模小（我国一半以上的建制镇，镇区的连片建成区人口不足五千人，有的只有两三千人，非建制镇的人口规模就更小了），服务业发展缓慢，吸纳农村剩余劳动力能力有限。小城镇遍地开花也的确引发了很大的问题。③ 农村工业化模式和小城镇为主的城市化模式应该说已经成为历史。

二、我国已进入工业化中后期，应优先发展大城市

根据我国习惯划分，人口在20万以下的城市为小城市，人口在20万~

① 参见严正：《小城镇还是大城市》，载于《东南学术》2004年第1期。

② 费孝通：《小城镇，大问题》，江苏人民出版社1984年版。《小城镇，大问题》是费孝通教授于1983年9月21日在南京“江苏省小城镇研究讨论会”上的发言，后由沈关宝同志整理。《瞭望》、《江海学刊》等报刊摘要发表或全文刊载了该书。该文还先后被收录到《小城镇，大问题——江苏省小城镇研究论文选》第一集等多部论文集中。

③ 参见偶正涛：《暗访淮河》，新华出版社2005年版；秦尊文：《论城市规模政策与城市规模效益》，载于《经济问题》2003年第10期；秦尊文：《小城镇偏好探微——兼答陈荚球同志之商榷》，载于《中国农村经济》2004年第4期；秦尊文：《“小城镇”带来大问题》，载于《经济研究参考》2002年第23期；刘福垣：《城市化不应走小城镇大战略之路》，载于《第一财经日报》2005年6月8日。

50 万之间的城市为中等城市，人口在 50 万～100 万之间为大城市，100 万～200 万之间为特大城市，200 万以上为超大城市。按照这样的标准类推，1 000 万以上的城市，应该称为超特大城市了。本文所谓大城市则指百万人口以上的城市，包括前述特大城市、超大城市和超特大城市。

大力发展小城镇，是我国改革开放初期为适应“离土不离乡”、“进厂不进城”的农村工业化模式而采取的战略。我国目前的经济发展已经进入工业化中后期，经济发展的动力源已经由农村转移到城市，农村工业化已转向城市工业化，以小城镇为主的城市化模式也应适时转变成以大城市为主的城市化模式，主要理由如下：

1. 大城市是推进新型工业化的基础。一方面，新型工业往往是成套机器设备、各类化工原料、精密器械与仪表、高技术的电子元件制造与软件设计等重化工业和电子工业，这些产业要求的经济规模一般比较大，它需要城市功能的服务，需要大规模的工业基础设施支持，需要大量的劳动力，需要产业集聚的效益，需要紧靠它的大用户，需要第三产业的服务，特别是为生产服务的第三产业，而这一切都只有大城市能够方便地提供。另一方面，我国正在走工业化带动信息化、信息化促进工业化的路子，而发达国家的实践表明，大城市和密集的城市群至今仍然是信息化的主要载体。

2. 大城市为服务业发展提供了更广阔的空间。从现在起到 21 世纪中期，我国都面临着巨大的就业压力，而以服务业为主体的第三产业是吸纳就业尤其是农村剩余劳动力的主要领域。服务业的一个重要特点是人口必须集中到一定规模时，服务企业才能盈利，服务业特别是现代服务业才能作为产业来经营。只有在大城市里，门类齐全、高度配套、分工细致、功能明晰的第三产业才会有广阔的生存和发展空间。特别是日常利用频度较少的服务业，较特殊的服务业，在小城市和城镇根本无法生存，只有在大城市中才能得以发展。这就是服务业往往集中在大中城市的基本原因。

3. 大城市比中小城市更能集约和节约使用土地。我国从现在起到 21 世纪中期，将进入城市化加速发展阶段。城市化的空间扩展必然要占用耕地，而我国目前只有 18.2 亿亩耕地，党中央国务院提出要保证 18 亿亩耕地的红线不能突破。要化解城市化占用耕地和保护耕地的矛盾，就必须以大城市为主体加快城市化进程。因为就人均占用的耕地而言，大城市要少于中、小城市，中、小城市要少于小城镇。1998 年我国特大城市的人均占地面积为 53.4 平方米，大城市和中等城市分别为 88 平方米和 108 平方米，小城市和建制镇为 143 平方米和 154 平方米，小城镇人均建设用地超过特大城市近 2 倍。

早在2006年，中国城乡建设用地约24万平方公里，城市人均建设用地已达130多平方米，远远高于发达国家人均82.4平方米和发展中国家人均83.3平方米的水平；2004年全国村庄建设用地2.48亿亩，按当年农业人口计算，人均村庄用地218平方米，高出国家定额最高值（150平方米/人）45.3%。1990~2004年，中国城镇建设用地由1.3万平方公里扩大到近3.4万平方公里，城市用地规模弹性系数（城市用地增长率/城市人口增长率）从1986~1991年的2.13增加为2.28，已大大高于1.12的合理水平。我国现有城乡建设用地从总量上来看，已足够未来的中国16亿人口达到世界发达国家的用地水平。① 这从另一个角度说明，只有以大城市为依托加快城市化进程，才能在更大程度上节约和集约使用土地，缓解城市化占用耕地和保护耕地的矛盾。

4. 大城市更易于控制和减少污染。从城市控制污染的能力来看，大城市在创造同量GDP的条件下，其污染物排放量远远低于中小城市。而且，由于规模经济的原因，大城市降低单位污染的成本也远低于中小城市，特别是小城镇。以1995年为例，当时坐落在全国各个城镇的乡镇企业的总产值占全国GDP的25%，但所排泄的各种污染物，大多超过全国工业污染排放总量的25%。一般来说，一个小城镇，要有供水设施、垃圾处理设施、污水处理设施等城镇的基本基础设施，5万人口才是比较经济的规模。而2003年在我国20 600个建制镇中，镇区人口在3万人以上的只有800个。

5. 国际经验提供了有力证据。从世界各国的城市化经验来看，发展最快的是大、中城市，其次是小城市，最慢的是小城镇。美国纽约都市群长965公里，宽160公里，占美国面积的1.5%；人口约7 000万，占美国总人口的25%。20世纪世界相继形成的大都市群还有美加五大湖大都市群、日本大东京都市群、欧盟大巴黎都市群、英国大伦敦都市群。上述五大都市群人口3亿多，在世界经济中举足轻重。

我国在城市化加快发展的进程中，以上海、南京、杭州、宁波、苏州、无锡等大城市为核心的长江三角洲都市群，人口7 200万，占全国GDP约20%，国际上常与上述五大都市群一起并称为世界六大都市群之一。还有以广州、深圳、香港为核心的珠江三角洲都市群，以北京、天津、唐山、石家庄为核心的京津冀都市群，也是人口四五千万的世界级都市群。我国三大都市群是我国生产力发展最为迅速的地区，它们已经在全国经济中

---

① 引自中国新闻网2006年3月13日电：http：//finance.sina.com.cn。

占据了半壁江山。今后，中国经济将越来越向这三个都市带进行集约，三大都市群将成长为对亚太经济乃至世界经济具有巨大影响力的地区。①

三、以城市群为主体形态推进我国城市化进程

2002 年 11 月，中共十六大提出“大中小城市和小城镇协调发展”的战略。显然，所谓“大中小城市和小城镇协调发展”不等于大中小城市和小城镇同步发展或平行发展，根据人口、土地、工业化程度和经济发展水平等因素，在城市化进程中，大中小城市和小城镇的地位和比重一定是有高低大小之分的。正因为如此，国务院 2011 年 6 月颁布的《全国主体功能区规划》，② 对“大中小城市和小城镇协调发展”战略做出了更加全面系统的诠释，这就是要构建“两横三纵”为主体的城市化战略格局，即以陆桥通道、沿长江通道为两条横轴，以沿海、京哈京广、包昆通道为三条纵轴，以国家优化开发和重点开发的城市化地区为主要支撑，以轴线上其他城市化地区为重要组成的城市化战略格局。这一战略实质上是要形成一种“集中—均衡”式的国土空间开发模式。所谓集中，是指在较小区域范围内集中开发，促进产业集聚发展，人口集中居住，城市密集布局，以较少的国土空间承载大规模、高强度的工业化城市化活动，提高空间利用效率。所谓均衡，是指在全国范围内，形成若干人口经济密集的城市化地区，并在全国国土空间上相对均衡分布，形成带动区域发展的新增长极，逐步缩小区域差距。

可见，《全国主体功能区规划》所确定的城市化战略，是对中共十六大所确定的“大中小城市和小城镇协调发展”战略的具体化，和优先发展大城市战略是完全一致的。

四、大中小城市和小城镇协调发展的定量分析：2012 ~2050 年

（一）对 2020 年的预测

到 2020 年，在预计人口 14 亿、城市化水平 60% 的前提下，若实施大

① 参见严正：《小城镇还是大城市》，载于《东南学术》2004 年第 1 期。

② 见中国新闻网：http：//www. chinanews. com/gn/2011/06 -09/3099774. shtml。

城市优先发展战略，即60%的城市人口分布在特大以上城市、大城市、中等城市、小城市、建制镇的人口比重分别为0.19、0.14、0.1、0.09、0.08，则其土地占用情况如表1所示。

表1　　大城市优先发展（2020年预计人口14亿，城市化水平60%）

区域类型	城市化结构（不同区域人口比重）	预计人口分布（万人）	人均建成区面积（平方米）	建成区占地总量（平方公里）
特大以上城市	0.19	26 600	53.4	14 204.4
大城市	0.14	19 600	63	12 348
中等城市	0.1	14 000	77.1	10 794
小城市	0.09	12 600	124	15 624
建制镇	0.08	11 200	148.3	16 609.6
城镇合计	0.6	84 000	82.8	69 580
农村居民点	0.4	56 000	170	95 200
全国总计	1	140 000	117.7	164 780

注：人口比重设定结合现实数据与战略微调，人均建设用地取2001年数据。
资料来源：《中国城市统计年鉴（2002）》，中国统计出版社2002年版。

根据同样预测，若实施小城市优先发展战略，即60%的城市人口分布在特大以上城市、大城市、中等城市、小城市、建制镇的人口比重分别为0.08、0.09、0.1、0.14、0.19，则其土地占用情况如表2所示。

表2　　小城市优先发展（2020年预计人口14亿，城市化水平60%）

区域类型	城市化结构（不同区域人口比重）	预计人口分布（万人）	人均建成区面积（平方米）	建成区占地总量（平方公里）
特大以上城市	0.08	11 200	53.4	5 980.8
大城市	0.09	12 600	63	7 938
中等城市	0.1	14 000	77.1	10 794
小城市	0.14	19 600	124	24 304
建制镇	0.19	26 600	148.3	39 447.8
城镇合计	0.6	84 000	105.3	88 464.6
农村居民点	0.4	56 000	170	95 200
全国总计	1	140 000	131.2	183 664.6

注：人口比重设定按照与大城市优先发展战略相反的比例，人均建设用地取2001年数据。
资料来源：《中国城市统计年鉴（2002）》，中国统计出版社2002年版。

通过对表1～表2的综合比较可以看出，到2020年，采取大城市优先发展战略，与小城市优先发展战略相比，建设用地将会节约18 884.6平方公里。

（二）以城市群作为主体形态推进城市化的设想

全国主体功能区规划强调，要把城市群作为推进城市化的主体形态，其他城市化地区要依托现有城市集中布局、据点式开发。城市发展要充分利用现有建成区空间，提高单位面积产出率。要在继续提升现有特大城市群整体功能和国际竞争力基础上，在其他适宜开发的区域，培育若干新的大城市群和区域性城市群，形成多元、多极、网络化的城市化格局，使经济增长的空间由东向西、由南向北拓展，人口和经济在国土空间的分布更趋集中均衡。除了长三角、珠三角和京津冀规划涉及三大都市群发展外，其他区域发展规划也都涉及城市群建设，如湖北武汉城市圈、河南中原城市群、湖南长株潭城市群、安徽皖江城市带、江西环鄱阳湖城市群、山东半岛城市群和山西太原城市圈等。西部目前正在规划中的也有11个城市群。东北地区以东北4个副省级城市为中心构筑的四大城市群也在规划中。

以上城市群目前承载人口约44 311万人，按照各地规划目标的基本情况以及中国城市化的整体进程，预计2020年全国十多个主要城市群将承载人口55 312万人，届时占全国城市人口将达到66%（见表3）。

表3　全国人口在不同城市群的分布（2010～2020年）　单位：万人

序号	城市群名称	2010年	2020年
1	长三角	7 946	9 774
2	珠三角	4 230	5 203
3	京津冀	6 000	7 380
4	湖北武汉城市圈	2 956	3 635
5	河南中原城市群	3 872	4 763
6	湖南长株潭城市群	1 384	1 799
7	安徽皖江城市带	3 058	3 761
8	江西环鄱阳湖城市群	2 200	2 860
9	山东半岛城市群	4 700	5 781
10	山西太原城市圈	966	1 256

续表

序号	城市群名称	2010 年	2020 年
10 大都市圈合计		37 311	46 212
11	西部 11 个城市群合计	4 000	5 200
12	东北四大城市群	3 000	3 900
全国城市群承载人口总计		44 311	55 312

资料来源：国家统计局 2010 年人口统计，结合各地城市群现状及规划目标整理。

（三）对 2050 年的预测

根据我们的测算，如果采取“小城镇优先发展战略”，要在 2050 年达到 75% 的城市化水平，建设用地总量要增加到 203 300. 8 平方公里，比 1998 年全国城乡建设用地的总和 195 663 平方公里还要多出 7 637. 8 平方公里（见表 4）。而采用大城市优先发展战略，全国城乡建设用地只有 166 600 平方公里，比 1998 年全国城乡建设用地总和还减少了 29 063 平方公里（见表 5），比小城市优先发展战略要少占用 36 700. 8 平方公里耕地。由此可见，那种认为城市化必然导致耕地总量减少的观点，显然是以小城镇战略作为出发点的。

表 4　　小城镇优先发展（2050 年：预期人口 16 亿，城市化水平 75%）

区域类型	城市化结构（不同区域人口比重）	预计人口分布（万人）	人均建设用地（平方米）	建成区占地总量（平方公里）
特大以上城市	0. 07	11 200	53. 4	5 980. 8
大城市	0. 08	12 800	63	8 064
中等城市	0. 10	16 000	77. 1	12 336
小城市	0. 25	40 000	124	49 600
建制镇	0. 25	40 000	148. 3	59 320
城镇合计	0. 75	120 000	112. 8	135 300. 8
农村居民点	0. 25	40 000	170	68 000
全国总计	1. 00	160 000	127	203 300. 8

资料来源：《中国城市统计年鉴（2009）》，中国统计出版社 2009 年版。

表5　大城市优先发展（2050年：预期人口16亿，城市化水平75%）

区域类型	城市化结构（不同区域人口比重）	预计人口分布（万人）	人均建设用地（平方米）	建成区占地总量（平方公里）
特大以上城市	0.30	48 000	53.4	25 632
大城市	0.15	24 000	63	15 120
中等城市	0.10	16 000	77.1	12 336
小城市	0.05	8 000	124	9 920
建制镇	0.15	24 000	148.3	35 592
城镇合计	0.75	120 000	82.2	98 600
农村居民点	0.25	40 000	170	68 000
全国总计	1.00	160 000	104	166 600

资料来源：《中国城市统计年鉴（2009）》，中国统计出版社2009年版。

五、若干政策建议

（一）将城镇化战略改为城市化战略

根据以上分析，我们建议在中共十八大报告和以后的官方文件中，不宜再继续提“城镇化”战略，而应改为“城市化”战略。因为“城镇化”主要是以乡村社区集中为重点，强调的是“农民离土不离乡”、“进厂不进城”或“进城不落户”、“迁徙不定居”，其结果是小城镇遍地开花，既占用了大量耕地，又达不到城市化的理想效果。而“城市化”战略，不仅强调农业劳动力向非农产业的转化，更强调农村居民向城市居民的转化。

况且，城镇化这个概念本身就很令人费解。如果其中的“城”特指县级以上城市（包括前述大中小和特大、超大城市），“镇”特指县政府和镇政府所在地即建制镇，那么，“小城镇”就应该既包括小城市，也包括建制镇中的小镇。但果真这样理解，所谓“大中小城市和小城镇协调发展”的命题中，就既包含了前后重复的小城市，又漏掉了建制镇中的大中镇。更恰当的表述应该是：大中小城市和建制镇协调发展。如果我们用城市化代替城镇化，可以把建制镇看做是超小城市，这样，中共十六大的提法就可以改为：“大中小城市和超小城市协调发展”。

（二）把“加强中小城市和小城镇发展”改为以发展大城市为主，或以城市群作为推进城市化的主体形态

根据我们从城市的经济功能、吸纳就业的能力、控制污染的功能和占用耕地的数量所做的分析，大城市优先发展战略，优越于大中小并重战略，更优越于小城镇优先发展战略。所以，我们不仅应该用“城市化”战略取代“城镇化”战略，还应该用“大城市优先发展”取代“加强中小城市和小城镇发展”，或按照《全国主体功能区规划》的提法，以城市群作为推进城市化的主体形态。

当然，我们强调大城市（包括特大城市、超大城市、超特大城市以及大都市群）优先发展战略，并非完全排斥中小城市和建制镇的发展，只是强调在未来城市人口的分布中，大城市要占较大的比重。例如，假定到21世纪中期（2050年）总人口达到16亿，真实城市化水平达到75%，城镇人口的分布为：特大以上城市占30%；大城市占15%；中等城市占10%；小城市占5%；建制镇占15%。从这个意义上说，只要我们制定出合理的规划，引导城市人口主要分布在中等以上的城市，即使不提“大城市优先发展”，也是可以的。

这里建议中央政府放宽对特大城市和超大城市发展的限制。多年来我国一直将100万人口以上城市都定义“特大城市”，政府出台的有关城市化的政策都有“严格控制特大城市规模”的提法，这显然不利于“大城市优先发展”战略的实施。建议对100万～400万人口的大城市，积极鼓励其发展；对400万～800万人口的大城市的发展，要适当加以限制；只是对800万以上人口的城市发展，才有必要严格限制，要争取有更多特大和超大城市发展成具有较强竞争力的国际化大都市。

同时，对人口规模和经济总量已经达到中等城市水平的建制镇，尽快升格为市。比如，像广东省东莞市下辖的虎门镇，其城镇人口已经超过50万，财政收入超过18亿元，但仍然是一个镇级政府编制，这就严重制约了虎门城市化的进程和经济社会的发展。

（三）如果不便改变已有提法，对“小城镇”的发展要做出明确的界定和科学的规划

如果考虑到中央已经在多个文件中强调发展小城镇，不便加以改变，那就应该对发展小城镇做出明确的限定和科学的规划。应该强调，所谓加

强小城镇发展，重点是建设好19 234个建制镇中2 000个大镇（包括城关镇和中心镇），把相当一部分城关镇发展成小城市，有条件的建成中等城市，绝不是笼统地发展所有建制镇，更不是盲目地发展数以万计的非建制镇。在推进城市化发展的过程中，处在城市群中的小城镇，均可作为大城市的卫星镇来发展；而未处城都市群中的每一个县，最多选择交通条件较好，非农产业发展基础条件较好的一两个镇，作为县域经济的次中心加以发展。建议到2050年将2 000个城关镇和中心镇发展成平均容纳10万人口的小城市或镇级市（总计容纳2亿人口），另外将其余2 000个交通条件较好，非农产业发展基础较好的小城镇建设成能平均容纳2万人口的中心镇（总计容纳0.4亿人口）。

新型城镇化

——村庄改造和农村社区建设调查报告

耿明斋*

2011年9月28日，《国务院关于支持河南省加快建设中原经济区的指导意见》下发，将中原经济区定位为全国工业化、城镇化和农业现代化"三化"协调发展示范区。10月底，河南省第九次党代会报告有进一步提出"新型城镇化引领三化协调发展"的概念，并且将新型农村社区建设作为切入点。为了弄清楚河南省新型农村社区建设的现状与问题，研究新型农村社区建设与新型城镇化的关系及其在三化协调发展中究竟扮演何种角色？我们先后数次独立或参与相关部门组织的实地调查，赴郑州、洛阳、平顶山、新乡等市，实地察看了荥阳市贾峪镇洞林湖、上街区西林子、新密市来集镇杨家门、孟津县姚凹、伊川县城关镇北府店、栾川县赤土店镇赤土店新村、郏县冢头镇前王庄、延津县古固寨镇、卫辉市唐庄镇、辉县市孟庄镇、长垣县魏庄镇等20多个改造建设点，就村庄改造和农村新型社区建设进行了深入而系统的调查研究。现将调研所获得的情况梳理一下，并在此基础上对相关问题做些思考与探讨。

一、村庄改造与新社区建设的四种类型

我们实地考察所涉及的4市20多个改造建设点，都是2006年以后启动的，最初也是最基本的动因是新农村建设和改善农民居住和生活条件，但具体的推动力量和改造建设模式却千差万别。按照具体动因和改造建设

* 耿明斋，河南大学经济学院教授、博士生导师。

模式的差异，我们认为可分为商业开发、塌陷区治理、扶贫搬迁和改善居住条件四类。

（一）商业开发

此类情况以郑州荥阳市贾峪镇洞林湖新村、豫龙镇槐西村，上街区全部30个行政村，洛阳孟津县姚凹村、伊川县城关镇北府店村等为典型。

1. 荥阳市贾峪镇洞林湖新村。

洞林湖新村是由贾峪镇主导规划建设的一个新型农村社区，他们称“中心示范村”。该社区涵盖洞林寺、周垌、邢村、郭岗、鹿村等5个行政村，涉及14个自然村落，共1 642户，近6 000口人。区域面积6.6平方公里，近1万亩，其中，包含2 000亩基本农田，其他为村庄占地1 600亩（市长说宅基地应该有2 500亩）、荒山、荒坡、林地、水面等。2006年开始拆迁建设，拆了19万平方米旧宅，建了40万平方米新房，每户平均243平方米。以原行政村为基础，形成了相互间隔有一定距离的5个居住片区。目前90%村民已迁居新居。

洞林湖新村的开发建设模式是“贾峪镇政府主导，开发企业运营为主”。具体说就是镇政府提出新村建设规划和村民搬迁及旧村整治和土地处置方案，征得村民同意后，引入开发商投资建设，开发商无偿获得村民集中居住以后剩余的集体建设用地和有偿获得耕地及其他土地的使用权，用于商业开发，开发所得收益除补偿安置村民建设投入以外，剩余部分用于投资回收并获取投资利润。

按照开发商规划，该6.6平方公里区域最终要投入50亿元，建成一具有完善的污水处理系统和垃圾处理系统等公共基础设施，并具有休闲度假、游乐购物、基础教育功能，规模达6万～7万人的现代化新型社区。除安置本地村民6 000人外，还可供6万人左右在此购房居住。如果按三口之家的城市户均规模，就是2万户，每户平均按150平方米的面积计算，商品房的建设规模就是300万平方米。可见，该社区是一个规模宏大的房地产开发建设项目。

拆一平方米旧房补一平方米新房。如果在此之外还想多要新房，在一定限度内可以以每平方米550～750元的优惠价格（成本价大约1 000元）购买。由于土地地上附着物，如树木等也要计价补偿，附着物补偿的钱可用于支付旧房拆迁补偿以外的新增购房价款，所以，一般农户多要的房子也基本上可以不拿钱。土地权益的处置方式分为宅基地和耕地及荒地两种。宅基地部分，在开发商以新建房屋等面积及附着物作价补偿完农户以后，除安置村民占用的部分外，剩余部分使用权就无偿归属于开发商了。据测算，洞林湖新村涵盖的5个行政村原宅基地占地总面积1 600亩（市长说至少2 500亩），村民安置占地500亩，剩余归属于开发商的建设用地1 100亩（按市长测算是2 000亩）。耕地和荒地部分（应该是7 500～8 400亩）全部由开发商承租经营，要么用于公共基础设施建设和商品住宅用房及商业用房开发，要么用于种植业经营，每亩每年为农民支付租金1 500元。

问题一：关于农村集体建设用地用于商业地产开发的合法性问题。据了解，洞林湖新村剩余集体建设用地已全部转成了国有建设用地，完全可以合法地进行房地产开发和销售。

问题二：会否有后遗症？洞林湖新村开发建设主体是河南新田置业有限公司。按照6.6平方公里和6万～7万人的开发建设规划，未来全部土地恐怕都要逐步转换成建设用地，随着土地用途的转换，必然带来巨额的级差地租收益，到那时候，村民还与这些巨额的收益有关吗？他们还能够分享这种土地收益增值的利益吗？如果不能分享增值收益，农民会不会因此而激起与政府和开发商的纠纷？这些都是有待观察和审慎对待的问题。

此种开发建设模式形成的条件有两个：一个是当地人（镇政府或村委会）诱人的功能概念规划；另一个是对开发商的吸引力。而这两个条件成立的基础实际上只有一个，那就是靠近市区，从而有可能成为城市的辐射区甚至未来会成为城市社区的一部分。洞林湖新村之所以得以用此种方式开发运作，就是因为它靠近郑州市区，已经成为郑州市的辐射区甚至未来会成为郑州市区的一部分。该区域向东4公里即是航海路和西四环，向北9公里即是中原路向西延伸线，道路都开通后，到郑州市区也不过数分钟车程。并且这里有水、有寺、有沟，地形曲折起伏，自然形成了一道风景线，未来对追求高品质生活的城市居民有较强的吸引力。需求提升了这里土地的潜在商业价值，新田置业眼光独到，较早识别出了其商业价值，从而使得此种开发运作模式得以成功启动。

2. 荥阳市豫龙镇槐西村。

豫龙镇槐西村与贾峪镇洞林湖新村引入外部资本建设新村，安置村民以后所剩余建设用地无偿归属于地产商的模式完全一样。槐西村位居郑州市中原西路南侧，东距郑州市西四环不足9公里，荥阳市荥泽大道以东，豫龙镇南2.5公里处，属于荥阳市产业聚集区的中心地段，已列入荥阳市东区整体规划和荥阳市第一批要改造的城中村。槐西全村3 160人，耕地

3 400 亩（据说多已被征用或占用），村庄占地 980 亩。从 2007 年开始，该村引入河南易升合置业有限公司投资对旧村进行改造，基本办法是公司投资建设村民安置房，按每处宅基地无偿送一套 120 平方米新房的办法进行补偿。此外，每户还可按照成本价格再购买一套同样的房子，这样，实际户均可拥有 2 套安置房。根据测算，安置全部村民需要占地 310 亩，可腾出建设用地 670 亩，由房地产商无偿获得并用于商业房地产开发，商品房销售所得弥补村民安置房投入及其他各种成本支出以后剩余的部分为开发商利润。据介绍，包括村民安置房在内的所有开发用地都已通过合法程序转换成了国有建设用地，村民安置房也可以以商品房名义出售。据悉，这里未来 8 ~ 10 年要投入 15 亿元，建成总数可达 4 万人的社区。

3. 上街区全部 30 村改造。

上街区是 1958 年因铝工业发展而建设的城区，区域总面积 61. 17 平方公里，总人口 13 万，其中农业人口 4. 2 万，包括 30 个行政村，12 699 户，耕地 31 469 亩，林地 21 929 亩，人均耕地仅有 0. 74 亩。2006 年开始启动村庄改造和新村建设计划，截至 2010 年年底，已完成 11 个村的改造与建设工程，计划在未来 3 年内完成剩余 19 个村的改造和建设。届时，上街区全部 30 个村将完全与城市融为一体，真正实现城乡一体化。

上街区的村庄改造与新社区建设以南部山区西林子、东林子、营坡顶、杨家沟、老寨河等 5 个行政村整体搬迁开发最为典型。5 村共 4 000 余人，1 200 多户，区域总面积 1. 7 万亩，其中，建设用地 3 676 亩，其他土地 13 324 亩。上街区在统一规划的基础上，引入易居国际集团控股有限公司，在建设新社区和妥善安置村民的基础上，获得全部 1. 7 万亩的土地开发权，计划未来 12 年内投资 40 亿元，建设集生态观光、山地运动、山居度假、休闲养生、文化娱乐为一体的综合旅游休闲度假区。目前一期已投入 6 亿元，建成莱蒙多骑士俱乐部、埃克森高尔夫练习场、卢卡多乡村酒店、爱斐堡庄园等 4 个休闲项目和 34 栋卢卡小镇定制庄园。

4. 伊川县城关镇北府店村向阳社区。

伊川县城关镇北府店村位于伊川县城，全村共有 8 个村民组，780 户，3 300 口人，由于县城扩展，耕地基本上已被征用完毕，村庄也被各种建筑设施包围起来，村民均在非农产业就业，属于典型的城中村。县城地价已达每亩 60 万元，村庄占地商业价值凸显。从 2008 年开始，该村自筹资金，自行开发建设新区，安置村民，剩余集体建设用地通过招牌挂程序转化成国有建设用地，自行进行商业开发。一期工程已于 2010 年 12 月完工，建筑面积 7.8 万平方米，建设住宅楼 12 栋 600 套，安置村民 400 户。二期工程规划建设住宅楼 13 栋，住宅 1 138 套，建筑面积 14.8 万平方米，现已开工。全部拆迁改造工程项目总投资达 4.5 亿元，现已投入 1.2 亿元。

该村村庄占地共 240 亩，安置村民占地 80 亩，剩余土地 160 亩用于商业开发。建安置房共建 1 700 套，每户可无偿分得 2 套，老宅基地开发成商业用房，按拆一平方米给一平方米的补偿标准向村民分配。如果不要商业用房，就丈量老宅占地，按每亩 40 万元价格现金补偿。

5. 孟津县朝阳镇姚凹村。

姚凹村位于朝阳镇区北侧，洛孟公路和正在建设的洛吉快速路穿村而过，距县城 4 公里，是规划的县城新区的一部分，现在的城边村，未来的城中村。

该村由 15 村民组构成，共 699 户，2 800 多人，3 600 亩耕地。该村拥有自己的建筑队等非农产业，经济条件较好，加上村民原散居在山地丘陵的沟底坡边，有改善居住条件的强烈要求，所以从 2007 年开始筹划，方案经村民大会通过后，2008 年开始建设，现在已建成 12 栋多层居民楼，共投资 3 500 万元，安置村民 365 户，占总户数的 53%。资金分摊的基本办法是：土地集体无偿供给，居民支付建筑成本，每平方米 2008 年是 400 元，2010 年是 600 元，市县政府提供基础设施建设资助（共 300 万元）。居民搬迁，耕地复耕后变成耕地，扣除安置居民新村占地，共剩余集体建设用地 600 亩。

姚凹的村庄改造和新社区建设模式存在两个值得探讨的问题：一是剩余集体建设用地处置；二是在自愿搬迁的原则下，一些在老宅居住条件好的村民不愿拆旧搬新，破费新居建设成本。他们目前对集体剩余建设用地的处置办法是，县乡政府给村民复耕补偿金，每亩地大约 2 万～3 万元，建设用地指标被县乡政府拿走另作他用。对此，当地村干部反映补偿标准过低，说山东每亩集体建设用地指标补偿标准高达 20 万元，县乡干部则认为集体建设用地由政府分配使用并给村民以 2 万～3 万元补偿符合相关规定。实际上，这是所有形式的村庄改造和新社区建设中需要研究解决的最实质，也是最核心的利益关系。关于部分村民不愿拆旧搬新问题，当地干部说并没有很好的解决办法，只能听任村民自由选择。若此，村庄改造和新社区建设或许会拖一个长长的尾巴，持续较长时期，自然会影响到原宅基地的重新开发使用。

（二）采矿塌陷区搬迁安置

这种情况有两个：一个是新密市煤矿塌陷区搬迁安置；另一个是栾川钼矿区搬迁安置。

1. 新密煤矿塌陷区搬迁安置。

新密是河南省重要的煤炭集中产区，煤炭塌陷区面积大。从2006年开始，新密市结合煤炭塌陷区治理，启动村庄改造和新社区建设工程。截至目前，全市已累计投资29.3亿元，其中，郑州市奖补1.06亿元，新密市配套1.06亿元，整合部门资金3.28亿元，村集体投资4.32亿元，农民投资12.52亿元，社会帮扶7.06亿元（集体投资+农民投资+社会帮扶，这三项农民自筹资金达23.9亿元，占全部建设资金的81.5%。这说明，新密市的村庄改造和新社区建设依赖的是当地村民的经济实力）。

新密市煤矿塌陷区搬迁安置以来集镇最为典型，该镇区边上正在建设的和谐新村，属3村联建，涉及40村民组，2 400户，10 000余人，12平方公里面积，6 000亩耕地，原村庄占地3 500亩，新村占地415亩，通过搬迁改造可腾出剩余集体建设用地3 000多亩。建设方式属于镇政府统一规划，以村为单位自建，村庄是建设主体，社区基础设施建设资金由市县乡村四级投入，居民负担房屋建设成本，每平方米大约800元，但每拆一平方米旧房补给490～600元，居民实际负担建房成本的1/3。

这种模式之所以得以启动，首先是塌陷区治理国家有政策补贴和煤炭企业出资，其次是县乡政府及村庄经济实力雄厚，当地民众富裕，尤其是富人较多，社会筹资较为容易。

2. 栾川钼矿区居民搬迁安置。

栾川县赤土店镇位于栾川县中部，距县城北6.4公里，全镇辖10个行政村，共1.3万人，152平方公里面积。该镇花费81万元对全镇国土面积进行整体规划，拟将全镇2/3人口集中到镇区，然后对其余土地进行生态化处理，用于旅游休闲。该镇正在建设的新社区涉及4个村，1 016户，其中3个村是整体搬迁，其中1个是位于冷水乡钼矿区的村，因钼矿开采而整体搬迁至此。此类搬迁采取的是钼矿企业对原村庄居民涉及的宅基地、耕地、荒坡林地、住房等所有利益打包测算，一次性补偿，每户支付现金23万元，大约基本上够支付赤土镇社区一套300平方米房屋的房款。钼矿企业则获得原村庄全部土地的使用权。

这种搬迁模式的特点是村民无需自筹建房资金，建房资金由企业补偿部分支付，土地由政府供给，基础设施投入由政府补贴。

（三）扶贫搬迁

近年来，针对深山区及其他交通不便、耕地狭小、原本不具备生存条件的地区，政府鼓励并实施搬迁扶贫的办法，即政府用扶贫的资金资助被扶贫对象搬迁到异地建新居，这也成为村庄改造和新社区建设的重要方式。

扶贫搬迁以栾川县白土乡最为典型。白土乡位于栾川县西北部，距县城将近 90 公里，居栾川、卢氏、洛宁三县交界处，属于最偏远的深山区。近年来，乡镇府在镇政府所在地规划了汇安苑和建湾河畔两个小区，在安置附近村民的基础上，接纳遥远山区扶贫异地迁入的村民，现已入住 844 户，3 000 余人。

扶贫搬迁的费用支付利益处置办法是：政府通过规划建设，促使镇区及其附近居民集中居住的前提下，将剩余建设用地用于搬迁安置房建设，社区基础设施由各级政府投入，搬迁居民负担房屋建设成本，并享受一定的扶贫补贴。搬迁居民原居住地老宅基地和承包地仍归原居民使用和经营。

（四）改善居住条件

平顶山、新乡两市绝大多数村庄改造和新社区建设都属于此类。

近年来，由于经济发展，收入增加，再加上农村务工人员日益增多，农民富裕程度日益提升，改善居住条件的愿望日趋强烈。顺应农民的这种需求，借着新农村建设的东风，2006 年以来，平顶山和新乡两市几乎同时整体启动了大规模村庄改造和新农村建设工程。平顶山提出了未来 10 年形成三个 1/3 的人口分布格局，即至 2020 年，全市总人口按 600 万计算，中心城区集中 200 万，中心城区以外的 3 个县市和重点镇集中 200 万，农村社区（他们称中心村）集中 200 万。据此思路，他们将全市 2 591 个行政村规划为 539 个中心村，计划用 5 年时间使 50% 的中心村基础设施基本完善并形成建设规模，用 10 年左右的时间基本建成。新乡市则将 3 700 多个行政村规划为 1 050 个新型社区，两市基本上都是 4 村左右并一村，每个社区（中心村）3 000 ~ 5 000 人，基础设施投入 1 000 万元左右，由市县两级政府整合各类支农资金加上两级财政投入负担，无偿使用村庄自有宅基地，农民自己负担建房成本，一般都是统一规划的联体别墅式，一户一院，房屋面积 200 多平方米，成本在 10 万 ~ 12 万元之间，每户占地面积在 0.4 ~ 0.5 亩，比原来每户将近 1 亩的占地面积节约一半至 40% 的建设用地。目前，两市的新农村社区建设都已全面启动，新乡市第一批已经启动369个。

平顶山市以郏县冢头镇前王庄村最典型。前王庄村共400户，1 400人，1 300亩耕地。该村是对日出口蔬菜基地，由龙头企业远航实业有限公司牵头，多数农户都从蔬菜种植和出口加工中受益，所以总体收入水平比较高，农民人均纯收入达8 000余元，经济基础较好，农民有改善居住条件的强烈愿望。自2008年开始，前王庄村自行规划，自行组织建设，现已建成236套，每套占地0.6亩，建筑面积218平方米，现在80%村民已迁居。全村原宅基地占地500亩，新区用去安置占地300亩，剩余集体建设用地200亩。按照规划，该中心村要辐射4个行政村，老宅基地占地2 000亩，安置全部4村村民用地900亩，剩余集体建设用地1 100亩。前王庄村资金投入模式也是社区基础设施投入由市县乡村四级政府和组织负担，房屋建设成本由农户自己负担。

延津县古固寨镇是新乡市农村社区建设的一个典型。全镇规划6个农村社区，共占地2 295亩，容纳农户3 843户，1.5万人，总建筑面积94.6万平方米。现在已有3 439户报名，2 795户在社区建房，1 972户基本建成，613户已搬进新居。

新乡市新社区建设模式与资金分担方式与平顶山一样，即市县乡村四级政府或组织投入，并整合各种支农资金，负担社区基础设施建设费用，农户自己负担房屋建设费用。也是每个3 000～5 000人社区投资1 000万元，每户房屋建设投入10万～12万元。

二、需要讨论的问题

（一）新社区建设资金筹措问题

在前述四类村庄改造和新社区建设的类型中，基于商业开发和煤矿塌陷区及钼矿采矿区而进行的改造与建设一般资金不成问题，只要具备了相应的条件，资金来源就有保障，村庄改造及社区建设也可以持续。尤其是第一类，完全是基于周边或附近发展经济，工业和城市扩张，地价上升，原村庄宅基地商业价值凸显，只要通过旧村改造和村民集中安置，腾出剩余建设用地，就可将此剩余建设用地用于商业开发。所获收益除了弥补安置村民成本支出以外仍有相当的额外收益，就会吸引有商业眼光的地产商人前来开发，如荥阳市贾峪镇的洞林湖和豫龙镇的槐西，乃至于上街区的南部山区5村，均是此种开发建设模式。伊川县北府店村的自行开发模式，也是由土地升值所带来的巨大商业价值所推动的，资金不成问题。

扶贫搬迁虽不像商业开发那样有充裕的资金注入，也由于有政策性保障资金，只要符合国家相关政策，也是可以持续的。

有问题的是基于改善居住条件需要而进行的村庄改造和新社区建设模式。首先是由政府负担的每社区1 000万元的基础设施建设投入，以新乡市计划建设的1 050个新社区计算，总投入要105亿元，按10年建设期，每年也要投入10多个亿。现在是采取市县乡三级财政分担加上整合国家支农资金的办法，这在试点阶段集中于少数社区使用还能支撑，要普遍推进，恐怕就会遇到较大的困难。市级财政或许会有保障，县乡两级财政状况差异很大，且多数属于困难财政。所以，基础设施建设资金投入如何持续支撑新社区建设是需要研究破解的问题。地方党委政府领导提出省政府财政给以配套资助，在省财政一直趋紧的情况下，即使能够投入，恐怕也是杯水车薪。最终恐怕只能依赖于乡村自身的经济发展，收入增加和农民富裕。基础设施建设资金的筹措如此，农民房屋建设资金的筹措又何尝不是如此呢！目前每栋房屋10万~12万元资金，能够支付得起的恐怕只能是少数，这也要依赖于农村的富裕和农民收入的增长。所以，村庄改造和新社区建设注定会是一个较长期的过程，不可能一蹴而就。

（二）集体建设用地权益问题

如前所述，由于经济发展，工业和城市拓展造成的建设用地需求，会使特定地区土地的商业价值凸显，从而会比较容易地获得村庄改造及社区建设的资金。但实际上，像贾峪镇洞林湖、豫龙镇槐西、上街区南部山区5村、伊川县北府店村等，之所以能够以上述开发的模式操作，除了周边建设所引起的土地商业价值增大之外，还有一个制度条件，那就是村庄改造和村民集中居住所腾出来的剩余集体建设用地，通过合法程序转换成了国有建设用地。按照我国土地使用制度的规定，只有国有建设用地才可以用于商业开发。如果不能将集体建设用地转换成国有建设用地，即使这些土地具有商业价值也无法进行商业开发，从而也无法获得相应的建设资金。而这些地方的集体建设用地之所以能够顺利转换成国有建设用地，是因为这些地段都位于城中或城边，已经进入城区拓展的规划范围，政府也就有足够的建设用地指标配置给这些地段。如果被改造的村庄远离城市，政府没有足够的建设用地指标进行配置，即使有土地商业价值也无法进行商业开发。显然，前一种情况仅仅是村庄改造和农村社区建设的特例，后者则是村庄改造和农村社区建设的普遍情况。因此，要想使已经具有潜在商业价值，而又无法转变为城市建设用地的村庄改造和农村社区建设地段，实际能够采用商业开发模式解决其资金问题，寄望于土地管理制度的改革，即允许集体建设用地与国有建设用地一样进入商业开发市场，也就是说，集体建设用地上建设的商品房也能够领到合法的房产证并获得合法的市场准入权，而不再是像现在这样被称为“小产权”和限制入市。在新密市来集镇社区考察时，当地领导就非常强烈地提出让集体建设用地与国有建设用地拥有同权的要求。

从所有权的法理性质来说，各类不同性质的产权不应该有权益上的差异，集体和国家虽然属于不同的产权主体，但就都对某些特定地块拥有所有权来说，其权益应该是一样的。也就是说，法理上存在着集体建设用地与国有建设用地一样进入市场的权益，需要改变的只是目前土地管理制度中某些不合理的规定。这个问题不解决，新农村社区建设就会遇到难以克服的障碍。

（三）土地流转和农户权益保障问题

如前所述，村庄改造和新社区建设的具体原因可能多种多样，但作为一种趋势和日益普遍的现象，根本的原因无非是两个：一个是农民确有改善住宿条件的需求；再一个是在国家 18 亿亩耕地红线越来越紧的情况下，工业和城市建设用地供应遇到了越来越大的瓶颈约束，在想尽了各种办法都难以真正缓解约束的情况下，大家不约而同地想到了空心村，想到了以宅基地形式存在的巨大农村建设用地储备，从而想要通过农民向城镇迁徙或就地集中居住的方式减少户均居住占地，腾出更多的集体建设用地用于工业和城市项目建设。根据我们前面提供的数据，即使像新乡、平顶山那样由传统院落居住形式变成新社区一户一院的别墅式居住方式，也会剩余大约一半（户均 0.5 亩）的建设用地。如果是让农民上楼，只需原来住宅占地的 1/4，3/4 的农村建设用地就可以剩余出来。这是一笔多大的土地财富啊！有人测算，只要把农民以各种不同的形式集中安置，腾出的农村集体建设用地就足以满足未来工业化城镇化过程中所有对建设用地的需求，根本无需动用耕地。

现在的问题是，无论怎么集中安置，腾出来的集体建设用地都是成小片分散于原村民居住区的，而工业和城市建设项目都是要整块使用的，或许任何一个工业与城市建设项目用地都比任一块村庄改造腾出来的剩余集体建设用地面积大，因此，村庄剩余小块建设用地要能被作为工业和城市建设用地使用，就必须要经过空间上的整合与置换。还有，剩余集体建设用地的位置往往远离城市，从而远离工业与城市建设用地集中摆放的中心，这也决定了转换的前提是空间上置换，也就是A处腾出来的小块集体建设用地要被置换到B处。在实际操作中，实际上B处增加的建设用地，要以A处同样面积建设用地的减少为前提，也就是要以A处腾出来的建设用地复耕为耕地为前提。

实际上，置换不仅仅是建设用地指标的空间转移，更是使用权益主体的转移。通过村庄改造而腾出来的剩余集体建设用地的权益主题是原村庄集体，使用该建设用地指标的主体可能是工厂主、房地产开发商或政府公益项目建设者。在建设用地指标瓶颈约束趋紧的情况下，土地用途的转换会产生巨额的增值收益，这种增值收益该由谁分享？如何对原村民给予补偿？补偿的标准如何定？这些都是实际操作中十分纠结的问题。在具体操作中，对此类利益处置的方式大致上有如下几种方式：一种是政府无偿拿走再分配，以孟津县姚凹村最为典型。姚凹村自我拆迁改造腾出来的600亩剩余集体建设用地被复耕为耕地后，这空置的600亩建设用地指标被县乡政府拿过去再分配了。姚凹村居民得到的仅仅是每亩地2万~3万元的复耕费。考虑到这里已经被规划为县城新区一部分这一特点，这600亩地的增值收益应该是个不小的数目，但这部分增值收益的大部分都在农民不知情的情况下被政府和开发商瓜分了。这显然是对农民利益的极大侵害。第二种处置方式是增值收益全额返还农民。伊川县北府店的做法就是这样。北府店在农民原有宅基地上建起了商业用房，并按照宅基地面积分配给每一户村民，如果村民不想要商业用房，即可得到与宅基地面积相对应的地价（每亩40万）现金支付。第三种是开发商全部拿走，农民得到的补偿仅仅是开发商建设的安置房。贾峪镇洞林湖、豫龙镇槐西、上街区南部山区5村等商业开发模式都是如此处理的。这样，集体剩余建设用地巨大的增值部分中的绝大多数被开发商拿走了。虽然是以农民自愿作为背书的，但也是在农民不知道其中潜在利益的情况下拿走的，这种做法未来或会留下难以解决的后遗症。第四种是集体用于举办盈利事业，所获收益基本上归属农民。辉县市孟庄镇的李庄社区就是按此种方式处置的。总的来看，不管以哪种方式，应该说对农民都有一定的补偿，关键在于补偿的标准如何确定，由谁确定。上述各种补偿方式，除伊川北府店和卫辉李庄之外，其余方式都实质上处在被补偿的地位，村民无权参与决定补偿标准，这显然是对农民权益的眼中剥夺。在调研中，我们不时听到群众干部在说，过去通过剪刀差的办法剥夺农民，现在是通过剥夺土地权益的办法剥夺农民。可见，保护农民对土地的权益，让农民自主决定剩余集体建设用地的处置方式和补偿标准，已经成了刻不容缓的问题。实际上，重庆市建立土地交易所，对农民复耕的宅基地发给地票，地票可以进入土地交易所竞价交易，是让农民参与决定补偿标准和选择受让人的最好方式，也是对农民利益的最好保护。我们也应该积极尝试。

（四）人口流动趋势、城镇形态和新社区潜在问题

根据国际上发达国家的经验，在快速工业化和城镇化过程中，产业和人口都是向城市聚集的，因为城市可以提供完善的基础设施公共服务系统，从而可以降低经济活动的成本和提高生活的质量。但这就有个问题，即当工业化和城镇化大致完成时，人口的聚集形态究竟会是什么样的？从发达国家的经验看，大致上是空旷的农村和密集的城市群、都市区并存，人口绝大多数聚集到了大城市和依托大城市而形成的大大小小中等市镇。我们国家未来也会是这样吗？现在没有人能说得清。20 世纪 80 年代以来，由费孝通先生提出中国农民太多，宜以小城镇为主要形式吸纳农民为发端，一直存在着究竟是重点建设大城市还是重点建设小城市的争论，现在的共识是要形成大中小合理布局的城镇体系。最近也有人从大城市病的角度提出未来中国还是应以小城镇乃至农村社区作为承载农民的主要空间形态的观点。但我们在现实中确实也看到或感受到农民尤其是青年农民进城的强烈欲望，调查中我们到处听到基层干部反映，现在 40 岁以下的年轻人全出去了，农村成了典型的老人农业和老人社区，有些地方红白喜事甚至凑不齐一班帮忙的人。若干年后，这些人还回来吗？若不回来，待现在一代老人离去或随进城儿女迁居城市，农村不是会继续空下去吗？现在规划建设的农村社区是否又会成为空新社区呢？虽然社区建设刚刚起步，确实也已经能够听到这种质疑的声音了。或许年轻人以后还会从城市回来，或许很多城里人也会返回乡村，从而即使工业化城镇化完成了，我国人口聚集和空间居住形态仍会保持现在正在规划建设的新社区模样。但是，人口向城市聚集的潜在趋势以及由此带来的人们对未来产业和人口空间聚集形态的质疑，确实值得我们用科学的态度加以认真研究。

自主性流动：我国劳动力流动新阶段

焦斌龙　孙晓芳*

近年来，"民工荒"、"民工返乡潮"、"农民荒"等现象成为社会关注的热点。蔡昉（2004）、于学军（2003）、田雪原（2006）、穆光宗（2008）、姚引妹（2010）等认为是我国刘易斯拐点到来的标志。然而刘易斯拐点的到来只能解释我国劳动力供给的总量变化，难以对劳动力流动的结构变化作出有力解释。我们认为，这些现象表明我国劳动力流动正在由自发性流动转为自主性流动，由此标志着我国劳动力流动新阶段的到来。

一、劳动力的异质性与自主性流动

劳动力流动是劳动者携带自身要素，跨区域、跨行业、跨部门寻求与其他要素结合的行为与过程。由于不同的历史发展阶段，劳动者拥有要素的数量和质量不同，即劳动力性质不同，以及社会对劳动者拥有要素需求的差异，导致要素价值的实现方式有所区别，使得劳动力流动呈现出不同的阶段性特征。

（一）劳动力的异质性

劳动力是蕴藏在人体中的脑力和体力的总和。① 由于天赋、教育、经历等的差异，不同劳动者的劳动力不仅在数量上差别很大，而且在质量上

---

* 焦斌龙，山西财经大学经济学院教授、博士生导师；孙晓芳，山西财经大学经济学院讲师、博士研究生。本文得到国家社科基金青年项目《后人口红利时代劳动力流动问题研究》（项目编号11CJL002）资助，本文为项目阶段性研究成果。

① 马克思：《资本论》第1卷，人民出版社1975年版，第190页。

差异明显，我们将劳动力的这种差异性称为劳动力的异质性。

英国古典经济学家配第最早注意到由于人的差异而导致的劳动力差异的存在：一个具有高超技艺的人，是可以和许多没有本领的人相抗衡的。[①]配第认为人与人的劳动能力是存在差异的。屠能不仅认为教育可以使劳动与物质资本结合创造出更大的价值，而且主张将这种价值增值归因于“教育”差异导致的劳动力的不同。[②] 他首次将资本概念应用于人，强调劳动力的差异源于劳动者拥有的教育程度的不同，初步探讨了劳动力异质性的来源。马歇尔关注人作为劳动生产要素所有者的特殊性，将“具有特殊天才的人”看做是人力资本这种特定生产要素的所有者，首次将劳动力从实质上划分为普通劳动力和资本型劳动力。[③] 此时资本型劳动力等价于人力资本，至此马歇尔已经清楚意识到人力资本概念的存在以及它对劳动力异质性的根本性影响。熊彼特的“创新”理论进一步扩展了劳动力异质性的内涵，他认为，经济发展是不断创新的结果，而创新的主体是作为特殊劳动力的企业家，他们从事的活动是不同于普通劳动力的活动，这种活动是实现创新的核心。[④] 熊彼特突出强调了作为劳动力在创新方面的异质性，丰富了劳动力异质性的内涵。舒尔茨在探索经济增长之谜的过程中，第一次系统阐述“人力资本”理论，他认为专业性人力资本是报酬递增的源泉，从而放弃了新古典经济学关于劳动力同质的假设，并使得人力资本理论进入主流经济学，至此以人力资本为核心的劳动力异质性研究成为有效解释经济增长现象的重要理论。斯宾塞提出由于劳动力之间能力不同而导致不同的劳动力应该接受的最优教育程度不同，他认为教育程度并非是劳动力异质性的唯一传递信号，从而为我们进一步深入研究劳动力异质性提供了思路。田渊和蒂斯将劳动力的异质性作为新经济地理学经典模型的重要因素，对经济活动的空间格局进行了创新性研究，将劳动力异质性作为影响经济活动的重要因素，论证了劳动力的异质性对经济活动有着很强的分散力，开拓了我们对劳动力异质性研究的领域和视野。丁栋红根据边际报酬状况将人力资本划分为同质型人力资本和异质型人力资本，并指出异质型人力资本拥有的是专业性知识，边际报酬递增的价值更多体现在外部

---

① 转引自王亚楠：《资产阶级古典政治经济学选辑》，商务印书馆 1979 年版，第 258 页。

② 参见朱国宏：《人口质量的经济分析》，上海三联书店 1994 年版。

③ 参见马歇尔：《经济学原理》（下），商务印书馆 1981 年版。

④ 参见熊彼特：《经济发展论》中译本，商务印书馆 1981 年版。

效应上，至此以人力资本为核心的劳动力的异质性研究在国内引起关注，劳动力的同质性假设已经被推翻，异质性劳动力成为我们研究经济活动的新命题。

（二）劳动力流动

劳动力的异质性是客观存在的，但在不同经济发展阶段表现不同。在经济发展初期，资本严重短缺，劳动力大量过剩，生产过程表现为大量剩余劳动在激烈竞争中寻求与资本结合的过程，初级生产力发展水平对劳动力的要求较低，导致高层次劳动者被迫从事低级的简单劳动。受生产力发展水平的制约，劳动力的异质性在竞争中被抹杀，异质的劳动力被“削平”为同质劳动力。

随着经济社会的发展，生产力水平不断提高，对劳动力的需求开始升级，中高层次的劳动力逐渐占据主动地位，劳动力的异质性开始凸显出来。劳动力性质的变化直接引发了劳动力流动阶段的变化。在劳动力同质性时期，劳动力是仅仅作为简单劳动要素与资本结合，劳动力流动仅仅是劳动者为追求更高劳动收入而自发地在不同地区、部门、行业之间的移动，是一种自发性的流动。在劳动力异质性时期，由于劳动力已经分层，劳动力流动呈现出典型的自主性流动特征。与自发性流动相比，劳动力自主性流动具有以下特征：

第一，劳动力流动呈现主动流动。与自发性流动阶段劳动被动寻求与资本结合不同，在自主性流动阶段，劳动者主动地寻求自身劳动力价值的实现方式、实现区域、实现领域，从而使劳动力流动的方向、方式、模式等发生重大变化。

第二，非经济因素成为劳动力流动的重要影响因素。在自主性流动中，劳动者受到重视，劳动者意愿可以得到充分表达，劳动者对出生地的眷恋、对家庭因素的考虑、对社会环境、自然环境的选择、对社会认同和满意度的反应以及对自我价值的认同等非经济因素成为影响劳动力流动的重要因素，劳动力会由于以上某一因素而做出其流动决策，经济因素的影响日趋减弱。

第三，劳动者效用发生变化。在自发性流动阶段，劳动者效用最大化决定于收入最大化，因而劳动力往往流向收入高的区域。但在自主性流动阶段，收入仅仅是决定效用的因素之一，劳动者追求的是幸福感的最大化，劳动力的流动会根据幸福感的不同作出不同的效用判断。

第四，劳动力自主性流动不再具有集聚效应。在自发性流动阶段，由于对劳动力的需求集中在经济发达地区，从而使劳动力流动具有明显的集聚效应，出现“孔雀东南飞”等典型现象。在自主性流动阶段，劳动者作为流动主体不再被动接受资本，而是结合自己的主观意志，主动与各类资本相结合，选择适合的区域、部门、行业作为流动方向，由于劳动力的主体性作用，不同的劳动力会有不同的决策依据，因此劳动力流动呈现出分散性，一定程度上促进区域经济走向均衡。

二、劳动力自主性流动的条件

无论在自发性流动阶段还是在自主性流动阶段，劳动力的异质性都是客观存在的，之所以由自发性流动转变为自主性流动，主要是随着经济社会发展，劳动力异质性因素凸显且成为主导劳动力流动的重要因素，导致劳动力流动呈现出自主性流动。

（一）有限供给：劳动力自主性流动的基础条件

劳动供给从无限剩余向有限供给的转变是劳动力自主性流动的基础条件。刘易斯指出，在劳动无限供给阶段，随着工业部门资本积累过程，农村剩余劳动力会不断被城市工业部门吸收，劳动获得的收入仅高于农业部门收入且长期保持稳定，大量剩余劳动的存在，使城市工业部门只重视物质资本积累而不会担心劳动供给。在这一阶段，即劳动供给在到达刘易斯拐点之前，劳动作为生产要素完全处于被动地位，劳动力流动呈现出自发性的流动特征。随着工业化进程的推进，劳动力需求数量不断增加，农村剩余劳动力向城市转移的步伐越来越快，当农村剩余劳动力规模降低时，劳动由被动转为主动，工资开始上升，劳动报酬开始增加，允许劳动者表达个人意愿的环境逐渐形成，劳动者有了更多的选择，劳动力流动开始步入自主性流动阶段。

（二）需求升级：劳动力自主性流动的社会条件

劳动力流动是工业化过程中产业结构变动中的流动，而工业化是“国民经济发展过程中一系列基本的生产要素组合方式不断发生的由低级向高级的创新过程”（张培刚，1945）。正如熊彼特所言，创新过程的主体应该是特殊的资本型劳动，即不再是具有一般性知识的普通劳动。因此工业化进程是劳动需求不断升级的过程。随着工业化进程的推进，社会化大生产带来的劳动分工的细化，劳动者的分工不仅表现为横向分工，更多的出现了纵向深层次的分工结构：由简单体力劳动者为主逐渐过渡为技术型体力劳动者和智力型脑力劳动者为主。当工业化进程到一定阶段之后，对复杂劳动的需求随着产业升级会不断上升，而简单劳动会逐渐退出核心区域和核心产业。原来对劳动力的同质化需求被打破，劳动力的异质性开始凸显，不同层次劳动力具有不同的流动能力，劳动力流动的自发性减弱，自主性大大增强。

（三）人力资本积累：劳动力自主性流动的主体条件

劳动者人力资本积累程度的提高是劳动力进入自主性流动阶段的主体条件。熊彼特指出，经济增长不是由外生因素引起的，而是由生产要素和生产条件通过“新组合”的实现而引起的，而这种新组合是由人力资本的创新性实现的，因此人力资本的积累是劳动力创新的源泉。随着经济发展和生产力水平的提升，劳动者接受教育与培训的机会增大，劳动者的健康状况也极大改善，劳动者积累的人力资本大幅提高。人力资本水平的提高，使得劳动者的劳动能力和生产效率都有很大进步，并有可能通过人力资本的创新实现劳动价值，促进经济增长。因此，人力资本积累的过程使得劳动者对生产过程越来越拥有主导和控制作用，与人力资本水平较低的自发性流动阶段相比，在自主性流动阶段，劳动者携带的要素发生质的变化，即由于人力资本积累而带来的劳动者劳动能力的差异，使得劳动在寻求与资本结合的过程中，体现出不同的主观能动性和意愿，劳动力异质性凸显，自主性增强。

（四）效用多元化：劳动力自主性流动的决策条件

劳动力在流动过程中追求效用最大化，即劳动者通过与资本的结合获得最优的满意度。经济发展水平较低时，劳动者效用最大化等价于收入最大化，劳动报酬是劳动者效用的唯一决定因素，因此劳动力流动受制于收入差距。自发性地由低收入区域、部门、行业流向高收入区域、部门、行业，是收入决定效用阶段劳动力流动的主要特征。经济发展水平的提高使得劳动者的生产生活状态极大改善，劳动者追求的是幸福感的提升而不再仅是收入的增加，效用的影响因素由一元转变为多元，且非经济因素越来越成为决定效用的重要因素。此时，劳动力流动过程中更多考虑的是劳动者的个体意志而非集体意愿，劳动者的异质性不断得到彰显，劳动力流动过程中自主性不断增强。

三、我国已开始进入劳动力自主性流动阶段

当前，劳动力流动呈现的诸多现象已经表明，我国已经进入劳动力自主性流动阶段。劳动力市场上供需矛盾日益凸显的过程中也将劳动力的主动权不断扩大，全国各地出现的“抢滩战”肯定了劳动力在流动过程中从被动变为主动的地位和状态。

首先，从2003年季节性民工荒现象到当前常态化的用工荒，中国劳动力的供给不再无限已成不争的事实，我国劳动力自主性流动的基础条件已经具备。从长期劳动力供求关系来看，我国劳动年龄人口增速在2004~2011年间呈下降趋势，据蔡昉等人研究测算，期间每年以13.6%的速度减少。[①] 根据联合国2009年对中国分年龄的人口预测，我国的人口总规模在2030年达到最大，预计为14.62亿人，我国劳动年龄人口将在2015年就达到最大值。然而随着我国经济发展和工业化进程的不断加快，对劳动力的需求在不断增长，这种劳动力需求增长速度超过供给增长速度的形势，即表明我国刘易斯拐点的到来。劳动力市场已经对这些变化的到来作出反应，工人工资的不断上涨是极具特征的反映。我国制造业的工资最近每年增长15%~20%，自2000年以来的12年中，我国制造业实际工资已经增长至原来的4倍。[②]

其次，我国对劳动力的需求结构已发生了变化。目前我国已进入工业化的中后期阶段，[③] 将进入产业结构优化升级的关键时期。《国家“十二五”科学和技术发展规划》中首次将科技进步贡献率作为科技发展规划的重要目标，力争在“十二五”时期达到55%，以创新驱动的转型发展成为“十二五”及未来我国转变经济发展方式的主题。根据国际经验和相关

---

① 蔡昉：《超越人口红利》，社会科学文献出版社2011年版，第7页。

② 《工资上涨是中国经济发展使然》，参考消息网，2012年4月6日。

③ 陈佳贵、黄群慧著：《中国工业化报告（2009）——15个重点工业行业现代化水平的评价与研究》，社会科学文献出版社2009年版。

研究，从事R&D的人员总量与GDP增长呈正相关关系，我国2020年要实现小康社会人均GDP3 500美元的目标，教育规模增长速度亦应与GDP增长相适应，以大约7%的速度同步增长，到2020年，接受高等教育的学龄人口将达到8 680万人左右。在产业结构升级和经济转型发展过程中，一方面对劳动力的需求在升级，另一方面也使劳动力分层：东部地区在产业转型升级的过程中，对技术型、知识型劳动的吸引力和需求会逐渐增强，简单体力劳动者流向东部地区的趋势会逐渐减弱；中西部地区在承接东部产业转移中将吸收大量中低层劳动力。产业布局的调整与需求结构变化使得不同层次劳动者主动选择的权利和范围扩大，劳动力的异质性作用凸显，农民工大量"东南飞"的传统流动模式正在消失，大量农村剩余劳动力选择就近就业，技术知识型劳动力表现出更强的流动性、且聚集于经济发达区域和高端产业，劳动力流动进入自主性流动阶段。

再次，劳动者素质大幅提高，劳动力自主流动的能力显著增强。我国经过30多年飞速发展，人民群众物质文化生活水平不断提高，经济社会文化等领域都获得了飞跃性的进步和发展，劳动者的资本积累水平已经显著提升。一方面，大量农村剩余劳动力外出就业的同时在农村拥有的土地、住宅等生产要素成为其生活的物质保障，同时随着经济发展和改革开放进程的加快，劳动者对土地等物质资本的权利在不断完善。另一方面，随着劳动力流动过程社会网络日趋成熟和完善，劳动力也在就业地获得越来越多的社会信任和社会认同，并逐渐接受了城市的生活方式与消费观念，劳动者的社会资本日益增加，新生代农民工的资本积累程度显著高于第一代农民工。更为重要的是，不断加大的教育投资使得劳动力受教育程度普遍提高，职业与技能培训使劳动力积累的人力资本越来越丰富。据最新公布的全口径人才资源统计数据显示，截至2010年年底，我国人才资源总量比2008年增加780万人，已达1.2亿人。我国劳动力素质提升明显，每万劳动力中研发人员达到33.6/人·年，高技能劳动力占技能劳动者比例为25.6%，主要劳动年龄人口受过高等教育的比例为12.5%。劳动力对经济增长的贡献率达到26.6%①。劳动者已经从简单劳动生产要素的提供者转变为携带更多人力资本的复杂劳动的提供者，劳动者已经成为整个经济社会发展的创新力和推动力。

---

① 中央人才工作协调小组办公室于2012年5月15日公布2010年度全国人才资源统计工作结果。

最后，我国劳动力流动的决定因素已由经济（物质）因素转变为非经济（精神）因素。2011 年，全国农村居民人均纯收入实际增速为 1985 年以来最高，达到 6 977 元，连续两年快于城镇居民。与此同时，城乡居民消费结构明显改善，2010 年我国城镇居民恩格尔系数为 35.7%，农村居民恩格尔系数为 41.1%，生活消费支出中用于教育文化、医疗保健、交通通讯的支出在不断上升。① 预测表明②，2012 年我国农村居民人均纯收入会突破 8 000 元，实际增长能达到 10% 以上，而且城乡居民收入差距会进一步缩小，预计由 2011 年的 3.13∶1 缩减为 3∶1 左右。城乡居民收入不断增加且收入差距的不断缩小，使得劳动力在空间流动过程中满足生存性需求的同时，越来越多的适应性需求和发展性需求不断产生③，包括劳动力对流入地工作生活的满意度、对流入地的归属感、对自我经济社会地位的判断以及自我的社会认同程度等。此外，新生代农民工作为我国劳动力流动的主体，其受社会记忆、社会环境等因素的影响，有着不同于第一代农民工的生活方式、价值观和生存观，更加浓厚的自我意识，使得劳动力流动行为的经济因素作用日渐弱化。劳动者对多元效用的追求，使得影响最终决策的因素多元化，仅用工资差距难以解释的现实表现为失业与民工荒并存、返乡潮、就近就业、用工短期化、农民荒等现象。

四、政策建议

劳动力自主性流动阶段的到来，标志着传统劳动力流动模式的改变，如何通过制度设计更好地迎接劳动力自主性流动，是未来我国劳动力合理流动、产业合理布局、经济社会全面转型的关键。

第一，要引导劳动力合理流动，实现人口与经济和谐发展。改变城镇化方式，重点发展大县域、中心镇、中心村。在优化全国生产力布局的基础上，形成合理的城镇体系和与国土规模、资源分布、发展潜力相适应的人口布局。

第二，要大力发展乡镇企业，引导产业转移，实现农民离土不离乡。

---

① 国家统计局：《中国统计年鉴（2011）》，中国统计出版社 2011 年版。

② 《中国农村经济形势分析与预测绿皮书（2011～2012）》，社会科学文献出版社 2012 年版。

③ 郑杭生：《漂泊与寻根》，中国人民大学出版社 2011 年版，第 7 页。

结合城镇化进程，在大力发展中小城镇的同时，适应农民工就近就业的需求，大力发展乡镇企业，使其成为吸纳农村剩余劳动力的主要载体。

第三，要加快农民工市民化进程，实现城市与农村协调发展。推动土地制度改革，出台征地制度改革方案，分配好土地非农化和城镇化产生的增值收益，大幅度提高农民在土地增值收益中的分配比例，实现农民土地财产权。改革户籍制度，注重把在城镇稳定就业和居住的农民工有序转变为城镇居民，着力解决农民工在就业服务、社会保障、子女入园上学、住房租购等方面的实际问题，逐步将城镇基本公共服务覆盖到农民工。

第四，要改革企业用工制度，实现劳资利益共赢。推动工资集体协商制度的实施，使广大劳动者分享企业收益。鼓励员工创新精神和自我价值的实现，加大对员工的关怀和沟通渠道，吸引和留住资本型劳动，构建和谐劳资关系。

第五，要完善教育体制和劳动力培训机制，提升劳动力人力资本水平，促进劳动力有效流动。

公民财产权利、社会资本与经济增长

程民选*

鉴于公民财产权利的确立有助于社会资本的积累，产权明晰促进经济增长不仅是通过影响经济主体的预期而直接发挥激励作用，而且也会作用于经济主体之间的关系和认知，通过社会资本的积累而间接影响经济增长。故本文拟将公民财产权利、社会资本与经济增长三者联系起来进行分析。

一、社会资本与公民财产权利

社会资本作为社会性相互作用的产物，是在人际合作性互动中形成并积累起来，并能够产生收入流的社会资源。这些社会资源均需要投资才能形成和积累，并且同样能够产生投资收益，因而也就具有了资本的基本属性，成为与物质资本、金融资本和人力资本相并列的一类资本。社会资本同公民财产权利之间存在着纽带关系，公民财产权利确立对于社会资本的积累具有积极作用。这一从理论逻辑分析中所揭示的公民财产权利同社会资本的关系，需要联系转型期中国的现实以拓展认知和接受检验。

由于计划经济体制下实行大一统的公有产权制度，不仅生产资料属于国家所有和集体所有，就连劳动力也难以自我支配，我国公民所能够拥有的财产仅仅与消费资料有关，仅限于有限的生活用品与少量的存款。即便是农民个人所购买的镰刀、锄头等工具，也仅仅是出工以换取生活资料的条件，而非自主劳动的生产资料。在这样的基本制度框架下，公民个人财产权利意识淡薄，公民财产制度的建立并未提上日程。

---

* 程民选，西南财经大学经济学院教授、博士生导师。

自改革开放以来，我国公民财产状况发生了历史性的变化。不仅个人收入有了较大提高，家庭财产也相应增多，而且更为重要的变化是公民拥有了劳动力产权，部分公民还拥有了生产资料产权。随着公民个人与家庭财产的增加，以及部分公民投资兴业拥有了生产性财产，公民的财产意识开始复苏并不断增强，公民财产制度建设也相应提上日程。尽管这一过程反映出自始并非系统的制度设计，而是改革开放发展中因应现实需要而策动，但是毕竟启动了中国公民财产制度建设的按钮。保护个人投资兴业依法经营获得的收入与财产，保护劳动者自主择业及其相应的权利，保护投资者投资金融性资产的权益，保护债权人的合法权益，等等，及至物权法的问世，都是我国公民财产制度建设的成果。

我国公民财产制度建设的启动，迄今所取得的成果明确了依法保护相关领域的公民财产，也就是确认了公民在这些领域的个人财产权利。而公民财产权利的确立，进一步强化了公民个人的财产权意识，并促进了社会资本的积累。

由于允许劳动者个体经营并进一步承认私营企业的合法性，激发了我国公民投资兴办实业的热情。而随着政府对非公有制经济重要地位的不断明确以及政策扶持力度的加大，公民自主创业的积极性也空前高涨。但是创业和发展需要资金、技术和相应的人才，也需要相应的生产建设用地，为获得这些稀缺资源，私营企业主们必须八仙过海、各显神通，千方百计投资和积累自己的社会资本。这一事实在理论上的反映，就是关于社会资本在民营企业兴办与发展中所发挥作用的分析。此类文献众多，这里无需赘言。在公民投资兴办实业的财产权利得到明确肯定的前提下，个人为创办企业或发展企业而求助于社会资本，并主动投资、积累社会资本的事实，证明了公民财产权利的确立有助于社会资本的积累。

对于劳动者自主择业的肯定与支持，在事实上承认了劳动者对于个人劳动力的产权。而伴随劳动者个人就业求职的需要，为获得所憧憬的工作机会与职位，借助亲戚、朋友、同学、同事、战友甚至同乡、邻里等各种关系，这在现实社会生活中可谓是广泛存在。社会资本在个人就业或谋求职位晋升中发挥的作用，中外文献中同样有大量的分析。在劳动力产权事实上归个人所有的前提下，个人为就业求职而求助于社会资本，并主动投资、积累社会资本的事实，同样证明了公民财产权利的确立有助于社会资本的积累。

二、社会资本积累的机制

如果说非公有制经济发展与劳动者自主择业在事实上证明了公民财产权利的确立有助于社会资本的积累，那么正在进行中的深化农村产权制度改革，则为我们提供了理解公民财产权利确立推动社会资本积累的机制的契机。为探索这一机制，笔者深入“农村产权制度改革第一村”——四川成都都江堰市柳街镇鹤鸣村进行了追踪调研。

历经30多年的改革，我国农村的亿万农民虽然有了承包经营的土地，基本解决了温饱问题，但土地资源的配置效率并不高，农民受比较利益的驱使大多选择外出务工以增加家庭收入，以致各地都出现了由于外出务工而撂荒土地的现象。成都市作为统筹城乡综合配套改革试验区，在建设新农村的实践中，基于明晰土地产权、盘活土地资产的思考，以鹤鸣等村为试点村，开始了深化农村产权制度改革的探索。成都市农村产权制度改革取得的第一阶段成果，就是完成了确权颁证工作。由于鹤鸣村于2008年2月21日被确定为成都首个农村产权制度改革试点村，早在2008年4月30日就完成了确权颁证工作，村集体领到了《集体土地所有权证》，574户村民领到了《农村土地承包经营权证》、《房屋所有权证》和《集体建设用地使用权证》，成为第一个完成确权颁证的村。同时在该村8组，结合林盘保护和“增减挂钩”项目建设新的农民集中安置区，规划安置农户148户468人，占地规模58亩，涉及拆旧地块面积为178亩，项目实施后可节约周转挂钩指标118亩。同年，全村通过土地流转建成蔬菜基地两个，占地635亩，鲜花基地一个，占地150亩，每年为当地群众带来近300万元的收入。

作为率先完成确权颁证的村，对比确权颁证前后鹤鸣村村民们产权意识的变化，以及随之发生的人际关系的改善、信任结构的重构和新的合作规范的萌芽，能够让我们从中看到公民财产权利的确立与社会资本的变化二者之间的内在关系。确权颁证前，村民们对于承包地的预期并不稳定。尽管实行了集体土地的家庭承包经营，但对于政策是否会发生变化，以及村上会否对自己承包经营的地块进行调整等，村民们感觉心里没底。在这样的状况下，村民们对于自己的土地承包经营权的产权性质并不清晰，普遍缺乏相应的产权意识。随着农村产权制度改革试点工作的开展，确权过程中村民们的产权意识迅速提升，反映为竭力维护自己应有的权益，对于存在的争议甚至发生争吵。也正是为解决确权过程中的纷争，鹤鸣村有了村民议事会这一创举，通过村民议事会的工作，议决了确权过程中存在的争议，使确权颁证工作得以顺利推进。确权颁证后，村民领到了前述三证，即《农村土地承包经营权证》、《房屋所有权证》和《集体建设用地使用权证》。有了《农村土地承包经营权证》，村民们认识到自己的土地承包经营权有了法律的保障，现在对于土地的实际使用反倒不争了。如有的村民在承包地种植树木，并不介意其他村民在自己林下栽种蔬菜。这说明，在产权有证为凭后，村民们彼此理解产权有了法律保障，对于并不妨碍自己经营的土地的综合利用，开始产生“赠人玫瑰手留余香”的情怀。

对承包经营土地的确权颁证，使农民对于所承包经营土地的权利依法确立，在迅速提升他们的产权意识的同时，互相尊重产权的规则意识也开始形成，过去那种暗中争夺用地的矛盾不再发生。这对于村民之间人际关系的改善、形成新的合作规范与信任结构，已经开始发挥作用。根据我们的追踪调查，已有部分村民就所承包土地的经营事项和形式开展了合作。

由于鹤鸣村村干部行事公正，村民议事会真正发挥了作用，改革过程中信息公开透明，增强了村民们对于村干部的信任和主导农村产权改革的制度的信任，村民们的信任结构正在由特殊信任或个别信任发展为特殊信任与制度信任的结合。相信政府、相信村干部，是鹤鸣村村民们发自内心的话语，也是他们对于制度信任的朴实表达。这也说明，对制度的信任需要借助各级政府及其工作人员为民办好事办实事的作为才能真正形成。尤其是他们具体面对的基层干部的所作所为，成为村民们认知政策和制度的直接来源。如果好经被歪嘴和尚念歪了，村民们所认知的也绝不会是好经。这再次印证了选拔任用好地方干部的极其重要性。

正是基于对鹤鸣村追踪调研所获知的事实，我们确信公民财产权利的确立与社会资本的积累之间存在着内在关系。其内生的机制为：确立公民财产权利，迅速提升个人财产意识，催生互相尊重产权的规则与行为方式，实现人际关系的改善，并形成新的合作规范与信任结构。因此，公民财产权利的确立有助于社会资本的积累，这一理论命题是可以验证的。

三、公民财产权利与经济增长

美国经济学家诺思（Douglass C. North）运用现代经济理论考察经济

史实，揭示了有效的产权制度与经济增长之间的关系。其基本结论是：只要国家建构起有效的即生产性的产权制度，就会催生有效率的经济组织的不断出现，从而导致国民经济的持续增长。反之，如果国家建立的是低效甚至无效的产权制度，则会导致国民经济的衰退甚至崩溃。这一“成也国家败也国家”的理论归结，被后人称为“诺思悖论”。诺思教授作为新经济史学的开创者，运用经济理论工具对西方经济史进行了高屋建瓴的考察，正是这一开先河的对经济史的经济学考察，使他建立起自己的理论分析框架并赢得了新经济史学开创者的声誉。诺思先生的理论建树是不菲的，不仅对于经济史学的研究范式产生了重大影响，而且对于新制度经济学的发展也影响至深。

然而，诺思先生自有其分析的视角。综观其著述，其探索的重心虽然是国家建构正式的产权制度的重要性，但对于有效的产权制度与经济增长之间的关系的揭示，主要是通过预期、激励、交易费用等范畴进行分析，也就是着眼于产权制度对经济主体的作用展开分析，而并未就产权制度导致主体之间关系的变化进行分析。但这一点并不足以为怪。作为新经济史学的开创性人物，诺思教授运用经济理论工具分析经济史，其时所能够运用的理论工具中，尚无社会资本这一新分析工具，我们怎么能够苛求于前人呢？那么，在对社会资本已有认知的今天，对于公民财产权利与经济增长之间的关系的探讨，如果再不对产权制度导致主体之间关系的变化进而影响经济增长进行分析，显然是说不过去的了。然而令人遗憾的是，迄今笔者尚未见到有关这方面的研究成果。[①]

经济活动并非个体作为独行侠式的活动，而是经济主体之间互动进行的活动，考察经济增长而无视经济主体之间的互动关系，其理论误区是显见的。因此，20 世纪 90 年代以来，国外陆续出现了运用社会资本理论解释区域经济增长的研究成果，研究者们所做的实证分析，虽然多数得出了社会资本作为促进区域经济增长的新要素，应该受到重视的结论，但也有人得出了社会资本与经济增长负相关的结论。甚至像普特南这样的研究社

① 尽管使用社会资本理论来解释区域经济增长已经有十几年的时间，但却罕见联系公民财产权利进行分析的文献。即便是提及产权的奈克和科佛（Knack and Keefer，1997），也不是从产权影响社会资本的视角，而恰好相反。奈克和科佛（1997）通过选取信任、合作准则与社团数三个指标来度量一国的社会资本，研究 29 个国家在 1980 ~ 1992 年的社会资本与经济增长的关系，发现信任与合作对经济绩效具有显著的正相关关系，而社团活动与经济绩效没有明显的相关性。但是他认为信任与合作较强的国家能有效地节约正式制度的成本，能有效地保护产权和契约的履行。

会资本的名家，在对意大利进行的研究中，指出北方地区的经济与政府绩效总体上都要远高于南方的原因，在于两个地区所拥有的社会资本的差异（Putnam，1993）。而在其后对美国进行的研究中，则发现美国在20世纪60～90年代社会资本水平急剧下降，而经济增长率却不断提高，社会资本与经济增长是负相关的（Putnam，2000），故而产生了"普特南矛盾"。

在对社会资本与经济增长关系的分析上，之所以会出现截然相反的实证分析结论，一方面，由于国与国之间在制度和政策方面存在着明显的差异，如果不考虑存在的差异，直接使用跨国数据进行回归，难免求出的社会资本回归系数存在差异，从而得出不一致的结论。[①] 而各国制度和政策的差异，显然不能不涉及产权制度。另一方面，运用社会资本理论解释区域经济增长的实证研究成果之所以产生相互矛盾的结论，还因为影响经济增长的因素众多。一国或地区的经济增长状况是多因素共同作用的结果，如果研究者顾此失彼，所得出的分析结论难免产生"普特南矛盾"。如普特南研究意大利南北地区社会资本与经济增长关系时，隐含的假定条件是社会资本的积累还是耗散是决定经济增长的单一因素，即社会资本增加促进经济增长，社会资本减少则经济增长下滑。于是，当实证分析发现美国在20世纪60～90年代社会资本水平急剧下降，而经济增长率却不断提高，因而社会资本与经济增长呈负相关时，"普特南矛盾"的产生也就难免了。但如果考虑到有诸多因素共同影响经济增长，而不是仅仅考察社会资本与经济增长二者之间的关系，在社会资本水平下降而经济增长率却不断提高的背后，一定是其他影响因素在促进经济的增长，或者说是其他影响因素对经济的促进作用，抵消了社会资本水平下降对经济增长的消极作用。可见，从影响经济增长的多因素视角看，"普特南矛盾"可能并不存在。

四、公民财产权利作用于社会资本的多层面考察

以上我们论述了公民财产权利的确立有助于社会资本积累的命题，既然社会资本的增加有利于经济增长，那么在理论逻辑上，确立公民财产权利也就会通过社会资本而影响经济增长。然而公民财产权利的确立，究竟

---

① 刘灿、金丹：《社会资本与区域经济增长关系研究评述》，载于《经济学动态》2011年第6期。

是如何通过社会资本的变化而作用于经济增长的呢?

公民财产权利的确立过程，无疑是产权制度变革的过程。在这一变革过程中，公民个人的财产权利依法得以明晰并获得保护。而公民财产权利确立对于经济主体之间交往关系的影响，表现在随着公民产权意识的提升，相互尊重产权的游戏规则也将形成，而相互尊重产权有利于人际关系的和谐、信任结构的优化，从而有利于合作关系的建立并形成合作的规范，因而导致社会资本的增加或积累。这就是公民财产权利确立导致社会资本积累的内生机制。

公民财产权利的确立促进社会资本的积累，从微观层面考察，就是个人社会资本的增加；从中观层面考察，则是社区或者组织的社会资本的积累；而从宏观层面考察，就是一国（地区）的社会资本总量的增加。要从理论逻辑上揭示公民财产权利的确立究竟是如何通过社会资本的变化而作用于经济增长，有必要就以上三个层面分别进行分析。

从微观层面看，公民财产权利确立促进个人社会资本的积累，关键在于个人财产权利的明晰和依法得到保护，使之获得追求自身利益的激励并产生稳定的预期，为追求收入与财富的增长，个人会产生投资社会资本的愿望并积极行动起来。诸如为寻求一个好的职业与岗位，或争取某个投资项目，或寻求贷款、技术、人才支撑，等等，而千方百计寻找关系、建立联系，并刻意维系和强化关系，使之成为自己的网络节点，从而扩展自己的社会网络。这正是理论上所说的进行社会资本投资。而个人扩展关系与网络的过程，显然又受到共享的隐含知识、信誉、信任、合作的规范等认知型社会资本的影响。认知型社会资本的积累，对于人们构建自己的结构型社会资本具有引导与促进作用。在产权明晰并依法得到保护的前提下，公民个人投资与积累社会资本，旨在追求收入与财富的增长，从而会导致一个又一个有效率的经济组织的诞生，推动一国（地区）经济的持续增长。显然，诺思先生看到了有效产权制度的建构导致有效率经济组织形成从而推动经济增长的事实，并揭示了产权的确立对于主体的激励从而催生有效率经济组织的机制，但却并未关注个人因此而投资社会资本这样一个方面。而社会资本概念的提出和社会资本理论的诞生，才使我们得以能够对此进行分析，并且扩展到对于中观、宏观层面社会资本的认知。

从中观层面论，公民财产权利确立促进社区或组织的社会资本的积累，主要看社区范围或组织内部人际关系是否因此而得到改善，互惠合作关系是否形成。前述说明，公民财产权利的确立会提升公民产权意识，并形成相互尊重产权的游戏规则，而相互尊重产权有利于人际关系的和谐、信任结构的优化，从而有利于合作关系的建立并形成合作的规范。因此，公民财产权利确立有助于社区或组织的社会资本的积累是符合理论逻辑的。无论是从社区还是组织看，如果出现人际关系的不和谐、信任结构和合作关系的劣化，那么一定可以从产权的界定或保护中找到问题。当各方的产权清晰，各自的利益都能够通过合作而实现，社区或组织内的成员没有理由不和谐相处，为实现共同的利益目标而合作共事。而社区或组织内成员之间的和谐相处，合作共事，无疑会增进经济活动的效率，推动经济增长。这一效率增进推动经济增长的机制，可能是社区内通过资金、技术或人力资源的相互支持和优化配置而实现经济增长，也可能是经济组织内成员生产积极性的调动而实现经济增长，抑或是创新获得激励产生成果而实现经济增长，等等。总之，只要公民财产权利真正得到了尊重和保护，社区或组织的社会资本就会积累起来，从而促进经济增长。这一结论，应当能够从我国深化农村产权制度改革的实践进程中得到印证，因为我们业已在所追踪调研的鹤鸣村初见端倪。确权颁证后的鹤鸣村，人际关系空前和谐，信任结构正在优化，合作意愿非常强烈。在我们追踪调研过程中，村民们纷纷表达了对于实现集体土地流转的高度关心。人心齐，泰山移，改革的深化必将促进鹤鸣村经济的可喜发展，对此我们深信不疑。

从宏观层面论，公民财产权利确立促进一国（地区）的社会资本总量增加，不仅仅是因为个人主动投资积累社会资本，以及社区和组织内成员之间形成良好的人际关系、实现互惠合作，而且还因为国家通过提供有效的产权制度，有利于维护竞争秩序，形成良好的经济环境，从而优化信任结构。信任结构的优化，表明社会成员能够凭借对制度的信任，将信任由特殊信任扩展到普遍信任，实现经济主体交往半径的迅速扩大，推动合作领域的不断拓展与深化。这表明，宏观层面的社会资本总量并不等于个人社会资本、社区与组织社会资本的简单加总，因此，对个人社会资本和社区与组织社会资本的考察不能够替代对于宏观社会资本的考察。[①] 公民财产权利的确立意味着有效产权制度的建构，由此而促进社会资本总量的增加。而社会资本总量的增加无疑是促进一国（地区）经济增长的有利因素。这是因为信任结构的优化有利于国内经济主体之间交往的迅速扩展和

① 这也正是科利尔提出政府社会资本概念的理由所在。政府社会资本指影响人们互利合作能力的正式制度，以区别于民间社会资本。

合作领域的不断拓展与深化；良好的竞争秩序和经济环境又有利于发展对外经贸关系，扩大对外贸易和吸引外商直接投资。而对内对外经济交往与合作关系深入发展的结果，必然是经济总量增长、经济效率提高，促进产业结构升级和实现资源配置的优化。

减贫视角的经济增长与收入分配

——县域经济层面的实证分析

叶初升　唐晋荣*

对贫困地区而言，到底有哪些因素在影响着这些地区的经济增长？哪些因素影响着这些地区的收入分配？因为只有弄清了这些影响因素之后，才能对这些地区的经济增长和收入分配本身有更清楚的认识。在此基础上再来讨论两者的动态变化对减贫的影响，才会更有意义。

一、调查过程及数据来源说明

我们在西南地区的一些典型贫困县和非贫困县开展了实地调查。分别赴重庆、湖北和贵州三省（市）进行了实地调研，采用了9个贫困县作为研究对象。为便于对照，另选取3个非贫困县为参照。

我们选取贫困县主要考虑两点，一是地处山区，便于考察山区连片扶贫情况；二是对少数民族自治县的考察。基于以上原则，我们选取了武陵山片区的重庆黔江区以及恩施州的鹤峰县和利川市；位于鄂西南山区的宜昌市长阳县；以及贵州安顺市所辖的四个县：普定县、关岭县、镇宁县、紫云县。

为了便于数据的比较，选取非贫困县时，我们充分考虑了与贫困县所处各种环境相似的县。其中，湖北选取宜昌的远安县，贵州选取安顺的平坝县。

* 叶初升，武汉大学经济发展研究中心、武汉大学经济与管理学院教授、博士生导师；唐晋荣，武汉大学经济与管理学院博士生。

我们调研的县汇总如下：

湖北：鹤峰县、利川市、阳新县、长阳县、远安县（非贫困县）；其中，远安县作为参照。

贵州：西秀区、平坝县（非贫困县）、普定县、关岭县、镇宁县、紫云县；其中，西秀区和平坝县作为参照。

重庆：黔江区。

我们采用发放调查问卷、到各区县的相关职能部门搜集数据、与政府的各个部门进行座谈等方式，收集了进行统计和计量回归所需的相关数据。在此基础上对相关数据进行处理，利用统计和计量回归的分析方法，分析各县经济增长的影响因素。

对于收入分配影响因素的分析，我们利用武汉大学经济发展研究中心2004～2009年农村家户调查的数据，在这些数据的基础上计算出安顺市各个区县的基尼系数，然后再对可能影响基尼系数的各种因素进行控制，考察在县域经济层面，哪些因素在影响着各区县农村地区的收入分配状况。

二、实证分析结果

我们选择从县域经济的角度，对贫困县经济增长影响因素和收入分配差距影响因素进行分析，主要是基于以下的一些考虑：首先，贫困县的脱贫，最首要的应该是依靠本地经济的发展，而落后地区的经济发展，首先应该取决于当地的经济增长状况；其次，我们要考虑经济增长的质量，其中一个重要的方面就是经济增长后的分配情况如何。对于贫困县而言，经济增长质量的一个重要体现即是对收入低下的农村地区的影响，而在数据可得的情况下，从农村收入差距的角度来考察经济增长的影响，也可以看做是经济增长质量的一种体现。

（一）影响贫困县经济增长的因素分析

按照新古典经济学理论，经济长期增长的主要要素是资本、劳动与技术进步。这对于贫困县经济也是适用的，在此处，我们使用柯布—道格拉斯函数来分析这些贫困县的经济增长情况，我们令生产函数的形式为：

$$Y = A(t)\ L^{\alpha}K^{\beta}\mu$$

其中，Y 表示该县的 GDP；$A(t)$ 表示技术进步；L 表示劳动力投入；

K 表示资本；μ 表示随机干扰项。经过简单的取对数运算，我们容易得到：

$$efe = \log A(t) + \alpha \log L + \beta \log K + \log \mu$$

相应的，我们可以用如下计量回归模型来估计系数 α 和 β，探讨资本和劳动投入对这些地区的经济增长的影响情况：将模型设定为：

$$\ln gdp = \gamma + \alpha \log L + \beta \log K + u \tag{1}$$

在上述计量模型中，$\ln gdp$ 表示各个重点贫困县的历年 GDP 的对数值；$\log L$ 表示劳动力投入；$\log K$ 表示资本；u 表示误差项。

由于数据的可获得性原因，我们选择了贵州省平坝、普定、紫云、关岭及湖北省远安、阳新、长阳、鹤峰、利川及重庆市黔江等 10 个区县的 2001~2009 年共 9 年的 GDP 等变量的数据，使用 Pooled OLS（混合 OLS）方法来进行回归。

在选取的各县中，黔江区的经济增长状况相对其他贫困县而言更好。所以，我们将重庆市黔江作为区域虚拟变量的基组，将湖北和贵州省的各县与之进行对照。另外，为了比较同一省内的贫困县与非贫困县的经济增长差异，我们的数据还选取了贵州平坝、湖北远安为对照，考察近 10 年来贫困县与非贫困县的经济增长差异情况。

在解释变量的选择上，我们借鉴史蒂夫·多维克（Steve. Dorwick，1992）的计量模型，史蒂夫·多维克使用 GDP 的增长率作为被解释变量，并且，解释变量也使用相应的变动百分比。与史蒂夫·多维克不同的是，由于我们的样本中各区县历年的 GDP 增长率变动不大，所以我们使用实际 GDP 的对数值来作为被解释变量，并且相应的解释变量也使用相应的对数值而非增长率来表示。将起始年份（2001）的劳均产出（每万人的 GDP 产出量）来表示初始的劳动力生产率，然后加入 2001 年以后每年的净资本累积存量。我们用各县每年的劳动力人数对数值作为劳动要素投入的变量。回归的结果如表 1 所示。

表 1　　重点贫困县 GDP 增长的影响因素

变量	变量名	系数	调整后的标准误	t 统计量	p 值
被解释变量	$\ln gdp$				
解释变量	$\ln netainvst$	0.1131**	0.05204	2.17	0.033
	$\ln labor$	0.8172***	0.08437	9.69	0.000
	$\ln initialp$	0.5056***	0.03220	15.7	0.000
	huibeidummy	0.2937***	0.07446	3.94	0.000

续表

变量	变量名	系数	调整后的标准误	t 统计量	p 值
解释变量	*guizhoudummy*	-0.3534***	0.09954	-3.55	0.001
	poverty_dummy	-0.4497***	0.04426	-10.16	0.000
	*timedummy*1	0.10931	0.08415	1.30	0.198
	*timedummy*2	0.19097**	0.09215	2.07	0.042
	*timedummy*3	0.30257***	0.09964	3.04	0.003
	*timedummy*4	0.4088***	0.11174	3.66	0.000
	*timedummy*5	0.52255***	0.13369	3.91	0.000
	*timedummy*6	0.66395***	0.153453	4.33	0.000
	*timedummy*7	0.78946***	0.177314	4.45	0.000

$R^2=0.9476$。

注：***、**、* 分别表示在1%、5%、10%的显著性水平下显著。

上述计量结果的被解释变量为历年 GDP 的对数值形式，被解释变量如第一列所示：ln*netainvst* 表示每年的资本净累积增加额；ln*labor* 表示各县每年劳动力人数的对数值；ln*initialp* 表示 2001 年的劳动力生产率（用每万人劳动的产出表示）；*huibeidummy* 及 *guizhoudummy* 分别表示该县是否位于湖北省和贵州省的虚拟变量（基组都为重庆市），*poverty_dummy* 为贫困县虚拟变量，当该县为贫困县时设为 1，否则为 0；*timedummy*1 ~ *timedummy*7 分别为 2003 ~ 2009 年的时间虚拟变量（基组为 2002 年）。

从表 1 的回归结果我们可以看出，资本和劳动都对贫困地区县域经济的增长有着显著正向的作用，但劳动的产出弹性更大（劳动的产出弹性为 0.8172）。并且，相对于重庆黔江（区域虚拟变量的基组）而言，贵州各贫困县的经济增长相对要差（*guizhoudummy* 系数为 -0.3534），而湖北的各贫困县整体情况要好一些（*hubeidummy* 系数为 0.2937）。另外，初始的劳动产出率对以后的经济增长存在明显的正效应（ln*initialp* 系数为 0.5056）。除 2003 年外，其余各年的时间虚拟变量相对于基年 2002 年而言都显著为正。

上述的回归结果，让我们对这些地区经济增长的驱动因素有了一个直观的认识。与典型的新古典经济理论框架一致的是，资本、劳动、初始的劳动力生产率都对本地区的经济增长有显著的正向影响。但劳动产出的弹性相对于资本和初始的劳动生产率而言更大。这与我们的直观很不一致，因为按照标准的经济理论模型，贫困地区应该是资金缺乏而劳动力富裕，所以劳动的产出弹性应该要小于资本的产出弹性才对。为什么会出现这种情况呢?

出现这一结果的一个可能解释如下：由于我们调研各贫困县的经济结构是典型的农业经济占比很高，工业经济并不发达的状况，在正规的工业部门就业的劳动力并不多，这些不多的劳动力是计入了统计口径的，而创造了大部分农业产出的农村劳动者，其实是包含了很多年老但尚有劳动能力的人口在内的，这些非青壮年劳动者（年老的农民）往往是没有进入正规统计口径的。这就造成了各个县的实际本地就业劳动力数目远远大于统计口径的劳动力数量。而对资本的统计就不同，此处我们使用的资本统计口径是全社会固定资产投资的净增加值累加。由于在这些贫困县里，统计部门对全社会固定投资的统计会比较关注，所以统计遗漏得较少。这两个因素在统计口径上可能就产生了贫困县“劳动力短缺而资本富裕”统计假象，造成了上述我们得到的计量结果。这与我们在实际调研中的感受是十分一致的：各个政府部门对于工业部门投资的数据和关注程度很高，而对农村劳动力数据的统计主要是以青壮年人口为主的。而在农村家户实地调研走访中我们发现，农村里从事农业生产的很大一部分劳动力是年老但尚有劳动能力的老人，而青壮年人则多数外出打工赚钱。

并且，典型的中西部之间的差距也比较明显。其中，贵州省各区县的总体增长相对要慢，而湖北省的各区县的经济总量增长状况相对要好一些。当然，增长情况的相对快慢，与本地区的历史因素及本地区所处地理环境的总体情况也是有关系的。因为贵州省受所处的地理环境与民族人口分布的制约，加之历史上经济一直比较落后，这一回归结果也体现出来这一事实。另外，贫困县的经济增长要显著地落后于非贫困县。这也反映了贫困县总体而言经济增长要慢的现实。

（二）贫困县基尼系数的影响因素分析

本节的数据来自武汉大学经济发展研究中心 2004 ~ 2009 年年底在贵州省开展的关于新时期农村减贫政策与机制研究的问卷调查，该调查涵盖 6 县（区），44 个村，共收回 440 份有效家户问卷。调查涉及家户基本特征，家户生产经营状况，家户基本政策诉求以及生活满意度，村基本情况等项目。

我们利用武汉大学经济发展研究中心的家户调查数据，计算出安顺各个重点贫困县的历年农村基尼系数，如表 2 和图 1 所示。

表 2　　　　贵州安顺农村住户的基尼系数

年份	安顺各县（区）					
	西秀	平坝	紫云	镇宁	普定	关岭
2004	0.2458	0.2822	0.3078	0.1651	0.3139	0.3193
2005	0.2548	0.2847	0.3313	0.1923	0.2121	0.2840
2006	0.2372	0.2389	0.3198	0.1796	0.2550	0.2199
2007	0.2330	0.2555	0.3030	0.1811	0.3985	0.2173
2008	0.2152	0.2205	0.3350	0.2585	0.3219	0.2386
2009	0.2387	0.2501	0.3009	0.2930	0.2848	0.2762

资料来源：由《武汉大学经济发展研究中心农村家户调查（2004～2009）》计算所得。

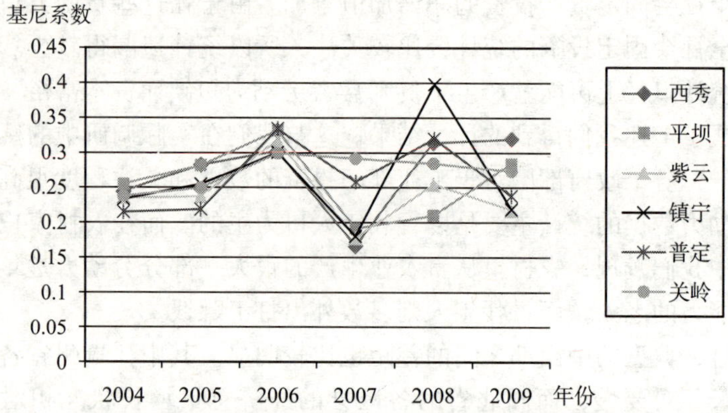

图 1　贵州安顺五县一区农村住户的基尼系数

资料来源：由《武汉大学经济发展研究中心农村家户调查（2004～2009）》计算所得。

从表 2 和图 1 可以容易看出，由家户数据计算得到的安顺各贫困区县的历年农村基尼系数相对而言比较低，基本都保持在 0.35 以下。这可能反映了两个事实：一方面从某种程度上表明了这些贫困区县农村居民总体收入水平很低的事实——当大家都处在“一穷二白”的收入水平情况下，收入差距不大还是可以理解的；但另一方面，这个结果也可能是抽样方法存在问题——在进行家户调查时，由于家户数据的调查问卷记录十分麻烦，需要被调查者细致填写家庭的日常收入开支情况，调查人员不太可能将这些问卷发放给那些所有家庭成员都完全不识字的家户，而这些家户的收入往往是极为低下的。这样，调查人员在收集数据时，就已经可能把会影响基尼系数大小的一部分样本排除在外了。当然，基尼系数到底存在多大的偏差，我们难以准确地估计出来，这取决于上面两方面事实的力量对比。在现有的调查形式情况下，我们难以解决上面可能存在的基尼系数的数据不理想的问题。但至少在相当的程度上，我们是可以认为上面的基尼系数结果还是相对合理的，毕竟，样本的选择问题不是主要的问题——因为贫困县农村的收入差距不大的主要原因还是农村居民的整体收入都很低。

在此我们想要进一步探究的是，影响这些区县间的农村基尼系数因素有哪些呢？不同县的经济增长对各自农村居民的收入差距有怎么样的影响呢？是通过增长效应扩大了居民间的收入差距，还是通过分配效应减少了收入差距呢？在此，我们使用了一个计量模型来进行对上面的问题进行估计。

在我们的计量模型中，主要考虑了各县 GDP 的总量增长因素，来衡量本地经济增长对当地农村居民基尼系数的影响。另外，由于贵州安顺地区多山少地，耕地极为匮乏，在工业经济欠发达的情况下，农村居民家庭收入的一个重要来源是农业收入，而拥有耕地数量较多的地区，在其他条件相似的情况下，也倾向于拥有较多的收入。另外，外出务工也是家庭收入提高的一个重要因素，在实地调研中我们发现，家里有外出务工成员的家庭，一般的收入水平都比无外出务工人员的家庭收入水平高。所以，外出务工人员数量也是各县之间收入差距影响的一个重要因素。因此，我们将计量模型设定如下：

$$Gini\_coef = \alpha + \gamma \ln gdp + X'\beta + \sum yr_i + u \tag{2}$$

其中，$Gini\_coef$ 表示各年各地区的基尼系数；α 表示截距项；$\ln gdp$ 表示各年各地区的 GDP 对数值；X' 表示其他的控制变量如各区县的 GDP、耕地面积、农村人口数目、外出务工劳动力数量，此处我们使用混合横截面的方法来估计上述方程，用 yr_i 表示年度虚拟变量（以 2004 年为基期）；u 表示误差项。

我们使用贵州安顺的五县一区作为分析对象，通过收入分组数据得到各自历年的基尼系数，然后再控制相关变量，得到表 3 的回归结果。

表 3　各区县基尼系数的影响因素分析

变量	变量名	系数	标准误	t 统计量	p 值
被解释变量	$Gini\_coef$				
解释变量	$\ln gdp$	-0.04506*	0.02440	-1.85	0.076
	$\ln land$	0.12373	0.09825	1.26	0.219
	$\ln ruralpop$	-0.11415*	0.05732	-1.99	0.057
	$\ln wkoutpop$	0.09033**	0.03590	2.52	0.018

$R^2 = 0.4247$。

注：***、**、* 分别表示在 1%、5%、10% 的显著性水平下显著。

上述计量结果的被解释变量为各区县历年的基尼系数，解释变量如第一列所示：ln*gdp* 表示 GDP 的对数值；ln*ruralpop* 表示农村人口数量对数值；ln*land* 表示各县的耕地面积对数值；ln*wkoutpop* 表示省外务工的总人数；并且，上述回归模型中加入了 2005 ~ 2009 年的年度虚拟变量（以 2004 年为基期）。

从表 3 的回归结果我们很容易看出，外出务工是对农村基尼系数影响最为显著的因素，这可以从 ln*wkoutpop* 一项的系数结果看出。外出务工倾向于扩大农村的基尼系数，这一点很容易理解：由于农业的收入不高且提高幅度有限，本地就业的收入水平也较低时，外出务工很容易赚到远高于本地工作所得的收入。所以，有外出务工成员的家庭，其收入水平可能很容易高于其他无外出务工成员的家庭，这会导致有外出务工的家庭和无外出务工的家庭收入差距拉大，从而使得基尼系数增大。

各区县的 GDP 增长对农村基尼系数的影响在 10% 的显著水平下显著（*p* 值为 7.6%），但效应为正向的，而农村人口的影响在 10% 的显著水平下也是正向显著的（*p* 值为 5.7%）。这就表明，GDP 的增长是有利于（尽管是较小的）缩小农村居民间的收入差距的。农村人口越多的地区，基尼系数就越小，这体现了农村的收入水平普遍低下的现实。

从上面的回归结果我们可以看出，本地区的经济增长是有利于缩小农村居民的收入差距的。这就给了我们一点启示：与中国长期经济增长带来了人们之间收入差距扩大的现实有一些不同的是，我们所考察的这些贫困地区的经济增长，对本地区的收入分配改善是有利的。这反映了本地区的经济增长，对包括农村地区在内的所有居民存在一个福利改善的状况的现实，也从一定程度上反映了这些地区的经济增长质量是好的——这些地区在增长的过程中并没有向全国的情况一样，带来收入差距的扩大（至少在农村地区的表现是这样的）。也就是说，当地的经济增长既可以提高当地居民的收入水平，也可以改善该地区的收入分配状况。所以，这给我们的政策决策者和执行者提供了一个很好的思路：解决本地区农民收入水平低下、缩小当地收入差距的一个可行途径就是促进本地区经济的增长，以当地的增长来提高当地居民的收入水平，并且，这种增长也有益于改善当地的收入分配状况。

另外，外出务工是倾向于扩大本地区农村居民的收入差距的。这个结果虽然体现了收入差距扩大的现实，但也并不是一个负面的现象，它体现了外部经济增长对本地区居民收入的一个正向的影响（正的外部性）——

落后农村地区的居民，可以通过外出务工的方式来提高自己家庭的收入水平。它体现的是一种帕累托改进——外出务工使得收入差距扩大原因，是因为有一部分人通过外出务工，获得相对本地而言更高的收入而变得相对富裕了。这种富裕不是通过降低本地区的某些居民收入为代价的。并且，本地区的这种收入差距的扩大，对本地区居民可能还有一种正的外部性——“示范效应”：当外出务工可以提高相对收入的现象，被那些有外出务工能力但并没有出去打工的家庭所观察到时，这些家庭可能会选择外出务工来改善自己的收入状况。而且，在已经有别人为自己树立了一个示范榜样的情况下，去哪些地区务工、选择何种职业等的机会成本也会相应地降低。

当然，上述这个回归结果可能是不理想的，主要是有如下两个原因：(1) 由于分组数据样本数量的限制，我们仅使用36个样本数量，可能存在变异不足的缺陷；(2) 农村住户调查点的选择，本身就可能是有偏误的——那些收入极低的没有接受过教育的家庭，很可能就已经被排除在调查之外了。所以，表2得到的各县历年基尼系数可能被低估了。

三、结　　论

对于经济增长、收入分配与减贫的认识，现有研究很多都是从探讨经济增长与收入分配的动态变化对减贫的影响入手的，并且已经取得了不少成果。但这些研究都是建立所考察的地区已经有经济增长，且经济增长带来了更多收入以进行分配的基础之上，是从事后结果分析的角度来认识这一问题的。而事实上与非贫困地区不同的是，贫困地区的经济，往往是低增长甚至无增长停滞的状态，居民收入的来源结构单一，主要依靠务农及外出打工等极其有限的方式，这也是显著异于非贫困地区居民的。所以，我们有必要关注，对这些贫困地区而言，到底有哪些因素在影响着这些地区的经济增长？哪些因素影响着这些地区的收入分配？因为只有弄清了这些影响因素之后，才能对这些地区的经济增长和收入分配本身有更清楚的认识。在此基础上再来讨论二者的动态变化对减贫的影响，才会更有意义。本文即是尝试从减贫的视角来探讨影响我国典型贫困县的经济增长和收入分配各种因素的。

另外，从县域经济的角度考察经济增长和收入分配的影响因素，分析起来有其独特的优势，这是因为：(1) 我国现有政策制度对贫困地区的界定主要是以“县”为单位的。同一个省内的各个县之间差异巨大，从一个省的角度来分析，难以发现同一个省之内县与县之间的差异；(2) 尽管目前扶贫政策也有针对“贫困村”的，但由于一个贫困村不是相对独立的经济体，其居民住户的收入来源也极大地依赖于“村”这一行政单位之外的经济。所以，从县域经济的角度来考察这一问题就比较合理。

本文根据我们在重庆、湖北和贵州三省（市）进行实地调研所得到的数据，采用回归分析的方法，从县域经济的角度探讨影响经济增长和收入分配的因素。通过分析，我们发现在经济增长的影响因素方面，资本、劳动、初始的劳动力生产率都对本地区的经济增长有显著的正向影响。而且，劳动产出相对于资本和初始的劳动生产率而言产出弹性更大，但这个看似不合理的结果，可能是由这些地区的统计数据的误差所导致的。并且，典型的中西部之间的差距也比较明显，其中，贵州省各区县的总体增长相对要慢，而湖北省的各区县的经济总量增长状况相对要好一些。当然，增长情况的相对快慢，与本地区的历史因素及本地区所处区域的总体情况也是有关系的。另外，贫困县的经济增长要显著地落后于非贫困县。这也反映了贫困县总体而言经济增长要慢的现实。这就对我们的扶贫政策提出了新的要求，对本文里所显示的如贵州省的各个贫困区县这种一直发展落后且增长乏力的地区，需要中央政府给予格外的关注；对于贫困县和非贫困县，在政策扶持和资金分配方面自然是需要区别对待的。但对于那些虽然同属于贫困县，但贫困程度长期更深的区县，中央政府需要在政策扶持和资金分配方面给予更大程度的重视。

由于我们是从地域环境及发展水平比较相似的县域经济的层面来考察经济增长与收入分配的。所以，与我们观察到的现实——中国改革开放以来经济高速发展带来了居民收入分配差距日益扩大——不同的是，我们的分析表明，这些地区的经济增长是有利于缩小农村居民的收入差距的。这使得这些贫困地区的经济增长的减贫效应较一般意义的经济增长而言要更为显著。另外，我们的结果也显示，外出务工是倾向于扩大本地区农村居民的收入差距的。但这种收入差距的扩大是有积极作用的，它可以通过示范和激励的作用，带动贫困地区的收入低下群体通过外出务工等方式改善自己的收入状况。

极化效应下我国中等收入者群体的判断标准与规模变动

——基于非参数 Kernel 核密度估计的分析

王朝明　李梦凡*

对于中产阶层的不同界定标准只能满足不同的学术研究需要，“职业中产”、“收入中产”抑或其他如“消费中产”等概念没有理由也没有必要在社会科学里被统一，更无法“独善其身”。归根结底，它们是我们从不同角度去观察和思考中产阶层这个群体的不同标准。经济学研究倾向于从收入的视域去看待这个群体及其变动的相关问题。本文就是在两极分化视域下，从收入分配的结构入手，展开“中等收入者群体规模及变动”研究。同时，本文试图构建一个区分两极分化类别的经验比较分析模型，更加深入的研究中国两极分化问题及解决路径。

一、收入极化与我国中等收入者群体的识别标准

异于收入差距，两极分化的本质内涵是一个社会的阶层结构日益裂分成两个组群，且组内差距越小，组间差距越大，分化越严重。在这个过程中，中间阶层，即本文所讨论的中等收入者群体或中产阶层，有慢慢萎缩甚至消失的可能。研究收入极化问题回避不了对中等收入者群体的研究，首要的任务就是对中等收入者群体的测算。国外大多数研究选择收入中位数作为定义中产阶层的基础指标，瑟罗（Thurow，1984）选择中位数附近

* 王朝明，西南财经大学经济学院教授委员会主席、博士生导师；李梦凡，西南财经大学经济学院博士生。

75% ~125% 范围内的人群作为中等收入者群体，布莱克本（Blackburn，1985）选择中位数附近 60% ~225%。国内文献对中等收入者群体的测算方式各不相同，暂时没有形成统一的计算框架，尚且存在一些差异。这些差异尽管给我们对中等收入者群体规模的绝对数目判断造成一定的影响，但是在同一个标准下，我们还是可以考察中等收入者群体规模的动态变化。

二、相对收入极化指标与我国中等收入群体的判断标准

收入分配的两极分化是人口向高低收入两端聚集的现象。一种典型的情形是居民收入密度函数在高低收入两端各出现一个“峰”；另一种典型的情形是低收入端聚集较多的人口，高收入端拖一个较“厚”的尾巴。两极分化可能伴随着“中等收入者群体”的萎缩，一般将收入水平位于收入分布中位数位置附近的人口理解为中等收入者群体。沃尔夫森（Wolfson）提出了一种两极分化指数，对应着两种极化曲线。第一极化曲线描述“增加的延展性”，第二类极化曲线描述“增加的两极分化”，由两类曲线综合得到 W 极化指数来衡量两极分化程度①。

第一类极化曲线：

$$\varphi(p)=\frac{1}{m}\left|F^{-1}(p)-m\right| \quad p\in[0,1]$$

其中，$F^{-1}(p)$ 是收入分布函数的反函数；m 是居民收入的中位数。

第二类极化曲线：

$$\psi(p)=\left|\int_{0.5}^{p}\varphi(p)\mathrm{d}p\right|=0.5-p-\frac{u}{m}\left|L(0.5)-L(p)\right| \quad p\in[0,1]$$

其中，u 是平均收入；$L(p)$ 是洛伦兹曲线。$L(p)$ 又可表示为：

$$L(p)=\frac{1}{u}\int_{0}^{x}tf(t)\mathrm{d}t=\frac{1}{u}\int_{0}^{p}F^{-1}(y)\mathrm{d}y$$

$f(x)$ 是收入密度函数。

在两类极化曲线的基础上，我们得到两极分化指数：

$$W=4\int_{0}^{1}\psi(p)\mathrm{d}p=2\,\frac{1-2L(0.5)-G}{m/u}$$

① Foster. J. E. Wolfson. *Polarization and the decline of the middle class: Canada and the U. S.* [J]. Journal of inequality, 8 (2). pp. 247 –273.

其中，G 是基尼系数；$W\in[0,1]$，W 越大，两极分化越严重。

三、收入极化与我国中等者收入群体的规模变动

（一）数据描述性统计及实证方法的选择

1. 数据的描述性统计和处理过程。测度两极分化最理想的途径是依据原始数据进行非参数核密度估计。较为遗憾的是，统计单位公布出的数据都是处理后的统计指标（见表1、表2），给我们利用非参数核密度估计带来相当程度的困难。再加上农村和城镇两个组群的统计口径不一致，在没有完整的全国整体相关数据的前提下，要想估计出全国居民收入分布函数，洪兴建等（2007）利用农村和城镇人口数据进行拟合处理，在尽量保证所得数据和真实情况之间缝隙的科学适用性的前提下，生成全国居民收入的样本数据。①

表1　1995～2010年我国农村居民按纯收入分组的户数占调查户数的比重

单位：%

年份 收入（元）	1995	2000	2005	2008	2009	2010
0～500	5.12	2.64	1.68	1.13	1.32	0.9
500～1 000	24.54	11.54	5.3	2.29	1.97	1.23
1 000～1 500	26.95	17.92	9.90	4.53	4.14	3.02
1 500～2 000	17.31	17.92	12.56	6.59	5.87	4.36
2 000～2 500	10.29	14.54	12.49	7.95	7.14	5.74
2 500～3 000	5.89	10.29	11.42	8.63	7.74	6.49
3 000～3 500	3.49	7.11	9.55	8.13	7.77	6.55
3 500～4 000	1.95	4.76	7.57	7.93	7.35	6.68
4 000～4 500	1.34	3.44	5.93	7.06	6.93	6.43
4 500～5 000	0.86	2.40	4.46	6.46	5.97	6.19
5 000以上	2.26	7.45	18.96	39.29	43.80	52.41

资料来源：国家统计局：《中国统计年鉴》（1996～2011年）。表中的数据经过笔者计算整理。

① 洪兴建、李金昌：《两极分化测度方法述评与中国居民收入两极分化》，载于《经济研究》2007年第11期。

表 2　　1995～2010 年我国城镇居民家庭情况
（按收入等级分，样本个数：百）　　单位：元

年份 群别	1995 （均收）	2000 （均收）	2005 （均收）	2008 （均收）	2009 （均收）	2010 （均收）
最低收入户 10%	2 177	2 678	3 378	5 204	5 950	6 703
低收入户 10%	2 778	3 659	5 202	7 916	8 956	10 247
中等偏下户 20%	3 364	4 652	7 177	10 975	12 345	13 970
中等收入户 20%	4 074	5 931	9 887	15 055	16 858	18 920
中等偏上户 20%	4 958	7 525	13 597	20 784	23 050	25 497
高收入户 10%	6 036	9 485	18 688	28 519	31 171	34 255
最高收入户 10%	8 231	13 390	31 238	47 422	51 349	56 435

资料来源：国家统计局：《中国统计年鉴》（1996～2011 年）。表中的数据经过笔者计算整理。

由于非参数 Kernel 核密度估计，是在变量经验分布函数的基础上估计出密度函数的，所以我们必须要对上面的数据加以处理。农村居民收入的数据，已经分成了不同的组别，为了更好地估计出密度函数，本文按照原来的分组情况进行了重新分组，组间距设定为 500（元），由 0～500，500～1 000……这样分成了 11 组，每一组的数据取均值作为代表，然后依据统计公式（频数 = 样本容量 × 频率）生成 1995～2010 年间 6 个代表年份的样本容量均为 1 000 的样本空间。国家统计局公开的城镇居民收入与农村居民收入数据统计方式不一致，是按照最低收入户到最高收入户 7 个等级给出的，给本文的数据处理带来的很大的困难。综合考虑各种因素，尽可能得到良好的估计结果，本文取各组收入均值作为代表，由于频数已经给出，所需的只是将各个不同年份的样本容量协调成一致的。2008 年、2009 年、2010 年这三年的调查数据样本容量基本一致，所以本文调整的是 1995 年、2000 年、2005 年这三个代表年份城镇居民收入的样本容量。

2. 实证计量方法的选取。变量的分布和密度函数设定具有很强的主观性，如我们熟知和常用的正态分布，是在大量的经验积累的基础上才用于某些变量（如一个区域内所有人的身高）的概率密度近似估计和拟合，具体研究中，还要根据统计检验和经济意义等综合因素考虑设定何种形式。可是，居民收入分布是在不断演化的，否则，研究两极分化和中等收入者群体规模变动态势是没有意义的。非参数模型假定变量分布及变量间的关系是未知的，其所要估计的是回归函数本身。我们正是要借助非参数核密度估计方法来模拟中国居民（1995～2010 年）收入分布的密度函数，在此基础上展开相关研究工作。

设 X 为一个随机变量，其密度函数为 $f(x)$。x_1，x_2，x_3，…，x_N 为样本观测值。由样本数据可以推出经验分布函数为：

$$F_N(x) = \frac{1}{N}\sum_{i=1}^{N} I(x_i \leqslant x) \tag{1}$$

其中，N 是观测值数目。$I(z)$ 是指标函数。Z 是条件关系式，当 z 为真时，$I(z)=1$，当 z 为假时，$I(z)=0$。(1) 式中的条件关系式 z 为 $(x_i \leqslant x)$，x_i 是 i 点的样本观测值，当 $x_i \leqslant x$ 时，$I(x_i \leqslant x)=1$；否则，取 0。

取核函数为均匀核：

$$K_0(x) = \begin{cases} 1/2, & -1 \leqslant x < 1 \\ 0, & 其他 \end{cases} \tag{2}$$

则非参核密度函数估计为：

$$\begin{aligned} f(x) &= [F_N(x+h) - F_N(x-h)]/2h \\ &= \frac{1}{2h}\left[\frac{1}{N}\sum_{i=1}^{N} I(x-h \leqslant x \leqslant x+h)\right] \\ &= \frac{1}{h}\frac{1}{N}\sum_{i=1}^{N}\left[\frac{1}{2}I\left(-1 \leqslant \frac{x-x_i}{h} \leqslant 1\right)\right] \\ &= \frac{1}{Nh}\sum_{i=1}^{N} K_0\left(\frac{x-x_i}{h}\right) \end{aligned} \tag{3}$$

(3) 式中，h 是带宽（或平滑参数），带宽越大，估计的越平滑，估计的偏差越大。带宽的选取极其重要，而希尔弗曼（Silverman）提出的方法是一种基于数据的自动带宽，$h=0.9kN^{-1/51}\min(s, IQR/1.34)$，$s$ 是标准离差；IQR 为四分位距，因子 k 是标准带宽。本文下面工作中选取的带宽是计量软件中标准带宽，未另行选取。将核函数放宽就得到一般的核密度估计：

$$f(x) = \frac{1}{Nh}\sum_{i=1}^{N} K\left(\frac{x-x_i}{h}\right) \tag{4}$$

其中，K 是核参数，本文中选取的是 Biweight（四次方）核函数形式①。

（二）收入极化与我国中等收入者群体规模的变动趋势

1. 估计出农村和城镇居民收入（1995～2010 年）密度函数。我们将

① 由于只需在计量软件中操作，故未将核函数形式一一赘列与比较，详见高铁梅主编：《计量经济分析方法与建模》，清华大学出版社 2009 年版，第 121～122 页。

处理好的数据，利用 Eviews 软件，分别估计出 6 个代表年份中国农村和城镇居民收入的非参数密度函数图像（结果见图 1、图 2）。

N1995

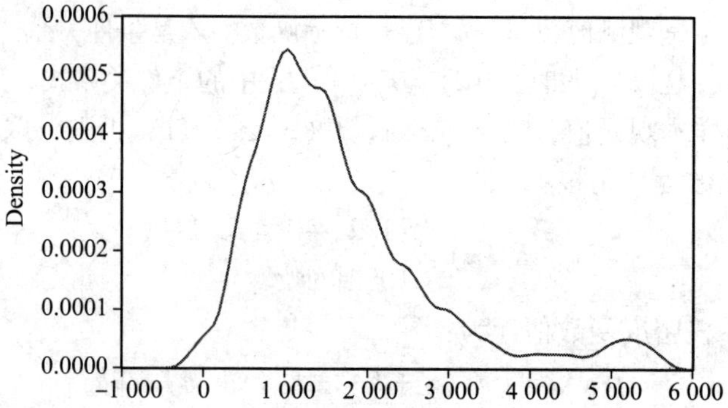

N2000

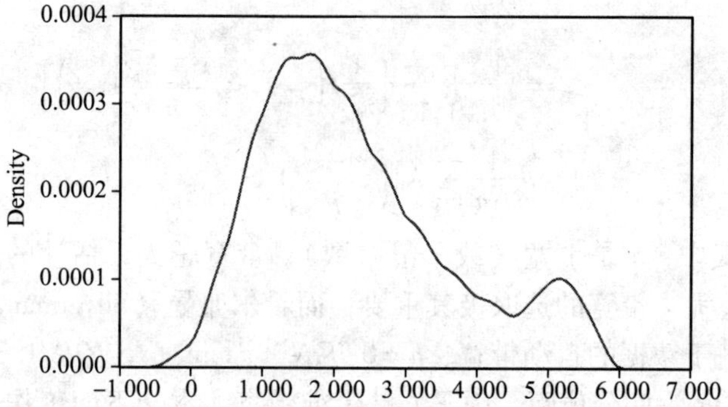

N2005

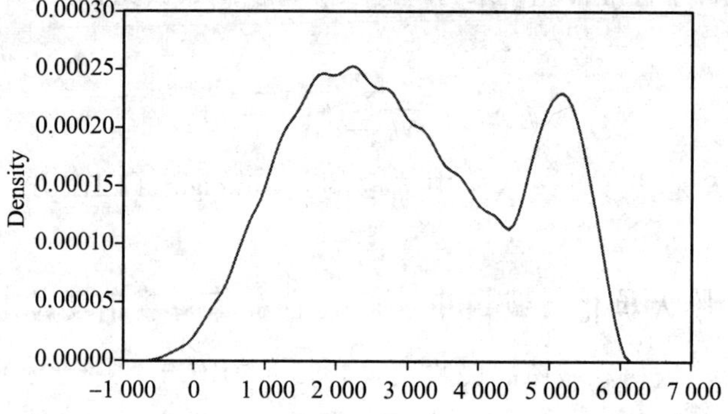

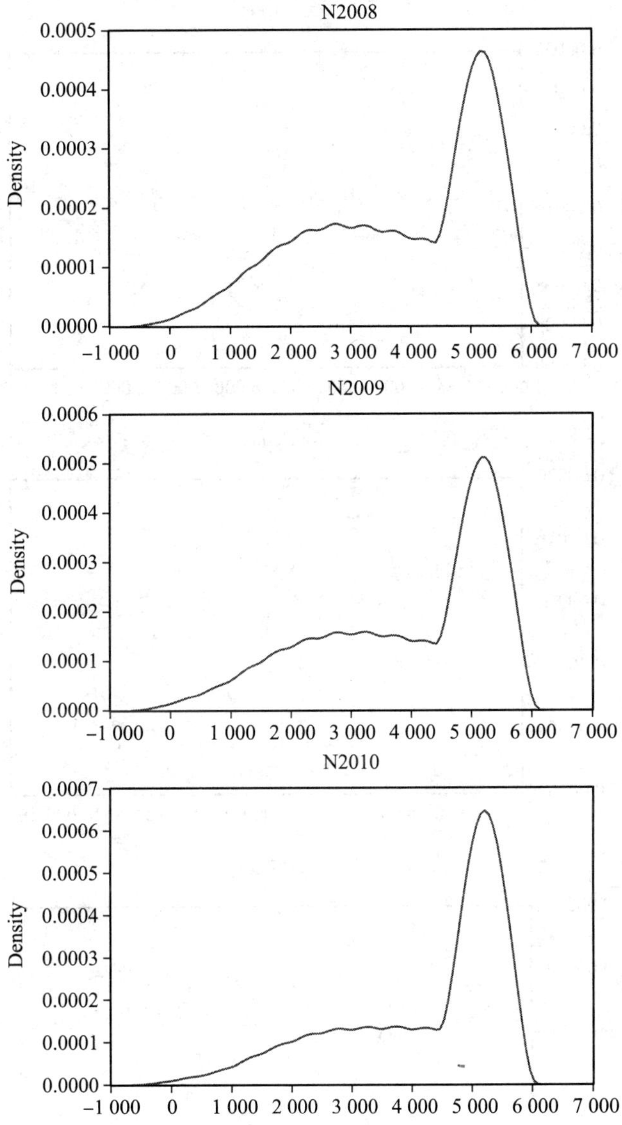

图 1　1995 ~ 2010 年中国农村居民收入非参数核密度估计（N1995 ~ N2010）

由图 1 我们不难知道，1995 ~ 2010 年间，中国农村的收入分布发生了很大的变化：

第一，伴随时间推移，概率密度曲线慢慢地向右边移动，说明随着经济增长和社会发展，农村居民的收入水平不断提高；第二，概率密度分布的演进趋势大致是：左峰右拖尾→双峰分布→右峰左拖尾，中间群体比重

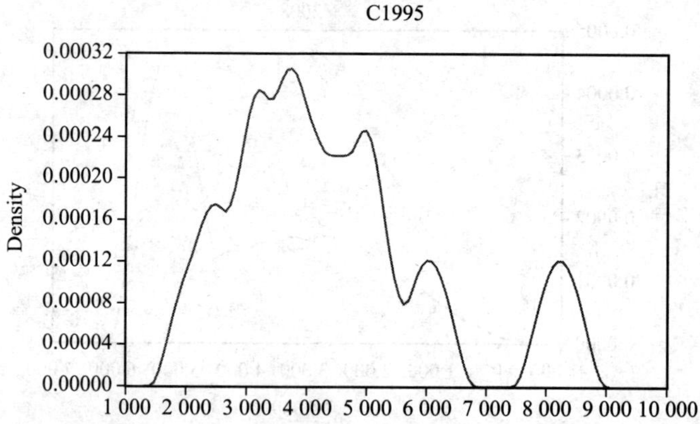
C1995
Density
0.00032
0.00028
0.00024
0.00020
0.00016
0.00012
0.00008
0.00004
0.00000
1 000 2 000 3 000 4 000 5 000 6 000 7 000 8 000 9 000 10 000

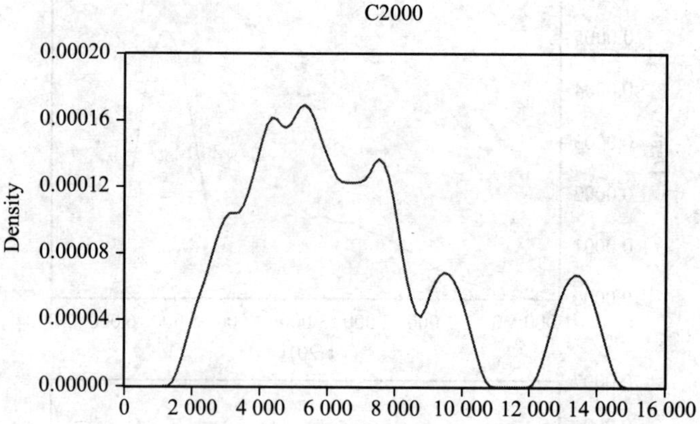
C2000
Density
0.00020
0.00016
0.00012
0.00008
0.00004
0.00000
0 2 000 4 000 6 000 8 000 10 000 12 000 14 000 16 000

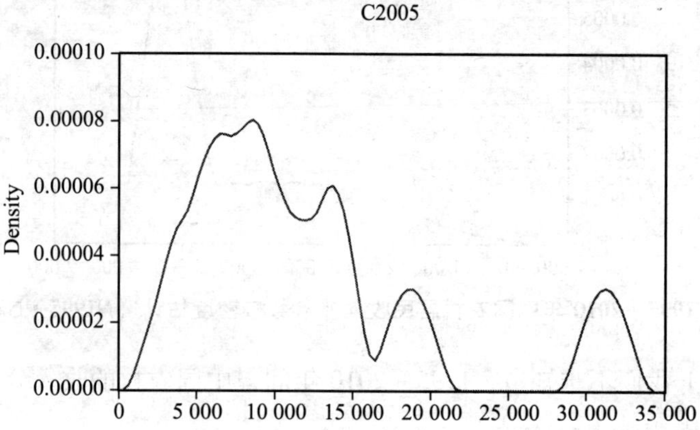
C2005
Density
0.00010
0.00008
0.00006
0.00004
0.00002
0.00000
0 5 000 10 000 15 000 20 000 25 000 30 000 35 000

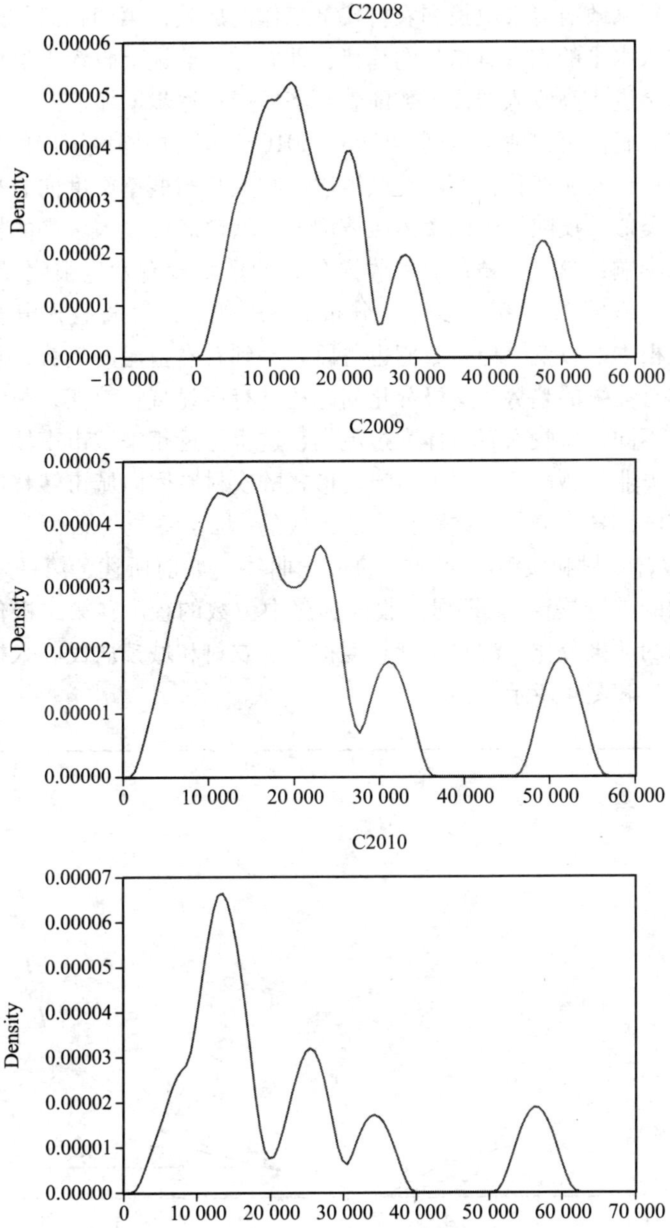

图 2　1995～2010 年中国城镇居民收入非参数核密度估计（C1995～C2010）

缩小（图形中间部分也有下陷的迹象）；第三，1995～2010 年，概率密度分布曲线越来越陡峭，说明我国农村内部的不平等程度在降低，这反映了我国这些年来政府惠农政策和农村扶贫工作的成效；第四，高收入水平相对于低收入水平的人数有增长的趋势，即农村中等偏上收入者群体规模在扩大，乃至进入高收入居民人数随着经济发展在逐步增加。

由图 2 我们可以清晰看到，1995 ~ 2010 年间，中国城镇居民的收入分布密度函数也有所变化：第一，城镇居民收入分布概率密度向右平移，和农村情况类似，反映了中国整体经济增长给城镇居民收入水平的提高带来了积极的影响；第二，城镇居民收入分布的形状没有发生很明显的变化，一直是呈“双峰”或者“多峰”分布形状；第三，尽管收入分布的形状没有发生根本的改变，但是我们也可以观察到有右拖尾的趋势，且中等收入者群体有萎缩的趋势，两极分化问题还是有所显现；第四，与农村居民收入分布不同，低收入者群体太过庞大，这也是近年来城市市场化程度加深、下岗失业问题严峻、以人口流动形式的农村贫困向城市转移等因素影响到城市内部各组群收入差距扩大所造成的。

2. 拟合农村和城镇居民收入的极化曲线。如前所述，第一极化曲线表示增加的“延展性”，即居民收入远离中位数的程度；第二极化曲线表示新增加的两极分化。现将统计年度拟合的农村和城镇居民收入极化曲线表示如图 3 和图 4 所示。

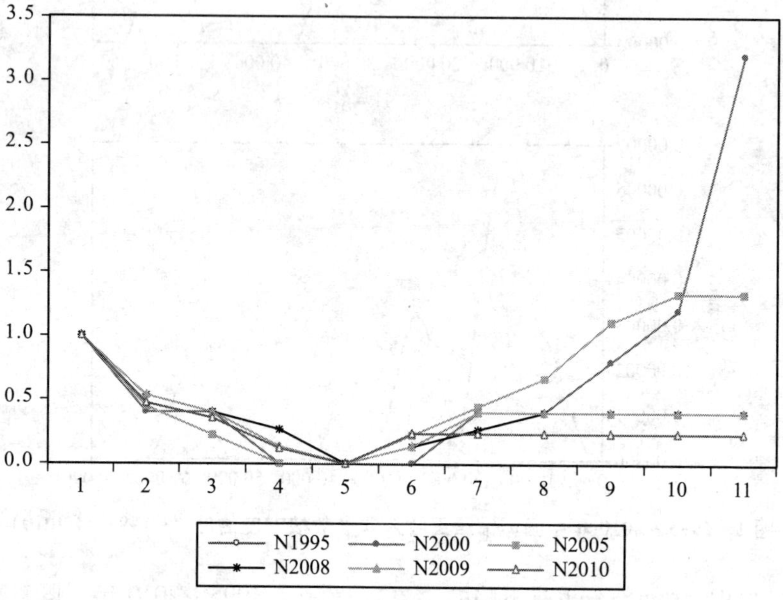

图 3　（a）1995 ~ 2010 年农村第一极化曲线

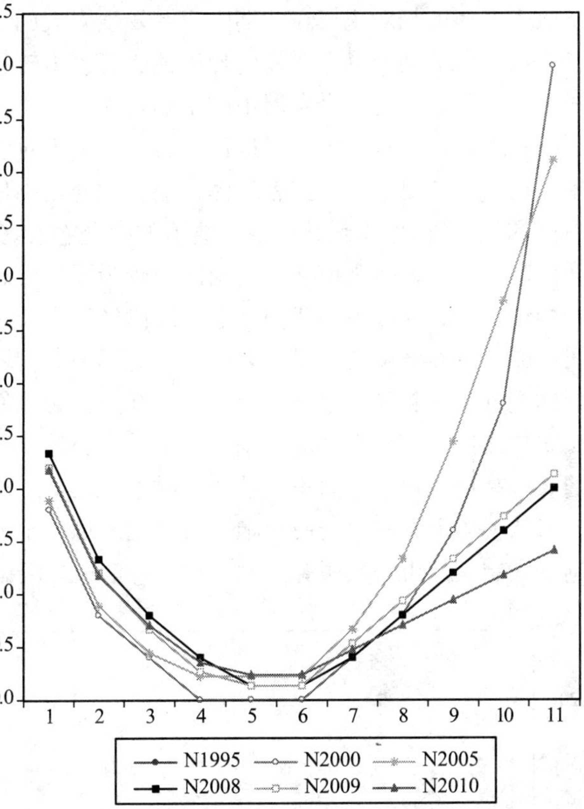

图3　（b）1995～2010年农村第二极化曲线

从图3（a）、图4（a）的第一极化曲线可以看出，1995～2010年间，无论是农村还是城镇，中位数收入（P=0.5）以下群体变化不是很明显，增加的“延展性”主要来自于中位数以上那部分群体的贡献，说明高收入群体的增长较快，导致其与中位数之间的距离拉大的非常明显，即高收入者群体有远离中等收入者群体的趋势。这在一定程度上反映了在我国这一阶段城市化进程中，农村劳动力转移对农村高素质劳动者的收入带来了正面影响。同时，随着我国市场经济向纵深发展，城市少部分居民的财产性收入在快速增加，另外是一些超常规利润的垄断行业的收入剧增，城镇居民高收入者人数日渐增多。就低收入者而言，城镇第一极化曲线表现得更加活跃，1995～2010年间，城镇中位数以下收入者群体有缓慢扩张的趋势，这很可能是由于经济发展城镇居民高收入者剧增带来的影响，农村居民中位数以下收入群体的相对规模在此期间没有发生多大的变化。这从一个侧面印证了中国农村劳动力具有明显的异质性、劳动力转移具有很强的选择性、收入与劳动者素质在一个发展中的市场当中呈正相关关系等三个方面因素的影响；相对于农村高收入者群体，城市化进程对农村低收入者群体的影响要微弱得多。对于高收入者群体，即收入处在中位数以上的那部分居民，农村和城镇变化都比较明显，城镇的变化存在单向增加的趋势，而农村居民高收入者群体规模在此期间波动较为明显。高收入者群体变化在农村和城镇的差异性体现了我国在上一阶段经济增长过程中，农村居民和城镇居民在分享经济增长成果上表现出来的不平等：城镇居民特别是高收入者群体充分享受到经济改革发展带来的好处，为他们提供了更多收入的资源；农村居民中高收入者群体基本上都是务农种田能手、头脑灵活善于经营的农产品加工户或工商户、某些乡村干部以及外出务工者中的高素质人群，而从整体上看农村居民在融入市场经济过程中要面临诸多限制，如户籍制度限制、城市公共服务限制、城市生活成本限制、城市文化

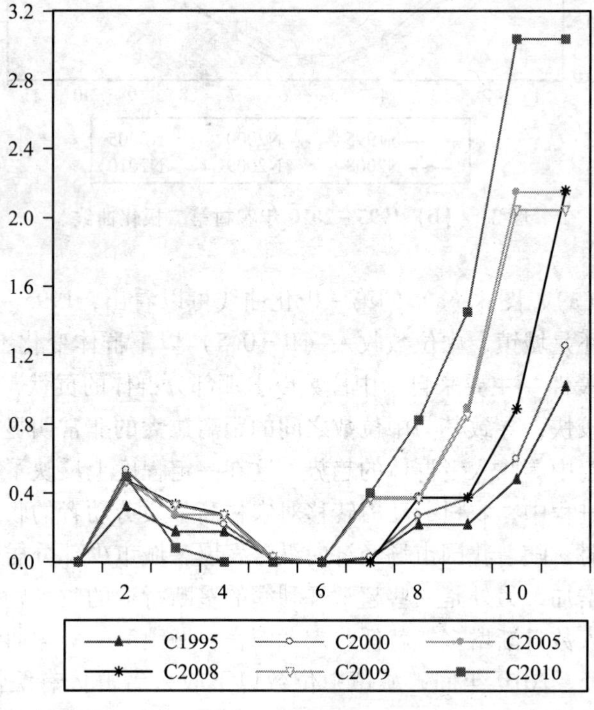

图4　（a）1995～2010年城镇第一极化曲线

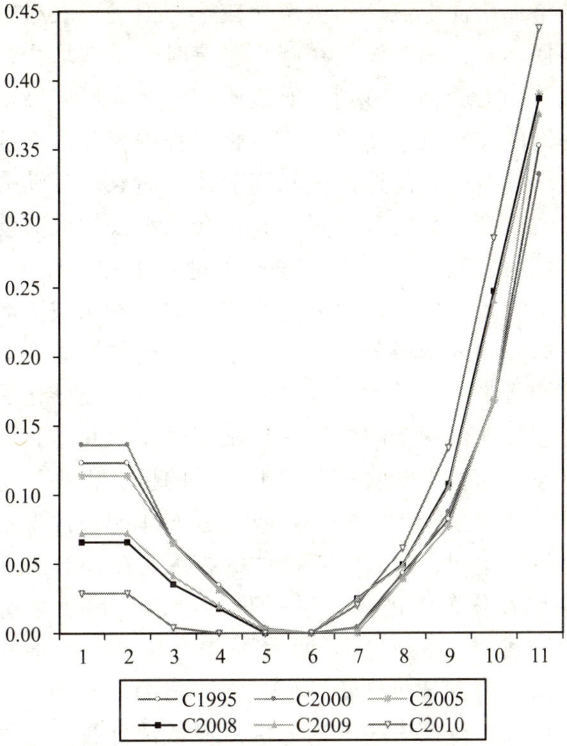

图4 （b）1995～2010年城镇第二极化曲线

观念限制等。由此我们联想到20世纪90年代以来的农村劳动力转移表现出来的“民工潮”和“民工荒”两种截然相反地循环现象，说明不仅农村低素质、低收入者群体向上流动机制闭塞，更加严重的是农村高素质、高收入者群体向上流动机制也不甚畅通，这种社会阶层流动机制的固滞，不仅对扩大中等收入者群体极为不利，而且是威胁社会稳定的危险信号。

从图3（b）、图4（b）可以看出，第二极化曲线主要考察增加的两极分化，呈现出：1995～2010年间，总体而言，农村居民中，中位数以上收入者群体的壮大起到减小两极分化的作用，中位数以下收入者群体起到增大两极分化的作用。我国农村新增加的两极分化主要来自于农村贫困人口收入增长停滞，说明在经济增长和社会发展以及市场经济逐步深化的过程中，农村贫困人口无论在以受教育程度为主的人力资本，还是以嵌入社会网络关系为主的社会资本，都处于劣势地位，这个群体在居民收入分布格局中向上流动的概率比较小。但是，农村的新增加的两极分化程度摇摆不定，有时候是在减小，有时候是在增大，这与我国经济增长和农村劳动力转移，特别是低素质劳动力人口向城市流动并获取工作之难易程度的波动息息相关，城市化过程中伴随着产业升级，对农村劳动力的需求具有很强的选择性和周期性。而农村劳动力相对很难通过自身的努力去改变自己的人力资本和社会资本去适应劳动力市场的迅速变化。另外，我们很容易看到：农村无论是中位数以上收入者群体，还是中位数以下收入者群体对两极分化的影响都不像城镇居民那样具有单调性；城镇居民收入两极分化一直在增加，这种增加主要也是来自于高收入者群体的贡献，相反，中低收入者群体对两极分化的加大是起着负面影响的。这反映出两个问题：一是城镇居民中间高收入者群体的收入增长异常迅速，而且中低收入者向上流动的机会很小，这在以往市场经济发展的经验看来是不正常的。高收入者群体的超常聚集容易导致我们常说的利益特权集团，低收入者群体的扩大且凝固容易造成社会底层的绝望，这种收入分布两极分化进一步加剧，就是社会动荡到来的前奏，为了避免这种结果的发生说明我国在上一阶段提出的“调高、扩中、提低”的收入分配调控政策还有进一步努力的空间。二是相对于农村居民而言，一种有待探索的未知力量促使城镇低收入居民群体约束着城镇居民收入两极分化的进一步拉大，例如，“城市化倾向”过程中，政府给予城镇居民，特别是城镇低收入者群体的福利保障，是否虚掩了城市两极分化新增加的问题。

3. 计算农村和城镇居民收入的两极分化指数。如前所述，在两类极化曲线的基础上，我们得到两极分化指数：

$$W = 4\int_0^1 \psi(p)\,\mathrm{d}p = 2\,\frac{1 - 2L(0.5) - G}{m/u}$$

其中，G 是基尼系数；$W \in [0,\ 1]$，W 越大，两极分化越严重。以下进一步用数据和图表形式来说明（见表3、图5）。

表3　　1995～2010年中国农村和城镇两极分化W指数

年份	1995	2000	2005	2008	2009	2010
城镇	0.111075	0.152035	0.194991	0.30806	0.302338	0.400251
农村	0.292	0.292	0.344444	0.222667	0.225333	0.191765

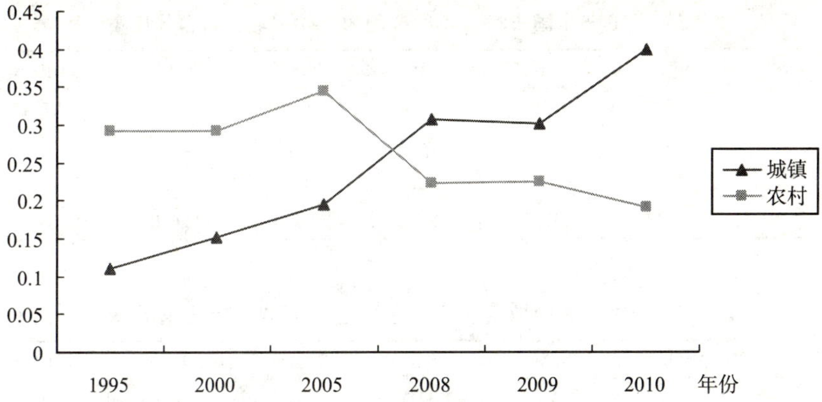

图 5　1995～2010 年中国农村和城镇两极分化趋势

1995～2010 年间，我国农村居民收入两极分化呈现出先增后减的态势，两极分化 W 指数由 1995 年的 0.292 上升至 2005 年的 0.344，然后减小至 2010 年的 0.192。除 2008～2009 年外，城镇居民收入两极分化基本上呈现出一直加剧的趋势，两极分化 W 指数由 1995 年的 0.111 上升到 2010 年的 0.400（见表 3）。

由图 5 我们可以视野更加直观开阔地考察两极分化问题，很明显看出 1995～2010 年间，我国城市居民收入两极分化曲线几乎是呈直线恶化趋势，没有在某一个时间点出现“水平变化”。而农村居民收入分布两极分化曲线在 2005 年前后出现一个“断崖式”的位置变化，W 指数由前一阶段 0.316 的平均水平下降到后一阶段 0.215 的平均水平，这表明 2005 年以后，政府推出的农业税免除、财政对农业生产的各种直补、农村公共服务体系的重构和农村社会保障体系建设启动等支农惠农政策确实大大阻止了农村居民收入分布两极分化滑向无可救药的深渊；但城市居民收入两极分化曲线的陡峭上升，是值得我们关注和忧虑的问题。

4. 中等收入者群体规模的测算及动态变化。接下来，本文要根据上面居民收入分布密度函数和极化曲线的估计结果，估算我国中等收入者群体的规模（所占比重）及其变动。目前，国内外对中等收入者群体规模的测算没有一个统一有效的标准。本文借鉴大多数文献的做法，分中位数临界点 75%～125%，75%～150%，50%～150% 三个范围来描述中等收入者群体规模及其在我们考察时间段内的动态变化。最后，本文还给出了这几个范围下的平均数，以期得到一个更加稳定有效的指标（见表 4、表 5）。

表4　　1995～2010年中国农村（不同范围内）中等收入者群体比重　单位：%

农村	1995年	2000年	2005年	2008年	2009年	2010年
75%～125%	25.1	23.2	21.4	19.3	18.1	17.4
75%～150%	33.5	30.8	28.5	26.2	24.7	22.9
50%～150%	48.6	44.0	40.9	37.2	35.1	32.7
平均	35.7	32.7	30.3	27.6	26.0	24.3

表5　　1995～2010年中国城镇（不同范围内）中等收入者群体比重　单位：%

城镇	1995年	2000年	2005年	2008年	2009年	2010年
75%～125%	33.2	27.9	24.8	21.7	20.6	20.1
75%～150%	42.3	39.7	32.8	29.3	27.5	25.1
50%～150%	57.4	55.3	45.9	40.2	37.3	34.6
平均	44.3	41.0	34.5	30.4	28.5	26.6

由于中等收入者群体的判断标准存在诸多争议，因此，很多文献也包括本文经过计算所罗列出的绝对数字本身没有太多的意义。尽管如此，作为科学研究，仍然可以找到可以深入探寻的视角。因为在任何一个标准下，我们所观察到的中等收入者群体比重的动态变化还是有价值的。至少我们可以非常明确的看出：遑论基于何种标准下，也不论农村和城镇，我国中等收入者群体所占比重均表现出逐年下降的趋势（见表4、表5）。中等收入者群体规模正在萎缩的事实无可争议。当然，科学研究是严谨的，本文作者将把继续思考如何规范测算中等收入者群体规模及比重，得到意义更大的绝对数字，作为下一步进行的工作。

四、主要结论和政策含义

（一）研究结论

1. 居民收入水平不断提高。1995～2010年间，随着经济发展，我国居民收入分布概率密度曲线缓慢向右偏移，居民收入水平总体不断提高。

2. 农村和城镇居民收入分布演进存在差异。农村居民概率密度分布的演进趋势大致是：左峰右拖尾→双峰分布→右峰左拖尾，中间群体比重缩小。城镇居民收入分布的形状没有发生很明显的变化，一直是呈“双峰”或者“多峰”分布形状。

3. 农村概率密度分布曲线越来越陡峭，反映我国农村内部的不平等程度在降低。尽管城镇居民收入分布的形状没有发生根本的改变，但是我们也可以观察到有右拖尾的趋势，与农村居民收入分布不同，低收入者群体太过庞大。

4. 高收入者群体远离中等收入者群体。无论是农村，还是城镇，中位数收入以下群体变化不是很明显，增加的“延展性”主要来自于中位数以上那部分群体的贡献，说明高收入群体的增长较快，导致其与中位数之间的距离拉大的非常明显，即高收入者群体有远离中等收入者群体的趋势。

5. 农村和城镇居民两极分化存在差异。我国农村居民收入两极分化呈现出先增后减的趋势，城镇居民收入两极分化基本上一直在加剧。农村居民中，中位数以上收入者群体的壮大起到减小两极分化的作用，中位数以下收入者群体起到增大两极分化的作用；相反，城镇居民收入两极分化的增加主要是来自于高收入者群体的贡献，中低收入者群体对两极分化的加大是起着负面影响。

6. 中等收入者群体规模萎缩。无论是农村，还是城镇，我国中等收入者群体所占总体居民人数的比重一直在下降。

（二）政策含义

1. 深化国家在收入分配领域“提低”、“扩中”、“调高”的政策措施。只有针对不同收入者群体采取有差异性的措施才能全方位缓解和解决我国日趋凸显的两极分化问题。初次分配应该以经济运行规律本身自由秩序为重点，在追求效率的同时，也要注重公平，应该加快建立劳动者工资的正常增长机制，完善推广工资集体协商制度，加大对垄断行业的工资监控；同时借助二次分配的功能探寻缩小两极分化的途径，如从税收角度，对不同收入者群体给予结构性的税收刺激政策就是一个被很多国家实践过的重要举措。

2. 缩小两极分化。要重视农村和城镇居民收入两极分化问题的差异性。在农村，针对中位数以下的低收入者群体要加大特别性的支农、惠农政策力度；城市扶贫工作针对低收入者群体规模增长态势，要从仅仅依靠输血式的保障救济政策转向开发扶贫与救助扶贫相结合，培训贫困者的就业能力，大力增加就业岗位，摆脱失业性贫困；同时，在城镇，强化中位数以上收入者群体或者更为确切地说高收入者群体的纳税意识和社会责任是更为重要的一面，并且税制改革上应加大直接税的征税范围和力度，充分发挥税收杠杆对收入差距的调控作用。

3. 扩大中等收入者群体的规模和比重。无论是在城镇还是在农村，离不开居民收入向上流动机制的形成和健全。扩大中等收入者群体规模和比重的实质还不在于“转移支付补低”加“行政强制压高”，而“扩中”，关键是疏通健全不同收入居民群体之间的流动机制，努力培养低收入者群体对市场经济的需求变化的适应能力，切实关注中等收入者群体的利益诉求和生活保障；还要依法坚决打击和杜绝非法途径获取各种收入的现象，从持续的体制改革入手动态调控各种不合理收入（包括垄断行业高收入、国企高管高收入、小集团占有各种国有资源收入等），为中等收入者群体的健康成长及扩大创造良好的环境与未来。

中国消费率低估研究

王秋石　王一新[*]

本文的思路是：选取出影响消费率的关键变量在不同的国家间进行对比，如果这些国家在关键变量上同处在一个水平上，那么它们的消费率也应该基本处在同一水平。此时如果某一国家的消费率出现明显的偏离，我们可以认定该国家的消费率是被高估或低估的。

一、观点的提出：中国消费率是“偏低”还是被“低估”

中国消费率的统计数据显示的是极低的水平，但是我们在经济生活中感受到的确是中国人超强的购买能力和消费欲望。那么到底哪里出了问题呢？

（一）一组数据间的矛盾

中国在近30多年的经济增长取得了世界性的成就，消费作为拉动经济增长的重要动力，却长期处于较低的水平。如前文所述，中国的消费率从1978年开始就出现下降趋势。如果按经济五年计划的时间尺度来划分，那么整个“六五”时期，中国的平均消费率约为66%，“七五”降到58.7%，“九五”时期的平均值降到了59%。而最近5年，中国的消费率更是降到了50%以下，远远低于世界的平均水平。因此，消费率偏低已经成为学术界长期研究的热点问题。

但是从另一组数据来看，中国的消费能力似乎并没有想象中的那么疲

* 王秋石，江西财经大学经济学院教授、博士生导师；王一新，江西财经大学经济学院博士生。

软。在中国消费率不断萎缩的同时，我们的各项消费水平却屡创新高，截止到2011年，中国奢侈品消费世界第一，汽车消费世界第一，出境旅游消费世界第一，手机消费世界第一，海产品消费世界第一①。那么为什么会出现如此矛盾的数据呢？如果不是存在二律背反的情况，那么矛盾的出现只能解释为两组数据中有一组数据是有问题的。那么到底是哪里出了问题呢？笔者认为，数据本身并不能真正说明问题，问题的关键在于中国的消费率不是偏低，而是被低估，下面笔者将详细阐述这一观点的逻辑。

（二）笔者的观点和逻辑

综上所述，从已有文献来看，目前对中国消费率的大部分研究的逻辑起点是最有消费率存在性的研究，而研究的主要目的在于分析目前中国的消费率是否合理，并分析其原因以及提出相应的政策建议。无论是哪一种研究，他们的一个前提条件就是认同目前中国的消费率偏低。笔者认为，从目前中国的实际情况来看，虽然有许多原因导致了中国的消费率偏低，但是这些原因只能解释一部分消费率偏低的情况，而另一部分则来自于中国的消费率被严重低估的情况。因此，以统计局给出的极低的消费率的数据进行研究的前提，那研究结果的正确性也会大打折扣。

笔者认为，要讨论中国的消费率是否偏低或者是低估，如果仅仅从中国内部进行分析，那么我们有可能陷入逻辑上循环论证和目的论的陷阱。因此，要更加完整的分析我国消费率问题，我们需要具有国际视野，通过对比其他国家的数据来进行论证。下面，笔者将基于一组国际数据的比较来论证中国消费率被低估的观点。

二、对传统观点的质疑及中国消费率被低估的论证——基于一组国际数据的比较

（一）论证逻辑

我们的逻辑是，消费率的高低是由一些经济变量所决定的，将传统理

① 以上数据分别来自：《世界奢侈品协会2011年官方报告》；中国汽车工业协会统计数据；《2012年中国奢华旅游市场白皮书》、《2011年电子信息产业统计公报》、《国家地理杂志》。

论中决定消费率的主要变量提取出来，将这些变量数据化，并在不同的国家之间进行比较。如果传统理论对影响消费率因素的分析是有效的，那么我们能有以下的推断：在不同的国家间，如果存在着这些变量高度相似的情况，这些国家的消费率也是基本相当的。而在这些影响变量高度相似的情况下，国际对比组中某一个国家出现了显著的消费率的偏离，那么就说明这个国家的消费率是被低估（或者高估）的。

（二）变量的选取

我们认为，影响消费率的主要因素有收入分配、投资率、流动性约束。

对于收入分配这一影响因素，我们选取人均 GDP 水平与基尼系数这两个指标进行分析。这是因为，收入分配必然受到收入的绝对量的影响，因此首先我们需要考虑人均 GDP 以能较为全面的考察一个国家的真实收入情况。而基尼系数这是国际公认的反映一国收入分配差距的指标。

对于投资率这一影响因素，许多学者认为，中国投资率偏高是消费率低下的一个重要原因。但笔者认为，消费率和投资率之间存在着互为因果以及此消彼长的关系，因此如果直接选择投资率作为分析指标，那么就陷入了一个循环论证的逻辑怪圈之中。我们认为应该把投资率过高看做是一个经济实体在某些阶段必然出现的经济现象。一个国家的投资率高低主要是由这个国家的经济结构和发展水平决定的，也就是说，一个国家在快速工业化过程中，必然伴随着投资率的提高。钱纳里的标准模型就是通过工业化程度的不同来划分不同的发展阶段。因此，我们认为一个国家的工业化程度直接影响该国的投资率水平，我们选取工业增加值占 GDP 的比重来判断一个国家的工业化程度和经济发展结构。因此，用这个变量来解释投资率偏高对消费率的影响程度是较为有效的。

在流动性约束（信贷约束）变量选取上，学术界有些争议。在选取经济系统中的哪个变量来替代流动性约束时，学者们使用了不同的构造指标。例如，扎得斯（Zeldes，1989）把重点放在劳动力市场，他选取三个月平均工资的收入作为变量。费莱明（Flavin，1985）则认为失业是劳动者受到流动性约束的主要来源，因此选取失业率作为测度指标。杰派利（Jappelli，1989）选取信贷消费与总消费比值。笔者认为，反映某一经济体内的居民所面临的流动性约束指标，必须能够反映整个宏观金融的流动性状况。M2 占 GDP 的比重被国内外学者认为是能够较好的反映一国金融深化程度的指标（Mckinnon，1973），而金融的深化程度和货币的流动性对居民消费选择的影响无疑是巨大的。因此，我们认为选择 M2 占 GDP 的比重来反映某一国的流动性约束是合理、可取的。

（三）一组国际间的对比分析

根据前文阐述的逻辑，我们将选取一些参照国家在人均 GDP、基尼系数、工业增加值占 GDP 比重，M2 占 GDP 比重四个变量上和中国进行比较分析，为了能反映一个较长的趋势和剔除随机性影响，我们选取了 2001 ~ 2010 年共 10 年的数据进行分析。同时，在选择作为比较对象的国家时，一方面我们要考虑他们的总体经济发展阶段和路径与中国有较大的相似性，另一方面尽量将选择范围扩大而不仅仅限于亚洲国家。从这两点考虑，我们选择了亚洲的泰国、马来西亚以及美洲的智利作为比较对象。这是因为这三个国家与中国同处在一个经济快速发展的工业化时期，具有非常类似的经济结构和发展水平，并且地理分布上也较为广泛。

1. 人均收入和基尼系数的比较。如表 1 所示，四个国家 2001 ~ 2010 年 10 年间的人均收入都处在高速增长的阶段，这与他们最近 10 年经历的经济增长是吻合的。同时，从绝对量上说，四个国家都处在钱纳里标准模型的同一阶段，因此从人均收入这个变量对消费率的影响来看，四个国家基本处在同一水平阶段。

表 1　2001 ~ 2010 年间中国、泰国、马来西亚、智利四国及中等收入国家的人均 GDP 以及平均增长率　单位：美元

年份	2001	2002	2003	2004	2005	2006	2007	2008	2009	2010	十年平均增长率（%）
中等收入国家	1 297	1 306	1 476	1 739	2 046	2 409	2 950	3 494	3 348	3 992	16.24
中国	1 042	1 135	1 274	1 490	1 731	2 069	2 651	3 414	3 749	4 428	17.45
泰国	1 808	1 963	2 182	2 442	2 644	3 078	3 643	3 993	3 835	4 608	10.95
马来西亚	3 872	4 114	4 398	4 875	5 286	5 890	6 905	8 099	6 902	8 373	8.95
智利	4 394	4 262	4 636	5 929	7 254	8 912	9 879	10 166	9 487	12 431	12.25

2. 基尼系数的比较。如表 2 所示，由于 2005 年之后中国官方不再公布基尼系数的数据，因此，我们在分析已有公布数据的同时，也结合了国

内一些学者的研究成果（龚志民、胡志军，2010；王祖祥等，2009；徐映梅、张学新，2011）①。综合已有数据和学者的分析，我们认为中国近10年的基尼系数应该处在0.42~0.48之间。而根据已有的数据表明，泰国、马来西亚和智利也都超过了传统的0.4的警戒线，并且马来西亚和智利都超过了0.46以上，其中智利甚至达到了0.52以上。这已经远远超过了中国的水平。所以，总体上看，四个国家内部都存在着较大的收入分配差距，其基尼系数都超过了国际警戒线0.4的水平，中国在四个国家的比较中，处于中下的水平，其基尼系数低于智利，与马来西亚大体相当，略高于泰国。

表2　2001~2010年间中国、泰国、马来西亚、智利四国的基尼系数

年份	2001	2002	2003	2004	2005	2006	2007	2008	2009	2010
中国		0.4259			0.4248					
泰国		0.4198				0.4235		0.4051	0.4002	
马来西亚				0.3791			0.46		0.4621	
智利			0.5464			0.5184			0.5206	

注：由于对基尼系数的统计，各国都不是很完整，空缺部分代表当年该国没有发布基尼系数。

3. 经济结构的比较（工业增加值占GDP的比重）。根据前文所述，我们认为投资率作为影响一个经济体消费率的重要因素，其自身并不能说明更深层次的问题，而决定投资率的变量往往是一国的经济结构和工业化程度，因此，我们在比较投资率这一影响因素时，使用工业增加值占GDP的比重作为对比变量。如表3所示，中国、智利、泰国和马来西亚最近的十年工业增加值占GDP的比重均处在40%以上的较高水平，而中国、马来西亚、泰国三国更是非常的接近，都处在45%左右的水平，这一水平也是中等收入国家的平均水平。说明，四个国家在最近10年的经济增长过程中都处在快速工业化的阶段，按照钱纳里的标准模型描述，这也是发展中国家必经的高速工业化的阶段。在这一阶段内，各个国家都要经历高投资拉动经济增长的过程，因此，我们认为在这一影响因素的对比中，四个国家的情况是高度的相似。

① 详细分析过程请参考原文。

表 3　　2001～2010 年间中国、泰国、马来西亚、智利四国及中等收入国家的工业增加值占 GDP 比重　　单位：%

年份	2001	2002	2003	2004	2005	2006	2007	2008	2009	2010
中等收入国家	43.92	43.51	44.49	44.82	45.90	46.40	45.86	45.98	44.78	45.33
中国	45.15	44.79	45.97	46.23	47.37	47.95	47.34	47.45	46.24	46.75
泰国	42.14	42.44	43.63	43.40	43.96	44.35	44.74	44.05	43.34	44.65
马来西亚	46.20	45.12	46.58	48.53	49.71	49.69	47.50	47.93	43.81	44.41
智利	39.14	39.50	37.80	41.20	43.36	48.65	48.88	45.48	43.20	42.94

4. 流动性比较。流动性约束也能够影响一个国家的消费率，根据前文的分析，我们选择 M2/GDP 这一变量来比较四个国家的流动性状况。在表 4 中，中国的 M2/GDP 值远远高于泰国、马来西亚和智利三国，甚至远远高于中等收入国家的平均水平。因为 M2/GDP 可以反映一个经济体的金融深度和货币的流动性状况，一般来说，经济体的金融深度越深，货币流动性越强，居民的消费意愿和消费能力也越强。因此，该指标与消费率是正相关的。在流动性这一变量上，中国的情况要远远好于其他国家。

表 4　　2001～2010 年间中国、泰国、马来西亚、智利四国及中等收入国家 M2 占 GDP 比重　　单位：%

年份	2001	2002	2003	2004	2005	2006	2007	2008	2009	2010
中等收入国家	64.47	68.78	69.38	68.26	68.20	70.08	71.69	73.63	87.63	90.27
中国	133.31	138.52	142.83	141.81	142.06	145.30	140.90	139.89	159.19	166.51
泰国	112.83	111.15	111.74	111.71	108.17	104.79	103.32	104.52	113.28	110.40
马来西亚	131.24	130.25	127.06	124.30	124.76	126.31	124.98	118.11	140.66	134.27
智利	70.67	88.40	82.23	75.41	72.88	71.58	77.61	85.49	89.43	78.74

5. 最终消费率的对比。如表 5 所示，从趋势上看，中国最近 10 年的消费率一直呈下降趋势，而泰国基本保持在 68.5% 的水平小幅度波动，马来西亚也保持在 60% 的水平波动，智利则呈现先降后增的趋势。从绝对值看，其他三个国家都保持在 60% 左右的水平，泰国和智利更高，接近 70%，而中国则长期保持在 60% 以下的水平，并且，最近 5 年，已经下降

到50%以下。中国消费率的10年均值远远小于5年均值，可见，消费率的下降幅度越来越大。

表5　　2001~2010年间中国、泰国、马来西亚、智利四国及中等收入国家最终消费率　　单位：%

年份	2001	2002	2003	2004	2005	2006	2007	2008	2009	2010	十年均值	五年均值
中等收入国家	73.3	73.8	73.9	74.9	74.3	73.6	77.2	78.1	78.1	78.2	75.5	77.0
中国	61.6	59.6	56.6	54.2	52.4	49.3	49.5	48.2	47.3	48.3	52.7	48.5
泰国	69.4	69.5	68.2	68.4	69.7	68.2	65.2	68.3	68.2	66.7	68.2	67.3
马来西亚	58.2	58.0	57.5	56.6	57.2	56.9	57.9	57.5	64.0	60.8	58.5	59.4
智利	76.4	75.9	74.8	70.8	69.3	64.9	65.5	71.1	73.4	71.7	71.4	69.3

6. 结论。从消费率上看，中国的数据无论从长期趋势还是绝对量上都明显偏离了对比组中泰国、马来西亚和智利的平均水平，而且是大幅度的偏低。并且也小于中等收入国家的平均水平。但是，从我们选取的影响经济体消费率的三个主要因素的数据来看：收入水平，四个国家都处在钱纳里标准模型的同一阶段，也就是高速工业化阶段，在收入分配差距上，四个国家都高于警戒线水平，并且智利和马来西亚的绝对基尼系数还高于中国，从经济结构上看，四个国家的工业增加值占GDP的比重都在40%以上，四个国家都是在工业化和城市化过程中，因此，可以判断四个国家都经历着投资拉动型经济增长模式。在这一点上，我们认为四个国家是高度相似的。在流动性约束方面，中国更是远远超出其他国家和中等收入国家的平均水平。

总体来看，对于影响经济体消费率的三大因素的具体分析，中国在四个国家的对比中，各指标都居于平均水平，甚至优于其他国家（流动性）。按照我们的逻辑，既然影响消费率的主要指标上，中国并没有特别恶化，那么在对比组中，各国的消费率应该也处在一个较为平均的水平。事实上，泰国、智利和马来西亚确实是处在一个较为平均的水平（60%~70%），而中国低于50%的消费率明显偏离了这个区间。因此，根据我们的论证逻辑，我们可以得出这样的结论：中国的消费率偏低是一种假象，事实上，中国的消费率是被低估了。

三、中国消费率被低估的原因分析

（一）灰色收入——公共投资腐败引起的消费率低估

1. 腐败产生的投资虚高。投资率的高估和消费率的低估是一枚硬币两面。由于公关投资领域腐败问题的普遍存在，直接导致了我国的投资率有相当一部分属于虚高。在一个项目的实施过程中，项目的各级参与者都通过设租寻租的行为从投资项目中瓜分财富，而这一部分的腐败收入，全部是从投资预算中转移而来。在国民经济核算体系中，腐败收入则理所应当的被记作了投资部分。而实际上，这一部分资金并没有真正进入投资领域。因此，普遍存在的腐败现象直接导致了我国投资率的虚高现象。

2. 投资虚高引起的消费投资化。投资率被高估，那么在统计中高估的那一部分投资额流向了哪里呢？笔者认为，在中国，有相当一部分被统计为投资的资金通过腐败的途径流向了个人的灰色收入。在中国目前的经济体制下，政府权力已经渗透到经济活动的各个方面。由此引起了一系列的寻租、设租等腐败行为。而在我们的统计口径中，这一部分是被算做了投资（资本形成），而实际上，这一部分资金变成了许多个人的收入，就是所谓的灰色收入。灰色收入的存在在学界基本被大家认可，而具体的量的大小，则很难精确计算。目前，较为权威的数据是王小鲁（2010）的估算。他通过较为广泛的调查分析，得出了中国的灰色收入在2009年在9万亿左右。这9万亿的收入不同于传统的工资、利息、地租或者是正常利润，而是通过寻租设租而获得的灰色收入。但是在统计口径中，公共投资过程中的灰色收入都计入了投资账户。这也解释了为什么中国的许多项目建设预算费用达到国际一流水平，但是做出来的工程却都是豆腐渣工程。

（二）服务性消费的低估

在中国目前的税收体制、统计方法和市场环境下，服务性消费的自身特点决定了它在中国必然会出现较大水平的低估。由于服务业生产的往往是无形产品，因此很难进行全面系统的数据统计，加之服务性企业的营业规模大部分以中小企业为主，因此，中国对服务性消费采取的是入户抽样调查的方法进行统计，而抽样调查的特点就是受被调查者主观意志影响较多。这样一来，服务性消费低估就在所难免。

1. 来自住房市场的低估。随着中国经济的发展，中国的地价和房价也达到了历史最高水平。但是，从消费支出的视角来看，中国居民的住房支出却处在极低的水平。在国际统计标准中，对于住房消费支出的统计分为自有住房和租房消费。对于自有住房消费的统计，中国目前的方法是不考虑虚拟租金的成本法，即在统计中，自有住房服务消费等于当期发生的房屋维修支出、折旧费、物业管理费之和。显然，这种成本法没有考虑到房价水平和租金水平的变动。而最近10年，中国的房价和租金水平正经历着历史上最大的增长。因此，用成本法计算的自由住房租金严重地低估了正常的住房消费水平。

2. 灰色消费、公款消费带来的低估。灰色消费是普遍存在于医疗、教育消费中的。举例来说，在医疗行业普遍存在的给医生送红包，教育支出中的择校费，这样一些都应该是居民消费的一部分，但是由于其灰色的性质，因此在入户调查统计时，被调查者往往会回避这些消费，从而带来这一部分消费额的缺失。

另外，中国存在的公款消费也极大地导致了服务性消费低估。在统计局调查统计的过程中，被调查者出于自身利益的考虑，一定会将公款消费忽略不提，而这些消费性支出也大量地通过财务手段变成了政府事业单位的行政运行费用。我们习惯性将政府预算开支称为三公开支，三公开支的数据，一直没有官方正式发布的数据。据统计局官员的估计，大约在一万亿左右。有一点需要解释的是，如果这些公款消费的资金都是来自于国家预算，那么是不会造成消费率的低估的，因为这一部分行政费用会计入政府消费。但是，事实上各级政府事业单位存在大量的体制外收入。而且有相当部分的公款消费都来自于这一部分的收入。根据2010年社科院财贸研究所白皮书的数据显示，我国当年的财政收入大约是8.3万亿，但宏观税负收入达到了约14.2万亿左右，其中6万亿的差额就处于体制外循环，这也是掌握在各级公共机构手中的“小金库”。由于它的使用没有纳入预算管理，许多“三公消费”都是在体制外收入里实现的。

（三）企业偷逃税款的机会主义行为

偷逃税款在中国的企业中是一个非常普遍的现象。对于规模以上企业的统计，我国采用的是全面统计调查方法，由这些企业按月向当地政府统计部门报送统计报表，统计局最后逐级汇总而取得最后数据。在这种制度下，消费率的高低就直接与统计中得到的消费品的生产企业所汇报的产销量直接相关。对于生产性企业，税负主要来自于产品的增值税，在实际情况中，规模以上企业往往会通过伪造、变造账簿、记账凭证、私设“小金库”，建立账外账、多行开户、隐瞒收入、不开发票、偷漏税款等一系列的手段以达到逃税的目的。这些行为会导致这些企业在统计数据中的产销量大量低估，从而引起对于最终消费统计的低估。对于规模以下企业的统计，我国采取入户调查统计方法。从实际情况看，规模以下企业主要集中在营业额较低的餐饮、零售、住宿等行业，其中包括大量的小微型企业。在实际的统计调查过程中，出于偷逃税款的动机，这些企业往往会尽量隐瞒自己的真实收入和营业额水平。

（四）统计过程的行政干扰以及交易税收体系的落后

1. 统计过程受到的行政干扰。统计方法在理论上是不会出现明显错误的，但是由于在中国统计调查的过程中出现的其他因素，导致中国的统计数据出现较大误差和失真。在实际操作中，统计调查活动受到了许多其他方面因素的影响。政府官员为了政绩和升迁，往往会施压统计局，将数据“做”得更加有利于官员自身的利益。一个普遍的现象就是所谓的压数据。在经济增速较快的年份，将各项增长指标有意压低，以保证下一年不会出现增速下滑的情况。这种情况无异会导致消费总量的低估。

2. 信用交易及税收体系不完善。中国银行消费信用资料较少，而现金交易模式大量存在，这极大地提高了我国消费总量统计上的难度。对于无法监测的现金交易，统计部门只能被动的通过抽样调查得到样本数据再进行统计整合分析得出全国数据。这种抽样调查的方法在中国的实践过程中会造成消费总量的较大低估。此外，中国的税收系统还主要停留在手写发票的时代，不开发票、开假发票、虚开发票的行为大量存在，这就给企业偷税漏税提供了天然的机会，而这种行为也会导致对于消费量的统计被严重低估。

四、结　　语

中国消费率偏低是一个一直困扰学术界的热点问题，关于消费率偏低问题的研究，国内学者主要集中在分析其偏低的原因以及提出解决的政策建议。总体来看，对于中国消费率问题的研究基本上都是在默认消费率偏低的这一事实的前提下展开的。笔者认为，如果我们的研究始终是在“中国消费率本就偏低”这一逻辑中进行研究，那么我们的研究就有陷入目的论的危险。笔者试图跳出“消费率偏低”这一前提，并且质疑这一前提自身的正确性。笔者通过中国、泰国、马来西亚、智利四个国家在关键变量上的对比发现，四个国家基本处于同一水平。事实上，其他三个国家的消费率也如我们预计一样，处在一个水平区间。但是，唯独中国的消费率水平出现严重偏离。因此，我们能够得出以下结论：中国的消费率是被低估的。在本文的后半部分，笔者归纳了造成中国消费率被低估的三个重要原因，以解释这种低估存在的可能性。

投资依赖症被许多学者认为是中国经济发展过程中的桎梏，甚至有人以此断言中国经济发展难以维持下去，并走向崩溃的所谓“中国崩溃论”。但是，通过本文的论证我们可以发现，消费率低估和投资率高估是一枚硬币的两面。中国的“投资过热”只是一个统计数据上的表象，有大量被统计入投资账户的资金通过灰色收入的途径变成了私人收入，最终相当一部分的投资虚高部分转化成了最终消费。可以说，消费率低估的反面就是投资率的高估，如果将我国消费率被低估的事实考虑进来，那么我国的经济结构可能并没有我们想象中的那么“坏”。因此，对中国消费率低估的证明以及原因的归纳，可以为我们重新认识中国投资过热和经济发展结构失衡等问题提供了一个新的思路，也能够为我国下一个阶段的经济发展模式的选择提供一个理论支持。

消费信贷影响我国城镇居民消费行为的作用渠道及检验

——基于2004~2009年省际面板数据的经验分析

臧旭恒　李燕桥*

消费信贷到底能不能影响我国居民的消费行为呢？如果能的话，又是通过怎样的作用渠道来产生影响？20世纪末以来，消费信贷的规模在不断增大，而居民消费倾向却不断走低，怎样来理解这一现象？这些是本文写作的主要动因。

一、消费信贷影响居民消费行为的作用渠道分析

无论是运用计算机模拟技术（Zelds，1989；Deaton，1991）还是运用传统的跨期效用方程分析方法（Carroll and Kimball，2001），流动性约束理论均表明流动性约束可以通过两个方面影响居民的消费行为：第一，无论流动性约束何时发挥作用，它都能使消费者的当期消费比预期的要少；第二，即使流动性约束现在没有发生作用，未来会发生作用的可能性也会使其减少当期消费。因此，流动性约束的存在会明显地减少消费者当前消费。结合国外个人信贷市场的发展经验，消费信贷至少可以从三个渠道影响我国城镇居民的当期消费行为：

渠道一：消费信贷可以直接为居民当期的“大额刚性支出”提供信贷支持，使居民摆脱收入预算约束，减弱当期流动性约束，从而促进消费增长。

---

* 臧旭恒，山东大学消费与发展研究所、经济学院教授、博士生导师；李燕桥，山东大学经济学院博士生。

我国居民的消费行为呈现出明显的阶段性和周期性特征（余永定和李军，2000；尉高师，2003），结婚、置家、子女教育、防病、养老等，每隔一段时间就会有一次所谓的“大额刚性支出”。从长期来看，信贷消费模式的推行最终会对我国居民“长时间积累，一次性大额支出”的消费储蓄模式产生根本性影响。另外，在消费信贷促使大额消费品得到提前消费的同时，还会拉动一些相关消费品的消费，如住房消费的增长会伴随着房屋装修、家庭设备等方面支出的增加，而汽车消费则会拉动交通服务、旅游等方面支出。

渠道二：对于利用消费信贷完成“大额刚性支出”的居民而言，尽管未来存在一定的还款负担，但与不存在消费信贷的情形相比，居民为特定支出而进行储蓄的压力大大降低，因而居民会倾向于增加当期消费。

一些大额耐用品贷款，如住房贷款、汽车贷款等，除直接影响居民预算约束促进消费以外，还往往通过这种渠道。因此，如果消费贷款能够辅助消费者提前完成一些大额耐用品的购买，那么居民的储蓄压力就会得到放松，当期消费也就会随之增长。

渠道三：消费信贷会在一定程度上发挥消费保险的作用（Cochrane，1991），因而在一个消费信贷比较发达的国家，居民对于收支不确定所产生的谨慎程度会较低，居民所积累的预防性储蓄也较少，当期消费水平也就较高。

长期以来我国并没有形成一个相对发达的消费信贷市场，“长时间积累，一次性大额支出”是我国居民的典型消费储蓄模式，而制度变迁所带来的收支不确定又进一步强化了居民所面临的不确定性环境，居民当期以及未来的“大额刚性支出”得不到有效保障。信贷消费模式的出现为我国居民提供了一种新的保障措施，如果消费信贷的消费保险作用能够得以发挥，那么居民对收入不确定以及未来“大额刚性支出”所导致的流动性约束的谨慎程度就会降低（齐天翔等，2000），从而在一定程度上提升消费信心并促进居民的当期消费。

二、模型设定、研究设计与数据说明

（一）模型设定

为检验消费信贷影响居民消费行为的作用渠道，基于包含流动性约束和预防性储蓄的消费者行为方程，我们建立如下作为检验消费信贷作用渠道的基准方程：

$$\Delta\ln c_{t+1}=\beta_0+\lambda_1\Delta\ln y_{t+1}+\lambda_2\Delta Cred_{t+1}+\beta_1\sigma_{t+1}^2+\beta_2\Delta z_{t+1}+\mu_{t+1} \quad (1)$$

其中，λ_1、λ_2 分别为消费对于收入和信贷条件的过度敏感性系数。如果经济总体内存在相当一部分流动性约束型消费者的话，两者应该在统计上均显著不为0。

（二）研究设计与数据说明

消费信贷作用渠道对居民消费行为的影响机制是不同的，正是这些差异构成了本文实证检验的基础。对于渠道一来讲，本文将利用消费信贷对居民耐用品消费的影响来检验渠道一的作用效果。对于渠道二来讲，本文采用消费信贷对非耐用品与服务消费的影响来检验第二种作用渠道是否存在。对于渠道三来讲，本文将模型的被解释变量设定为非耐用品与服务消费。

依据方程（1）以及对消费信贷不同渠道的作用机制分析，我们构造的实证检验模型可以表示为：

模型1：$\Delta\ln C_{i,t+1}=\beta_i+\lambda_1\Delta\ln Y_{i,t+1}+\lambda_2\Delta Cred_{i,t+1}+\beta_1\sigma_{i,t+1}^2+\beta_2\Delta Z_{i,t+1}+\mu_{i,t+1}$

模型2：$\Delta\ln Dur_{i,t+1}=\beta_i+\lambda_1\Delta\ln Y_{i,t+1}+\lambda_2\Delta Cred_{i,t+1}+\beta_1\sigma_{i,t+1}^2+\beta_2\Delta Z_{i,t+1}+\mu_{i,t+1}$

模型3：$\Delta\ln Nondur_{i,t+1}=\beta_i+\lambda_1\Delta\ln Y_{i,t+1}+\lambda_2\Delta Cred_{i,t+1}+\beta_1\sigma_{i,t+1}^2+\beta_2\Delta Z_{i,t+1}+\mu_{i,t+1}$

模型4：$\Delta\ln Nondur_{i,t+1}=\beta_i+\lambda_1\Delta\ln Y_{i,t+1}+\lambda_2\Delta Cred_{i,t+1}\sigma_{i,t+1}^2+\beta_1\sigma_{i,t+1}^2+\beta_2\Delta Z_{i,t+1}+\mu_{i,t+1}$

其中，$\Delta\ln C_{i,t+1}$为总消费增长率；$\Delta\ln Nondur_{i,t+1}$为非耐用品与服务消费增长率；$\Delta\ln Dur_{i,t+1}$为耐用品消费增长率；β_i 代表面板个体效应，可以为固定效应或随机效应。模型1用于检验消费信贷与居民消费的总体关系，而模型2、模型3、模型4则分别检验消费信贷的三种作用渠道。具体来讲，如果消费信贷从总体上促进了居民的当期消费，则模型1中 $\lambda_2>0$；渠道一发挥作用，模型2中 $\lambda_2>0$；渠道二发挥作用，模型3中 $\lambda_2>0$；渠道三发挥作用，模型4中 $\lambda_2>0$。

模型中，$C_{i,t+1}$、$Y_{i,t+1}$分别为居民当期消费性支出和当期可支配收入，而$\Delta\ln C_{i,t+1}$、$\Delta\ln Y_{i,t+1}$分别为各自的对数差分，其经济含义分别代表当期消费的增长率和当期可支配收入的增长率。

$Nondur_{i,t+1}$代表非耐用品与服务消费，在此主要包含食品、衣着、家庭非耐用品、文娱非耐用品以及服务性消费等目前消费信贷很少涉及的消费项目，$\Delta\ln Nondur_{i,t+1}$表示非耐用品与服务消费的增长率；$Dur_{i,t+1}$代表耐用品消费，是与非耐用品与服务消费相对而言，具体表示为（总消费—非耐用品与服务消费），$\Delta\ln Dur_{i,t+1}$则表示耐用品消费增长率。

$\Delta Cred_{t+1}$是本文关注的变量，用于衡量个人信贷条件的变化，该指标一方面代表消费信贷的发展状况；另一方面则代表了居民所面临的流动性约束环境。本文将采用两个指标来对其进行考察。首先，参照巴切塔和格拉赫（Bacchetta and Gerlach，1997）、路德维格森（Ludvigson，1999）的研究，我们用当年消费贷款增长率来表示个人信贷条件，以 $\Delta Cred$ 表示。其次，由于当前我国消费信贷中接近80%的比重为住房贷款，我们将利用关于住房贷款的指标来对消费信贷进行稳健性检验。本文选择城镇居民抽样调查数据中住房贷款利用额与当年可支配收入的比重（Hcred）作为衡量住房贷款条件的代理变量。

$\sigma^2_{i,t+1}$代表居民所面临的收入不确定，用于反映预防性储蓄动机的作用。本文参照杭斌（2008）的研究，选择城镇居民抽样调查数据中的家庭“平均每一就业者负担人数”来进行代替。杭斌的研究表明，该指标能够较好地反映我国居民的就业形势和收入不确定风险。

$\Delta Z_{i,t+1}$为一组影响消费者效用偏好改变的变量，通常可以是消费者的年龄、性别、受教育程度、家庭规模等人口统计变量。由于本文的实证数据为宏观加总数据，鉴于数据的可获得性，在此仅用两类家庭负担系数来代表，即15岁以下人口占15～65岁人口的比重（Young）和65岁以上人口占15～65岁人口的比重（Old）。对这两个指标的分析同时可以验证莫迪利安尼（Modigliani）的生命周期假说在研究期内的适用性。

本文所使用的数据是中国大陆30个省的省际面板数据，海南由于部分数据缺失而没有包括在内。如前文所述，我国的消费信贷至2003年之后才开始摆脱快速成长期，并且在国民经济中达到一定规模，同时由于目前消费信贷主要是面向城镇居民，本文将研究对象锁定于2003～2009年我国各省的城镇居民消费行为。进一步地，由于模型中消费、收入、消费信贷等变量均为增长率形式，实际检验中我们利用各变量的对数差分进行近似，因此本文最终利用的实证数据期间为2004～2009年。其中，各省消费贷款余额数据来自中国人民银行各年度《区域金融运行报告》，其余数据来自各年度《中国统计年鉴》和《中国城镇居民生活与价格年鉴》，如无特殊说明，所有数据均已按照居民消费价格指数折算成2003年实际值。表1列出了实证中所使用变量的定义和基本的描述性统计特征。

表1　　变量定义与描述性统计特征

变量	定义	观测数	均值	标准差	最小值	最大值
$\Delta\ln C$	总消费增长率	180	0.07	0.05	-0.35	0.17
$\Delta\ln Dur$	耐用品消费增长率	180	0.06	0.07	-0.43	0.21
$\Delta\ln Nondur$	非耐用品和服务消费增长率	180	0.08	0.04	-0.31	0.19
$\Delta\ln Y$	可支配收入增长率	180	0.09	0.03	-0.07	0.19
$\Delta cred$	消费信贷增长率	180	0.17	0.17	-0.33	0.59
$Hcred$	住房贷款占可支配收入比重	180	0.02	0.03	0.00	0.22
σ^2	收入不确定	180	1.97	0.15	1.67	2.82
$Young$	0~14岁人口占15~65岁人口比重	180	0.25	0.07	0.10	0.45
Old	65岁以上人口占15~65岁人口比重	180	0.12	0.02	0.08	0.20

三、实证结果分析与讨论

（一）计量方法与回归结果

我们将选择固定效应模型作为基准进行分析。同时，我国各省、市、地区经济发展不平衡，截面之间产生的异方差会对实证结果产生干扰，本文在回归中采用截面加权（Cross-section Weight）对截面异方差进行控制。为了避免模型的解释变量与误差项相关而产生内生解释变量问题，本文沿用坎贝尔和曼昆（Campell and Mankiw，1989）、巴切塔和格拉赫（Bacchetta and Gerlach，1997）、萨兰蒂斯和斯图尔特（Sarantis and Stewart，2002）的做法，选取滞后二期的内生解释变量或其变形作为其自身的工具变量。

最后，由于模型在实证中存在较为严重的自相关，本文根据显著性水平在模型中加入AR（1）、AR（2）项对误差项进行了调整。为保证检验结果的稳健性，本文将固定效应模型（FE）与固定效应—工具变量模型（FE-IV）的估计结果同时列出以进行比较分析。

表2列出了对于消费信贷渠道检验的实证汇总结果。其中，模型1从总体上检验了居民消费行为与消费信贷发展的关系。从估计结果可以看

到，无论是固定效应模型还是面板工具变量模型，居民消费行为均对收入变动与信贷条件变动同时存在“过度敏感性”，显著地拒绝了霍尔（Hall，1978）的随机游走假说。从估计系数来看，居民消费的收入敏感性系数达到1. 07、1. 14。另外，居民消费的信贷敏感性系数为0. 06、0. 05，尽管在数值上远远低于收入敏感性系数，但其在1%显著性水平下显著。这表明，从总体上来讲，当前的消费信贷发展确实对居民消费产生了一定的作用，但它的作用效果可能远不及收入对消费的影响。

表2　　　　消费信贷作用渠道的实证检验结果

方程	1		2		3		4	
	$\Delta\ln C$		$\Delta\ln Dur$		$\Delta\ln Nondur$		$\Delta\ln Nondur$	
	FE	FE - IV	FE	FE - IV	FE	FE - IV	FE	FE - IV
β	0. 13	0. 25 ***	0. 08	0. 11	0. 24	0. 20 ***	0. 24	0. 19 ***
	(0. 93)	(2. 78)	(0. 37)	(0. 52)	(1. 61)	(5. 14)	(1. 63)	(5. 02)
$\Delta\ln Y$	1. 07 ***	1. 14 ***	1. 41 ***	1. 76 ***	0. 80 ***	0. 83 ***	0. 80 ***	0. 83 ***
	(20. 25)	(6. 61)	(6. 55)	(8. 75)	(5. 94)	(7. 90)	(6. 03)	(7. 39)
$\Delta cred$	0. 06 ***	0. 05 ***	0. 12 ***	0. 19 ***	0. 01	-0. 03		
	(6. 32)	(3. 99)	5. 86)	(5. 41)	(0. 33)	(-1. 06)		
$\Delta cred * \sigma^2$							0. 004	-0. 01
							(0. 29)	(-0. 77)
σ^2	-0. 10 ***	-0. 13 ***	-0. 11	-0. 17 **	-0. 12 **	-0. 08 ***	-0. 13 **	-0. 08 ***
	(-2. 06)	(-4. 07)	(-1. 41)	(-2. 13)	(-2. 53)	(-3. 54)	(-2. 54)	(-2. 91)
Young	0. 17 ***	-0. 21 ***	0. 60 **	0. 65 *	-0. 16	-0. 62 ***	-0. 16	-0. 59 ***
	(3. 04)	(-3. 19)	(2. 49)	(1. 70)	(-0. 83)	(-7. 21)	(-0. 86)	(-6. 65)
Old	0. 01	0. 22	-0. 76 **	-0. 38	0. 47 *	0. 99 ***	0. 47 *	0. 96 ***
	(0. 05)	(1. 46)	(-2. 16)	(-0. 70)	(1. 76)	(4. 65)	(1. 76)	(4. 72)
AR（1）	-0. 29 ***	-0. 24 ***	-0. 29 ***	-0. 17 *	-0. 33 ***	-0. 51 ***	-0. 33 ***	-0. 51 ***
	(-2. 78)	(-2. 31)	(-3. 74)	(-1. 94)	(-3. 39)	(-5. 23)	(-3. 39)	(-5. 17)
R^2	0. 80	0. 86	0. 73	0. 87	0. 63	0. 77	0. 63	0. 76
D. W.	2. 42	2. 38	2. 35	2. 66	2. 68	2. 35	2. 68	2. 36
F统计量	13. 17	3. 65	8. 80	5. 84	5. 58	2. 52	5. 57	2. 39
Prob（*F*）	(0. 00)	(0. 00)	(0. 00)	(0. 00)	(0. 00)	(0. 00)	(0. 00)	(0. 00)

注：括号内为经过怀特（White）截面加权调整的t统计值；***、**、*分别表示在1%、5%、10%显著性水平下显著；β表示各截面总体均值；FE - IV模型中工具变量选取为$\Delta\ln Y$（-2）、$\ln Y$（-2）、$\Delta cred$（-2）、σ^2（-2）、*Young*、*Old*和常数项C。

与杭斌（2008）的研究类似，我们发现不确定性对居民消费行为产生了显著的抑制作用，从估计系数上看，两种方法的估计结果较为一致。由于我国的就业体制和福利保障体系改革尚未完全到位，居民所面临的收支不确定性风险仍然较大，这已经成为影响我国居民消费储蓄行为的重要因素。

另外，本文的实证结果表明少儿负担系数对居民消费的影响为负，老年负担系数的影响为正，但后者在统计上并不具有显著性。近年来我国少儿负担系数呈现下降趋势，但对于单个儿童的抚养成本却在大幅度上升（汪伟，2008），因此少儿负担系数虽然在降低，但实际上却可能在提高家庭的当期消费；人口老龄化现象导致我国的老年负担系数在提升，因而也会在一定程度上加大家庭的消费，但从实证分析上看老龄化对我国居民消费行为的影响可能还并不显著（李文星等，2008）。

我们的进一步检验发现，少儿负担系数与老年负担系数对居民消费结构的影响是不同的。即少儿负担系数对耐用品消费的影响方向为正，而对非耐用品和服务消费的影响为负，由于研究期内少儿负担系数呈下降趋势，因此可以说少儿负担系数的变化减少了耐用品消费，而相对增加了非耐用品和服务的消费；而老年负担系数的作用与之类似，即上升的老年负担系数减少了耐用品消费，而提高了非耐用品和服务的消费。由于在消费者生命周期内，耐用品消费高峰通常处于中年阶段，而少年、老年阶段一般更倾向于对食品等非耐用品或一些服务类消费，从这个角度讲我们的检验结果基本可以接受。

模型2检验了居民耐用品消费与消费信贷发展的关系，用以检验消费信贷作用渠道一的作用效果。从检验结果来看，渠道一的作用效果是显著的。具体来讲，耐用品消费对信贷条件变动的敏感性系数达到0.12、0.19，明显高于总量消费的信贷敏感性系数，表明消费信贷影响居民消费的主要途径就是促进居民耐用品消费的增长。收入仍然是影响居民耐用品消费的重要因素，收入敏感性系数达到1.41、1.76，相比总消费模型也出现较大提高。由于非耐用品和服务大部分为居民的必要性消费，相比而言受收入的影响作用较小；而耐用品一般价值较高，居民一次性支出数量较大，在购买之前往往会存在一定时间的储蓄积累，因此更容易受到收入变动的影响，收入敏感性系数会更高。不确定性的存在明显地抑制了耐用品消费的增长，从估计系数上看，耐用品消费与总消费对不确定性的反映程度并无显著差异。

模型3、模型4分别检验了消费信贷作用渠道二、渠道三的作用效果，从估计结果来看，当前这两条渠道的作用效果都极为有限。模型3检验了信贷条件变动和居民非耐用品和服务消费的关系。从检验结果来看，二者并无显著的统计关系，这表明居民在通过消费信贷完成“大额刚性支出”的同时，储蓄压力并没有降低，消费信心仍然不足，因而并没有增加其他消费。同时，非耐用品和服务消费的收入敏感性系数达到0.8、0.83，从经济理论上讲，这表示我国居民中受到流动性约束的比例较高；不确定性的影响系数显著为负，不确定性风险致使居民不但减少了当期耐用品消费，同时也进一步压缩了非耐用品和服务消费。模型4检验了消费信贷与不确定性之间的交互关系，从实证结果来看，消费信贷与不确定性的交互项在统计上并不显著，消费信贷的存在没有降低居民对不确定性的谨慎程度。这也再一次表明不确定性是导致目前我国居民消费不足的重要因素。

为了考察上述实证结果的稳健性，本文进一步对住房贷款与我国城镇居民消费行为的关系进行了检验。表3列出了关于住房贷款与我国城镇居民消费行为的稳健性检验汇总结果。

表3　　关于住房贷款与居民消费行为的稳健性检验

方程	1		2		3		4	
	$\Delta \ln C$		$\Delta \ln Dur$		$\Delta \ln Nondur$		$\Delta \ln Nondur$	
	FE	FE-IV	FE	FE-IV	FE	FE-IV	FE	FE-IV
β	0.27^{***}	0.39^{***}	0.12	0.39^{*}	0.32^{***}	0.29^{***}	0.32^{***}	0.29^{***}
	(3.68)	(6.75)	(0.76)	(1.93)	(3.99)	(5.82)	(3.99)	(6.70)
$\Delta \ln Y$	1.09^{***}	1.57^{***}	1.60^{***}	2.18^{***}	0.73^{***}	0.88^{***}	0.73^{***}	0.87^{***}
	(51.13)	(37.16)	(9.22)	(24.55)	(8.19)	(11.73)	(8.29)	(11.45)
Hcred	0.12^{*}	0.11^{***}	0.57^{***}	0.76^{***}	-0.29^{**}	-0.72^{***}		
	(1.63)	(2.92)	(3.37)	(4.64)	(−2.11)	(−2.97)		
$Hcred * \sigma^2$							-0.16^{**}	-0.38^{***}
							(−2.28)	(−3.37)
σ^2	-0.11^{***}	-0.15^{***}	−0.03	−0.12	-0.13^{***}	-0.11^{***}	-0.13^{***}	-0.10^{***}
	(−3.98)	(−4.04)	(−0.61)	(−1.41)	(−4.02)	(−4.93)	(−4.01)	(−5.45)
Young	−0.13	-0.49^{***}	0.04	-0.47^{**}	-0.19^{*}	-0.39^{***}	-0.19^{*}	-0.39^{***}
	(−1.51)	(−7.97)	(0.19)	(−2.56)	(−1.96)	(−8.65)	(−1.96)	(−8.74)
Old	-0.38^{**}	−0.32	-1.20^{***}	-1.52^{***}	0.12	0.16^{*}	0.12	0.14
	(−5.85)	(−1.20)	(−4.99)	(−4.84)	(0.59)	(1.79)	(0.58)	(1.28)

续表

方程	1		2		3		4	
	ΔlnC		ΔlnDur		ΔlnNondur		ΔlnNondur	
	FE	FE－IV	FE	FE－IV	FE	FE－IV	FE	FE－IV
AR（1）	-0.51***	-0.36***	-0.42***	-0.33***	-0.34***	-0.61***	-0.34***	-0.61***
	(-4.27)	(-6.14)	(-5.72)	(-3.11)	(-5.81)	(-12.22)	(-5.78)	(-12.75)
AR（2）	-0.41***	-0.52***	-0.47***	-0.69***		-0.49***		-0.50***
	(-3.68)	(-11.96)	(-3.37)	(-5.85)		(-8.78)		(-9.72)
R^2	0.82	0.94	0.81	0.91	0.58	0.87	0.58	0.87
D. W.	2.31	2.56	2.27	2.69	2.35	2.21	2.35	2.19
F统计量	14.24	4.92	12.94	8.64	5.73	4.97	5.75	5.31
Prob（F）	0.00	0.00	0.00	0.00	0.00	0.00	0.00	0.00

注：括号内为经过怀特（White）检验截面加权调整的t统计值；***、**、*分别表示在1%、5%、10%显著性水平下显著；β表示各截面总体均值；FE－IV模型中工具变量选取为ΔlnY（-2）、lnY（-2）、Δ*cred*（-2）、σ^2（-2）、*Young*、*Old*和常数项*C*。

总体上讲，住房贷款对我国城镇居民消费行为的影响与消费信贷较为一致。住房贷款的发展对居民总量消费的影响系数为正，而且在统计上具有显著性，表明住房贷款发展能够在一定程度上带动我国城镇居民的当前消费。住房贷款发展对居民耐用品消费的影响系数也为正，而且其估计系数要高于对总量消费的影响，表明住房贷款发展影响居民消费的主要途径是带动居民的耐用品消费。住房贷款直接促进了居民的住房购买，而居民在购买住房之后，往往会带动一些相关耐用消费品增长，我们的实证结果在统计上验证了这种引致性消费的存在。

但我们同时注意到，与总量的消费信贷相比，住房贷款对城镇居民消费的影响也存在两点较明显的差异。首先，在模型3的估计中，住房贷款对居民非耐用和服务消费的影响为负，而且在统计上具有显著性，而在前文对消费信贷的检验中该系数并不显著。这表明与总量消费信贷相比，关于住房贷款的检验倾向于表明居民在利用住房贷款购买住房的同时，却减少了对非耐用品和服务的购买，这与消费信贷作用渠道二的理论预期不符。其次，在模型4的估计中，住房贷款和不确定性的交换项的估计系数为负，在统计上同样也具有显著性。这表明居民在利用住房贷款以后，反而对未来收支不确定的谨慎程度更大了，这也与消费信贷的消费保险功能明显相悖。因此，总体而言，关于住房贷款的检验结果表明，当前消费信贷对我国城镇居民消费行为的影响并不像理论预期的那样完美，由于某些客观原因的存在，消费信贷影响居民消费的一些作用渠道并没有得到很好的发挥。

（二）对实证结果的进一步讨论

我们的实证结果表明，从总体上讲，消费信贷对我国城镇居民的消费行为是具有一定影响的，消费信贷的发展能够在一定程度上促进居民消费，但从系数估计情况来看，影响效果可能并不是太大。通过对消费信贷作用渠道检验，我们发现，当前消费信贷对居民消费的影响仅仅是通过扩展收入预算约束促进了一些相关耐用品消费的增长，但消费信贷发展并没有降低居民的储蓄压力，消费信贷作为消费保险的功能也没有得到有效发挥。住房贷款是当前我国消费信贷的主要构成部分，而关于住房贷款的进一步检验发现，居民在利用住房贷款购买住房的同时，反而减少了对非耐用品和服务的消费，同时居民对于未来收支不确定的谨慎程度也明显提高。因此，我们倾向于认为，目前利用消费信贷来拉动居民的消费需求仍然存在着诸多限制。进一步讲，1999 年以后，我国消费信贷规模得到爆发式的增长，2009 年末与 GDP 之比已经达到 16.3%，但另一方面，我国城镇居民消费倾向却在不断降低，居民储蓄率在不断攀升。如何来理解这一现象呢？

根据本文的实证检验结果，我们认为，过高的“大额刚性支出”成本和未来的收支不确定是造成消费信贷作用渠道无法顺畅发挥作用以及居民消费倾向不断走低的主要原因。

首先，从消费信贷的发展历程来看，消费信贷规模的增长是与居民生活成本的提高相伴而生的。其次，由于部分“大额刚性支出”的支出成本过高，即便居民利用消费信贷完成了这部分支出，但其后却面临沉重的债务负担，还款压力取代之前的储蓄压力，居民的当期消费意愿仍旧无法提高。最后，受到文化传统影响，我国居民向来秉承量入为出的宗旨，“既无内债，又无外债”的家庭消费文化得到大力推崇（金晓彤，2004）。因此，不到万不得已，居民不会采用信贷消费模式去完成当前消费，更不会预想在未来可以利用消费信贷来抵御可能出现的不确定性风险，消费信贷作为消费保险工具的作用并不能得到发挥。

因此，从目前的情况看，尽管消费信贷的规模在不断扩大，但它更多的是在反应居民生活成本的提升，与居民最优化跨期消费决策的关联并不大；同时，即便居民采用了消费信贷进行辅助消费，但对于我国的实际情形而言，在居民消费环境得不到显著改善之前，消费信贷对于拉动居民消费的作用还是相对有限的。

四、研究结论与政策建议

在存在流动性约束与预防性储蓄的消费模型框架下，本文对消费信贷影响我国城镇居民消费行为的作用渠道进行了总结，并利用2004～2009年我国城镇居民的省际面板数据对其进行检验。研究结果表明：从总体上讲，消费信贷在一定程度上促进了我国城镇居民的当期消费；然而从消费信贷的作用渠道来看，当前的消费信贷主要缓解了居民当期流动性约束，促进了相关耐用品消费的增长，但消费信贷发展并没有降低我国城镇居民的储蓄压力，其消费保险的功能也没有得到有效发挥。进一步利用住房贷款数据进行的稳健性检验表明，居民在利用住房贷款进行住房购买的同时，却相对减少了对非耐用品和服务消费的支出，同时居民对于未来收支不确定所产生的谨慎程度也进一步增大。因此，总结而言，当前消费信贷拉动居民消费的作用效果并不是十分理想。

本文认为，过高的“大额刚性支出”成本和未来收支的不确定性是导致消费信贷拉动居民消费的作用效果较弱的主要原因，因此单纯以扩张消费信贷规模来拉动居民消费的措施是不可取的。根据本文的分析，我们建议，信贷消费模式的推广应该密切配合我国宏观经济背景和消费环境转变，也就是只有将收支不确定问题、“大额刚性支出”成本高涨问题、社会保障体系不完善问题等等进行一个相对合理的控制以后，消费信贷才有可能成为促进我国居民消费的有力工具。同时，信贷消费模式相对于我国居民传统的消费习惯来讲是一种创新，而这种创新要融入我国居民的消费观念需要一个循序渐进的过程，因此需要不断优化金融服务环境，适度进行信贷消费的宣传和引导。

潜在经济增长率变化的国际经验及对我国的启示①

张培丽*

第二次世界大战以来，日本与新兴工业化国家和地区经济发展迅速，先后进入高收入国家和地区。近年来，以中国和印度为代表的发展中国家后来居上，增速远远高于世界平均水平。然而，随着国内外经济环境发生变化，我国经济进入转型发展的新阶段。在这种情况下，我国经济增长是否会延续这种高速度？还是会降低发展速度？这需要我们对未来的潜在经济增长率做出理性判断。要准确判断未来经济潜在增长率，借鉴其他国家和地区的经济增长历程很有必要。本文对日本、亚洲四小龙和印度这三种类型国家和地区的经济发展历程进行对比，以得出其共性之处，为我国判断我国潜在经济增长率未来趋势提供借鉴。

一、后发国家潜在增长率变化趋势

（一）日本

回顾战后日本经济的发展历程可以发现，日本经济发展经历了四个大的阶段：

---

① 本成果受到国家社科基金青年项目——保障国民经济可持续发展的水利投资最优规模研究（12CJL065）和教育部人文社科青年基金项目——迈过“中等收入陷阱”的水资源支撑问题研究（11YJC790276）支持。

* 张培丽，中国人民大学中国经济改革与发展研究院副教授。

第一个阶段是第二次世界大战以后到1955年，为日本战后恢复时期。为恢复战争造成的经济损失，解决通货膨胀，日本政府提出了“增加生产以平息通货膨胀，稳定国民生活”的政策，到1953年，日本基本恢复到战前水平。

第二个阶段从1956~1973年，为日本经济高速发展和快速工业化时期。期间日本平均经济增长率超过9.2%，其中有7个年份实现了两位数的经济增长。经过18年的高速发展，到1973年，日本的名义GDP达到4 150.15亿美元，相当于1956年的11倍。以美元换算的日本国民生产总值于1967年超过英国和法国，1968年超过西德，成为在总量上仅次于美国的世界第二大经济体。日本的人均GDP也从1956年的1 558美元上升到1973年的7 785美元。

第三个阶段从1974~1990年，为日本经济较高速增长时期。期间日本平均经济增长率为3.8%。受到石油危机和国内成本不断上升影响，日本经济进入经济转型增长阶段，发展速度下降，但是其增长速度仍然高于其他发达国家。1978年日本人均GDP超过1万美元，进入高收入国家行列。

第四个阶段从1990年至今，为日本经济低迷发展时期。这段时期，日本经济徘徊不前，21年间经济增长率平均为0.99%，被称之为“失去的二十年”。1985年的“广场协议”拉开了日元迅速升值的序幕，1990年，日本经济泡沫破裂，日本经济自此进入低速增长阶段。甚至在1998年、1999年、2008年和2009年四个年份经济出现了负增长，经济增长速度分别为-2.1%、-0.1%、-0.6%和-6.3%。

（二）新兴工业化国家和地区

1. 韩国。第二次世界大战后，韩国经济波动频繁，但从大的趋势来看，韩国经济大致经历了三个阶段：

第一个阶段从20世纪50年代至60年代初，为韩国经济战后恢复时期。自1954年到1962年，韩国年经济增长率为3.9%。

第二个阶段从1963~1991年，为韩国经济高速增长时期。韩国经济从60年代起步，此后经历了长达近30年的高速经济增长，平均经济增长率达到9.6%，如果剔除因为国内政治动荡导致经济受到严重影响的1980

年[①]，韩国近 30 年间的平均经济增长率达到 10.4%。1991 年韩国名义 GDP 达到 3 150 亿美元，是 1963 年的 116.7 倍，人均 GDP 达到 7 288 美元，是 1963 年的 72.9 倍。

第三个阶段从 1992 年至今，为韩国较高速增长时期。近 20 年间，韩国经济增长速度有所下降，平均增速为 5.2%。1995 年人均 GDP 超过 10 000 美元，达到 11 782 美元。

2. 中国台湾地区。中国台湾地区经济自 1952 年以来，大致分为三个阶段：

第一个阶段从 1952 ~ 1960 年，为中国台湾地区经济起步发展时期。该时期中国台湾地区经济增速较快，实际经济增长率年均达到 8.2%，名义经济增长率更是超过 30%，令世界震惊。但是由于台币大幅度贬值，所以按照美元折算，中国台湾地区经济并没有取得太大进展。

第二个阶段从 1961 ~ 1989 年，为中国台湾地区经济高速增长时期。该时期中国台湾地区实际经济增长率平均达到 9%，实际国内生产总值从 17.69 亿美元增长到 1 527.4 亿美元，增长超过 85 倍。

第三个阶段从 1990 年至今，是中国台湾地区较高速发展时期。该时期中国台湾地区年均经济增长率为 5.2%。1992 年，中国台湾地区人均 GDP 超过 1 万美元，达到 10 822 美元。

3. 新加坡。1965 年新加坡建国以来，经济一直保持较高发展速度，从趋势来看，新加坡经济增长主要经历了两个阶段：

第一个阶段从 1965 ~ 1994 年，为新加坡经济高速发展时期。该段时期新加坡年均经济增长率达到 9.2%。其中从 1965 ~ 1973 年，新加坡经济增长率超过 12%，名义 GDP 从 9.742 亿美元增长到 42.275 亿美元，增长幅度达到 334%，人均 GDP 从 526 美元，增长到 1 928 美元，增长幅度达到 267%。经过 30 年的高速发展，新加坡经济实力获得大幅提升，1989 年新加坡人均 GDP 超过 1 万美元，达到 10 715 美元。到 1994 年，新加坡经济总量达到 732.37 亿美元，人均 GDP 达到 21 421 美元。

第二个阶段从 1995 年至今，为新加坡经济较高速增长时期。该时期新加坡平均经济增长速度较前一阶段有所下降，平均经济增速为 5.9%，但是新加坡的平均经济增长速度在新兴工业化国家和地区中却是最高的。截止到 2010 年，新加坡名义 GDP 已经达到 2 227 亿美元，人均 GDP 达到

---

① 1980 年，由于韩国爆发“光州事件”，经济受到严重影响，当年经济增长率为 -1.9%。

43 867 美元。

（三）印度

1947 年，印度独立，自此印度经济保持了稳定的增长态势。自 1951 年至今，印度经济增长大致经历了两个阶段：

第一个阶段从 1951～1979 年，为印度经济低速发展时期。该时期印度年均经济增速为 3.6%。印度经济总量从 225.23 亿美元增长到 1 503.16 亿美元，增长了 5.67 倍。

第二个阶段是 1980 年至今 30 余年间，为印度经济高速发展时期。该时期印度年均经济增长率为 6.4%，经济总量从 1 847.61 亿美元增长到 16 245 亿美元。

（四）后发国家经济增长的特点

1. 日本、新兴工业化国家和发展中国家和地区先后步入经济高速发展时期。日本于 20 世纪 50 年代中期开始进入高速发展时期，而新兴工业化国家和地区大多从 60 年代才开始进入高速发展时期，比如韩国从 1963 年开始，中国台湾地区从 1961 年开始，新加坡从 1965 年开始。日本比新兴工业化国家和地区提前 10 年左右进入经济高速发展时期。

作为发展中国家，印度和中国这两个人口众多的发展中国家均从 20 世纪 70 年代末 80 年代初开始进入高速发展时期。这比韩国、中国台湾地区和新加坡等新兴工业化国家和地区进入高速经济发展时期又晚了 10 年左右。

2. 后发国家和地区均经历了长达二三十年的高速经济增长。无论是日本，还是后来的新兴工业化国家和地区，其增长都经历了长达二三十年的高速经济增长，其增长率均超过 9%（含 9%）。其中，日本的高速经济增长时期持续了 18 年，韩国、中国台湾地区和新加坡经济的高速增长时期持续时间更长，基本都达到 30 年之久。印度和中国大陆至今也已经持续高速增长了 30 余年之久。

3. 经济高速增长后日本和新兴工业化国家均进入较高速增长阶段。在经历长达二三十年接近两位数的高速经济增长之后，大部分后发国家和地区经济增长速度都出现了下降，经济增长速度跌至高速经济增长时期的一半左右，相继进入了较高速增长阶段。

但比较日本和新兴工业化国家和地区的较高速增长阶段的持续时间和经济增长速度可以发现，新兴工业化国家和地区不仅比日本经济在较高速增长阶段持续的时间更长，而且经济增长速度更高。日本在该阶段共持续了17年，平均经济增长速度为3.8%，而韩国、中国台湾地区和新加坡分别已经超过19年、21年和17年，增长速度分别达到5.2%、5.2%和5.9%。到目前为止，与日本经济已经进入停滞不同，这些新兴工业化国家和地区仍然表现出较好的经济增长态势，它们的增长速度仍然要高于全球平均经济增长速度。

二、后发国家和地区经济高速发展的影响因素

（一）工业化和城市化加速推进

对比后发国家和地区的经济高速发展时期与其工业化和城市化进程可以发现，它们的高速经济发展时期在时间与工业化和城市化加速推进完全吻合。比如，日本、韩国、中国台湾地区、新加坡等均是如此。

（二）投资拉动

投资在后发国家和地区经济高速发展中起了非常重要的作用。比如日本经济高速增长时期表现出明显的投资主导特征，其中迅速增长的民间企业的设备投资成为经济高速增长的主要动力。韩国在高速经济增长时期，也通过投资大大带动了经济增长。尤其是从20世纪70年代开始，以“三五”（1972～1976）、“四五”（1977～1981）两个五年计划为中心，韩国开始实施“重化工业发展计划”，加大造船、钢铁、汽车、电子、石化等资本和技术密集型重化工业的投资，这对当时韩国经济高速增长起了重要的促进作用。

（三）出口导向型发展战略

20世纪60年代以来崛起的以“亚洲四小龙”为代表的新兴工业化国家和地区，不约而同地采取了“出口导向型发展战略”，带来了新兴工业化国家和地区的高速经济增长，引起世界瞩目。

自20世纪60年代起，韩国以“一五”（1962～1966）、“二五”（1967～1971）两个五年计划为中心，开始实施以促进出口为特征的外向型经济发展战略，集中发展以轻纺工业为主的劳动密集型加工业。为促进

出口，韩国政府主动将韩元贬值100%，并将多元汇率体系改为单一汇率体系，为扩大出口创造条件，促进了韩国经济腾飞。

中国台湾地区由于市场狭小，自1960年开始也采取了自由开放、鼓励出口等政策，由出口带动生产。中国台湾地区抓住当时国际分工变化和国际产业转移的机遇，通过外汇贸易改革、对外销厂商实行税收和融资的优惠、设立出口加工区和保税仓库等方式，利用低廉的劳动力优势，大力发展加工出口工业。在出口导向政策作用下，这段时期中国台湾地区工业得到了快速发展，形成了以出口加工区为依托，以轻纺、家电等加工工业为核心支柱产业的增长模式，工业经济得到高速发展。1963~1973年，中国台湾地区工业年均增长率达到18.3%，其中制造业年均增长率达20.1%，工业产值在地区内生产总值中的比重由1960年的26.9%提高到1973年的43.8%，工业制品在出口贸易额中的比重由1960年的32.3%提高到1973年的84.6%。

新加坡建国以后也从进口替代性经济转向发展出口导向型经济，通过鼓励出口带动国内制造业快速发展，不仅促进了经济高速发展，也通过制造业发展提供了就业机会，解决了就业问题。1965~1978年，新加坡制造业比重从14%上升到24%，失业率则从10%下降到3.6%。

（四）政府的积极作用

与发达资本主义国家相区别，后发国家和地区的政府在经济发展过程中扮演了重要角色。它们通过积极干预经济，促使经济走上了高速发展的道路。

第二次世界大战后日本历届政府都对经济进行了积极干预，帮助日本经济得以持续、高速增长，当时日本政府的干预主要体现在：一是从吉田茂开始的多届内阁均在和平宪法的名义下，积极压缩军费开支，将资金主要用于经济建设；二是日本政府直接投资于电力、铁路、港湾等基础设施建设，有效改善了经济增长的基础环境。日本的政府投资占国内总投资的比重一直较高，约占20%以上；三是在战后各个时期，日本政府都根据国内外经济形势，制订了适当的经济发展战略。从1955年起，日本政府先后制定过9个中、长期经济发展计划。1960年的“国民收入倍增计划”就是其中一个，该计划的出台，极大鼓舞了企业的投资热情。

新兴工业化国家和地区政府在经济增长中也发挥了积极作用。比如，韩国在经济高速发展时期，进行了从自由放任的市场经济体制向“政府主导”型市场经济体制转变的改革，最直接的体现是韩国从1962年开始实行的五年计划。韩国先后制定了五个五年计划，这些计划有效促进了韩国经济持续快速发展。

（五）通过技术引进降低研发成本

后发优势很重要的一个体现就是后发国家和地区可以通过引进发达国家的技术，从而缩短自主研发时间，降低研发成本。日本与新兴工业化国家和地区的经济高速发展都大大得益于先进技术和设备的引进。

日本 1956～1961 年间从美国、西欧等地共引进外国技术 2 273 项，比 1950～1955 年间几乎翻了一番。这些引进的技术 80% 以上是基础工业技术，日本通过对引进技术的消化和吸收，迅速缩短了与世界先进水平的差距，到 70 年代初，日本在生产技术上达到了世界一流水平。直到 1980 年，日本才正式提出了“技术立国”。韩国在早期发展中也主要通过引进吸收国外先进技术，也是到 20 世纪 80 年代才开始转向自主创新。

（六）美国支持

日本和部分新兴工业化国家和地区的高速经济发展与美国的支持有着密切关系。第二次世界大战后，日本经济发展过程中受到美国的大力支持，尤其是战后恢复时期。美国不仅在日本推行了农地改革，使农业生产逐渐恢复。而且从能源上直接援助日本，使日本能够将从美国进口的重油优先投入钢铁和煤炭生产，从而带动了电力、化肥和交通等部门的快速发展。另外，美国的军需采购也为日本经济走出困境发挥了重要作用，大大促进了日本经济发展。在美国的支持下，日本度过了战后经济困难时期，为经济高速发展奠定了很好的基础。到 1955 年，日本经济已经超过了战前水平。

20 世纪 60 年代以来，韩国经济的高速发展也得到了来自美国的多方面援助。其中，韩国 1962 年开始的五年计划就是在美国的压力和建议下才制定的。而且美国还于 1958 年启动了开发贷款基金（Development Loan Fund），设立了国际开发署私人企业办公室，以向韩国提供开发贷款基金，用于扶植私人企业和中等规模企业。韩国现在的很多大企业都是在当时美国的赞助下而不断发展起来的，可以说美国对韩国的支援直接启动了韩国经济的起飞①。

---

①　程晓燕、何西雷：《美国援助与韩国经济起飞：一项历史的考察》，载于《世界经济与政治论坛》2008 年第 1 期。

美国从自身战略利益出发，也对中国台湾地区进行了大量支持和援助。1950～1965年，美国给中国台湾地区的经济援助共计15亿美元。据统计，15年间，美国的援助平均约占中国台湾投资毛额的34%。除了资金或物资援助以外，美国对中国台湾地区的援助还包括军事援助、低利贷款、直接投资、技术转让和人才支援等。因此，中国台湾地区学者认为，如果没有美国的援助，中国台湾地区经济至少要比现在落后20～30年。

三、后发国家和地区经济转入较高速增长的影响因素

在日本与新兴工业化国家和地区经历完二三十年的高速经济增长之后，都进入了经济转型增长阶段，增长速度明显下降。这种变化除了这些国家和地区工业化和城市化进程结束之外，外部经济环境变化也是重要的原因。而这些后发国家和地区能够在经济转型中保持稳定增长，则主要得益于它们经济政策的及时调整。

（一）能源危机

1973年和1978年连续爆发了两次“石油危机”，石油价格大幅度上涨对石油消费国经济造成了巨大影响，导致了日本与新兴工业化国家和地区经济均出现较大幅度下降。1973年爆发的第一次石油危机，直接导致对石油进口高度依赖的日本在1974年其实际经济增长率下降到-1.2%，出现了战后第一次负增长，由此宣告了日本高速经济增长阶段的结束。

虽然石油危机对新兴工业化国家和地区经济的影响不像日本那么大，但是两次石油危机也导致了它们经济的大幅下滑。受石油危机影响，韩国和中国台湾地区经济增长分别从1973年的14.8%和11.8%迅速下降到1974年的9.4%和1.9%，其中中国台湾地区下降幅度更大。20世纪70年代末80年代初，韩国和中国台湾地区经济由于爆发第二次石油危机经济再次出现下滑。

（二）劳动力成本上升

20世纪60年代，韩国抓住美国、日本等发达国家大力发展资本密集型产业，将劳动密集型产业转移到发展中国家的有利时机，大力发展以轻纺工业为主的劳动密集型产业。韩国凭借丰富的劳动力资源和低工资水

平，以及劳动力素质较高等优势，成为当时发达国家劳动密集型产业转移的重要承接地，成就了韩国的高速经济增长。然而，随着经济快速发展，劳动力成本上升较快，韩国发展劳动密集型产业优势逐渐丧失。由于劳动力成本上升，韩国轻纺工业出口受到来自马来西亚、菲律宾等发展中国家的价格竞争，20 世纪 70 年代末，韩国开始将产业结构由劳动密集型转向资本密集型，重点发展重化工业。随着韩国工业化进程结束和世界通讯信息技术的高速发展，韩国开始逐渐转向促进技术和知识密集型经济发展，经济增长速度下降。

20 世纪 80 年代以来，中国台湾地区也经历了劳动力短缺日益突出、工资大幅上涨的情况。由于劳动力成本上升，中国台湾地区劳动密集型加工出口工业逐渐丧失比较优势，导致民间投资意愿低落，经济发展陷入困境。为应对这种新的经济环境，中国台湾地区积极寻求转型，经济增长速度有所回落。

同样，新加坡在高速增长十多年后，新加坡也出现了劳动力短缺和工资上涨。为更好地适应经济环境变化，新加坡政府强调发展高附加值产业和技术密集型产业，开始了经济转型，经济增长进入较高速发展时期。

（三）金融危机

综观日本和新兴工业化国家和地区发展，除了石油危机引起了这些国家和地区经济的共同下跌以外，金融危机是引发所有这些国家和地区经济明显下滑的唯一共同原因。从这些国家和地区的经济发展历程来看，1997 年的东南亚金融危机和 2008 年由美国次贷危机引发的全球金融危机使得日本和新兴工业化国家遭受了巨大冲击。

由于这些国家和地区对外部市场的高度依赖，2008 年发生于美国的金融危机同样引发了它们经济的快速下滑。受金融危机影响，2009 年，日本和中国台湾地区经济分别下滑 6.9% 和 -1.9%，均创造了战后历史上的最大经济跌幅。韩国和新加坡分别上涨 0.3% 和 -0.8%。

（四）及时进行经济转型

虽然后发国家和地区大部分都经历了经济转型的降速发展，日本、韩国、中国台湾地区和新加坡概莫能外，但是从它们发展的历程可以看出，它们根据外部经济条件变化，越快进行调整，经济增长下滑幅度越小。

为了应对能源危机，日本企业开始转型发展。它们一方面大力节省资源和能源消耗，降低成本；另一方面，通过技术革新促进产品，尤其是出口产品提升附加价值。通过推进生产和经营合理化，日本企业的素质与效率在这阶段之后有了明显提高。

由于在东南亚金融危机中韩国经济遭受重大打击，韩国及时进行了着眼于提高宏观经济稳定性的经济改革。韩国通过在公共领域、企业领域、金融领域、劳动力领域进行大幅度结构调整和制度改革，迅速摆脱了金融危机的阴影。而且由于在整顿金融体制、企业结构调整与合并、扩大内需和出口市场多元化等方面的迅速调整，韩国经济的稳定性得到很大提高。

1986～1997年，资源成本上升、工业技术水平较低等限制了新加坡经济的快速增长，经济增速放缓。面对这种状况，新加坡政府及时加快经济转型，实施制造业和服务业两翼齐飞的经济发展战略，强化技术创新支持，发展企业集群，鼓励金融服务业大力发展，加强区域经济合作。新加坡经济增长因此保持了持续高速增长，在进入较高速增长阶段以后，其平均经济增长速度要略高于其他新兴工业化国家和地区。

面对劳动力成本的上升，中国台湾地区也于1986年提出了实行自由化、国际化、制度化的经济转型，并将产业升级和拓展外贸市场作为重大调整内容，将通讯、信息、消费电子、半导体、精密器械与自动化、航天、高级材料、特用化学及制药、医疗保健及污染防治等十大新兴产业确定为支柱产业。经过10年左右的经济转型，中国台湾地区产业升级取得一定成效，经济保持了较快增长。

四、后发国家和地区潜在增长率变化对我国的启示

（一）我国30年的高速经济增长是后发国家和地区经济增长的一般规律

从后发国家经济增长历程来看，在经济赶超发展时期，一般都经历了长达二三十年的高速经济增长。中国的高速经济增长绝不是偶然，也不是“奇迹”，而是后发国家和地区经济增长的一般规律。

（二）我国的高速经济增长将持续到工业化和城市化进程结束

与经济起步早晚相联系，较后起步的经济体其经济高速增长的持续时

间一般更长，而且经济高速增长的持续时间将与工业化和城市化的完成时间直接相关。到目前为止，我们仅处于工业化中期的后期阶段，城市化率还不足50%。按照我国的工业化和城市化发展进程，大约到2030年，我们才将基本完成工业化和城市化，进入高收入国家行列，届时60%的人口生活在城市。以此推算，中国的高速经济增长时期还将持续20年左右，直至完成工业化和城市化。

(三) 我国未来的高速经济增长将略有下降

虽然我国经济有可能维持长时间的高速经济增长，但是随着世界经济环境和我国经济发展阶段变化，我国未来20年的高速经济增长将比前30年略有下降。这主要是因为，当前我国所处的国内外经济形势已经发生变化，我国经济增长同样面临着由于劳动力成本上升、能源短缺和能源价格上升、产能过剩、经济发展动力不足等问题，转型发展成为我国经济发展的必然出口。

(四) 面对变化了的经济环境和条件加快经济转型

从后发国家和地区的发展历程我们发现，资源供给形势对经济增长有着决定性作用，后发国家在实施追赶发展战略时，需要高度关注资源短缺和价格上升对经济造成的影响。

面对资源、能源和劳动力成本上升等经济条件变化，为了确保经济增长不出现较大幅度下滑，我国需要借鉴其他后发国家和地区经济增长的经验，及时调整经济政策，帮助和鼓励企业转变生产经营方式，加快经济发展方式转变，尽量避免因为经济转型带来大幅度的经济下滑。

(五) 健全和完善金融制度防御金融风险

日本和新兴工业化国家和地区经济增长的经历让我们看到了金融危机对经济增长的巨大伤害。在经济全球化程度日益加深和金融不断深化的情况下，任何一个国家的金融危机都有可能冲击到我们经济增长。与其他后发国家和地区一样，2008年的次贷危机我国经济增长也遭遇一定程度的损失，为防范金融风险，防治金融危机对经济增长带来破坏，我们需要加快健全和完善金融体系，推进金融制度改革，增强我国金融抵御风险的能力。

“净出口负贡献说”辨析

张二震　戴　翔*

一、问题的提起

据中国海关总署的统计数据显示，2011 年我国外贸进出口总值高达 36 420. 6 亿美元，其中，出口和进口分别为 18 986 亿美元和 17 434. 6 亿美元，实现贸易顺差或者说净出口 1 551. 4 亿美元，较之于 2010 年的 1 831 亿美元的贸易顺差减少了 279. 6 亿美元，收窄 14. 5%。根据支出法计算的国内生产总值恒等式，在经济仍然保持正增长的情形下，“净出口”的减少意味着其对经济增长的贡献率为负。由于受许多客观因素的影响，虽然我国的外贸顺差是一个长期可持续的顺差，但是随着国内外环境的深刻变化，尤其是在全球贸易失衡调整的压力下，以及在我国进出口贸易平衡发展的战略下，“净出口”的逐年减少，也是一个必然趋势。按照现有的理论逻辑，正如一些理论和实践工作者所指出，我国将进入长期的“净出口负贡献”的开放型经济发展时代。实际上，“净出口”只是一个与国际收支平衡有关的概念，将其与经济增长相联系，甚至得出其对经济增长的贡献率为负的说法，本质上是一个伪问题，不仅缺乏理论依据和经济意义，在实践中也会带来一些认识上的误区。然而，值得我们注意的是，无论是在理论研究中，还是在实践工作中，包括我们的很多统计部门，都在使用所谓“净出口对经济增长的拉动率”或“贡献率”的概念。这种概念在

---

* 张二震，南京大学经济学院教授、博士生导师；戴翔，安徽财经大学国际经济贸易学院讲师、博士。

当前全球价值链分工深入演进下，其缺陷尤其明显，尤其具有误导性。如果认识上的偏误导致政策偏误，就会产生巨大的危害，不利于我国开放型经济的发展。因此，在中国进出口贸易逐渐趋于平衡发展的态势下，对这一问题进行深入讨论，不仅必要，而且迫切。

二、“净出口负贡献说”是怎么来的

根据支出法计算的开放条件下的国内生产总值，主要由四个部分构成，即，消费、投资、政府支出、净出口。其基本的表达式为：

$$Y = C + I + G + (X - M) \tag{1}$$

其中，C 为最终消费；I 为资本形成总额；G 为政府购买支出；X 为本国出口；M 为本国进口，则（$X - M$）即为净出口。对式（1）两边以时间 t 求导有：

$$\dot{Y} = \dot{C} + \dot{I} + \dot{G} + (\dot{X} - \dot{M}) \tag{2}$$

其中，$\dot{Y} = \mathrm{d}Y/\mathrm{d}t$，其他各项的符号与之类似。将式（2）两边同除以 Y，则有：

$$\frac{\dot{Y}}{Y} = \frac{\dot{C}}{C}\frac{C}{Y} + \frac{\dot{I}}{I}\frac{I}{Y} + \frac{\dot{G}}{G}\frac{G}{Y} + \left(\frac{\dot{X}}{X}\frac{X}{Y} - \frac{\dot{M}}{M}\frac{M}{Y}\right) \tag{3}$$

如果我们用 $NX = X - M$ 表示净出口，则式（3）可重新写为：

$$\frac{\dot{Y}}{Y} = \frac{\dot{C}}{C}\frac{C}{Y} + \frac{\dot{I}}{I}\frac{I}{Y} + \frac{\dot{G}}{G}\frac{G}{Y} + \frac{\dot{NX}}{NX}\frac{NX}{Y} \tag{4}$$

式（4）中的 $\dot{Y}/Y$、$\dot{C}/C$、$\dot{I}/I$、$\dot{G}/G$、$\dot{NX}/NX$ 分别表示各变量的增长率，而 C/Y、I/Y、G/Y、NX/Y 则分别表示消费、投资、政府支出以及净出口在国内生产总值总所占比重。从式（4）中容易看出，右边各项中任意变量的改变都会直接影响到国内生产总值增长率，或者说根据式（4），我们便可估计出净出口变量的改变对经济增长率的直接影响，即 $\frac{\dot{NX}}{NX}\frac{NX}{Y} = \frac{\dot{NX}}{Y}$ 部分通常被称之为净出口对经济增长的拉动率。不难发现，在经济增长率保持为正增长的情况下，如果 $\dot{NX} = \mathrm{d}(X - M)/\mathrm{d}t$ 为正数，则净出口对经济增长的拉动率就一定为正，反之对经济增长的拉动率则为负。进一步地，式（4）中右边最后一项与等式左边的项相比，即：$(\dot{NX}/Y)/(\dot{Y}/Y) = \dot{NX}/\dot{Y}$，就是通常所说的净出口对经济增长的贡献率。显然，在经济总量保持增长的前提下，如果某一年度一国或地区净出口额 $NX_t = X_t - M_t$ 较上一年度净出口额 $NX_{t-1} = X_{t-1} - M_{t-1}$ 有所减少，则必有 $d(X-M) = NX_t - NX_{t-1} < 0$，即有 $\dot{NX} < 0$，同时也就有 $\dot{NX}/\dot{Y} < 0$。这就是理论和实践部门通常所说的净出口对经济增长的负贡献。

我国在使用支出法计算国内生产总值（GDP）时，政府支出一项并未单独列出。况且 GDP 支出法构成中的最终消费 C，不仅包括私人部门的最终消费，也包括政府部门的最终消费；资本形成总额 I 不仅包括私人部门的投资，也包括政府部门在资本形成总额中的支出。因此，对式（4）稍加变动便有：

$$\frac{\Delta Y_t}{Y_{t-1}} = \frac{\Delta C_t}{C_{t-1}}\frac{C_{t-1}}{Y_{t-1}} + \frac{\Delta I_t}{I_{t-1}}\frac{I_{t-1}}{Y_{t-1}} + \frac{\Delta NX_t}{NX_{t-1}}\frac{NX_{t-1}}{Y_{t-1}} \tag{5}$$

根据式（5），在数据可得的情况下，我们可以估计出历年我国经济增长率中各关键因素的分解状况。表 1 给出了 1982 ~ 2011 年我国 GDP 增长率的分解情况。

表 1　　1982 ~ 2011 年我国 GDP 增长率及其分解　　单位：%

年份	GDP 增长率	GDP 增长率的分解			年份	GDP 增长率	GDP 增长率的分解		
		C	I	NX			C	I	NX
1982	9.1	8.1	4.4	-1.6	1997	9.3	3.4	1.7	4.2
1983	10.9	10.5	6.2	-1.5	1998	7.8	4.4	2.1	1.3
1984	15.2	11.5	10.9	-8.9	1999	7.6	5.8	1.9	-0.1
1985	13.5	4	2	2.8	2000	8.4	5.5	1.9	1
1986	8.8	5.8	2.7	3.1	2001	8.3	4.2	4.1	0
1987	11.6	5.6	4.5	1.2	2002	9.1	4	4.4	0.7
1988	11.3	1.6	0.7	1.8	2003	10	3.6	6.3	0.1
1989	4.1	1.8	0.1	1.9	2004	10.1	4	5.5	0.6
1990	3.8	6	2.2	1	2005	11.3	4.3	4.4	2.6
1991	9.2	10.3	4.9	-1	2006	12.7	5.1	5.6	2
1992	14.2	8.3	11	-5.3	2007	14.2	5.6	6.1	2.5
1993	14	4	5.7	3.4	2008	9.6	4.2	4.6	0.8
1994	13.1	4.9	6	0	2009	9.2	4.4	8.4	-3.6
1995	10.9	5.9	2.2	1	2010	10.3	3.8	5.6	0.9
1996	10	6	3.4	0.6	2011	8.9	6.9	7.8	-5.8

资料来源：中经网统计数据库。

由表1的结果可以看出，我国GDP历年来一直保持着较高的正增长率，而净出口对其拉动率，有些年份为正，有些年份的确为负。从表1来看，大体而言，自我国加入WTO以来，净出口对GDP的拉动率一直较为强劲，这显然是得益于加入WTO以后我国对外贸易的“爆炸式”增长进而所带来的贸易顺差（即净出口额）的持续增长效应。统计数据显示，2001年我国的贸易顺差仅为225.5亿美元，但是到了2008年已迅速攀升至2 954.6亿美元，7年间增长了约13倍，年均增长率高达44.41%。由于受到全球金融危机冲击，2009年我国贸易顺差较之于2008年呈现大幅下降，变为1 960.6亿美元，净出口对经济增长的拉动率随之降为-3.6%。由于受危机冲击的特殊影响，2009年净出口处于历史低位，2010年净出口贡献率也达到9%，但随着净出口收窄，2011年降为-5.8%。随着我国进出口平衡外贸战略的实施，贸易规模会继续扩大，而外贸顺差则会持续收窄，甚至可能出现贸易逆差。按照上述逻辑，我国将步入“净出口负贡献”的发展时期。那么，根据开放条件下的国民经济宏观恒等式所推导出来的所谓净出口对经济增长贡献率的说法，在理论上是否有真道理呢？

三、“净出口负贡献说”错在哪里

首先，“净出口负贡献”的说法对国民经济核算恒等式的解读存在偏差。就开放条件下的宏观经济恒等式本身而言，只是一个统计意义上的会计恒等式，其本身是不存在任何问题的，而依据这样一个会计恒等式所推导出来的最终结果，其意义也主要停留在统计层面。要知道，GDP的核算是指一国在一年度新增加最终产品与劳务的总值，这才是经济增长的实质。如果产出的总值给定了，从支出法核算国民生产总值也就一定了，在产出一定的情况下，支出法核算的$C+I+G+(X-M)$只是生产出来产品的消费结构而已。或者说，GDP的创造实际上是一个生产的问题，而用支出法核算GDP，只不过是用消费结构来表现既定的产出。在产出一定的情况下，如果$X-M$下降，意味着产品将更多的用于国内消费或者国内投资或者政府支出；如果$X-M$上升，意味着产出用于国内的消费或者投资或者政府支出在下降，这就是“事后”统计层面的意义，仅此而已。消费结构，是无法反应生产过程的相互作用机制的。换言之，宏观经济恒等式作为一个“事后”的统计概念，并不能准确解释各变量在宏观经济运行中的真正影响。包括当前外需不景气的情况下之所以要提高内需，我们认为不是仅仅从支出法这种表面上的支出统计结构来解释的，仍然是从生产角度来解释的，是由于产出一定的情况下，$X-M$ 下降，如果没有内需增长的配合，生产商的存货（库存增加）非意愿增加，将导致下一期的投资下降以及最终导致下一期生产的下降，从而导致 GDP 产出下降。因此，如果把一个只具有统计意义的恒等式简单地进行推导，并贸然将其就结果用于解释宏观经济行为，就不免有失妥当，甚至得出一些错误的理解[①]。从变量的相互作用来看，由于不同年度存在着动态变化，更不具有可比性，如何能够对净出口变化对经济增长的影响轻易下定论。值得一提的是，从经济学流派上看，有供给学派和需求学派，前者从生产看经济增长，后者从需求看经济增长。而用支出法核算 GDP 并进而解释经济增长的拉动因素，其实就是需求学派的思想。在需求学派看来，如果净出口增长是负值，对经济的贡献就是负的，理由是减少了对国内的需求。这种解释也并非没有一点道理，但其中一个非常重要的问题被忽略，那就是外需和内需之间存在的动态相互作用。尤其是在当前全球贸易与投资一体、内需与外需一体化的发展趋势下，进口看似一种内需“外流”，但与此同时可能增加了国内投资和国内需求部分，因此，仅从“净出口”的角度，是无法正确评价其对经济增长的作用的。就以中国的开放型经济发展模式而言，“两头”在外的特征非常显著，许多资源、能源、原材料、中间品等贸易，实际上成为了投资的必要条件，没有贸易，相应的投资也就无从谈起，或者说投资需求就会下降；而投资受到制约，就业相应地就会受到影响，收入会随之下降，消费需求会因此不振。那么由此带来的经济增长率的变化，到底是贸易之“过”，还是投资和国内消费“过”，恐怕从宏观经济恒等式上难以给出准确的解释。总之，依据宏观经济恒等式分解出的经济增长率的各组成部分，是无法正确反映该变量对经济增长的真实影响的，而由此所得出的所谓“净出口负贡献”的说法，表面上似乎能够在宏观经济恒等式上找到依据，但实则欠妥，甚至存在严重错误和误导。这不能不说是对国民经济核算恒等式解读存在偏差。

其次，“净出口负贡献”的说法掩盖了进口贸易对经济增长的巨大作

① 这是作者在与南京大学经济学院老师们讨论时，由谢建国教授提出的观点。

用。根据式（4）可知，净出口即是出口贸易额与进口贸易额之差，其对经济增长的贡献情况取决于净出口数值是在持续变大还是持续变小。当净出口与上一年度相比有所增加时，其对经济增长的贡献才能为正，否则便为负。其实上述逻辑的背后暗含着这样一个思想，即：出口贸易对经济增长具有正的拉动作用，而进口贸易对经济增长总是具有负的拉动作用。这样一种思想的本身其实就掩盖了或者说至少是忽略了进口对经济增长的作用机制，也可以说是只看到进口作为消费需求的一面而忽视了对生产一面的影响。出口贸易对经济增长的拉动作用是不言而喻的，而无论是从理论层面还是从实践层面来看，进口对一国或地区经济增长至少也是存在以下几个方面的作用机制：第一，进口贸易可以突破供给约束，从而促进经济增长。一个国家或地区的产品生产会涉及到多种生产要素的投入，但是任何一个国家或地区都不可能拥有所有产品生产所需的所有生产要素，某些生产要素的短缺就会造成经济增长的瓶颈。而通过进口国内短缺的原材料、能源、关键设备等要素，就可以缓解国内资源能源等要素约束的压力，弥补了国内生产要素供应缺口，从而能够促进经济增长。第二，进口贸易可以创造有效需求，从而促进经济增长。实际上，林德的重叠需求理论揭示了这样一个道理，即，一国厂商总是追随和生产本国具有代表性的需求，而本国非代表性需求由于规模较小，往往无法通过本国厂商的生产得以满足。那么，如果没有进口贸易，显然，这一部分的潜在需求就难以形成最终的消费支出，从而难以促进经济增长。但是通过进口国外的商品，尤其是进口国外的新产品，会培育国内消费者对该种商品的需求，需求的规模会因此而从无到有、从小到大。当需求达到一定规模时，巨大的市场规模就会刺激本国厂商尝试该种商品的生产，与此同时，从商品互补的角度来看，还会带动对国内其他相关产品的消费需求，进而促进经济增长。第三，进口贸易可以推动产业结构升级，从而促进经济增长。国际贸易理论早已指出，贸易的基础是分工，而分工的基础则是比较优势。因此，很大一部分进口贸易的实质，就是放弃本国比较劣势产品和产业，从而可以将生产要素配置到更为有效率的具有比较优势的产品和产业之中，进而起到提升产业结构、促进经济增长的作用。不仅如此，在资源优化配置进而促进经济增长的同时，由于通过进口可以获得较本国更为先进的技术设备等，从而有助于提高生产力，并且随着本国对引进技术设备的逐步消化、吸收以及模仿创新等，可以进一步提高劳动生产率、降低生产成本。第四，进口贸易可以促进技术进步，从而促进经济增长。在所有影响经济增长的因素中，技术要素对经济增长的作用具有主导性、长期性和可持续性。在当今的国际贸易中，技术贸易已经成为重要的内容之一。对于任何一个国家来说，通过进口获得技术，可以节省时间和研发资源，加速本国（地区）的技术进步进而促进经济的发展。总之，进口贸易可以通过多种作用机制而促进经济增长，忽视这一点，难免得出令人费解直至错误的结论和说法，因此，不能将宏观经济恒等式的统计意义直接等同于经济内涵的解释。

最后，“净出口负贡献”的说法忽视了全球分工演进所产生的潜在影响。自20世纪90年代以来，国际分工发生了重要变化，这突出表现在中间产品贸易在全球总贸易中所占比重较高并呈现出稳中有升的发展态势。产品内分工已经成为当前国际分工的主导模式。在产品内分工下，同一产品价值链的不同生产环节或工序按照其要素密集度特征被配置到具有不同要素禀赋的国家和地区，国与国之间的比较优势更多体现在价值链上某一特定环节的优势。原先基于比较成本和要素禀赋的国际产品间分工和贸易进一步让位于产品内贸易、垂直专业化贸易和公司内贸易，国际分工形式从产品间分工向产品内分工发展。伴随这种国际分工形式的演进，贸易的性质也发生了重要变化，即，从原先的为了实现产品的价值而进行贸易转变成为为了确保同一产品的全球生产正常进行而进行贸易，或者说各国以各自的比较优势参与国际分工从而共同完成最终产品的生产。在这种分工模式下，国际贸易商品中传统意义上的“美国制造”、“日本制造”、“中国制造”等产品几乎不存在，“世界制造”转而成为当代国际贸易商品的本质特征。这是国际分工深入演进的必然结果。如果说，在国际分工主要以产品间分工为主导的模式下，进口贸易对本国生产的影响还不是十分显著的话，“净出口负贡献”的说法在一定程度上还具有可行性的话，那么在产品内国际分工体系下，进口贸易已经成为一国生产必不可少的投入部分，对经济增长的贡献已是显而易见。从全球价值链分工模式来看，最终产品生产的完成，必须要求生产链条任一区段都能进行正常流转，如果某一区段或者环节发生了断裂，最终会影响到最终产品的价值实现，或者说整个链条的生产都会受到波及。2011年日本大地震引发的全球产业链危机，实际上就是最好的例证。在日本地震的影响下，全球各国的汽车生产商因缺少日本汽车零配件，不得不放慢了生产的脚步，减产甚至暂时停产；iPad2由于缺乏来自日本的核心部件供应，导致iPad2的生产不足、供给紧缺，全球市场一时间面临短缺的局面；位于日本本部的索尼部分工厂停产，对全球整条数码相机产业链也产生了严重不利影响；等等。如此看来，撇开出口不说，进口的减少或停滞，反而阻碍了经济增长的步伐，我们又怎能得出所谓“净出口负贡献”之说。所以，从更为宽泛的全球视野来看，所谓的进口贸易，其实就是全球生产的中间品投入，也可以看做是一种生产要素投入。总之，国际分工的深入演进，已经将进出口贸易的意义演变为确保全球生产的一种必要。忽视了这一点，忽视了经济系统中复杂的作用机制，仅仅根据只具有“事后”统计意义的宏观经济恒等式导出的所谓“净出口负贡献”，而忽略了其中的经济内涵，不免有些误导之嫌。

总而言之，“净出口负贡献”的说法，其实是对国民经济核算恒等式误读的结果，是忽视进口贸易对经济增长作用机制的结果，更是忽略全球分工演进所产生潜在影响的结果。从上述意义来说，将“净出口”与经济增长相联系，甚至得出其对经济增长的贡献率为负的说法，本质上是一个伪问题。

四、“净出口负贡献说”容易引致哪些认识误区

理论解读上的偏差，容易导致人们对进出口贸易认识上的一些误区，以及具体实践工作的一些误区，尤其是“净出口负贡献”的说法，甚至会引发“贸易恐惧症”。

第一，“净出口负贡献”说法的本身就容易被误解。对于并不太清楚宏观经济恒等式及其这一概念推导由来的大众来说，仅从字面意义上来理解，可能会将“净出口负贡献”等同于贸易逆差。一旦产生这种错误的理解，并误认为我国即将进入长期持续的“净出口负贡献”的开放型经济发展时代，就意味着我国对外贸易将长期进入逆差状态，从而会给人们这样一种印象，即，我国出口贸易的国际竞争力逐步衰弱了，而进口商品的竞争力日益增强了。继续开展对外贸易，可能会使得国内市场受到严重冲击，会使得国内产业受到严重冲击，会使得经济发展受到拖累，一种新的“狼来了”的“贸易恐惧症”，确切说“进口恐惧症”可能由此而在一定范围内产生。“净出口负贡献”的由来本已具有很大的局限性，而这一概念的本身又容易引起误解，因此，这一说法无论在理论还是实践部门，实在不值得提倡。

第二，“净出口负贡献”的说法容易使人们误认为对外贸易不再重要。净出口负贡献，顾名思义，就是指净出口对经济增长不仅没有起到促进作用，反而成为拖累经济增长的负担。显然，这一逻辑的言外之意，就是对外贸易在经济增长中的作用不再重要。基于这样一个具有误导性的概念，很容易形成错误的判断和决策，从而影响到我国开放型经济发展战略。应当看到，中国发展开放型经济所取得的成就，主要就是适应了当前国际分工的发展趋势，通过融入全球价值链，充分利用国内国际资源的结果。对外贸易作为经济全球化深入发展的重要内容之一，在当前我国经济发展中仍然具有重要作用，正如中共中央关于“十二五”规划的建议指出：要继续稳定和拓展外需，保持和培育出口竞争优势，发挥进口在我国产业结构转型升级和经济发展中的重要作用。净出口的收窄，甚至是出现贸易逆差，并非意味着对外贸易对经济增长起到了副作用。在当前以全球要素流动和中间产品迅猛发展为主要特征的经济全球化深入发展的背景下，无论是顺差还是逆差，无论是净出口的持续增加还是持续减少，更多的是反映全球资源优化配置的结果，反映的是对生产或者说经济增长的积极影响。因此，大力发展对外贸易，充分利用“国内国际”两种资源以及经济全球化给我们带来的发展机遇，仍是我们应该坚持的基本政策取向。

第三，“净出口负贡献”的说法容易滋生“重出口、轻进口”的思想。按照“净出口负贡献”的推理逻辑，要想使得“净出口”不至于成为经济增长的拖累，或者说仍要发挥“净出口”在经济增长中的正贡献，那么，唯一的出路就在于，保持“净出口”逐年增加。这就要求出口贸易的扩张必须要高于进口贸易的扩张。而从主观政策因素来说，促成上述结果的必然选择就是“鼓励出口、限制进口”的政策措施出台，其结果就是或明或暗的重商主义思想盛行。这显然与以贸易和投资自由化为主要内容的经济全球化深入发展大势，是极其不相吻合的。然而，值得我们注意的是，我国在发展开放型经济过程中，正是在这样一个错误概念的影响下，净出口对经济增长率的拉动，通常成为考核经济绩效的一个重要量化指标。而在这样一种绩效考核的指挥棒下，地方政府在对待进、出口贸易的态度上，在一定程度上必然存在着“重出口、轻进口”的做法，开放型经济发展因此而可能被染上了“出口导向型”的色彩。与出口贸易相比，无论是在税收政策方面，还是在贸易融资方面，无论是在提供的信用保险方面，还是在贸易环节的便利性处理方面，等等，进口贸易恐怕都难以得到同等“待遇”。因为使用这样一种错误的概念作为考核机制，进口的激励机制将会因此而丧失，更谈不上为进口贸易提供应有的政策支撑体系、完善的服务体系以及建立风险防范体系，等等。显然，这样一种实践行为，随着我国经济规模的逐渐提高而对进口商品需求的逐步增大，对于我们通过正确地实施进口贸易战略，促进经济增长、促进产业结构调整和经济发展方式的转变，乃至利用进口规模优势而提升中国在国际市场的话语权，都是极为不利的。

五、简要的总结

根据宏观经济恒等式推导出来的所谓净出口对经济增长的拉动率，或者是净出口在经济增长中的贡献率的计算逻辑，不难预测，随着我国对外贸易顺差的逐步收窄，我国有可能会长期进入所谓“净出口负贡献”的开放型经济发展时代。然而，总结本文以上讨论，我们认为，“净出口负贡献”的推导逻辑存在着很大的局限性和严重的缺陷，它不仅是对国民经济核算恒等式的误读，更忽视了进口贸易对经济增长的巨大作用机制，以及全球分工演进所产生的潜在影响。正是由于存在着上述严重缺陷，“净出口负贡献”的说法在思想认识上容易引人误入歧途，在实践中可能产生错误的政策导向，妨害我国开放型经济的发展。正如李晓西教授（2012）的研究指出，把 GDP 视为经济增长唯一指标的背景下，不可能建立起反映外贸对经济增长实际贡献的测度方法。实际上，自改革开放以来，中国通过发挥比较优势融入全球分工体系，大力发展对外贸易，尽管期间也出现了很多净出口贸易额收窄进而导致所谓“净出口负贡献”的年份，但仍然带动了经济的快速增长。这一实践的本身，在我们看来，其实就是对所谓“净出口负贡献”说法的最好回击。因此，对于“净出口负贡献”本身这样一个伪命题，我们不能因为中国即将步入所谓“净出口负贡献”的开放型经济发展时代，而轻视了开展对外贸易的重要作用，忽视了进口贸易在经济增长中的作用，甚至是采取了错误的开放战略。实际上，融入国际分工，大力发展对外贸易，是中国经济发展的经验所在。而伴随着全球分工体系的深入演进，出口贸易和进口贸易都是实现经济增长的重要手段，只有进一步通过参与全球竞争与合作，大力发展以对外贸易为重要内容之一的开放型经济，扩大对外经贸合作范围与层次，才能有助于我们在充分利用“两个市场，两种资源”中更好地促进国内经济发展。出口贸易战略和进口贸易战略同样重要，同样是促进经济发展的重要手段，我们不能纠结于“净出口负贡献”的错误说法进而丧失发展机遇，更不必要因为中国进入所谓“净出口负贡献”的开放型经济发展时代而担忧。对此，我们必须保持清醒的认识。

第二篇

协同创新的模式与构建

论产学研协同创新

洪银兴*

长期以来人们所讲的技术创新基本上是在企业内部进行的，也就是熊彼特所说的企业家创新，因此也谈不上产学研协同创新问题。而在现阶段的科技创新中，技术进步的源头转向了以科学新发现转化的新技术。这就需要大学、科研机构和企业共同参与到科技成果向新技术转化过程中去，由此就提出了产学研协同创新问题。对产学研协同创新的内涵和路径的界定，必须从现代科技创新的特点和趋势研究起。

一、科学发现和技术创新的融合

相当长的时期中企业的技术创新主要是依靠自身的技术和研发力量，熊彼特当年所定义的创新也主要是指企业家主导的企业内要素的组合。技术创新就是创造新产品和新技术。技术创新的最终环节是将新技术应用于生产过程。因此，技术创新相当多的是源于生产中经验的积累、技术的改进，而与科学发现的联系不紧密。与此相应，大学及其科学家没有介入到技术创新体系中。

而在现代，特别是在 20 世纪后期产生新经济以来，技术创新的源泉更多的来源于科学的发明，也就是说，科学发现的成果越来越多的直接成为技术创新的源泉。利用当代最新的科学发现的知识可以实现大的技术跨越，建立在知识创新基础上的新产业的产生可以导致产业结构的革命性变

---

* 洪银兴，南京大学经济学院教授、博士生导师。本文为作者主持的国家社会科学基金重大招标项目“基于自主创新能力增进的产学研合作创新研究”（批准号 10&ZD020）的阶段性成果。

化。这种以科学发现为源头的技术创新意味着技术创新上升为科技创新，体现了科学发现（知识）与技术创新的结合。大学和科研机构的知识创新成果成为其技术创新的主要源泉。因此科学向技术的转化过程成为技术创新的先导环节。这样大学也就介入了技术创新体系。[①] 现在，国内许多发达地区的企业对科学家的渴望胜过当年发展乡镇企业时对工程师的渴望，吸引大学及其研发中心和实验室的劲头儿胜过当年吸引外资，这就反映了这种科技创新的新趋势。

准确把握科技创新的含义，要从理解科学的功能开始。众所周知，科学有两个层次的功能。第一层次是科学发现，创造出知识；第二层次是科学发明，创造出技术，科学发现所创造的知识成为技术创新的基础。

纵观当代科学发现和技术创新，可以发现，两者之间的融合和协同的趋势越来越明显。其表现是，科学发现成果到生产上应用的时间显著缩短。按照科学—技术—生产的一般的逻辑，一个重大科学发现到生产上应用，需要经过相当长的时间（上百年，几十年）。原因是从新的科学思想出现后先要经过以它为基础所做出的技术发明，然后在成批生产中得到应用，中间间隔的时间较长，以至于科学对技术进步的影响很难觉察。据统计，在1900～1930年的75种重大发现从研究到生产的平均周期是36年。到20世纪50年代中期从科学发现到实际应用的时间减少到5～10年，相当于建设一个大型现代企业的时间。到20世纪末，科学上的重大发现到生产上的使用，转化为现实生产力的时间进一步缩短，一个科学发现到生产上应有几乎是同时进行的。甚至出现新科技革命和新产业革命同时产生的趋势。对此趋势的主要说明在以下两个方面：

首先，过去发达国家发展高科技主要用于军事目的。冷战结束以后，发展高科技则主要转向经济目标。国际经济竞争便集中表现为科学技术的竞争。科技创新的重点已经转向提高产业竞争力，抢占世界高科技产品市场，在这种竞争格局中，科学研究的核心问题已不完全是或者说已不仅仅是追求学术上的先进性。科研成果产业化、商业化的速度和质量同样成了科技创新所追求的目标。一种新的科学发现产生以后，接下来的问题是迅速地实现向生产力的转化，于是科技攻关有了直接的经济目的。

其次，过去科学发现（知识创造）同技术创新是截然分开的两个阶

① 从本质上看，创新体系是由存在于企业、政府和学术界的关于科技发展方面的相互关系与交流所构成的（OECD：《以知识为基础的经济》第11页，机械工业出版社1997年版）。

段。新科技革命以来，技术进步的新趋势是科学与技术密切结合。在现代技术进步诸因素中，知识的扩展是核心因素。现代知识扩展不同于近代以前那种依靠简单的经验积累所获得的知识扩展，它是一种科学知识和技术知识的有机结合。不仅如此，在企业成为技术创新主体后，企业不只是在采用新技术上成为主体，还进入新技术孵化阶段，至今参与技术创新。这样，科学发现—技术创新—生产就成为相互融合的过程。也正因为如此，从20世纪中后期起，在世界范围内出现的新技术革命使科学成为生产力的作用和过程发生了质的变化，它使科学技术上升为第一生产力。现代经济增长将主要由科学技术的进步来说明。科学技术成为生产力要素体系中的主导因素。经济增长速度主要由科学转化为现实生产力的速度决定。科技转化为生产力的速度成为竞争力的重要指标。

以上趋势表明科学技术的第一生产力作用已充分显现。但是科学毕竟不是技术，在未与生产结合之前，它是以知识形态存在的一般生产力；科学只有转化为技术并应用于生产，才物化为直接的生产力。显然，科学技术成为第一生产力的核心问题在“转化”，也就是科学新发现转化为新技术，从而科学技术转化为现实生产力。科学技术转化为现实生产力的速度直接决定经济增长速度。这意味着，科学发现的成果之所以越来越多的直接成为技术创新的源泉。科学之所以获得了在很短的时间内成为现实生产力的能力，根本原因是，“转化”（即孵化为高新技术）越来越成为科技创新的重点，这也是以下所要分析的产学研协同创新的内容。

基于上述科技创新趋势的分析，现阶段的科技创新需要克服以下模糊认识，从而充分认识科学界和产业界协同创新的必要性。

人们往往以为，技术创新由市场导向。实际上，这只是指创新的技术要有市场价值。在现代经济增长中，技术创新的源头在科学发现，因此技术创新最为明显的是科学发现导向。现代的技术创新与过去的技术创新的重大区别是，过去的技术创新处于工程师时代，而现在的技术创新则进入科学家时代。就是说，以科学发现为源头的技术创新，既需要企业家作为创新主体，解决技术创新的市场价值，也需要科学家进入，对技术创新起主导作用。

过去人们对技术进步的研究特别关注新技术转移，并且将技术转移机制作为技术创新研究的重点。现时代科技进步的实践证明，科学新发现的价值在于经过开发所产生的新技术的产业化和商业化的价值。一种新科学发现可能开发为许多项新技术。对科学发现的新技术研发就是科学发现与技术创新内在融合的体现。因此，科技创新的着重点就不只是技术的转移，更为重要的是利用科学发现成果进行新技术研发，在此基础上才会提出技术转移问题。对科学新发现进行技术研发不只是企业的事情，需要科研机构和科学家的介入，这就提出了加强大学、科研机构与产业部门协同创新的要求。

过去一讲采用高新技术就讲引进。引进固然需要，但是在现阶段的中国，高科技的国际差距小于高科技产业的国际差距。在高校和科研机构发现的高科技与国际先进水平的差距并不像高科技产业的国际差距那么大。这意味着费用较低的创新捷径是：推进产学研结合，使高校和科研机构发现的高科技成果迅速产业化、商业化。就像美国的硅谷紧靠斯坦福大学一样。这里的关键是建立知识的创造和知识向生产力转化的上下游联系。一方面解决好大学和科学院研究课题的商业化价值问题，另一方面解决好企业敢于对高科技的研发进行风险投资问题。

二、知识创新与技术创新的协同

科技创新实际上包含知识创新和技术创新两个方面，即科学和技术的创新。中国的科技创新涉及两大体系。一是国家创新体系，包括基础研究、前沿技术研究、社会公益性技术研究。所有这些研究属于知识创新的范围，在这个体系中，研究型大学是创新主体。二是技术创新体系，即以企业为主体、市场为导向、产学研相结合的技术创新体系。长期以来这两大创新体系是“两张皮”，缺少衔接和协同。科技创新的含义就在于把这两个方面的创新结合起来。

现在讲的知识经济，是指科学创造的知识通过技术创新直接与经济结合，从而知识创新直接成为经济增长的要素。

（一）技术创新依赖知识创新

20 世纪 80 年代末 90 年代初西方产生的新经济特征是科学技术迅速在生产和社会生活各个方面广泛应用，以知识创新为基础的知识经济的特征越来越明显。这种经济增长现象在经济理论上的反映便是产生新增长理论。根据新增长理论现代经济增长主要依赖于知识资本积累和人力资本积累。

知识的创新和积累是现代经济增长的重要因素。知识分解为一般知识和专业化知识，各自在促进经济增长中起不同作用。一般知识的作用增加规模经济效益，专业化知识的作用可以增加生产要素的递增收益。这两种作用结合在一起便可使资本和劳动力等其他投入要素的收益递增。这种递增收益体现知识产权的收益（垄断利润）。递增的收益又可重新用于技术创新，形成如下良性循环：创新投资促进知识创新，知识创新促进规模收益的提高，从而使经济持续增长。知识不仅形成自身的递增效应，而且能够渗透于资本和劳动力等生产要素，使资本和劳动力等生产要素也产生递增收益，从而使整个经济的规模收益递增。这样，企业之间、国家之间在知识创新投入上的差异，最终表现为经济增长速度上和经济增长质量上的差异。研究与开发则是依据创新的知识创新技术，与此相应，研发费用（R&D）的支出总额及其比重对经济长期增长产生重大影响。

人力资本积累即人的知识和技能的积累，人力资本积累也会产生提高全社会生产率的收益递增的外部正效应。专业化的知识技能积累可以产生递增的收益并使其他投入收益及总规模收益递增。因此，人力资本是现代经济增长的决定因素和永久动力，不同地区不同企业的生产率差别根本上是人力资本方面的差异以及各自的人力资本比较优势所致。在此背景下，技术创新的能力就依赖于体现人力资本积累水平的企业家的创新素质和参与科技创新的科技人员的知识积累。

根据上述理论，依靠知识创新的技术创新需要知识资本和人力资本的协同。依靠科学发现的新成果进行技术创新，就形成知识创新与技术创新的衔接和协同。这样，科技进步的全过程包括三个环节：上游环节，即知识创新环节，这是技术创新的源；中游环节，即创新的知识孵化为新技术的环节；下游环节，即采用新技术的环节。显然，中游环节，即孵化新技术环节是技术创新和知识创新相互交汇的环节。过去，技术创新的最终环节是将新技术应用于生产过程。在现代，一方面，技术创新的先导环节进一步延伸到科学向技术的转化过程，相应地，企业家的职能也引申到这里。另一方面科研机构和大学不只是停留在知识创造和传播环节，其知识创新活动也延伸到了科学知识转化为生产力的领域。[①] 这样高科技的孵化

---

① 知识经济中科学系统的主要功能是：（1）知识的生产——发展和提供新的知识；（2）知识的传播——教育和开发人力资源；（3）知识的转让——传播知识和提供解决问题的措施（OECD：《以知识为基础的经济》，机械工业出版社 1997 年版，第 17 页）。

领域成为知识创新和技术创新互动并协同的环节。

上述科技创新理论实际上指出了长期以来我国知识创新和技术创新存在“两张皮”，不能进行协同创新的症结：

一方面，我国目前的科学研究水平并不低，在许多领域已进入世界先进行列，每年推出的高水平的科研成果成千上万项，但大部分成果只是停留在纸上，停留在礼品、展品和样品上。这种科研成果的浪费，症结就在于科学研究只是停留在知识创新阶段，科学家们没有带着创新的科研成果再向前走一步进入孵化新技术阶段。科研成果没有进入现实的生产过程，不能带来物质财富的增加，就不能成为现实的生产力。

另一方面，虽然已经明确企业是技术创新的主体，但相当长的时期中企业的技术创新主要是依靠自身的技术和研发力量，在企业内进行技术创新，相当多的技术创新成果源于生产中经验的积累、技术的改进。即使是要采用最新科技成果，企业一方面是模仿新技术，另一方面是采用已经孵化出来的新技术。没有大学及其科学家的参与，企业苦于自身创新能力的不足，创新的技术不可能处于前沿。

在技术创新的源泉更多的来源于科学的发明的现阶段，知识创新和技术创新，科学家和企业家不能直接交汇和协同，就不能产生基于原始创新的技术创新成果。因此当前我国解放生产力，首要的就是解放科学技术这个第一生产力，加快科技成果转化为现实生产力的速度。其路径就是大学同企业，科学家和企业家都进入孵化新技术阶段进行协同创新。

（二）知识创新和技术创新在协同中衔接

现在，许多发达国家工业区位的一大变化是，企业的位置逐渐接近研究型大学，以便就近接受其高科技（包括成果和人才）辐射，这是大学和企业协同创新的区位安排。企业主动接受高校、科研机构的辐射是高科技产业化的一条捷径。与此相应，我国一些创新驱动的先行地区有一系列的创造，例如，在南京禀赋的科教资源丰富，在大学周边建立起大学科技园。再如在禀赋科教资源缺乏的苏南地区，吸引大学进入其科教城建立各种类型的创新研究院。还有不少地区的大学周边涌现出各种类型的孵化器。大学的科学家、教授和大学生产生出新的思想，可以就近进入孵化器，将新思想进行研发。实践证明，这种在大学周边建立的孵化器尽管不可能将新思想都孵化出新技术，甚至失败的居多，但只要孵化成功，一般都具有原创性，并且有良好的市场前景。即使孵化失败，失败成本也低。

原因是在孵化器中随时调整技术方向，可以降低孵化失败的沉没成本。

知识创新和技术创新的协同，关键是解决好大学与企业分别作为知识创新主体和技术创新主体在进入孵化新技术领域中的协同关系。

就大学来说，服从于建设创新型国家的目标，既要顶天又要立地。顶天即参与国家创新体系的构建，在基础研究、前沿技术研究和社会公益性技术研究中发挥主力军作用；立地即解决国民经济重大的发展问题，特别是在进入孵化新技术阶段后参与以企业为主体的技术创新体系，成为技术创新的生力军。大学进入孵化新技术领域从一定意义上说是将“顶天”的成果“立地”：一方面提供科技创新成果和孵化新技术的思想；另一方面提供研发人才，以所拥有的实验室和多学科力量要作为孵化新技术的后台支撑。

就企业来说，作为技术创新的主体进入孵化新技术领域，不仅仅是在采用新技术方面成为主体，更是在孵化新技术方面成为主体。其必要性在于：一方面技术创新的主体工作及主要过程都是通过企业实现的；另一方面，也是更为重要的，孵化出的新技术必须要具有商业价值和产业化价值，能够确定其商业价值的只能是企业；再一方面，孵化新技术是可能有回报的，因此企业投资可以成为其资金来源。这意味着产学研合作创新平台的建设，孵化器的建设的主要投资都必须由企业承担。

知识创新和技术创新的协同实际上是科学家与企业家的协同。本来，科学家的科学研究追求的是学术价值，追求学术领先地位和重大科学发现。企业家追求的是商业价值和市场前景。但当两者进入高新技术孵化领域，两者追求的目标和角色就发生了转换。科学家带着知识创新的成果进入高新技术孵化阶段需要以市场为导向，解决创新成果的商业价值，企业家带着市场需求进入高新技术孵化阶段是以技术的先进性为导向。由此产生两者的相互导向，解决了学术价值和商业价值的结合，从而使创新成果既有高的科技含量，又有好的市场前景。

（三）文化创新与科技创新的协同

人们一般认为科技创新是科技界的事，与文化没有关系。其实不然。科技创新离不开文化创新，涉及人文社会科学的创新。同样，文化创新也离不开科技创新。两者的协同不仅可以提高成功的可能而且使创新成果更有价值。

科技创新最终是由人来推动的，人的素质没有达到现代水准，也就不可能有现代科学技术。诺贝尔经济学奖得主缪尔达尔指出："测验一个国家的先进程度，就看它利用现代技术到什么程度。现代技术不是得到和使用一种工具问题。现代技术跟随现代思想而出现。你不能以古代的思想去掌握现代工具。"[①] 显然科技创新不能仅限于物质资本的投资，还必须包括人力资本的投资。

科技创新离不开企业文化，作为创新主体的企业有一个企业文化问题。企业提供给市场的产品和服务是什么？是企业家的文化，是以文化形态表现出来的企业家的道德观和价值观。从这一意义上来说，创新的文化导向实际上指的是企业家的道德观和价值观导向。这种企业文化既有传承也有创新。假冒伪劣的道德观不可能推动科技创新，因循守旧也不可能产生科技创新。正因为如此，提高企业家的文化素质对提高企业的创新能力和由此产生的创新成果的市场影响力和市场扩展力至关重要。而且，如恩格斯所说，一个民族要想登上科学的高峰，究竟是不能离开理论思维的。作为文化创新的重要方面，哲学社会科学的发展就起这种作用。

发展经济学家森德鲁姆说："现代经济行为的扩散和人吸收现代技术的能力，并以教育、社会基础和制度为基础。根据这个观点，一个社会，它的成员的教育程度较高，它提供的基础结构较大，它的经济制度较好，能鼓励现代技术的学习与运用，它才能认为是较发达的社会。"[②] 显然，发展教育，提高参与创新的各类人才的文化水准，是推动科技创新的必要过程。

科技创新成果的价值最终需要通过市场来实现。因此科技创新与商业模式创新密切相关。商业模式创新一定程度上依赖于文化创意。文化创意包括品牌创造和推广，新技术新产品的消费者的创造，企业和产品形象的设计等。这些都可以看做是能够提升企业及其产品价值的商业模式的创新。就如可口可乐的配方可能是几十年不变，其在市场上经久不衰，靠的是文化创意所产生的市场影响力和市场扩展力。文化创意可以形成软实力，从而形成企业竞争力。正如乔布斯所说的："说到底，产品要以品位取胜"，"伟大的产品是品位的胜利。而品位则是学习、观察并沉浸在过去

---

① 缪尔达尔：《亚洲的戏剧》，引自海因茨·阿恩特：《经济发展思想史》，商务印书馆1999年版，第199页。

② 森德鲁姆：《发展经济学：分析和政策的框架》，转引自海因茨·阿恩特：《经济发展思想史》，商务印书馆1999年版，第201页。

与现在的文化时所获得的一种副产品。"[①] 为此，乔布斯需要去学艺术、学美术，他把自己的"苹果"产品作为艺术品来创造。

科技和文化是交相辉映的。文化发展既涉及文化本身的传承和创新，又涉及文化产业的发展，两者都离不开科技创新。就文化产业来说，文化产业领域也是科技创新的重要领域。文化产业只有融入高科技才有高附加值，比如，动漫体现了一种高科技和文化产品生产的结合的问题；迪士尼公园作为游乐公园广泛使用了高科技，才充分吸引了各种层次的客源。显然，文化产业从一定意义上说是文化+创意+高科技产业。文化产品没有各种高科技结合，就很难产生高附加值，也难以创新。不仅如此，传统文化的传承很大程度上也需要高科技的支撑。其作用不仅在于，高科技使传统文化得以保存，而且传统文化在融入高科技后得以与创新结合并为后代人所接受。

三、产学研协同创新的平台和机制

过去人们一直使用产学研合作创新的概念，现在使用产学研协同创新的概念。分清两者的区别对建立协同创新平台和机制有重要的理论和实践意义。

（一）产学研协同创新的内涵和形式

到目前为止，对产学研合作的定义都是指企业、科研院所和高等学校之间的合作，其内容通常指以企业为技术需求方，与以科研院所或高等学校为技术供给方之间的合作，其实质是促进技术创新所需各种生产要素的有效组合。[②] 根据现阶段产学研协同创新的实践，这个定义存在以下两个方面的缺陷：

首先，产学研协同创新不只是大学和科研院所作为技术供给方，企业作为技术需求方之间的关系。而是在科学新发现为导向的技术创新中产学研各方都要共同参与研发新技术。尤其是产学研各方共同建立研发新技术的平台和机制，在研发新技术过程中，既有企业家提供的市场导向，又有

① 张意源：《乔布斯谈创新》，海天出版社2011年版，第43页。

② 见百度百科"产学研合作"。

科学家提供的科学导向，两个方面协同作用，这正是产学研协同创新的真谛。这也可以说产学研由“合作”变为“协同”的区别之处。

其次，产学研不完全是企业、大学和科研院所三方机构问题，而是指产业发展，人才培养和科学研究三方的功能问题。具体地说，一方面作为“学”的大学中包含了科学研究机构，承担着科学研究的功能；另一方面，“产”也不只是企业，是指产业发展，或者说产业创新，与此相关除了作为主体的企业外，还有各种类型的研发机构，及风险投资家。因此产学研合作从总体上说是大学与产业界的合作，涉及科学研究，人才培养的职能与产业界的合作创新。即使是科研院所所单独推进的与产业界的合作也不能没有人才培养这个环节，原因是新技术的孵化和采用都需要有掌握相应的科学知识的人才。

科技创新的趋势和产学研协同创新的上述定义就把大学推到了科技创新的中心地位，也就是说，大学在知识创新领域的主体地位是已经明确的，而在孵化新技术的领域的创新中心定位，则要进一步明确。作为创新中心，大学不是孤立地进行人才培养和科学研究，而是将人才培养和科学研究的职能延伸到新技术孵化领域，与作为技术创新主体的企业协同作用。大学的科学研究职能延伸到新技术孵化领域，意味着参与研发新技术也成为大学的本职。由于其科研人员对科学新发现具有更多的知识，因而会主导新技术研发，其中包括科技人员带着科技成果进入孵化高新技术环节创业。大学的人才培养职能延伸到孵化新技术领域，意味着大学要为孵化新技术提供相应的人才，并且要为孵化出的新技术的采用进行人才培训。

大学成为孵化新技术领域的创新中心，不排斥企业作为技术创新主体的作用。企业不仅是在采用新技术方面成为主体，更是在孵化新技术方面成为主体。一方面依据其对市场的了解，明确孵化出的新技术所具有商业价值和产业化价值；另一方面，为孵化新技术提供投资。原因是孵化出的新技术是被企业采用的，因此其提供的孵化新技术投资是可能有回报的。尽管也有不确定的风险。

其实，在没有提出产学研协同创新以前，大学的科研人员就有与企业家在技术创新上的合作。其开发的新技术转让给企业，科研人员也可能进入企业帮助解决技术难题。但这种合作只是项目合作，项目完成，如果没有新的项目，合作就结束。而且，这种合作只是科研人员与企业的私人行为。现在提出产学研协同创新与之有明显的区别：第一，是大学与企业有组织的合作；进入合作创新平台的科研人员不是孤立的个人，而是依托了其所在大学的人才和科研成果。第二，不限于项目合作，具有特征性意义的是大学与企业共同构建协同创新的组织（平台），与过去的项目合作相比，这种有组织的合作创新可能产生源源不断的创新成果。第三，企业和大学不仅建立了研发共同体，也建立了互利共赢的利益共同体。

已有的产学研协同创新平台大致有以下两种形式：

一种形式是产学研协同创新平台建立在企业中。一批国际知名的大企业拥有先进的科研设备和雄厚的研发资金，吸引大学的科研人员进入。在不少发达国家，企业拥有的科技人员约占全国科技人员总数的60% ~ 85%。企业自身对科技开发的投入也在不断上升，以日本为例，企业投入的科技费用已占全国科研投入82%以上。在我国的深圳也是这种模式，90%以上的科研人员、科研项目、科研成果在企业中。

另一种形式是产学研协同创新平台建立大学中。主要形式是企业投资在大学共建研究中心、研究所和实验室，进行联合科技攻关与人才培养；企业在大学和科学家那里发现有商业价值的新思想就提前介入，为该项目研发提供风险投资和市场信息，支持其将新思想往前走，在实验室进行实验，并进行新技术孵化，期间会有企业不间断地投入和不间断的新的科技创新成果的进入，从而不间断地产生可以进入市场的新技术、新产品。

（二）产学研协同创新的政府引导

企业和大学属于不同的系统，即使是创新也有不同的目标和追求。在孵化新技术领域，一个是创新中心，一个是创新主体。两者的协同尽管需要各自的主动性和自觉性，但更多的是需要外力推动和组织。这个外力就是政府。政府参与产学研协同创新的主要说明因素在于以下三个方面：

首先，不仅是科学新发现具有外溢性，以科学新发现孵化的新技术也有外溢性。创新投入的资本的边际生产率具有递增效应，提高全社会的生产率。这是知识生产的外部正效应。其社会效益明显高于私人效益。而且，孵化新技术是风险投资，并不都能成功，私人投资往往望而却步。这种情况就提出了政府参与知识创新及其与技术创新协同过程的要求。既然知识和新技术有外溢性，政府作为社会利益的代表有责任参与投资。政府为了推动科技创新，向孵化新技术环节投资就十分必要。当然政府对建设孵化器之类的孵化新技术的投资是引导性的，不可能代替企业的投资。

其次，科技创新不仅要以市场为导向，还要国家目标导向，尤其是产业创新之类的涉及国民经济发展方向的科技创新。现实中，无论是科学家还是企业家，分别进行的知识创新和技术创新，都有自主性，都有自己的兴趣爱好。政府介入新技术孵化阶段，就不只是将它们黏合在一起，还要引导它们的协同创新与国家目标衔接，从而实现与国家目标的协同。在这里政府实际上对产学研进行的创新起着集成和导向作用。

显然，我国现阶段的产学研协同创新离不开政府的引导和集成，准确地说是政产学研协同创新。政府的引导和集成毫无疑问是靠投入和政策支持，其载体主要有两个方面：

一是政府规划并建立大学科技园区，吸引大学和企业进入，推动大学与地方政府，与科技企业全方位合作，推动大学科技园成为大学教学、科研与产业相结合的重要基地，成为高新技术企业孵化的基地、创新创业人才培育的基地和高新技术产业辐射催化的基地。

二是建立科技孵化器。所谓孵化器是为科技人员孵化新技术和科技创业提供一个集中研发的场地和种子资金，配有通讯、网络与办公等方面的共享设施。孵化器具有共享性和公益性的特征。孵化器举办者会对进入者提供系统的培训和政策、融资、法律的咨询，并且提供市场推广等方面的服务，旨在对高新技术成果、科技创业企业进行孵化，使创业者将发明和成果尽快形成可以进入市场的技术和产品，各类风险投资者也进入这里选择投资项目。从而降低创业企业的风险和成本，提高企业成活率和成功率。在孵化出新技术的同时也就孵化出新企业和企业家。孵化出的新企业达到一定规模就会飞出孵化器进入产业园。

（三）产学研协同创新的机制

产学研协同创新有了平台还必须要有机制。大学和企业各方参与协同创新要有动力，而且要有长期维系的机制。这就是构筑并完善一个透明的利益共享机制，使产学研各方在透明的制度框架下建立互利互惠的利益机制。这是产学研协同创新成功的必要条件。

产学研协同是一个系统工程，其功能和作用都是双向的。任何强调其中一方而忽视另一方的做法，都会使系统受到破坏，其协同的整体效应将大大削弱。这里的关键是利益共享、风险分担。这里主要涉及投入和收益分配两个方面。

知识创新和技术创新的协同需要投入。将科研成果“孵化”出新技术、新产品的“孵化器”和中试基地的投入不仅数额大，而且风险高。在这里需要明确孵化新技术的投入的资本是不同类型的资本的组合。大学和科学家主要是知识资本和人力资本的投入，企业则要更多地提供物质资本。具体地说，在协同创新共同体中产学研各方都提供资本。“产”提供物质（货币）资本，“学”培育人力资本，“研”提供知识资本。产学研协同创新是三方资本的集合，缺一不可。进一步说，产学研协同创新平台作为一个产权组织，也不只是物质财产的产权组织，而是包含物质产权和知识产权在内的产权组织。

虽然产学研各方进入的协同创新是由物质（货币）资本黏合的，但不能单纯以物质资本的回报来确定利益分享。知识资本和人力资本在产学研协同创新的共同体的资本结构中占主导地位，知识产权在共同体的产权结构中占主导地位。因此，协同创新的利益分享的基本要求是保障知识和技术创新者的私人收益，使其发现新技术的成本得到补偿并能得到更高的收益。只有这样，才能鼓励大学参与产学研协同创新，调动科技人员研究和开发高新技术的积极性。为了使知识资本的价值得到充分的评价，主要的制度安排在两个方面：一是技术资本化。在企业的股权结构中在充分估价技术投入价值的基础上安排技术股，收入分配中充分实现投入的技术的价值。二是技术商品化。在技术转让时科技成果得到科学的评估，以充分实现其价值。当然孵化新技术不成功的风险也应该由参与各方共同分担。

总的来说，产学研协同创新是在科学新发现成为技术创新的源头背景下提出的。这种协同创新体现知识创新和技术创新的协同，是大学作为创新中心同企业作为创新主体的合作。这种协同创新不是简单的项目合作，而是共建创新平台的合作，是利益共同体。政府在其中起着引导和集成作用，因此是政府引导的企业为主体、大学主动参与的产学研协同创新。

协同创新理论探讨及经济区协同创新机制的建构

杨继瑞　杨　蓉　马永坤*

随着全球化的发展，技术创新复杂性的增强及速度的加快，各学科之间、科技与经济之间的创新活动空前活跃，交叉学科成为科技发展新的增长点。重大科技项目的创新不但需要先进科研仪器和科研团队的配备，更需要依托多学科的联合协作与攻关。国家已经启动的《高等学校创新能力提升计划》（“2011 计划”），正是基于当前中国科技发展现状及世界科技发展趋势而提出的、以实现科技创新与机制创新的重大战略部署。协同创新是以知识增值为关键，企业、政府、高校、科研院所、非政府组织等主体之间，为了实现重大科技创新而开展的大跨度的创新路径。协同创新理论的应运而生对新时期中国高校有效开展科学研究和社会服务提出的更高层次的要求。在新形势下，开展协同创新不但能把握当前世界科技的发展趋势，更能发挥各创新要素的综合效应，提升和创新管理机制。在这一背景下，面对国家、区域、行业等重大的创新需求，各个经济区应该以协同创新理念为指导，使国内外高校、科研院所、企业、政府、非政府组织等开展深度合作，建立战略联盟，构建协同创新平台，促进资源共享，从而实现经济区经济社会又好又快地发展。

一、协同创新的理论溯源

创新是一个通过知识与技术产生、发展和不断转移进化，并借助不同

---

* 杨继瑞，重庆工商大学长江上游经济研究中心教授、博士生导师；杨蓉，四川大学经济学院博士生；马永坤，西南财经大学成渝经济区发展研究院博士生。

生产要素组合来实现商业价值的复杂过程。从本质上来看，创新是不同要素或主体之间的排列与重组。

分工与协作理论是马克思理论宝库的重要组成部分。马克思系统阐述了分工与协作能够提高社会经济效益，创造新生产力的原理，揭示了分工与协作是人类社会发展的客观规律。马克思在其《德意志意识形态》的著作中指出："一个民族生产力的发展水平，最明显的表现在该民族分工的程度。任何新的生产力，只要它不是迄今已知的生产力单纯的量的扩大，都会引起分工的进一步发展。"马克思认为："劳动生产力是由多种情况决定的，其中就包括：工人的平均熟练程度，科学的发展水平及其在工艺上应用的程度，生产过程的社会结合，生产资料的规模及效能，以及自然条件。"① 这里"生产过程的社会结合"就包括了社会的分工与协作。马克思将其与科学技术相提并论，作为决定劳动生产力水平高低的重要因素。同时，在《资本论》中关于资本主义"相对剩余价值的生产"一篇中，马克思比较集中地论述了社会分工协作创造新生产力的重要原理。马克思关于分工协作创造新生产力的原理早已为人类历史发展所证明，"一个民族的生产力发展水平，最明显地表现在该民族分工的发展程度上。"② "在许多国家中，早在大工业时期以前很久，协作和劳动资料在少数人手中的结合，当应用于农业时，确实使农村居民的生产方式，从而使他们的生活条件和就业手段发生了巨大的、突然的和强烈的革命。"③ 专业化的分工所产生的新型协作关系，不仅是生产力的量变，而且会引致生产力的质变。从协作使劳动性质发生变化的角度来看，"即使劳动方式不变，同时使用较多的工人，也会在劳动过程的物质条件上引起革命。"④ 在分工协作过程中，"劳动工具的专门化，局部工人的形成以及局部工人在总机构中的分组和结合，造成了社会生产过程的质的划分和量的比例，从而创立了社会劳动的一定组织，这样就同时发展了新的、社会的劳动生产力。"⑤ 深刻领会马克思关于分工协作方面的理论，可以进一步认识协同创新的重要性和必要性。

西方经济及管理学分工协作理论的精髓也是协同创新理论的重要组

---

① 《马克思恩格斯全集》第23卷，人民出版社1975年版，第53页。
② 《马克思恩格斯全集》第1卷，人民出版社1975年版，第256页。
③ 马克思：《资本论》第1卷，人民出版社2004年版，第494~495页。
④⑤ 《马克思恩格斯全集》第23卷，人民出版社1975年版，第360页。

成部分。亚当·斯密认为劳动分工是人类天性中一种倾向的必然结果，这种天性的倾向就是要求物物交换、相互交易。同时，他还认为人类的分工并不是源于禀赋的差异；相反，人类从事不同的职业是分工的结果。亚当·斯密还论述了分工的优势。他指出：劳动生产力最大的增进及运用劳动时所表现的更大的熟练、技巧及判断力似乎都是分工的结果。分工极大地促进了生产力的提高及社会的进步。阿尔弗雷德·马歇尔对分工协作理论的研究主要体现在其报酬递增规律及工业组织上，即从具有代表性的企业入手，从外部经济与内部经济两个方面对工业布局、企业规模生产及经营职能三个层次上展开研究。马歇尔特别重视组织对报酬递增的积极作用，也就是分工的作用，因为分工是与组织联系在一起的。20 世纪 50 年代，库恩－塔克定理为新兴古典经济学把专业化与分工思想形式化提供了有效的分析工具，为西方经济学理论解决分工组织结构问题奠定了坚实的基础。通过超边际分析方法可以揭示劳动分工是收益递增的充分条件，其不仅是市场经济的内乘机制，而且还是市场效率的根源。同时，科斯、德姆塞茨、威廉姆森等从交易成本及相应的制度结构视角也对分工协作进行了深入的研究和分析，从而大大地丰富了人类对分工协作活动的认识。亨利·法约尔对组织中分工协作理论有着独特的见解，并将劳动分工列为十四项管理原则的第一条。法约尔认为劳动分工属于自然规律的范畴，其原则就是同样的劳动得到更多的成果，该原则适用于所有涉及几种类型的能力的工作，其结果就是职能的专业化和权利的分散化。法约尔还认为劳动分工是有限度的，一定的劳动分工可以提高工作的效率，但是，过细的劳动分工会因协作难度的加大而降低整个组织的工作效率。同时，分工的精细化会使得交易次数增加，进而提高交易成本，因此，分工不会无穷的细分，它停在分工的边际成本等于交易边际成本的分工层次上。只有当新的经济制度能够降低交易费用时，分工才会进一步细化，这也是经济发展的重要原因。“科学管理之父”弗雷德里克·温斯洛·泰勒第一次将亚当·斯密的劳动分工理论应用到管理学中，并主张将计划职能与执行职能分开，实际是将管理职能与执行职能分开，让资方承担管理职责，而让工人承担执行职责。泰勒将计划的职能与管理的职能分开，将分工理论拓展到了管理领域。

开展协同创新，关键在于协同创新的机制与制度安排的构建。因此，我们应该以马克思主义历史唯物主义和唯物辩证法的立场、观点和分工协作理论为指导，吸收西方经济学关于分工协作理论和方法的精髓，遵循协同创新的分工协作规律，植根于分工协作的实践，根据“学术前沿”、“产业特色”、“区域服务”、“文化传承”等协同创新平台的差异，设计好协同创新的相关机制与制度安排。

二、协同创新的理论模式的分析与考量

协同创新要以大力发展国家科学文化和提升竞争力做贡献为目标，通过建立权责明晰、分工明确的组织机构，创新思路与工作方法，在创新活动中不断创造新的技术、新的知识等创新成果。

创新活动是创新各环节创新主体之间协同创造的过程，技术创新主体就是从事实际技术创新活动的现实的人。协同创新系统中的创新主体就是通过正、负反馈作用以实现对创新客体的改造。系统动力学是一门研究信息反馈的科学，是系统科学及管理科学的重要分支。协同是系统中诸多要素或不同子系统相互协调、合作及同步的过程，是系统整体性、关联性的外在表现。协同创新主体协同的外在表现就是协同效应的放大；同时，我们将协同主体之间协作关系的紧密或有序程度用协同度来表示。协同度高表示协同创新主体之间协作程度高，形式复杂；反之，则协同度低，互动性弱。从系统动力学角度来看，协同度越高，则系统的整体功能越强；反之，协同度越低，系统整体性功能越弱。协同创新是一个系统的过程，创新能力的提高受内、外部众多因素的制约，并形成具有特定功能的有机整体。根据协同创新的这一特点，可以采用系统动力学模式分析协同创新过程，以探索及提高协同创新能力。

通过分析协同创新的动力障碍因素，并根据各因素间的因果反馈关系，笔者构建了协同创新的系统动力学模块（见图1）。在该模块中，一方面高校及科研院所的创新动力直接增加了协同创新构思的数量；另一方面，高校及科研院所创新构思的动力不但增强了与企业之间的合作，而且还促进了企业形成协同创新的动力及市场交易水平，提高非政府组织服务水平，从而提高协同创新的动力。同时，在政府激励政策的参与下，协同创新的动力增加了其协同的数量，并进一步增进知识的存量，从而增强高校及科研院所协同创新的动力。但是，我们也不能忽视市场、风险因素及收集、利用信息的能力的不足对协同创新所形成的副

作用。另外，高校、科研院所、企业、政府、非政府组织等主体之间的协同能促进创新能力的提高，从而促进了创新立项数目的增加，进而提高了协同创新成果的数量及高校、科研院所物质利益的增加。高校及科研院所研发能力的提高还能促进创新成果、研发数量及研发成功率的提高。因此，各个协同主体之间是相互依赖、相互影响的一个动态循环的系统。

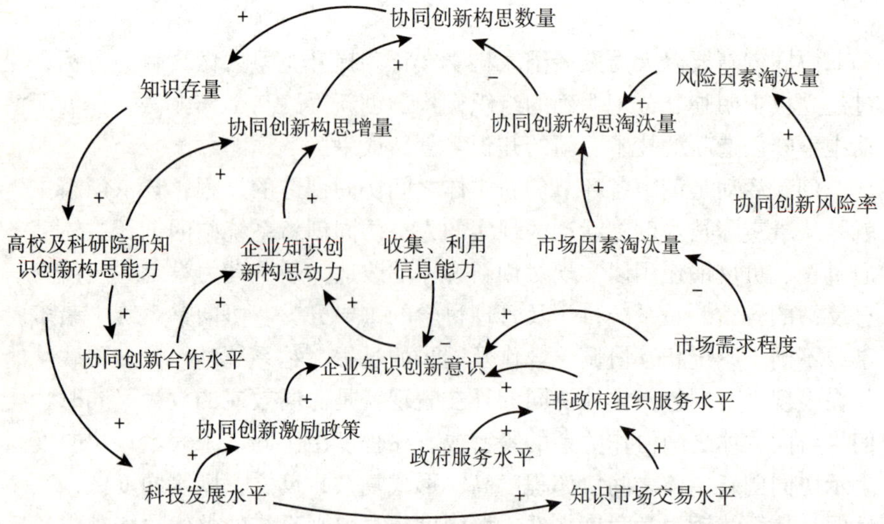

图1　协同创新的系统动力学模块

事实上，协同创新是合作各方以其资源共享或优势互补为前提，以大学及科研机构为技术的供给方，企业为技术的需求方，其核心主要包括知识产权的归属、知识转移及过程管理等方面。协同创新建立在参与方通过各自能力的优势互补，并与各自需求相适应的合作期望上达成一致。大学知识扩散的需要及企业技术创新知识源的需要构成了协同创新的供需市场。大学、科研院所的优势是基础研究、知识及技术信息、科研仪器等，而企业的能力优势是充足的创新资金、技术的快速商业化等。因此，它们之间利益获取的非竞争性是形成协同创新的比较优势，其关键是在于选择双方的利益交汇点及相应的分配规则。随着技术创新越来越成为商业竞争的关键，使得探索性研究及需求导向性研究能够紧密结合，并为大学、科研院所靠近知识的前沿优势及企业贴近市场优势之间的协同创造了条件。从交易成本的角度来分析，如果企业获得的知识成本低于内部开发成本，同时大学能够获得超出独立研究的额外利润，协同创新就会应运而生。

（一）协同创新中的战略协同

协同创新的深度结合需要战略上的协同。首先，学术界与产业界需要在价值观念及文化上的协同。大学、科研院所、企业在科学创新中存在着明显的定位、目标上差异，进而形成不同的、甚至对立的组织文化及行为原则。在协同创新战略中，企业往往带有明显的利润导向；大学则是科研导向，并注重协同创新是否有利于学术研究。实际上，大学的研究型文化本质上并不排斥企业的应用型文化，这就需要两者之间要相互包容与认同。因此，在协同创新过程中，高校及科研院所应从战略上关注如何将知识研发服务于企业，以积极为企业研发所需要的科技成果与培养相应技术、管理人才；企业则更需要关注如何准确地提出协同创新需求，并为高校参与协同创新提供资金及物质上的支持，合理界定知识产权及项目收益的分配。另外，协同创新各方还要建立相应的愿景协同。协同创新中无论是采用模块化方式（如合同外包研发），还是嵌入式方式（如合资创办新企业），都要求合作方找到自己的位置，并厘清各自的关注点与资源优势，以实现学科链与产业链的有机结合。这样，协同创新各方才能在战略层面上建立机制上的协同：一方面，企业可以利用高校的科研及人才优势，在技术攻关上全面合作，推动技术创新，并实现企业整体竞争力的提升；另一方面，高校在现实技术需求的推动下，加强科学研究成果的转化，注重创新型人才的培养，以高水平地实现其“人才培养”、“科学研究”、“社会服务”、“文化传承与创新”等四大职能。

（二）协同创新中的知识协同

知识协同是协同创新的核心。知识协同的本质是企业、高校、科研院所各自拥有的隐性与显性知识的相互转换与提升。知识协同包含诸多的反馈与回路，是各种知识流在创新主体中的各种组合。同时，根据知识互动的正式化程度、隐性知识的转移、人员接触方式等区分了专利许可、联合研发、共同参与会议、学术创业、非正式研讨、通过项目培训学生、人员互流等十六种知识协同形式。提高知识协同的主要措施主要包括提高协同各方的心理沟通与信息流动，并搭建知识协同平台，尊重合作者的知识产权等。但是，由于高校与企业等协同创新各方对自己在知识协同中的评价标准不同，容易导致产权纠纷问题，进而影响其后续的合作发展。因此，协同创新各方在合作开始前就要签订知识产权协议及技术管理计划，以保护与协调各方利益。同时，协同创新中的知识协同还需要在具体运作中考量以下几个方面的因素：一是对隐性知识协同的重视；二是对组织间学习的重视；三是对知识界面管理的重视；四是对信息化与网络化的重视。

（三）协同创新中的组织协同

协同创新涉及不同利益群体及目标。协同创新是一种独特的跨组织的混合型关系，单一的组织不能取得合作的全部控制权，这就需要新的管理与组织创新能力，建立一个跨边界的组织机构。这种新型的组织模式能创造出更大型、跨学科及富有探索性的研究项目，如近年来我国正大力推进的技术创新联盟，其以企业为主导，协同各专业学科有优势的高校或科研院所，致力于技术的创新与产业的开发。同时，组织协同的具体运作还包括如下内容：一是高度重视组织的结构协同与过程协同，这主要有由企业与高校、科研院所参与合作的资源、协议、合作关系等方面决定；二是成立协同创新委员会等专门机构来管理协同创新过程，建立以企业、高校及科研院所为核心，联合政府、非政府机构组成协同创新委员会，以有助于组织与协调知识在不同组织领域中的跨界流动；三是加强网络化协同创新的组织运作，通过实现企业、高校、科研院所协同创新的网络化模式，以发挥组织结构柔性化、信息网络化及研发活动并行化等优势，企业、高校、科研院所则根据其优势，嵌入到多个协同创新网络中，并找到自身的节点位置，通过联结不同节点的路径，从而使网络化组织的协同创新效应最大化；四是要加大各种支持性组织共同参与协同创新的力度，建立包括金融机构、中介机构、政府部门等主体在内的共同参与的协同创新网络，并围绕企业创新需求提供全方位、多层次的协同服务，以优化协同创新内外部的和谐生态环境。

在协同创新的理论架构中，“战略协同”、“知识协同”与“组织协同”之间是三位一体、辩证统一的关系（见图2），三者互为条件，既相互制约又相互促进。

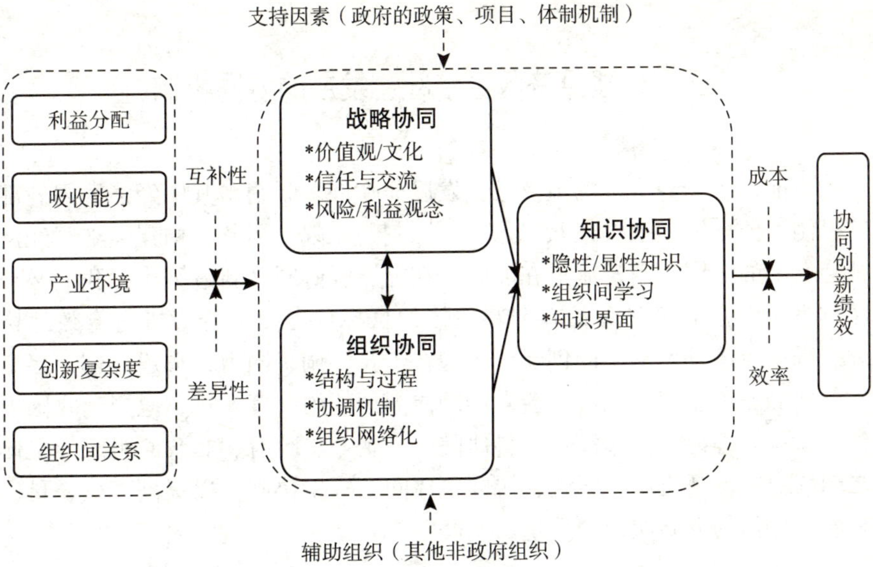

图2　协同创新的理论框架

首先，战略协同是协同创新发展的基础。企业、高校、科研院所、政府、非政府组织等之间的协同创新明显不同于企业内部职能部门之间、企业与企业之间的协同创新，合作各方在文化及价值观念上的求同存异最为重要。协同创新各方只有建立利益与风险的均衡点，才能使产业创新链，即知识创造、产品转化与技术商业化等得以互补、拓展与延伸。

其次，知识协同是协同创新的核心。在实践中，协同创新需要构建各方的知识联盟，并通过合作研发、技术转移、人员流动、学术交流及合作发表等方式，促进各类知识有效流动与集成共享。这不但有助于提高企业的技术创新能力，而且也使高校获得了新的研究信息，进一步提高了创新水平。

最后，组织协同是协同创新工作的保证。组织协同突破了传统技术转移的单一模式，采用了基于协同的并行及网络化模式，从而有助于发挥协同创新各方的协调功能。此外，协同创新活动并不是一个静态或线性的过程，如果协同关系过于紧密，则可能会提高合作各方的转换成本，进而限制企业与高校根据各自发展的需要调换合作伙伴的灵活性。因此，协同创新必须以动态的视角分析其组织协同模式，以避免出现因路径依赖而出现的“协同锁定”弊端。

三、构建经济区经济社会发展的协同机制

目前，各个经济区的经济社会发展面临许多制约，其中经济区内外部的机制不健全、发展关系紊乱是一个深刻的原因。为此，构建经济区经济社会发展的协同创新机制迫在眉睫。在经济区协同创新过程中，我们必须通过机制创新来实现对各方创新主体的目标任务、资源等进行有效地协调。区域经济发展的协同创新，关键在于要协调、同力，形成共创、多赢的局面。各个经济区经济社会发展的协同创新的制度安排，应当吸收国内外创新系统理论，探索高校、科研院所、企业、政府、非政府组织等主体之间的协同创新机制，强化各协同主体间的战略协同，以提高高校、科研院所、企业的创新层次与质量。

（一）构建经济区协同创新的合作机制

区域经济内在的协同创新是科技经济一体化和知识经济的本质，是新时期提高高校和科研机构服务区域经济社会发展能力的“杀手锏”。诚如协同论所指出的那样，同类企业在一个地区的聚集，形成某一区域支柱产业，这种行为有助于降低消费成本和提高产业竞争水平的协同。在经济区产业协同过程中，政府、研究机构、劳动力、资本、土地等要素缺一不可，在产学研合作中，通过协同创新引领地区所在高校围绕国家急需的重大问题，组织和集聚一流团队，创造一流的成果，培养一流的人才，形成一流的协同创新氛围，这对于提高地区乃至地区所在高等教育质量意义重大。

然而，区域经济中的协同创新活动充满了一系列的不确定性，这就需要以制度形式明晰和确定参与主体的基本责任、权利和义务等。在区域经济的协同创新过程中，我们应该以市场需求为牵引，充分整合和集聚政府、高校、企业、科研院所、非政府组织等各种力量，实行高校主导、政府推进和企业联合共建的平台与创新这些，以为区域经济创新扮演重要的角色。同时，协同创新也是高校人才培养的重要理念。在区域经济协同创新过程中，应该进一步加强高校与知名科研机构、国内外大企业的协同，建立全国一流的区域经济理论与社会实践研发基地、政府经济发展与企业战略决策的智库机构；应该加强与企业的协同，成立“高校—科研单位—

企业”人才培养工作站。为此，政府要做好协调、组织并给予必要的启动资金与政策激励措施，链接好高校、科研院所、大企业的知识、资源、行为，形成以企业为主体、市场为导向，高校、科研院所共同集成的、服务于经济区经济社会发展的创新平台。

(二) 构建经济区协同创新的组织机制

在区域经济发展过程中，创新系统的协同效应不会自动生成，它需要通过组织机制来保障协同创新各方实现多赢。就社会系统来说，共同的追求是协调不同子系统行为的重要依据，也是激发不同主体活力的根本动因。为了实现区域经济中创新系统的整体协同，就必须建立超越创新主体的统一的组织机制。[①] 组织机制是经济区发展中独立于政府及市场之外的企业及中介组织，是经济区市场正常运行、政府的有效干预与沟通起到桥梁和纽带作用的重要机制。企业及非政府组织作为微观经济个体，其运行的前提是自身利益的最大化；高校需要改变传统的以院系为主的纵向科研组织机构，逐步过渡到以协同创新教育平台为依托、以创新项目为牵引、人员可以交叉流动的横向科研组织机制。

在经济区协同创新发展中，组织机制不但是协同创新各方稀缺资源优化配置的重要手段，而且还是降低协同创新各方的资源配置交易成本、提高其交易效率的重要途径。分工与交易范围的扩大在制度安排固化的情况下，容易造成成本增加，从而阻碍区域分工与协作的深化。因此，降低区域交易成本及推进区域分工是促进经济区发展的重要途径。在制度统一规范的情况下，跨区企业通过协同创新的组织机制，能够有效降低跨区域活动的外部性与区域信息的不对称，进而降低整个区域的交易成本。在区域经济发展过程中，构建协同创新的组织机制，能有效地介入经济资源的配置及经济联系的维护，并通过企业及非政府组织的行为加强彼此之间的沟通合作与互动，以解决经济区协同创新发展中的经济空间关系、产业合作分工等问题，从而在一定程度上弥补了政府机制的不足。

(三) 构建经济区协同创新的政府机制

协同创新的政府机制是政府综合运用经济、法律等手段对经济区运行

---

① 李兴华:《协同创新是提高自主创新能力和效率的最佳形式》，载于《科技日报》2011年9月22日。

与发展进行适度合理调节、控制，以促进各种资源及要素配置于协同创新平台的制度安排。理论与实践都充分证明，协同创新需要政府加大体制机制的创新和政策引导，包括加大对协同创新组织的资金投入和支持力度，以建立一批特色鲜明、机制灵活、能够解决国家及地区重大问题的协同创新中心；同时，政府还应该发挥“政府采购”职能，启动一批能够调动各方积极性的重大协同创新项目，以激发协同创新各方参与区域经济发展的积极性。

协同创新的政府机制能加速经济区的共同开发及利用速度，特别是在协调经济区内不同城市之间的发展定位、产业布局及基础设施共享等方面有着得天独厚与不可替代的比较优势。在区域经济发展过程中，政府机制在协同创新中的交易成本很低。因此，政府可以通过强制力来制定与推行经济区发展规划，并在经济区内形成统一的区域经济政策。从长远发展的角度分析，政府同其他协同主体合作时，还应该做到政策协调、步调一致，才能充分发挥其在协同创新中的积极作用。必须指出的是，在区域经济发展过程中，协同创新的政府机制在公平原则的制定及维护上发挥着“公权”作用。无论是国家的宪法、法律，还是经济区内的公共政策，都必须符合公平与平等的规则。因此，在区域经济发展过程中，协同创新的政府机制必须遵循“公开”、“公正”、“公平”的原则，绝不可“滥用”。

从要素投入增长模式向创新驱动增长模式转变

葛　扬　管　陵*

长三角是中国经济发展最快的区域，关键性原因是在过去的发展中抓住了两个机遇：一是发展乡镇经济，实现了农村的工业化；二是发展开放型经济，实现了经济的国际化。但是，随着上述两个方面的发展势头已经扩展到全国，国家给沿海地区的政策也在各地趋向一致，长三角已有的两个经济发展优势不再明显，需要寻求新的发展动力，创造新的竞争优势。这个新的动力、新的优势就是创新型经济。因此，长三角在经历乡镇经济带动经济增长模式和外向型推动经济增长模式之后，正逐步由要素投入型增长模式向创新内生驱动型增长模式转变。

一、以创新为动力、内生驱动长三角经济增长

从20世纪90年代以来，开放型经济作为长三角经济增长的推动力正在逐步衰减，尤其是2008年世界金融危机对实体经济的影响也主要发生在开放型经济领域。主要表现在三个方面：首先，主要出口品的外需不足，不完全是国际市场因金融危机所导致的支付能力需求的不足，相应出口产品的国际产能过剩问题已非常突出。其次，国际贸易摩擦频繁。各个国家都面临就业压力，与此相关的各种保护主义阻碍我国产品出口，特别是劳动密集型产品。再次，制造业外资进入的主要吸引力是劳动和

* 葛扬，南京大学经济学院教授、博士生导师；管陵，南京大学经济学院研究生。

土地成本价格低廉。现在这两个方面的成本明显增加，优势不再，这种状况说明，长三角要创造新的国际竞争优势，目标就是发展创新型经济。因此，对长三角来说，上述两个经济发展的优势不再明显，需要寻求新的发展动力，创造新的竞争优势。这个新的动力、新的优势就是创新型经济。

所谓创新型经济，其基本特征是：经济增长由主要靠物质投入（资本、劳动、土地）推动转向创新（知识、技术、制度）驱动，依托创新型经济进入资源节约型和环境友好型社会，形成具有自主创新能力的现代产业体系，企业成为技术创新的主体，大学和科研机构介入技术创新体系。而作为东部地区的增长引擎，长三角不仅拥有丰富的创新资源和硬件环境，还拥有开放完善的市场经济体系和不断升级的制度软环境，所以，长三角具备了由传统要素投入型经济增长模式向创新驱动型经济增长模式转变的物质基础。

长三角领先于全国提出发展创新型经济，是有基础和条件的：(1) 人均 GDP 水平、人力资本存量、资本投入水平、开放水平已经接近和达到发达国家水平，这是发展创新型经济的基础。(2) 长三角具有禀赋科教资源的优势，长三角是中国大学最多的区域，大学生最多的区域，而且研究性大学的数量在全国也是最为集中的区域，再加上中科院系统的研究所，军工企业的研究所，聚集了大量的科学家，这是最为宝贵的科教资源。(3) 长三角的企业对自主创新不仅有强烈的愿望，而且有充足的能力，特别是有非常强烈的和大学及科研机构合作的愿望。(4) 长三角各级地方政府一直具有强劲的推动发展的能力，苏南模式的明显特征是强政府和强市场的结合。在推进创新型经济中，政府又显示出了推动产学研合作的强有力的作用。显然，创新型经济在长三角发展起来，既有政府的条件，又有企业的条件，还有科教资源的条件。

创新驱动增长模式可以更好地整合长三角地区的创新资源，改变以往粗放型的经济增长方式，加快区域产业结构转型升级，充分利用本土科教资源和国际创新资源，促进长三角创新能力的提升，实现创新型城市内部创新资源的合理流动和配置，为最终突破经济增长的瓶颈约束和确保经济社会的协调与可持续发展开辟发展路径。因此，必须把创新驱动增长理论与长三角的实际情况紧密结合，积极寻找与各地区创新资源禀赋特征相适宜的创新发展之路。

二、长三角创新驱动增长的实证研究

（一）模型设定

为研究创新对长三角经济增长的影响，本文在上述理论分析的基础之上建立动态面板模型。该模型不仅考虑到创新要素对本期被解释变量的影响，还关注滞后一期的创新要素和内生被解释变量对本期的影响，即城市的创新要素和经济产出（GDP）在时间上具有的延续性。模型具体设定如下：

$$y_{it} = \alpha y_{it-1} + \eta Innovation_{it} + \gamma Innovation_{it-1} + X'_{it}\beta + \mu_t + \delta_i + \varepsilon_{it} \quad (1)$$

$$y_{it} = \alpha y_{it-1} + \eta Innovation_{it} + \gamma Innovation_{it-1} + \lambda Innovation_{it} \times Z^O_{it} + X'_{it}\beta + \mu_t + \delta_i + \varepsilon_{it} \quad (2)$$

式中，y_{it}表示 i 城市 t 时期的经济增长变量，即城市地区生产总值（GDP）；y_{it-1}用于捕获城市经济增长的持续性，反映经济增长变动趋势对经济总产出均衡值的动态影响；主要解释变量 $Innovation_{it}$为 i 城市 t 时期创新要素集合，本文将其表示为受科技创新体系发展程度、国际创新资源利用程度、城市基础创新发展水平、城市制度创新力度综合影响的函数；系数 η 用于反映创新要素集合对经济增长的影响；$Innovation_{it-1}$为滞后一期的创新要素集合；系数 γ 反映创新要素对经济增长的持续性影响；X_{it}表示其他潜在影响因素；μ_t 为时间固定效应；δ_i 为城市的固定效应；ε_{it}为随机误差项。

为研究对外开放程度（Z^O_{it}）在长三角经济增长过程中所起的作用，本文在式（2）中分别加入其与创新要素集合的交互项，考察在全球化背景下，创新要素集合对城市经济增长的影响。

为克服标准固定效应估计量有偏，以及内生性问题和多重共线性问题，本文同时采用差分 GMM 和系统 GMM 进行一步和两步估计，并在差分方程的基础上利用正交离差方程和水平方程提供的信息来加强估计效率。

（二）变量选择和数据说明

本文重点研究长三角 16 个大中城市[①] 2001～2009 年的数据。

---

① 16 个大中城市包括上海市，江苏 8 个城市（南京、无锡、常州、苏州、南通、扬州、镇江、泰州），浙江 7 个城市（杭州、宁波、嘉兴、湖州、绍兴、舟山、台州）。

被解释变量采用各城市地区生产总值（GDP_{it}）。主要解释变量包括：科技创新体系发展程度（TI_{it}）用各类专业技术人员数度量，国际创新资源利用程度（FI_{it}）用外商直接投资度量，城市基础创新发展水平（CI_{it}）用年末金融机构贷款余额比重度量，城市制度创新力度（II_{it}）用地方财政一般预算支出中的教育支出度量，对外开放程度或全球化水平（Z_{it}^{O}）用进出口总额度量，反映生产要素的国际化流动程度。其他解释变量还有，城镇固定资产投资（$Invest_{it}$）、城市年末从业人员（$Labor_{it}$）。

以上变量2001~2009年的数据均来自2002~2010年《上海统计年鉴》、《江苏统计年鉴》和《浙江统计年鉴》。由于各类专业技术人员数缺乏浙江省2007~2009年数据和江苏省2009年数据，进出口总额、年末从业人员缺乏浙江省2001年数据，因此本文的数据为非平衡面板数据。我们对所有变量取对数形式。

（三）计量结果分析

第一，创新要素集合对城市经济增长的影响。

表1给出的估计结果都通过二阶序列相关检验和汉森（Hansen）过度识别检验。第（1）~（3）列中经济增长变量滞后项高度显著，表明本期地区生产总值的变动明显受上一期的影响，即经济增长具有一定程度的持久性和延续性。具体而言，创新要素集合对长三角经济增长具有显著的影响，但在不同地区创新的重点差异明显。从长三角整体来看，当期的科技创新体系发展程度、城市制度创新力度对经济增长产生显著的正效应，各创新要素投入增加1%，分别促进经济增长0.061%、0.099%。但当期的国际创新资源利用程度并没有对当期经济增长产生影响，而是对下一期的经济增长产生正效应，即每增加1%的国际创新资源利用程度，可促进下一期经济增长0.031%。同样，城市基础创新发展水平不仅对本期经济增长有贡献，还对下一期经济增长有正效应，即每增加1%的城市基础创新发展水平可促进本期经济增长0.187%，促进下期经济增长0.191%，从而反映出城市创新过程的滞后性。第（1）列的结果表明，传统的资本和劳动力要素投入式增长方式已经发生改变。城镇固定资产投资对经济增长的系数不显著，而劳动力（城市年末从业人员）投入已经产生对经济增长的负效应（-0.027%）。

表1　　创新要素集合对城市经济增长的影响

被解释变量	地区生产总值（GDP_{it}）		
	长三角（1）	江苏（2）	浙江（3）
GDP_{it-1}	0.892***	0.774***	0.766***
	(0.033)	(0.029)	(0.132)
TI_{it}	0.061*	-0.038	0.099***
	(0.032)	(0.025)	(0.007)
FI_{it}	-0.016	0.018	0.072
	(0.022)	(0.016)	(0.070)
CI_{it}	0.187**	0.372***	0.251**
	(0.077)	(0.096)	(0.105)
II_{it}	0.099**	0.029	0.625***
	(0.041)	(0.051)	(0.161)
TI_{it-1}	-0.046	0.019	0.067***
	(0.032)	(0.018)	(0.024)
FI_{it-1}	0.031*	0.035***	-0.028
	(0.019)	(0.011)	(0.063)
CI_{it-1}	0.191**	0.348***	0.183*
	(0.077)	(0.095)	(0.102)
II_{it-1}	-0.018	0.118***	0.407***
	(0.053)	(0.028)	(0.149)
$Invest_{it}$	0.016	-0.001	-0.077
	(0.017)	(0.043)	(0.098)
$Labor_{it}$	-0.027**	-0.002	-0.081
	(0.013)	(0.027)	(0.061)
AR（1）检验	[0.00785]	[0.0284]	[0.0580]
AR（2）检验	[0.523]	[0.0649]	[0.236]
汉森检验	[1.00]	[1.00]	[1.00]
观测值	92	56	28

说明：（1）***、**、*分别表示在1%、5%、10%的显著性水平下显著。（2）小括号内为稳健标准误。（3）中括号内为一阶序列相关检验、二阶序列相关检验、汉森检验的p值结果。一阶序列相关、二阶序列相关检验原假设为“不存在序列相关”。汉森检验为工具变量过度识别检验，原假设为“过度识别限制是有效的”。（4）本文分别用一步和两步的差分GMM与系统GMM进行估计，并采用滞后二阶的被解释变量和解释变量作为工具变量。由于篇幅限制，本表只列出了主要解释变量和最有效的估计结果。第（1）~（3）列显示的是一步系统GMM估计结果。

由于上海市的数据较少，因此我们只考虑了江苏省和浙江省的实际情况。从第（2）列中我们可以发现，江苏省主要是以城市基础创新发展水平驱动当期和下一期的经济增长，分别为0.372%、0.348%，同时，国际创新资源利用程度和城市制度创新力度产生的滞后效应分别为下期经济增长贡献0.035%、0.118%。但江苏省的科技创新体系发展程度并没有对经济增长产生影响。第（3）列中，浙江省科技创新体系发展程度、城市基础创新发展水平、城市制度创新力度对经济增长起到了关键性的推动作用，不仅对当期影响明显（分别为0.099%、0.251%、0.625%），还对下一期产生正效应（分别为0.067%、0.183%、0.407%）。但浙江省在国际创新资源利用程度方面较为薄弱，没有对经济增长发挥明显的驱动作用。同样，传统的资本和劳动力要素投入式增长方式在江苏省和浙江省已变得不显著。这说明两个省的增长方式正在向创新驱动型增长方式转变。

第二，全球化背景下创新要素集合对城市经济增长的影响。

全球化水平的提升意味着资本、劳动力、人力资本等生产要素流动阻力的减小和流动速度的加快。在此背景下，经济增长对创新要素集合的变化将更加敏感。加入创新要素集合与全球化水平的交互项后，表2估计的结果相对于表1发生了较大变化。

表2　全球化背景下创新要素集合对城市经济增长的影响

被解释变量	地区生产总值（GDP_{it}）		
	长三角（1）	江苏（2）	浙江（3）
GDP_{it-1}	0.858***	0.798***	0.523***
	(0.035)	(0.065)	(0.140)
TI_{it}	0.057	0.483***	0.085
	(0.036)	(0.179)	(0.061)
FI_{it}	-0.024	0.006	0.078
	(0.025)	(0.059)	(0.074)
CI_{it}	0.011	-0.310*	-0.161**
	(0.084)	(0.186)	(0.074)
II_{it}	0.267***	0.194***	0.820***
	(0.041)	(0.068)	(0.212)
$TI_{it} \cdot Z_{it}^{O}$	-0.000	-0.095**	0.007
	(0.008)	(0.038)	(0.019)
$FI_{it} \cdot Z_{it}^{O}$	0.008**	0.004	0.010**
	(0.004)	(0.011)	(0.005)

续表

被解释变量	地区生产总值（GDP_{it}）		
	长三角（1）	江苏（2）	浙江（3）
$CI_{it} \cdot Z_{it}^{O}$	0.017***	0.054***	0.025*
	(0.005)	(0.019)	(0.014)
$II_{it} \cdot Z_{it}^{O}$	-0.034***	-0.024	-0.041
	(0.005)	(0.016)	(0.032)
TI_{it-1}	-0.063**	0.022	-0.064
	(0.030)	(0.027)	(0.044)
FI_{it-1}	0.007	0.032*	0.016
	(0.018)	(0.019)	(0.050)
CI_{it-1}	-0.100*	-0.169	-0.169**
	(0.060)	(0.107)	(0.066)
II_{it-1}	-0.019	0.095***	-0.367***
	(0.045)	(0.036)	(0.109)
$Invest_{it}$	0.006	0.074**	-0.108
	(0.019)	(0.033)	(0.113)
$Labor_{it}$	-0.012	0.248**	-0.016
	(0.016)	(0.108)	(0.037)
AR（1）检验	[0.00402]	[0.0166]	[0.0490]
AR（2）检验	[0.500]	[0.892]	[0.0677]
汉森检验	[1.00]	[1.00]	[1.00]
观测值	92	48	28

说明：第（2）列显示的是一步差分 GMM 估计结果，其余都是一步系统 GMM 估计结果。其他说明同表 1。

总体而言，对外开放程度的加深有助于促进长三角经济增长。其中，国际创新资源利用程度、城市基础创新发展水平与全球化水平的交互项产生的正向效应最为明显（分别为 0.008%、0.017%）。这表明全球化水平的提升，不仅可以加速吸收全球先进技术与人才，整合全球生产要素以及相关产业链，还可以带动城市自身基础创新的变革，激发城市的创新活力，提升城市的全球竞争力，对于加快开放型经济的转型升级、积聚全球创新资源、塑造城市软实力意义重大。然而，在全球化背景下，城市制度创新力度对经济增长也会有负向效应。这可能是因为由于在创新型城市发展初期，面对全球竞争压力和要素流动障碍的减少，长三角城市创新制度的不完备在一定程度上会造成城市自身创新资源的流失，如果不加快城市创新制度建设，增强城市吸引力，将不利于长期的经济增长。但这种负向效应存在临界点，即只有当对外开放程度超过临界点（进出口总额超过2 573.44亿美元）后，城市制度创新力度对经济增长的负向效应会逐步减缓，反之，则进一步加深。

从江苏与浙江省的发展情况来看，全球化程度显著的影响着江苏省科技创新体系发展程度和城市基础创新发展水平对经济增长的作用。(1) 科技创新体系发展程度与全球化水平的交互项产生负向效应。这主要是因为江苏省在全球科技创新发展过程中存在竞争劣势，缺乏对全球技术创新的领导力。但当对外开放程度超过临界点（进出口总额突破161.42亿美元）后，科技创新体系发展程度对经济增长的负向效应会逐步减缓。这也意味着江苏省科技创新体系的发展需要一个参与全球科技竞争的过程，只有在竞争中不断完善自身的技术创新体系，江苏省才能真正发挥科技创新体系对经济增长的驱动作用。(2) 城市基础创新发展水平与全球化水平的交互项产生正向效应。尤其是当对外开放程度超过临界点（进出口总额突破311亿美元）后，江苏省城市基础创新发展水平对经济增长的正向效应会进一步增强。这反映出创新型城市的发展需要与全球化趋势同步，并在融入全球产业链的过程中实现城市产业结构、企业结构、要素结构的重组。同样，在浙江省，城市基础创新发展水平与全球化水平的交互项对经济增长也产生正向效应，但对外开放程度的临界点为进出口总额突破626.4亿美元。只有突破了该临界点，城市基础创新发展水平才会在全球化水平提高的背景下加速驱动经济增长。另外，随着全球化水平的提高，浙江省国际创新资源利用程度对经济增长的作用在逐步增强，即每提升1%国际创新资源利用程度与全球化水平的交互项，将推动经济增长0.01%。

三、全球视野下长三角创新驱动增长模式升级路径

从以上实证结果中我们可以发现，当前长三角创新驱动经济增长存在两方面的问题：一是各省市创新要素分布不均匀，对经济增长影响程度各不相同，未能形成驱动经济增长的整体合力，并且缺乏创新要素集合的协调机制。二是在全球化背景下创新要素流动性增强，城市的综合竞争力决定着创新要素的流动方向，而长三角区域创新能力和可持续竞争优势的培

育与发展缺少符合自身特色产业的创新网络平台。因此，在全国（或全球）背景下，未来长三角经济社会的可持续发展必须进一步整合创新要素集合，逐步构建起符合自身资源禀赋特征的区域创新支持系统，不断提升自身的创新能力以及在全球产业价值链中获取价值的能力，加快产品升级、过程升级、功能升级、链的升级，从而实现长三角经济增长方式的根本性转变。

（一）构建长三角区域创新支持系统

长三角区域创新支持系统至少应当包含以下几方面特征：第一，区域创新支持系统必须与国家创新体系相对接，在与国家创新战略保持一致的情况下实现区域创新发展目标。第二，创新方式应当多样化，可以采取系统化、结构化的网络结构模式和功能互动、网络对接、界面集成等运作方式。第三，必须遵循系统化的创新集成路径，将多层次、多元化、多维度的创新主体（企业、科研院所、政府、中介机构、资本市场等）、创新行为（科技创新、制度创新、管理创新、金融创新等）、创新资源（知识、技术、财力、人力、物力等）及创新环境集成到相互关联、统一协调的系统之中。第四，创新系统内核部分必须具备“专业化分工机制、要素流动机制、合作竞争机制、信任机制”四大机制，从而有助于使创新主体之间实现协同竞争，使创新资源达到合理配置与充分共享，使创新行为实现协调集成，并最终形成集成、高效的区域创新战略管理系统。

（二）完善长三角创新支持系统发育程度，提升区域创新能力

要提升长三角经济增长的内部原动力——创新能力，需要从长三角创新支持系统内部的企业和地方政府两个层面共同努力，完善地方创新支持系统的发育程度。

从长三角产业集群中的企业角度来看，应重点考虑以下三个方面：第一，进一步提升区域创新支持系统的密度。创新系统内企业要积极参与企业间、企业与其他经济行为主体间的互动，加强它们之间的正式和非正式联系。第二，加强创新支持系统的有效性。地方创新支持系统中，不仅需要上下游企业基于生产经营过程的垂直联系，也需要有同类企业之间、企业与其他行为主体（中介服务机构、大学、科研机构、地方政府）之间的水平联系。垂直联系建立了结点间交流的共同“语境”，而水平联系提供

了多元化、差异化的知识和信息，产生了大量的思维交叉点，更加能够激发创新的产生。第三，长三角创新支持系统内的企业既要积极与本地企业联系，提高创新支持系统的“地域嵌入性”和“文化地域性”；也要发展与区域外企业和经济行为体的互动，保持地方创新支持系统开放性，培育企业的“网络嵌入性”。同时，积极与区域内外其他企业和经济行为体，保持交流和联系，最大限度嵌入广阔的社会文化网络当中，获取多方面的资源，激发创新的产生。

从长三角地方政府层面来看，一方面，要加强产业发展硬环境建设，吸引企业入驻，增强创新支持系统密度，为系统内部创新行为的产生，提供优良的硬件支撑；另一方面，大力培养产业发展的软环境，提高长三角创新支持系统的稳定性。

（三）合理利用外部联系，提升长三角创新型产业集群获取价值的能力

随着创新型产业集群的崛起，长三角经济逐渐融入全球经济，如果单纯强调“内生发展因素”，从地方封闭的角度研究长三角产业的竞争优势，就很难把握区域间产业重塑的动态竞争。而一旦把长三角产业集群放入全球视野，便看到长三角经济发展一个全新的景观。

长三角产业集群创新网络应该以不同的方式，嵌入全球价值链。价值链每个环节都可以创造和捕捉价值，都存在塑造竞争优势的可能。由于不同的产业类型，其价值链构成的具体环节是不一致的，价值链中价值分布情况也大不相同。因此，长三角产业集群，要结合产业特征，深入了解所处产业的价值来源和价值分布；对比不同产业集群在价值链中的定位和价值获取的现状，研究产业集群目前价值获取特点。同时，创新支持系统核心价值网络层内的企业应从动态方面，了解全球竞争对手的价值链定位，研究价值链中的权力分布和相应的治理方式，充分利用不对称的权力关系，获取资金、技术、知识、信息来提升网络内企业创造、捕捉、保留价值的能力，并利用丰富的外部联系网络找到全球价值链中那些价值增加潜力较大的环节。立足自身区域特色和创新内力，不断向潜力环节跃进。并通过创新支持系统自身的自增强效应、积累效应，保持和强化长三角产业集群在“战略性环节”的竞争优势，提高产业集群所处价值链环节的进入壁垒。最终通过不断调整嵌入价值链的方式，获取更多的价值，促进长三角创新型产业集群实现持续升级。

首先，应从国家政策层面提升全球价值链的整合能力。具体来说，可以通过以下措施：一是国家要大力投资长三角地区基础设施，促进运输通讯网络的发展。二是国家要提供便捷的进口渠道。每个国家或区域都不可能生产出所需要的一切商品，它们都要利用分工协作，来满足需求和提高经济运行的效率。因此，进口商品的获取和运用，日益成为长三角创新型产业集群形成出口竞争力的基础。三是国家要积极消除出口偏见，排除不稳定、间歇式的出口政策，打破各种贸易壁垒，以确保长三角产业集群与全球经济联系的持久和稳定，为升级提供基础。四是国家要积极打通人才获取渠道。由于中国是全球市场的“后来者”，因此不论是专业技术人员还是专业管理人员都比较缺乏。这就要求长三角在积极培养本地人才的同时，加大从国外引入人才的力度，来帮助创新支持系统内企业，得到充足的高素质劳动力供应。

其次，长三角地方政府要为本地创新支持系统提供升级的商业支撑政策。一是鼓励和支持创新系统内行业协会、商业协会的建设。二是地方政府通过建设和发展培训部门、公共或私营的技术中心等专业服务部门，来为创新系统内企业提供人力资源和技术能力的支撑。并通过长期的贷款和资本投资来协助创新型企业的运营，为地方产业集群创新支持系统的升级提供金融支持。

最后，从企业层面来看，要促进长三角创新型产业集群创新支持系统升级，主要采取以下措施。一是长三角产业集群核心价值层内的企业，应该积极扩展全球联系，通过本地产业网络与全球产业网络的衔接，突破自身的锁定。二是创新型企业应利用自身原有的产业基础，形成良好的产业配套条件，吸引全球价值链当中领先公司进入长三角产业网络，并促进自身与领先公司的互动。三是创新型企业要提升自身在价值链“生产制造环节”的价值获取能力。长三角大部分产业集群都嵌入全球价值链的“生产制造环节”。集群内的企业应该在嵌入全球价值链的同时，不断调整自身的市场战略、技术战略和产品战略，从而努力提升自身的产品质量、生产效率，并通过高品质的制造服务，来提升整个地方产业集群实现“功能升级”的潜力。四是要实现市场的多样化。地方产业集群内企业，自身要积极搜寻市场渠道，同时要积极利用地方贸易协会和行业协会提供的市场情报，拓宽自己产品的市场，有意识使产品供给的客户实现多元化。这样集群内企业，不仅可以分享多元外部联系所带来的广阔的学习通道；同时受领先公司控制的程度将大大减少，有利于长三角产业集群实现“功能升级”。五是创新型企业应该提升在价值链当中的学习效率。长三角产业集群在嵌入不同治理类型的全球价值链过程中，将面对不同客户，提供不同的生产和服务。集群内企业可以跨越价值链实现学习，把在一条价值链中获取的信息、知识和经验，运用到另一条价值链当中，从而使企业获取资源能力不断增强，最终改变自身与全球领先公司之间的关系、改变价值链的治理模式，推动长三角创新型产业集群创新支持系统的全面升级。

中国企业国际生产组织模式选择及实证分析

李俊江　孙　黎*

近年来，企业在国际化经营过程中的生产组织模式选择日趋复杂，企业内中间投入品贸易和企业间外包在全球贸易中的份额不断提高，成为跨国公司实施国际生产的普遍现象，使得研究国际贸易中企业边界问题越发重要。尤其在当今中国企业积极参与全球市场开拓的背景下，中国企业如何在国际贸易中合理设置企业边界成为关系企业跨国经营成败的关键因素。本文以中国省际面板数据为基础，在验证国内企业异质性与国际生产组织模式选择关系的同时，进一步探讨中国对外贸易开放度和对外贸易结构对企业国际生产组织模式选择的影响，为指导中国企业更好地开展国际经营提供理论与数据支撑。

一、中国企业国际生产组织模式的发展

（一）国际一体化发展的现状及特点

《中国企业对外投资现状及意向调查报告（2008～2010）》中指出："中国企业采用最多的对外投资模式是直接投资建厂，有51%左右的企业采取了这种投资方式……通过并购方式对外投资的企业只有15%"①，说明约66%的中国企业在海外采取一体化的生产组织模式进行投资。因此，本文利用中国企业对外直接投资（Outward Foreign Direct Investment，OF-

---

* 李俊江，吉林大学中国国有经济研究中心教授、博士生导师；孙黎，吉林大学经济学院博士研究生。

① 中国国际贸易促进委员会：《中国企业对外投资现状及意向调查报告（2008～2010）》，2011年4月，www. ccpit. org。

DI）的数据表征中国企业国际一体化的数据。

1. 经济政策驱动对外直接投资发展。中国企业对外直接投资始于改革开放后，受宏观经济政策影响，30 多年来中国 OFDI 发展总体呈波浪形上升趋势，即 1979 年出台的 15 项经济改革措施和 1985 年出台的在国外开办非贸易企业的审批管理办法打开了中国企业 OFDI 大门，OFDI 累计总额大幅增长，到 1991 年年末达 50.97 亿美元。[①] 然而，企业对外投资亏损和资本转移等问题严重干扰了国内经济秩序。1991 年出台的《关于颁布、审批境外投资项目的项目建议书和可行性研究报告的规定》等文件限制企业对外直接投资，OFDI 占 GDP 比重也从最高的 80.02% 降至 17% 左右。[②] 2000 年中国政府提出"走出去"战略，2001 年中国加入 WTO，2004 年商务部下发了《关于境外投资开办企业核准事项的规定》等，在这些政策的影响下中国企业对外直接投资呈现出了转折性增长，OFDI 占 GDP 比重由 17% 提升至 28.39%，总体呈加速上升态势（见图 1）。[③]

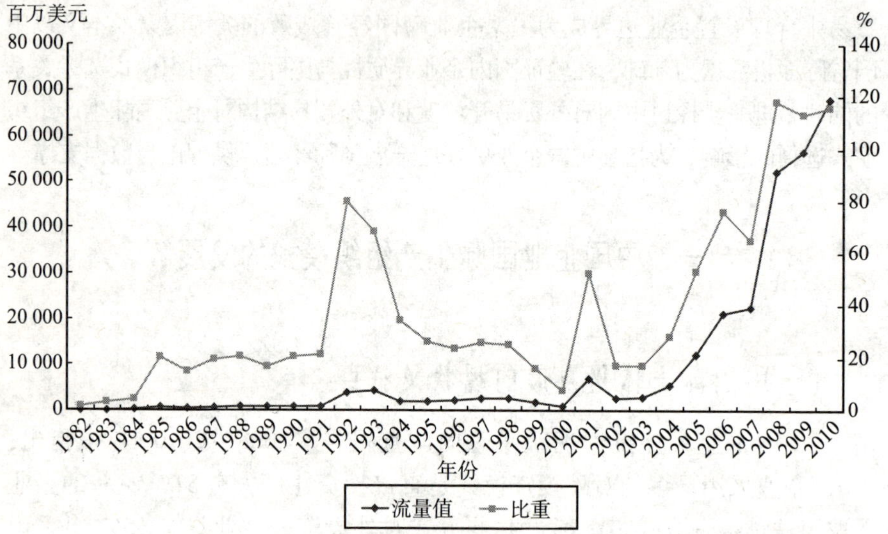

图 1　1982 ~ 2010 年中国对外直接投资概况（流量值及其占 GDP 比重）

资料来源：联合国贸易和发展会议（United Nations Conference on Trade and Development，UNCTAD）数据库，2012 年 1 月 5 日，http：//stats. unctad. org/handbook/ReportFolders/ReportFolders. aspx？CS_referer = &CS_ChosenLang = en。

①②③　联合国贸易和发展会议（United Nations Conference on Trade and Development，UNCTAD）数据库，http：//stats. unctad. org/handbook/ReportFolders/ReportFolders. aspx？CS_referer = &CS_ChosenLang = en。

2. 对外直接投资增长迅速。近年来，中国全行业 OFDI 流量增长迅速。截至 2010 年年末，中国共有 13 000 多家境内企业在全球 178 个国家和地区建立企业 16 000 万家，OFDI 流量为 688.1 亿美元，占全球总流量的 5.2%，世界排名第 5 位；OFDI 存量为 3 172.1 亿美元，占全球总存量的 1.6%，世界排名第 17 位。① 其间，无论是流量还是存量，2008 年增长最快，与 2007 年相比翻了一番，部分原因在于中国企业借全球金融危机的低成本机会迅速扩大了海外投资规模所致（见图 2）。

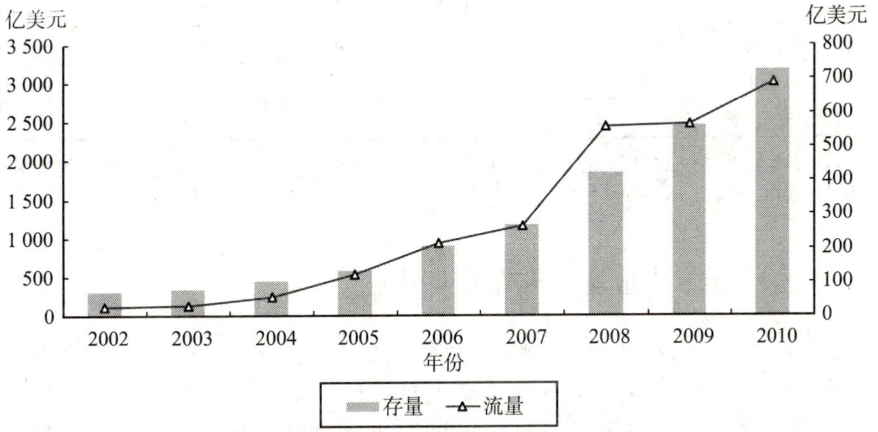

注：2002 ~2005 年由于全行业对外直接投资数据缺乏，用非金融类对外直接投资数据替代，2006 ~2010 年为全行业对外直接投资数据。

图 2　2002 ~2010 年中国企业对外直接投资情况

资料来源：中华人民共和国商务部、统计局、外汇管理局：《中国对外直接投资统计公报》（2002 ~ 2010 年），2011 年 11 月 20 日，http：//hzs. mofcom. gov. cn/aarticle/date/201109/20110907741156. html。

截至 2010 年年底，中国设立境外企业数量排名前三位的地区分别是亚洲、欧洲和非洲。② 2010 年中国 OFDI 流量最高的三个国家和地区为：中国香港、英属维尔京群岛和开曼群岛。中国香港仍然是中国企业海外投资的首选，同时投资范围扩展至全球。由表 1 可知，2010 年年末中国非金融类 OFDI 投资者注册类型中，国有企业占据主导地位。其中，中央企业是中国企业对外直接投资的主力军，OFDI 流量为 424.4 亿美元，占总流

①② 中华人民共和国商务部、统计局、外汇管理局：《2010 年度中国对外直接投资统计公报》，http：//hzs. mofcom. gov. cn/aarticle/date/201109/20110907741156. html。

量的70.5%。[①] 然而，从最近5年的数据来看，国有企业在非金融类对外直接投资存量中的比例不断下降（见表1）。

表1　2006~2010年中国非金融类对外直接投资存量按境内投资者注册类型分布　单位：%

企业类型 \ 年份	2006	2007	2008	2009	2010
国有企业	81	71	69.6	69.2	66.2
有限责任公司	—	20.3	20.1	22	23.6
股份有限公司	—	5.1	6.6	5.6	6.1
股份合作企业	—	1.2	1.2	1	1.1
私营企业	1	1.2	1	1	1.5

资料来源：中华人民共和国商务部、统计局、外汇管理局：《中国对外直接投资统计公报》(2006~2010年)，http://hzs.mofcom.gov.cn/aarticle/date/201109/20110907741156.html。

（二）国际外包发展的现状及特点

中国企业参与国际外包业务开始于20世纪80年代，主要表现为国内企业以廉价劳动力承接国外制造业的中间产品生产环节，生产过程技术含量较低且缺乏附加值。而后在IT行业的国际合作中，我国企业仍基本以成本优势扮演承接外包的角色。近年来，随着我国内需市场的逐渐释放、企业国际竞争力的日益提升以及国内生产成本的显著上涨，一部分企业开始转变角色定位，从原来的接包方转为发包方。为了以客观数据合理衡量中国企业国际外包的发展现状及特点，本文选取中国出料加工贸易值作为统计指标。[②] 这种交易方式基本符合外包定义，尤其能够表现出制造业外包水平，因而能够在一定程度上反映中国企业国际外包的基本情况。

1. 国际外包发展加快。近年来，中国企业发包业务显著增长，特别是2008年全球金融危机的背景下，中国企业国际外包量呈现井喷态势（见图3）。目前，软件、金融和电信是中国服务业中向外发包的主要领

① 中华人民共和国商务部、统计局、外汇管理局：《2010年度中国对外直接投资统计公报》，http://hzs.mofcom.gov.cn/aarticle/date/201109/20110907741156.html。

② 出料加工贸易是指境内企业将境内原辅料、零部件、元器件或半成品交由境外厂商按我方要求进行加工或装配，成品复运进口，我方支付加工费的交易方式。

域，而制造业也正在释放出日益强大的发包需求。到 2008 年，中国制造业发包量已经占到国内外包业务来源总量的 1/10，随着中国产业结构调整的不断深入，制造业外包速度将进一步提高，“十二五”期间中国将成为亚太地区最大的发包国。①

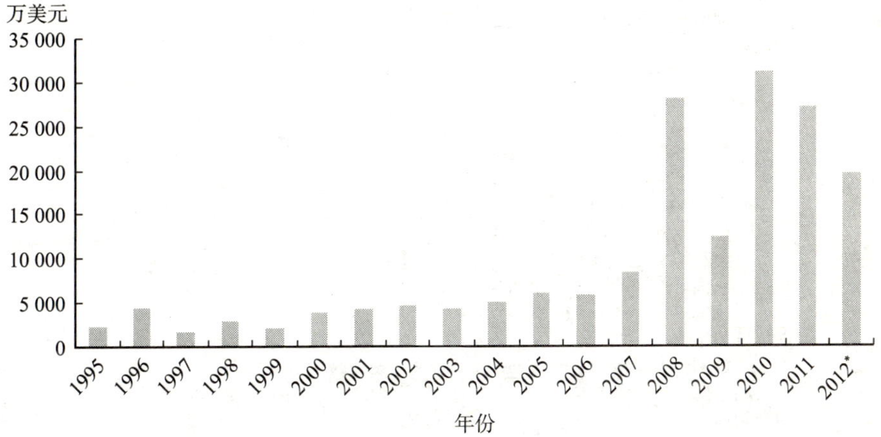

注：＊表示 2012 年数据为当年 1 ~ 6 月合计量。

图 3　1995 ~ 2012 年中国企业国际外包发展情况

资料来源：中经网统计数据库——海关月度库，http：//db. cei. Gov. cn/。

在中国企业国际外包的地理流向方面，2001 ~ 2008 年统计数据显示来自亚洲的国家和地区承接了一半以上的外包业务。其中，日本占据了亚洲外包业务的近半壁江山，成为承接中国外包业务最多的国家，中国台湾地区和韩国紧随其后（见图 4）。近年来，中国企业向亚洲经济发展水平较高的国家和地区的发包比较稳定，特别是在 2008 年整体出现了发包量的同比增长情况，甚至在韩国出现了 23. 4% 的同比增速，而向泰国等发展中国家的发包则具有间歇性。除亚洲外，2001 ~ 2008 年间欧洲国家承接中国企业国际外包的比重占全球总量的 33. 9%，俄罗斯、奥地利、瑞典和芬兰等国家是这一地区近年来新加入接包业务的国家。在美洲，美国和智利基本垄断了对中国企业的接包业务。可以看出，地缘优势仍是主导中国企业

① 沙琦：《鼎韬观点：十二五期间中国或将成为亚太地区最大发包国》，http：//www. chnsourcing. com. cn/outsourcing-news/article/9266. html。

国际外包地理流向的主要因素。

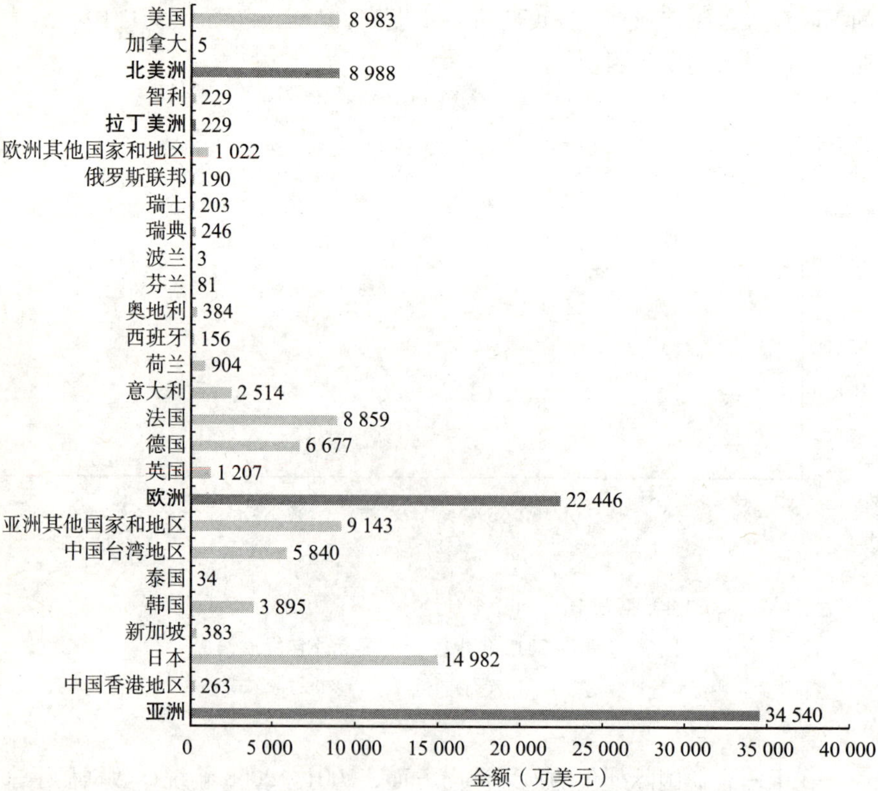

图 4　2001 ~ 2008 年承接中国外包业务的主要国家和地区

资料来源：中经网统计数据库——海关月度库，http：//db. cei. Gov. cn/。

2. 国际外包的产业分布差异较大。为了衡量中国不同产业参与国际外包的活跃程度，本文借鉴唐宜红和闫金光（2006）对中国企业承接国际外包的衡量方法，构建了中国企业向外发包的外包指数。具体计算公示如下：

$$OUT_{it} = \left(1 - \frac{TTR_{it} - OTR_{it}}{TTR_{it} + OTR_{it}}\right) \times 1\ 000 \text{①} \qquad (1)$$

其中，OUT 表示外包指数；TTR 表示进出口贸易总值；OTR 表示外包

① 公式中乘以 1 000 是为了使分析结果更直观和具有可比性，因而无现实含义。

量（出料加工贸易进出口总值）；i 表示产业；t 表示年份。本文计算了2001~2008年间按中国海关进出口税则分类的22类商品中数据连续性较强的第四、六、七、十一、十四、十五、十六、十七和十八类（见表2）。①

表2　　2001~2008年中国不同产业外包指数

类别＼年份	2001	2002	2003	2004	2005	2006	2007	2008
第四类　食品；饮料、酒及醋；烟草及制品	1.4726	2.4197	2.1020	1.7520	1.4986	0.7513	1.5618	2.1091
第六类　化学工业及其相关工业的产品	0.3480	0.5529	0.1949	0.1098	0.0833	0.0971	0.1310	0.3755
第七类　塑料及其制品；橡胶及其制品	2.81 E-05	0.0024	0.0020	0.0001	—	4.58 E-06	0.0005	—
第十一类　纺织原料及纺织制品	0.2552	0.0918	0.0456	0.0181	0.0085	0.0053	0.0035	0.0042
第十四类　珠宝、贵金属及制品；仿首饰；硬币	9.4270	4.5347	2.4617	1.7449	1.3540	0.9051	0.8237	3.1989
第十五类　贱金属及其制品	0.0080	0.0300	0.0088	0.0628	0.0307	0.0122	0.0214	0.0336
第十六类　机电、音像设备及其零件、附件	0.0479	0.0902	0.1069	0.0842	0.1125	0.0802	0.1234	0.2728
第十七类　车辆、航空器、船舶及运输设备	0.0040	0.0184	0.0282	0.3036	0.1575	0.2793	0.2000	0.0765
第十八类　光学、医疗等仪器；钟表；乐器	0.0078	—	0.0027	—	0.0011	0.0017	—	0.0006

资料来源：中经网统计数据库——海关月度库，2012年6月21日，http：//db.cei.Gov.cn/。

① 排除在计算之外的商品类别或为常年无统计数据或为仅有1~3年的统计数据，因而难以表现产业外包现状。

具体来看，根据外包指数可将以上九类产品分为三组：第一组包括第四和十类商品，这两类商品一般可视作资源密集型产品，其外包指数远高于其他商品，表明在相关生产环节中，中国企业以外包形式参与国际分工的比重较大。第二组包括第六、十五、十六和十七类商品，这四类商品一般可视作资本和技术密集型产品，其外包指数居中间水平。其中第六和十七类的生产环节中外包指数波动较大，而在第十五和十六类的生产环节中外包指数则保持了较平衡的增长态势。第三组包括第七、十一和十八类商品，这三类商品一般可视作劳动密集型商品，其外包指数居最低水平。值得注意的是，其中第十一类的外包指数经历了从中等水平大幅下滑的下降过程，说明这种劳动密集型产业早期存在一定外包，而近年来外包数量越来越少，企业的国际生产组织模式可能发生了一定程度的转变。

（三）中国企业国际化经营的动因

1. 政策推动是中国 OFDI 发展的基本驱动力。政策推动的本质是中国对外开放战略调整的总体要求。从上述数据可以看出，每一次国家政策出台后均会大幅提高中国企业 OFDI 的流量和存量，政策推动是中国企业 OFDI 的直接动力。2000 年《中共中央关于制定国民经济和社会发展第十个五年计划的建议》首次明确提出“走出去”战略，各种配套措施分别从管理保障、服务保障和监督保障三个方面为中国企业“走出去”保驾护航，构成了“走出去”战略“三位一体”的政策推动体系。因此，国家政策推动是中国企业 OFDI 成长的基本驱动力，为企业“走出去”战略的实施起到了积极而直接的促进作用。

2. 企业利润和生产效率是中国企业进入国际市场的原动力。中国企业进入国际市场的直接目的之一就是增加企业利润和生产效率。资料显示：超过 30% 的中国企业 OFDI 的主要目的是利用东道国的优惠政策和回避国内市场需求饱和的现状；超过 20% 的企业 OFDI 是为了获取先进技术和管理经验、追随迁至海外的合作伙伴和为国内市场提供能源、原材料和自然资源；另有部分企业 OFDI 是为了利用某些国家良好的制度环境及获取自然资源国际市场价格的控制力。[①] 可见，获取低价原材料，减少企业成本，增加收益已经成为中国企业投资海外市场的一致性认同，其最终目

① 中国国际贸易促进委员会：《中国企业对外投资现状及意向调查报告（2008～2010 年）》，www. ccpit. org。

标都是要实现利润的最大化。

3. 资源和科技是企业国际化经营的核心需求。在一体化方面，中国资源类企业向西半球国家进行大规模直接投资是带动中国对该地区投资增长的重要因素。美国传统基金会（The Heritage Foundation）的研究报告认为中国企业在2006~2010年间的非金融类对外直接投资的主要领域就集中在资源类行业。[①] 这些资源类企业OFDI的共性是通过在发展中国家投资子公司的形式收购或直接开采当地资源，并进行简单加工后运回母公司进行最终产品生产，从而避免因原材料供给紧张所引发的生产危机，也在一定程度上降低生产成本。在外包方面，上述数据表明，资源密集型产品的外包指数最高，发包企业将初级产品出口至接包公司，利用当地资源进行加工，再进口回国，完成企业对资源的需求。科技也是企业进行国际化经营的核心需求，企业并购具有较强科技研发能力的外国公司，从而获得技术支持；资本和技术密集型产品的外包指数仅次于资源密集型产品，可见中国企业利用外包来获取需要的技术。

二、理论分析

从以上中国企业国际生产组织模式的发展来看，相对于外包，OFDI发展得更迅速。同时，随着美国次贷危机、欧债危机的爆发，给中国企业创造了更多的机会参与国际市场竞争，整合全球资源。然而，并不是所有进入国际市场的企业都适合在企业内部扩张，即选择一体化的生产组织模式。有些行业的企业更适合选择外包，如软件业等。所以，企业在面临国际生产组织模式选择的时候，除了传统因素的作用外，有没有可以用来反映企业整体水平从而选择更适合的企业边界呢？上述分析的中国企业国际化经营的三个动因中，政策驱动难以量化；资源和科技需求更注重个别行业，不具有普遍意义；只有生产率才是能反映各个企业整体实力的内生变量。因此，下面我们根据安特拉斯和赫尔普曼（Antràs and Helpman，2004）的企业南北贸易模型来分析生产率对企业国际生产组织模式选择的影响。

① 孙黎、李俊江：《中国资源类企业“走出去”：基于异质性企业贸易理论的分析》，载于《江汉论坛》2012年第1期。

（一）基本假设

假设世界上只有发达国家 M 和发展中国家 N，M 国有资本和劳动密集型生产要素，N 国只有劳动密集型生产要素，两国消费者偏好无差异。在生产过程中有两种企业：最终产品生产者 R 和中间产品供应商 Q（以下均用 R 和 Q 来表示）。最终产品的生产需要两个要素，分别是 R 的总部服务 $k_h(i)$（资本密集型生产要素）和 Q 所提供的中间投入品 $m_h(i)$（劳动密集型生产要素）。N 国只能生产关系专用的[①]中间投入品。假设企业组织模式由所有权结构和 Q 的所在地组成。有两种所有权结构，且只能选择一种：一体化 X 或者外包 Y。Q 的所在地也只能二选其一：M 国或者 N 国。设 $e \in \{X, Y\}$，$r \in \{M, N\}$。

假设所有的 R 都在 M 国，产业为 h，产品为 i。R 进入该产业的固定成本为 $w^M f$。其中 w^M 为 M 国的工资率，w^N 是 N 国的工资率，且 $w^M > w^N$。R 在生产 h 产业产品 i 时需要承担 f 个单位的 M 国劳动的固定成本（f）。由于企业是异质的并以生产率水平表征企业的异质性，因此 R 的生产率水平为 θ。企业的生产组织模式和 Q 的所在地决定了最终产品和中间产品的管理成本，记在 M 国劳动项目下，以 $w^M f_e^r$ 表示。

假设在不完全契约情况下，利用格罗斯曼和赫尔普曼（Grossman and Helpman，2002），安特拉斯（Antras，2003）和安特拉斯和赫尔普曼（Antras and Helpman，2004）的产权分析方法解决事前不能签订契约的问题，即 R 和 Q 对剩余所有权进行重新谈判。并假设 R 将获得剩余所有权的比例为 φ，$\varphi \in (0, 1)$，Q 的比例为 $1-\varphi$。企业生产组织模式决定了剩余所有权的归属，如果 R 和 Q 是两个独立的公司，重新谈判的失败使双方的收入均为零（中间投入品是关系专用的）；如果 Q 是 R 的子公司，为了避免 R 解雇 Q 的部门主管而占有中间投入品 $m_h(i)$，假设解雇损失为 $1-\sigma^r$，可得 $\sigma^M \geqslant \sigma^N$。

（二）模型

根据安特拉斯和赫尔普曼（2004）[②] 的公式得：

---

① 关系专用是指，为某种最终产品而生产的中间产品（零部件）仅对于该最终产品的生产有意义，而对其他种类的最终产品则不适用。

② Antras，P. and E. Helpman. Global Sourcing. Journal of Political Economy，2004 Vol. 112，pp. 552 – 580.

$$U = b_0 + \frac{1}{\tau}\sum_{h=1}^{H} X_h^{\tau} \quad 0 < \tau < 1$$

其中，b_0 是同质产品的消费；B_h 是 h 产业消费总量的指数。产业 h 的消费总量是不同的产品种类 $b_h(i)$ 消费的 CES 函数：

$$B_h = \left[\int b_h(i)^{\alpha}\mathrm{d}i\right]^{1/\alpha} \quad 0 < \alpha < 1 \tag{2}$$

产品 i 的范围是内生决定的，在给定产业 h 中两种产品的代替弹性为 $1/(1-\alpha)$。假设 $\alpha > \tau$，则产业 h 中产品 i 的需求反函数，即产品价格为：

$$p_h(i) = B_h^{\tau-\alpha} b_h(i)^{\alpha-1} \tag{3}$$

借鉴安特拉斯和赫尔普曼（2004）的公式，每一个产品的产量是投入的柯布－道格拉斯函数：

$$b_h(i) = \theta\left(\frac{k_h(i)}{\phi_h}\right)^{\phi_h}\left(\frac{m_h(i)}{1-\phi_h}\right)^{1-\phi_h} \quad 0 < \phi_h < 1 \tag{4}$$

其中，ϕ_h 是总部服务的资本密集度。如果 Q 在 N 国，R 的固定成本要比 Q 在 M 国时高，即 $f_e^N > f_X^M$ 和 $f_e^N > f_Y^M$，$e \in \{X, Y\}$；给定 Q 的所在地，R 实施一体化生产组织模式的固定成本要高于实施外包的成本，即 $f_X^r > f_Y^r$，其中 $r \in \{M, N\}$。因此，在不考虑生产组织模式下，可得：

$$f_X^N > f_Y^N > f_X^M > f_Y^M \tag{5}$$

不完全契约情况下，R 和 Q 无法在事前签订可实施契约，否则可能会产生“敲竹杠”问题导致 R 的损失。交易双方为了继续合作，签订暂时的事前契约，规定先由 Q 生产部分中间投入品，对产品质量进行观测，并以观测结果和双方事前投入水平为依据进行重新谈判，重新分配剩余所有权。如果重新谈判失败，Q 的外部选择为零；如果重新谈判成功，则销售最终产品的收入为 $Z(i) = p(i)b(i)$，结合公式（3）和公式（4），可以得到：

$$Z(i) = B^{\varphi-\alpha}\theta^{\alpha}\left(\frac{k(i)}{\varphi}\right)^{\alpha\varphi}\left(\frac{m(i)}{1-\varphi}\right)^{\alpha(1-\varphi)} \tag{6}$$

当 R 选择外包且与 Q 的重新谈判成功时，R 获得 $\varphi Z(i)$ 的收入，Q 获得 $(1-\varphi)Z(i)$ 的收入，$\varphi \in (0, 1)$。当 R 选择一体化的生产组织模式时，如果双方重新谈判失败，无论在哪个国家生产，R 均可以卖出其制造的产品（数量为 $\sigma^r b(i)$），获得 $(\sigma^r)^{\alpha} Z(i)$ 的收入。如果双方重新谈判成功，R 的总收入为自己制造的部分（也可以看作是重新谈判失败时所获得的部分）$(\sigma^r)^{\alpha} Z(i)$ 加上剩余所有权分配的部分 φ，即 $(\sigma^r)^{\alpha} Z(i) + \varphi[1-(\sigma^r)^{\alpha}]Z(i)$，此时 Q 获得 $(1-\varphi)[1-(\sigma^r)^{\alpha}]Z(i)$。

为了分析简便，以 $\varphi_e^r Z(i)$ 表示重新谈判成功时 R 和 Q 达成的剩余所有权分配比例收入，R 在 M 国实施一体化获得的剩余所有权分配比例为 $\varphi_X^M=(\sigma^M)^\alpha+\varphi[1-(\sigma^M)^\alpha]$，在 N 国实施一体化获得的剩余所有权分配比例为 $\varphi_X^N=(\sigma^N)^\alpha+\varphi[1-(\sigma^N)^\alpha]$；在 M 国或 N 国实施外包获得的剩余所有权分配比例分别为 φ_Y^M 和 φ_Y^N。根据以上 $\sigma^M\geqslant\sigma^N$ 的假设可得：

$$\varphi_X^M=(\sigma^M)^\alpha+\varphi[1-(\sigma^M)^\alpha]\geqslant\varphi_X^N=(\sigma^N)^\alpha+\varphi[1-(\sigma^N)^\alpha]>\varphi_Y^M=\varphi_Y^N=\varphi \tag{7}$$

总体而言，R 选择一体化的生产组织模式比外包能够取得更高比例的收入。在同为一体化的生产组织模式中，企业选择在 M 国实施一体化要比在 N 国取得更高比例的收入。

最终产品生产者 R 提供总部服务使其收入最大化：

$$\varphi_e^r Z(i)-w^M k(i) \tag{8}$$

中间产品供应商 Q 提供零部件服务（中间投入品）使其收入最大化：

$$(1-\varphi_e^r)Z(i)-w^r m(i) \tag{9}$$

将式（8）和式（9）带入式（5），则全部过程的总利润为：

$$\xi_e^r(\theta,\ B,\ \phi)=B^{(\tau-\alpha)/(1-\alpha)}\theta^{\alpha/(1-\alpha)}\mu_e^r(\phi)-w^M f_e^r \tag{10}$$

其中，

$$\mu_e^r(\phi)=\frac{1-\alpha[\varphi_e^r\phi+(1-\varphi_e^r)(1-\phi)]}{\left[\frac{1}{\alpha}\left(\frac{w^M}{\varphi_e^r}\right)^\eta\left(\frac{w^r}{1-\varphi_e^r}\right)^{1-\varphi}\right]^{\alpha/(1-\alpha)}} \tag{11}$$

具有生产率 θ 异质性的企业可以通过选择生产组织模式和 Q 的所在地使 $\xi_e^r(\theta,\ B,\ \phi)$ 最大化。当式（10）等于零时，则 R 退出产业，$\underline{\theta}\in(0,\infty)$，$h$ 产业的产品消费指数 B 决定企业生产率水平的准入门槛，即 $\underline{\theta}$ 是 B 的函数。通过公式可以表示为：

$$\xi(\theta,\ B,\ \phi)=\max_{e\in\{X,\ Y\},\ r\in\{M,\ N\}}\xi_e^r(\theta,\ B,\ \phi) \tag{12}$$

从式（10）和式（12）中可以看出，适当的组合（φ_e^r，w^r，f_e^r）可以使式（10）最大化。两国的工资率和生产的固定成本的变化能够直接影响 $\xi_e^r(\theta,\ B,\ \phi)$ 的大小。同时，无论最终产品生产者 R 选择何种生产组织模式，其可变成本中 $w^M>w^N$。假设最终产品生产者可以任意选择剩余所有权比例 φ_e^r 使 $\mu_e^r(\phi)$ 最大化，则 $\varphi^*\in[0,\ 1]$，并得出：

$$\varphi^*(\phi)=\frac{\phi(\alpha\phi+1-\alpha)-\sqrt{\phi(1-\phi)(1-\alpha\phi)(\alpha\phi+1-\alpha)}}{2\phi-1} \tag{13}$$

为使 $\xi_e^r(\theta, B, \phi)$ 最大化，企业在选择生产组织模式时需要平衡三个方面的关系，即收入、工资和固定成本。在低资本密集度 ϕ 的产业（劳动密集型）中，$\phi^*(\phi) < \varphi_Y^M = \varphi_Y^N = \varphi$，由于外包具有更低的固定成本，企业不会选择一体化。

（三）企业生产组织模式选择

接下来本文借鉴安特拉斯和赫尔普曼（2004）中的图形进行分析。在资本密集度 ϕ 高的产业中可得：$\varphi^*(\phi) > \varphi_X^M$。如图 5 所示，比较 ξ_X^M 和 ξ_Y^N 的斜率，一方面，一体化的生产组织模式使最终产品生产者获得收入的较大比例，即 ξ_X^M 更加陡峭；另一方面，发展中国家的可变成本较低使 ξ_Y^N 的斜率也很陡峭。图 5 显示 ξ_Y^N 比 ξ_X^M 更陡峭，这意味着在发展中国家实施外包比在发达国家实施一体化的组织模式更能为企业带来更多的利润。

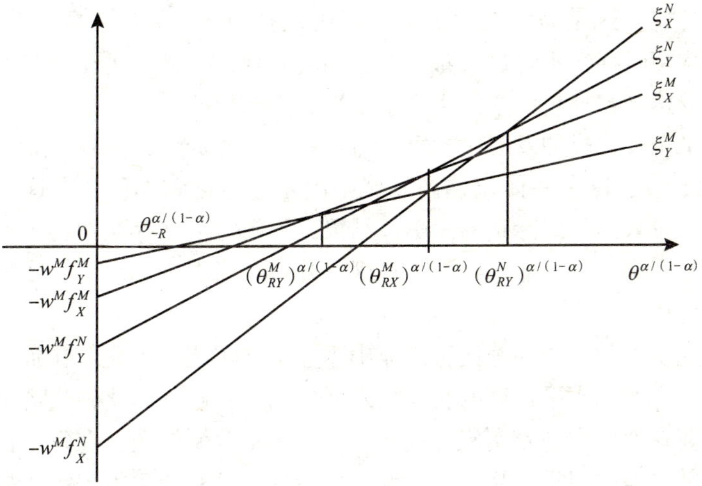

图 5 资本密集型产业的均衡

资料来源：Antras，P. and E. Helpman. Global Sourcing. Journal of Political Economy，2004，Vol. 112，pp. 552－580.

当 $\mu_Y^N(\phi) > \mu_X^M(\phi)$，$(w^M/w^N)^{1-\phi} > \delta(\varphi_X^M, \phi)/\delta(\varphi, \phi)$ 时，得出：

$$\delta(\varepsilon, \phi) \equiv \{1 - \alpha[\varepsilon\phi + (1-\varepsilon)(1-\phi)]\}^{(1-\alpha)/\alpha}\varepsilon^{\phi}(1-\varepsilon)^{1-\phi} \qquad (14)$$

工资差异与 φ_X^M 和 φ 有较大的相关性，所以 $\mu_Y^N(\phi) > \mu_X^M(\phi)$。在此环境下：

$$\mu_X^N(\phi) > \mu_Y^N(\phi) > \mu_X^M(\phi) > \mu_Y^M(\phi) \tag{15}$$

结合式（5）和式（15），在图5中描绘了利润函数的斜率和截距。它描绘了资本密集型产业的基本情况，均衡时存在着所有4种生产组织模式，一体化和外包发生在两个国家。生产率水平低于$\underline{\theta}_R$的企业退出产业，生产率水平在$\underline{\theta}_R$与θ_{RY}^M之间的企业在发达国家实施外包，生产率水平在θ_{RY}^M与θ_{RY}^N之间的企业在发展中国家实施外包，生产率水平高于θ_{RY}^N的企业在发展中国家实施一体化的生产组织模式。

当资本密集型产业的工资差异较小时，即$(w^M/w^N)^{1-\phi} < \delta(\phi_X^M, \phi)/\delta(\varphi, \phi)$，$\xi_X^M$比$\xi_Y^N$更加陡峭，在此情况下有两种可能：（因为$\mu_Y^N(\phi) > \mu_Y^M(\phi)$）

第一，$\mu_X^N(\phi) > \mu_X^M(\phi) > \mu_Y^N(\phi) > \mu_Y^M(\phi)$

第二，$\mu_X^M(\phi) > \mu_X^N(\phi) > \mu_Y^N(\phi) > \mu_Y^M(\phi)$

当$\mu_X^N(\phi) > \mu_X^M(\phi) > \mu_Y^N(\phi) > \mu_Y^M(\phi)$时，发达国家一体化控制发展中国家外包，这是因为在图5中利润线ξ_X^M比ξ_Y^N的截距更高、斜率更大。结果，均衡时存在不超过（最多）三种生产组织模式：低生产率水平企业选择的发达国家外包；中等生产率水平企业选择的发达国家一体化；高生产率水平企业选择的发展中国家一体化。当$\mu_X^M(\phi) > \mu_X^N(\phi) > \mu_Y^N(\phi) > \mu_Y^M(\phi)$时，发达国家一体化控制发展中国家一体化和外包，在这种情况下没有中间投入品的国际贸易发生。结果，均衡时最多存在两种生产组织模式：低生产率水平企业选择的发达国家外包，高生产率水平企业选择的发达国家一体化。

综上所述，在劳动密集型产业中企业不会实施一体化。在资本密集型产业中，生产率水平最高的企业在发展中国家实施一体化，生产率水平次低的企业在发展中国家实施外包，生产率水平较低的企业在发达国家实施一体化并取得中间投入品，生产率水平最低但没有低于市场准入标准的企业在发达国家实施外包，最后，生产率水平低于市场准入标准的企业退出市场。总体而言，高生产率的企业实施一体化，低生产率的企业实施外包。

三、实证检验

众多学者利用企业层面数据对美国、日本等国企业生产率决定企业生产组织模式进行了实证分析，其结果均符合理论分析得出的结论。那么中国企业国际生产组织模式选择是否符合企业内生边界理论呢？如果符合，中国企业生产率水平达到多少才能进行国际一体化或外包呢？中国企业生产组织模式选择对贸易的影响如何？本文将对这些问题进行实证检验。与之前学者不同的是，本文首次运用2002～2008年省际面板数据进行实证，探索不同地区企业边界的选择问题。

（一）数据来源与基本指标

1. 数据来源。为了验证中国企业生产率水平与企业边界选择的关系，需要用企业层面的数据进行实证，然而由于中国企业层面数据统计上的缺乏，本文采用2002～2008年中国各省相关统计变量的面板数据，在中国企业的总体层面进行实证分析，考察不完全契约情况下生产率对企业生产组织模式选择的影响，及其与国际贸易的关系。

根据生产率与一体化和外包的关系，此处我们设计的计量模式如回归模型（16）所示：

$$OFDI_{it}=\alpha_{it}+PRO_{it}\beta_1+EX_{it}\beta_2+TO_{it}\beta_3+TC_{it}\beta_4+CI_{it}\beta_5+SGDP_{it}\beta_6+SIND_{it}\beta_7+u_{it} \tag{16}$$

$$OSE_{it}=\alpha_{it}+PRO_{it}\beta_1+EX_{it}\beta_2+TO_{it}\beta_3+TC_{it}\beta_4+CI_{it}\beta_5+SGDP_{it}\beta_6+SIND_{it}\beta_7+u_{it} \tag{17}$$

回归模型（16）和模型（17）所用数据为中国29个省在2002～2008年的相关数据。[①] 其中，i表示省份；t表示时间；α_{it}是常数项；u_{it}是随机扰动项。以下介绍主要指标及其他控制变量的选取。

2. 主要指标。中国企业国际一体化（OFDI）。采用中国企业对外直接投资数据，来源于《2010年度中国对外直接投资统计公报》中2003～2010年各年中国非金融类对外直接投资流量表（分省、市、区）。其中缺少2002年的数据，我们利用Eviews 6.0软件将2002～2008年中国各省*GDP*数据与*OFDI*数据构建模型，估计出2002年中国各省非金融类*OFDI*流量数据。

中国企业国际外包（OSE）。采用中国企业出料加工贸易进出口值，来源于国研网统计数据库中对外贸易数据库的2002～2008年中国各省出料加工贸易值。由于部分年份数据统计不全，我们用该年总体的出料加工

① 由于西藏和青海的统计数据不完全，所以将这两个省从回归模型中剔除。

进出口值、全国进出口总值和各省进出口值构建模型，估计出缺失数据。

中国企业全要素生产率（PRO）。*PRO* 的测度采用艾依其和托米拉（Eiichi Tomiura，2005）的方法，[①] 即遵照格利里彻斯和马里塞（Griliches and Mairesse，1990）的近似全要素生产率（Approximate TFP），公式为：

$$ATFP = \ln\frac{Q}{L} - \frac{1}{3}\ln\frac{K}{L} \tag{18}$$

其中，Q 为产出，用各省规模以上工业企业工业增加值表示，2008 年的工业增加值未统计，是根据 2008 年各省各月工业增加值与上年同期增长数之比计算得出；L 为劳动投入，用各省规模以上工业从业人员数表示，2002 年数据未统计，用第二产业就业人数代替；K 为资本投入，用各省规模以上工业企业资产总值表示。本实证欲得出生产率的高低决定企业国际生产组织模式的选择，因此回归系数期望为正，数据来源于中经网数据库。

3. 其他控制变量。出口（EX）。出口值越大，*OFDI* 值就越小，出口在一定程度上挤占了 *OFDI* 的空间，回归系数期望为负；出口值越大，*OSE* 值就越大，当出口增加时，会刺激国内企业提高外包业务量，间接促进 *OSE* 提高，回归系数期望为正。对外开放程度（TO）。即用进口和出口之和占 *GDP* 比重衡量对外开放程度，回归系数期望为正。国际贸易结构（TC）。即用资本密集型产品出口在总出口所占的比重衡量贸易结构，贸易结构的变化可以提高或降低企业国际一体化和外包水平，同时也可以考查一体化和外包是否促进了贸易结构的改进。根据 1 位数的国际贸易分类（SITC），通常将 SITC 5（化学成品及有关产品）和 SITC 7（机械及运输设备）类制成品定义为资本和技术密集型产品。因此，我们用资本密集型产品出口值与总出口值之比作为衡量贸易结构的指标。[②] 资本密集度（CI）。用资本投入与劳动投入之比表示产品的资本密集程度，资本投入以规模以上工业企业的资产总计表示，劳动投入以职工工资表示，回归系数

---

① Tomiura Eiichi. Foreign outsourcing, exporting, and FDI: A Productivity Comparison at the Firm Level [J]. Journal of International Economics, 2007, 72, pp. 113 - 127.

② 由于各类数据库中没有对 SITC 5 和 SITC 7 类产品出口的分省统计，所以我们将 SITC 2 位数的分类项与商品名称及编码制度（HS）分类项进行比对，发现 SITC 5 和 SITC 7 类产品可以转化为 HS 第六类（化学工业及其相关工业的产品）除第 37 章照相及电影用品以外的全部分类、第十六类（机电、音像设备及其零件、附件）和第十七类（车辆、航空器、船舶及运输设备）。所以，我们用国研网数据库中 HS 的省际数据作为资本密集型产品出口数据。

期望为正。中国各省生产总值（SGDP）。表示中国各省的经济发展水平，回归系数期望为正。中国各省工业经济规模（SIND）。即中国各省工业生产总值占全省生产总值的比重，回归系数期望为正。以上控制变量数据均来源于国研网数据库。

（二）数据处理

在估算生产率时，我们用平减指数消除价格因素的影响，采用2001年为基期的工业品出厂价格指数和固定资产投资价格指数分别对工业增加值和资产总值进行价格平减，并对各变量进行单位根检验（ADF检验）。结果显示各变量不是同阶单整，一阶差分后仍不平稳，二阶差分后大多数变量平稳，但是为了保证变量的经济意义，我们将数据先取对数再差分。此时各变量均为同阶单整，可以进行协整检验。本文对各变量进行协整检验，将 *OFDI* 与 *OSE* 分别对各变量进行检验，如表3所示。结果显示两个模型均拒绝原假设，通过了协整检验，数据间具有长期的协整关系，且R-squared值近于1，拟合效果很好，可以进行面板数据的最小二乘回归。

表3　变量 *OFDI*、*OSE*、*PRO*、*EX*、*TO*、*TC*、*CI*、*SGDP*、*SIND* 进行协整检验

变量	t值	Prob	R-squared	D－W值
OFDI	－1. 981	0. 0238	0. 72	2. 5166
OSE	－2. 6473	0. 0041	0. 7473	1. 9158

（三）实证结果及分析

1. 回归分析。在回归前先进行豪斯曼检验，结果 *P* 值为1，接受原假设，模型（15）为随机效应模型（见表4）。由于此面板数据属于短时间大截面的情况，所以在估计方法中选择 Cross-section Weights（PCSE）。

表4　豪斯曼检验（被解释变量为 *OFDI*）

Correlated Random Effects-Hausman Test			
Test cross-section random effects			
Test Summary	Chi-Sq. Statistic	Chi-Sq. d. f.	Prob.
Cross-section random	0. 0000	7	1. 0000

由表5可知，以*OFDI*作为被解释变量的回归结果尚可，各项主要变量均很显著，但调整后的R^2值偏小，其他值均通过检验并符合预期。可能的原因是受统计影响导致时间序列偏短。但从总体上看依然可以作为稳健的结果进行分析。

表5　　最小二乘回归结果（被解释变量为*OFDI*）

	(1)	(2)	(3)	(4)	(5)	(6)
PRO	0.3574*	0.3359*	0.3375*	0.3376*	0.3540*	0.3647**
	(1.8053)	(1.7898)	(1.8037)	(1.8006)	(1.9477)	(2.0245)
EX	-1.5692*	-3.6053***	-3.1810***	-3.1830***	-4.3516***	-4.4595***
	(-1.9220)	(-3.3843)	(-2.8050)	(-2.8159)	(-3.5749)	(-3.6746)
TO		2.5892**	2.5103**	2.5127**	3.4746***	3.6363***
		(2.4141)	(2.3285)	(2.3777)	(3.0958)	(3.2304)
TC			0.7186	0.7180	0.4627	0.5262
			(1.0306)	(1.0148)	(0.6427)	(0.7330)
CI				0.0129	-0.0287	0.5807
				(0.0109)	(-0.0247)	(0.4902)
SGDP					8.4712***	9.4262***
					2.6628	(2.8117)
SIND						-2.8087
						(-1.2962)
样本量	174	174	174	174	174	174
调整后的R^2	0.0358	0.0722	0.0725	0.0669	0.0975	0.1026

说明：***、**、*分别表示1%、5%和10%的显著性，所有回归均接受豪斯曼检验，为随机效应模型，括号中的数值表示t值。

生产率*PRO*对*OFDI*的影响非常显著，表明*PRO*对*OFDI*具有很强的促进作用，当企业生产率*PRO*增长1个百分点，*OFDI*就会增加0.33～0.36个百分点，企业生产率水平的提高有利于企业选择国际一体化的生产组织模式，系数符号与期望符号相符。

出口*EX*的系数显著为负，表明*EX*对*OFDI*具有非常显著的抑制作用，*EX*的增长将导致企业*OFDI*的意愿降低，并更倾向于采取外包的生产组织模式，系数符号与期望符号相符。

对外开放程度*TO*的系数显著为正，一国对外开放程度的提高，一方面通过降低税收和增加优惠政策吸引外国投资者，另一方面也为鼓励企业

“走出去”而提供更加优惠、便利的金融支持、运输以及风险控制，促进企业进行国际直接投资，系数符号与期望符号相符。

国际贸易结构 *TC* 和资本密集度 *CI* 对 *OFDI* 没有显著影响，这可能是由我国企业出口商品结构决定的。目前出口商品中的资本密集型产品尚未占有主要地位，资源密集型产品和劳动密集型产品仍占有相当的比例，使 *TC*、*CI* 同 *OFDI* 的相关性不大。

中国各省生产总值 *SGDP* 的系数显著为正，系数高达9.4，说明 *SGDP* 增加将极大地促进企业 *OFDI* 的发展。经济发展水平的提高，投资回报率越高，从而提高企业的投资水平，生产率高的企业更倾向于采取一体化的模式进行海外投资，系数符号与期望符号相符。此外，中国各省工业经济规模 *SIND* 并没有显著影响（见表6）。

表6　　　　豪斯曼检验（被解释变量为 *OSE*）

Correlated Random Effects-Hausman Test			
Test cross-section random effects			
Test Summary	Chi-Sq. Statistic	Chi-Sq. d. f.	Prob.
Cross-section random	0. 0000	7	1. 0000

由表7可知，以 *OSE* 作为被解释变量的面板数据回归结果不理想，调整后的 R^2 值太小，而F值又太大，整体并没有通过检验。各主要变量除 *PRO* 外对 *OSE* 均不显著。可能的原因是我国企业的国际外包业务量太少，从前面的分析可以看出，外包的进出口值占总进出口比例很小，远未形成规模，而且中国各省的地域差距很大，有些数据是估计值，运用总体分析找不到一致的规律性结果。从生产率 *PRO* 来看，*PRO* 与 *OSE* 具有反向变动的显著性，*PRO* 的提高会抑制企业选择外包进行生产，结合表6中 *PRO* 和 *OFDI* 的关系不难得出：随着生产率 *PRO* 的增加，企业会更倾向于选择一体化的生产组织模式，而低生产率的企业只能选择外包。

表7　　　　最小二乘回归结果（被解释变量为 *OSE*）

	(1)	(2)	(3)	(4)	(5)	(6)
PRO	-0. 3230*	-0. 3177*	-0. 3178*	-0. 3134*	-0. 3077	-0. 3096*
	(-1. 7284)	(-1. 7297)	(-1. 7258)	(-1. 6817)	(-1. 6534)	(-1. 6690)
EX	1. 1778*	1. 6806	1. 6387	1. 5568	1. 1529	1. 1714

续表

	(1)	(2)	(3)	(4)	(5)	(6)
EX	(1.8806)	(1.5543)	(1.4745)	(1.3590)	(0.8953)	(0.9035)
TO		-0.6394 (-0.6200)	-0.6316 (-0.6130)	-0.5316 (-0.4956)	-0.1992 (-0.1673)	-0.2268 (-0.1884)
TC			-0.0711 (-0.1063)	-0.0939 (-0.1385)	-0.1822 (-0.2676)	-0.1930 (-0.2810)
CI				0.5282 (0.4630)	0.5139 (0.4512)	0.4096 (0.3335)
SGDP					2.9278 (0.7657)	2.7645 (0.6972)
SIND						0.4804 (0.1932)
样本量	174	174	174	174	174	174
调整后的 R^2	0.0093	0.0052	-0.0007	-0.0059	-0.0090	-0.0149

说明：***、**、*分别表示1%、5%和10%的显著性，所有回归均接受豪斯曼检验，为随机效应模型，括号中的数值表示 t 值。

2. 方差分解分析。由于企业国际生产组织模式选择与国际贸易及经济增长之间的关系未定，所以接下来我们利用方差分解分析 *PRO*、*OFDI*、*OSE*、*TO*、*TC* 和 *SGDP* 的关系。由表8可知，生产率 *PRO* 对 *OFDI* 具有一定的正向带动作用，但是 *PRO* 对 *OSE* 的作用不明显，进一步证明生产率高的企业选择一体化，生产率低的企业选择外包。进一步，我们用方差分解的方法重点对企业生产组织模式选择、贸易结构和经济增长之间的关系进行分析。由表8所示，*OFDI* 和 *OSE* 均对企业生产率有一定的正效应，且均呈现递增趋势，其中 *OSE* 的冲击效应从第三期开始稳定在14%以上，相对于 *OFDI* 的3.65%，*OSE* 对生产率 *PRO* 的正向带动作用较强。*OFDI* 和 *OSE* 均对贸易开放程度 *TO* 的影响不大，而对贸易结构 *TC* 的带动作用较强，其中 *OFDI* 对 *TC* 的促进作用比 *OSE* 大。企业生产组织模式选择均对经济增长 *SGDP* 有正向的带动作用，尤其是外包 *OSE* 的促进作用更强，且一直呈递增趋势。

表8　*PRO*、*TO*、*TC*、*SGDP* 的方差分解结果

时期	*PRO* 的方差分解结果		*TO* 的方差分解结果		*TC* 的方差分解结果		*SGDP* 的方差分解结果	
	OFDI	*OSE*	*OFDI*	*OSE*	*OFDI*	*OSE*	*OFDI*	*OSE*
1	0.633047	2.648655	0.799249	0.478126	1.526254	2.440175	0.229727	1.975751
2	3.652452	2.532039	1.711097	0.434808	2.884504	2.338803	3.855499	8.400285

续表

时期	*PRO* 的方差分解结果		*TO* 的方差分解结果		*TC* 的方差分解结果		*SGDP* 的方差分解结果	
	OFDI	*OSE*	*OFDI*	*OSE*	*OFDI*	*OSE*	*OFDI*	*OSE*
3	3. 204645	14. 35784	1. 385444	0. 716967	5. 375682	2. 311724	3. 489693	7. 738146
4	3. 673655	14. 09724	1. 371314	1. 663982	5. 298305	2. 585802	3. 371068	8. 45637
5	3. 643397	14. 40423	1. 349801	2. 878439	5. 294994	3. 939344	3. 662594	9. 090644
6	3. 653579	14. 55171	1. 33816	2. 964434	5. 302995	4. 002778	3. 734911	9. 046841
7	3. 66113	14. 55162	1. 36174	2. 967471	5. 296231	4. 016871	3. 74616	9. 044027
8	3. 658823	14. 5468	1. 373504	2. 961173	5. 296448	4. 054666	3. 753101	9. 04984
9	3. 658945	14. 54721	1. 378058	2. 959503	5. 295081	4. 071259	3. 75233	9. 045108
10	3. 660008	14. 54644	1. 383371	2. 959367	5. 295509	4. 07131	3. 752993	9. 044085

3. 格兰杰因果检验。由于各变量间具有稳定的相关关系，我们还需要确定它们之间的因果关系。将 VAR 模型做格兰杰检验，多次试验后选取 1 阶滞后，经整理后如表 9 所示。

表 9　　　　格兰杰检验结果（1 阶滞后）

零假设	F 统计量	相伴概率 P	结论
TC 不是 *OFDI* 变化的原因	5. 076923	0. 025779	拒绝
OFDI 不是 *TC* 变化的原因	1. 849623	0. 175983	不拒绝
SGDP 不是 *OFDI* 变化的原因	0. 11503	0. 73499	不拒绝
OFDI 不是 *SGDP* 变化的原因	5. 936226	0. 016071	拒绝
SGDP 不是 *OSE* 变化的原因	0. 581744	0. 446895	不拒绝
OSE 不是 *SGDP* 变化的原因	3. 614034	0. 05932	不拒绝

TC 不是 *OFDI* 变化的原因的相伴概率为 0. 025779，即在 97% 以上的概率下，*TC* 是 *OFDI* 变化的原因，而 *OFDI* 不是 *TC* 变化的原因的相伴概率为 0. 175983，不拒绝原假设，即 *OFDI* 不是 *TC* 变化的原因。可得 *TC* 是 *OFDI* 变化的单向原因，这与方差分解的结果相反，所以 *OFDI* 与 *TC* 的关系不确定。同理，*OFDI* 是 *SGDP* 变化的原因，*OFDI* 的增长会促进经济发展。特别的，*OSE* 不是 *SGDP* 变化的原因的相伴概率非常接近于临界值 0. 05，我们继续查看 2 阶滞后条件下它的相伴概率（见表 10），结果它的 2 阶滞后拒绝了原假设，即在 2 阶滞后的条件下 *OSE* 是 *SGDP* 变化的原因。

表 10　　格兰杰检验结果（2 阶滞后）

零假设	F 统计量	相伴概率 P	结论
SGDP 不是 *OSE* 变化的原因	0.386953	0.680036	不拒绝
OSE 不是 *SGDP* 变化的原因	5.37009	0.005941	拒绝

综上，我们可以得出：生产率 *PRO* 的提高将促进企业选择一体化的生产组织模式；*OFDI* 和 *OSE* 均对生产率 *PRO* 有正向作用，*OSE* 的正向促进作用更强；*OFDI* 和 *OSE* 均对贸易开放程度 *TO* 的影响不大；*OFDI* 与 *TC* 的关系不确定，*OSE* 对贸易结构 *TC* 有正向作用；企业生产组织模式选择均对经济增长 *SGDP* 有正向的带动作用，*OFDI* 在 1 阶滞后的带动作用明显，*OSE* 在 2 阶滞后的促进作用明显。

4. 结论与问题。本文基于企业异质性的假设前提，从生产率决定企业国际生产组织模式选择的视角，通过借鉴安特拉斯和赫尔普曼（2004）的模型，从理论上分析了不同资本密集型产业中生产率水平对企业实行一体化和外包的影响，并利用中国发展一体化、外包的数据进行了实证分析并得出稳健结论：

第一，生产率水平高的企业选择一体化，生产率水平低的企业选择外包；中国经济增长和对外开放程度的提高会促进企业“走出去”实行一体化的生产组织模式，但是对企业国际外包没有显著影响；国际贸易结构的变化对企业生产率影响不大，同时也没有对企业边界的选择产生积极影响。

第二，企业选择一体化和外包均对生产率有正向作用，外包的正向促进作用更明显；一体化和外包的发展对贸易开放程度的影响不明显；一体化与贸易结构的关系不确定，外包对贸易结构有正向作用；企业生产组织模式选择均对经济增长有正向的带动作用，一体化在 1 阶滞后的带动作用明显，外包在 2 阶滞后的促进作用明显。

本文还可以从如下方面进行完善。第一，理论模型。本文只利用一个内生变量——生产率对企业国际生产组织模式选择进行分析，实际上决定企业如何界定企业边界的内生变量还有很多，目前尚未有一个统计的模型将其全部纳入其中分析，将这些因素综合考虑，构建更为一般化的理论模型是进一步改进的方向。第二，实证检验，本文只是利用中国数据初步验证了理论的最终结论，并不是从理论机制上进行挖掘。同时，受制于统计数据的获取，本文采用中国较为宏观的数据进行计量分析，应该运用企业层面的数据更为深入检验理论的机制和结论，显然这也是下一步需要完善的地方。

第三篇

深化改革的方向与策略

中国经济体制改革的马克思主义政治经济学解读

丁堡骏*

一、生产资料一定要适应生产力性质规律，指导我们进行所有制改革

社会主义市场经济的理论基础是什么？中国改革开放取得成就的经济理论指导究竟是马克思主义经济学还是西方经济学？很多西化派学者叫嚣中国改革成就要归功于西方经济学。我们认为，中国改革开放事业所取得的成就归功于谁，这不是个别经济学家个人说了算的事儿。一个经济学说体系是否对中国改革开放事业做出了贡献，最根本的还是要看在改革开放过程中是否依据这个经济学说体系中的经济规律制定出了重大经济决策以及这种经济决策所取得的效果。只有这样，我们才能够对一个经济学说体系做肯定的回答，或做否定的回答。众所周知，生产关系一定要适应生产力性质规律，是马克思主义经济学的一条基本经济规律。新中国成立初期，我们党依靠广大人民群众对社会主义和共产主义社会建设的积极性和创造性，在很短的时间内，通过社会主义改造、人民公社化等方式，将一个贫穷落后的小农经济为主体的农业国建成了初步实现工业化的以全民所有制和集体所有制两种形式为主的公有制经济国家，相应地也形成了高度集中的计划经济体制。事实证明，这种建设成就是不容否认的。然而，当时在指导思想上确实存在追求“一大”、“二公”、“三纯”的单一公有制

---

* 丁堡骏，吉林财经大学马克思主义经济学研究中心教授。

的倾向。因而，即使是全民所有制和集体所有制两种形式为主的公有制也严重地超越现实的生产力发展水平。在经历了“文化大革命”等政治运动以后，改革这种超越生产力发展状况的生产关系和高度集中的计划体制已成为时代任务。以党的十一届三中全会为标志，中国开启了前无古人的以改革开放为根本标志的中国特色社会主义建设事业。在这一伟大事业的建设进程中，我们党坚持了马克思主义的实践性本质，从我国社会主义初级阶段的基本国情出发，提出了社会主义本质的新论断，提出了社会主义的历史使命是消灭阶级，消灭剥削，消除两极分化，实现社会公平。在社会主义初级阶段，这个神圣使命的实现，离不开一个基本的前提，即生产力的解放和发展。这是因为社会主义初级阶段制约社会公平实现乃至社会全面进步的最大因素就是社会生产力还处在比较落后的水平上。离开社会生产力的发展，离开全社会物质财富的增长，社会公平就无从谈起。因此，从社会主义初级阶段这个基本国情出发而形成的社会主义本质论，就廓清了在“什么是社会主义、怎样建设社会主义”问题上的模糊认识，推动了我国改革开放事业的深入进行。社会主义之所以需要改革，归根到底是由于社会主义初级阶段的生产关系和上层建筑不完善、存在着生产关系束缚社会生产力发展的因素。从社会主义初级阶段的基本矛盾和主要矛盾来看，我们的改革是解放和发展生产力的重要手段，是社会主义制度的自我完善和发展，是一场深刻的革命。这些认识成果，正是我们党运用马克思主义的生产关系一定要适应生产力性质规律所取得的。

我们党把深化所有制领域的改革作为实现经济体制改革的“突破口”。经过30多年的改革，在所有制方面我们基本建成了以公有制为主体、多种经济成分共同发展的所有制结构。所有制改革是中国改革最关键的也是最具决定意义的改革。在这个过程中，随着超越生产力发展水平的生产关系改革为符合生产力的生产关系，随着公有制经济、民营经济和多种经济成分大发展，广大人民群众生产的积极性和创造性得到了极大地调动，社会主义的社会物质财富和精神财富不断地被创造出来。为寻找有效发展生产力的基本途径，我们党在经济体制层面，引入了市场机制，实现了社会主义基本经济制度与市场机制的有效结合。社会主义市场经济理论诞生的意义，不仅是解决了社会主义制度下有效发展生产力的基本途径问题，更重要的是建构了一种新型的社会主义初级阶段的经济制度和经济体制，这是马克思主义与我国的改革实际相结合的结果。

由此我们说，中国改革开放最根本的指导思想，是马克思列宁主义毛泽东思想，是马克思主义普遍原理和中国革命和建设的具体实践相结合，是邓小平理论、“三个代表”重要思想和科学发展观等为主要内容的中国特色社会主义理论体系。正如胡锦涛同志所说：“30 年来，我们在一个十几亿人口的发展中社会主义大国取得的摆脱贫困、加快现代化进程、巩固和发展社会主义的宝贵经验，闪耀着马克思主义的真理光芒，是辩证唯物主义和历史唯物主义的胜利”。当然，我们也不否认，在改革开放过程中，在经济运行层次上，我们也借鉴了西方经济学的一部分关于微观经济管理和宏观经济管理的一些具体管理经验和做法。但这些也只是在马克思主义的辩证唯物主义和历史唯物主义的指导下进行的，因而是辅助的。当然，它的积极作用我们也不能否认，在今后的改革开放过程中我们还要大胆地吸收借鉴西方经济学的科学成分。我们主张学习借鉴西方经济学的科学成分，但我们不要夸大它的作用，尤其不能把它的作用和马克思主义经济学的指导作用相提并论，更不能以其取代马克思主义的指导地位。那种把学习借鉴西方经济学的科学成分并把它运用于中国改革开放的意义夸大，把改革开放所取得的举世瞩目的巨大成就归功于西方经济学，是不符合中国实际的。这种错误言论和错误思潮，是西方敌对势力误导中国改革开放事业，企图对中国实行和平演变理论的基础。

二、马克思经济理论中反映市场经济共性的分析是解释市场经济效率的科学理论

马克思关于资本主义生产方式的政治经济学，是分析私有制市场经济的科学的经济学。马克思在《资本论》第一卷第一版序言中，就明确指出：“我要在本书中研究的，是资本主义生产方式以及和它相适应的生产关系和交换关系。”[①] 这就决定了马克思经济学必然要对资本主义生产方式的经济运行基础——商品经济及其发展的高级阶段的市场经济进行研究，这一点与西方经济学是有某种相通之处的。但与西方经济学把资本主义制度来看做永恒的、自然的生产方式，把市场经济看做是抽象的一般的资源配置方式不同，马克思经济学是把市场经济置于特定的社会历史关系下从生产的角度来分析的。在马克思看来，资本主义的生产过程，既是使

① 马克思：《资本论》第 1 卷，人民出版社 1975 年版，第 8 页。

用价值生产的劳动过程，更是资本主义生产方式下的价值形成和价值增殖过程，是劳动过程和价值增殖过程的统一。因此，“纺纱机是纺棉花的机器。只有在一定的关系下，它才成为资本。脱离了这种关系，它也就不是资本了……资本是一种社会生产关系。它是一种历史的生产关系。”[①] 正是在关于生产一般和生产特殊这一框架下，马克思既考察了反映市场经济共同特点的市场一般，也考察了与特定生产关系相结合的市场特殊。在市场一般的层面上，马克思经济学与西方经济学的市场经济理论有某种共通之处。

从市场机制作用的总体过程来看，马克思是从资本主义生产过程中资本的本性出发来考察市场机制的。在马克思看来，资本主义生产的目的，就是追求剩余价值。对剩余价值的追求，是资本家行事的不竭动力。为获取更多的剩余价值，资本家之间展开了激烈的竞争。而“竞争斗争是通过使商品便宜来进行的”[②]，这一点充分地体现在马克思的超额剩余价值理论之中。超额剩余价值，是个别资本家通过劳动生产率的提高，使商品的个别价值低于社会价值，并按社会价值出售商品而多得的那部分差额。对超额剩余价值的追逐，促使资本家不断地改进技术或者采用新技术以提高本企业的劳动生产率，从而降低生产商品的个别劳动时间，使自己获得超额剩余价值。但是，这只是暂时现象，在追逐超额剩余价值的竞争中，全体资本家会竞相采用新技术。一旦新技术被普遍采用，整个部门的劳动生产率会得到提高，原来先进的生产条件就成为一般的生产条件，个别价值与社会价值之间的差额消失，超额剩余价值也就转化为相对剩余价值生产。相对剩余价值是在资本家追求超额剩余价值的过程中实现的，是以生产技术的不断变革、从而社会劳动生产率的不断提高为条件的。在这里，单个资本对剩余价值的无止境追求通过竞争的外在规律促进了整个社会劳动生产率的提高。因此，如果说以往我们是从揭露资本主义剥削的秘密的角度解读《资本论》的这部分理论，那么，现在我们完全可以从资本主义促进社会生产力提高的角度解读《资本论》。不过，这不是什么新鲜的事情。事实上，对于资产阶级在一个特定历史时期能够提高社会生产力，起一定的历史进步的作用，马克思从来没有否定。马克思早就指出，“资产阶级在它的不到一百年的阶级统治中所创造的生产力，比过去一切世代创

---

① 马克思：《资本论》第1卷，人民出版社1975年版，第834～835页。

② 马克思：《资本论》第1卷，人民出版社1975年版，第686页。

造的全部生产力还要多、还要大”。[①] 事实上，资本家并不关心社会的劳动生产率，也不是直接追求相对剩余价值，资本家的本意只是为了自己获取超额剩余价值。正如马克思在《资本论》中所述的：“当一个资本家提高劳动生产力来使例如衬衫便宜的时候，他决不是必然抱有相应地降低劳动力的价值，从而减少必要劳动时间的目的；但是只要他最终促成这个结果，他也就促成一般剩余价值率的提高。”[②] 在这一意义上，也可以说：“提高劳动生产力来使商品便宜，并通过商品便宜来使工人本身便宜，是资本的内在的冲动和经常的趋势。”[③] 这种部门内部的竞争，就形成了市场价值，价格也就围绕市场价值上下波动，来调节资源的配置。

从市场机制作用的具体过程来看，无论是在马克思经济学还是西方经济学中，市场机制发挥作用都是通过价格机制、供求机制、竞争机制等的综合作用来实现的。在西方经济学中，市场的均衡价格表现为市场需求和供给这两种相反力量共同作用的结果。当市场出现供求不一致的非均衡状态时，价格机制、供求机制、竞争机制的综合作用会使这种非均衡状态逐步消失，实际市场价格将回到均衡价格水平。在这里，均衡价格是价格变化的目标，是市场价格运动的趋势。在马克思经济学中，价格围绕价值上下波动是价值规律在现实经济生活中的表现形式。供过于求或供不应求从而使价格与价值的偏离虽然经常发生，但由于价格机制、供求机制、竞争机制的综合作用，这种偏离不会长时间持续下去。在这里，“价值表现为价格运动的规律”，[④] 使得市场价格在动态中趋于平衡。可见，无论是马克思经济学还是西方经济学，都认为市场运行是有规律的，平衡即意味着规律的存在。这一规律不仅体现在同一生产部门内部，也体现在不同生产部门之间。特别是同一部门内部的资本家，为追求超额剩余价值，会不断地采用新技术，使资本有机构成提高，造成不同部门之间资本有机构成和资本周转速度的差异，从而导致不同的利润率。然而，资本作为一种社会权利，必然要求等量资本获取等量利润。这必然使竞争扩展到不同部门。资本家为了获得更多的利润，会把资本从利润率低的部门撤出，转移到利润率高的部门。通过资本的转移，那些利润率高的部门，资本数量增加，

① 马克思、恩格斯：《共产党宣言》，载于《马克思恩格斯文集》第2卷，人民出版社2009年版，第36页。

② 马克思：《资本论》第1卷，人民出版社1975年版，第351页。

③ 马克思：《资本论》第1卷，人民出版社1975年版，第355页。

④ 《马克思恩格斯全集》第30卷，人民出版社1995年版，第86页。

生产规模扩大，产品供给增加，导致供过于求，产品价格下降，利润率也随之下降；利润率低的部门，则由于资本向外转移，产品供给减少，导致供不应求，产品价格上涨，利润率也随之上升。资本的这种转移及由此引起的利润率变动，一直要持续到各部门的利润率大致相等时才会停止，形成平均利润率。可见，无论是在马克思经济学还是西方经济学中，市场机制的作用都会使企业的利润趋向于平均。企业要想维持超额利润，就需要适时地考虑转向更兴旺、利润更高的行业，甚至自己开创全新的行业。这种资本的转移也说明了市场所具有的自发调整产业结构、进行资源配置的功能。

从市场经济的宏观调控来讲，马克思关于社会总资本再生产理论，揭示了商品经济和市场经济在结构和数量方面的矛盾和困难，指出了市场经济宏观调控的必要性。不仅如此，马克思对资本主义私有制市场经济的总量关系分别从结构和数量方面进行了系统的研究。这一点比资产阶级经济学的总量关系研究要科学得多。当然，马克思对私有制的资本主义市场经济是持否定态度的，他并不认为资本主义市场经济可以通过万能的宏观调控消除矛盾和危机。马克思对资本主义经济危机的科学理论已经不断地被资本主义市场经济所验证。从我国社会主义市场经济宏观调控过程来看，马克思关于结构、质量和经济增长的理论为我们提供了理论基础。

通过上面的分析我们知道，马克思经济学不仅是研究资本主义生产方式下的市场特殊，也研究了市场经济的一般。如果抛开它所反映的资本主义生产方式特性以后，对社会主义经济同样适用。而且，马克思不仅分析了私有制市场经济的高效率，也指出了它进一步发展导致资本主义矛盾爆发以及由此带来的低效率。不仅科学地分析了资本主义经济制度的产生发展，也说明了它必然灭亡的历史趋势。正如马克思指出的："资本的发展程度越高，它就越是成为生产的界限，从而也越是成为消费的界限。"①"它在使生产过程的物质条件及其社会结合成熟的同时，也使生产过程的资本主义形式的矛盾和对抗成熟起来，因此也同时使新社会的形成要素和旧社会的变革要素成熟起来。"② 因此，马克思经济学展现的市场经济，不仅是作为抽象的市场一般的市场经济，也是要与一定的社会基本经济制度相结合的作为市场特殊的市场经济。我国社会主义市场经济体制的构

① 《马克思恩格斯全集》第30卷，人民出版社1995年版，第397页。

② 马克思：《资本论》第1卷，人民出版社1975年版，第550页。

建，正是对马克思经济学这一理论的运用。

三、中国特色社会主义经济理论体系直接指导中国改革开放取得巨大成就

把坚持社会主义基本制度同发展市场经济结合起来，在社会主义条件下发展市场经济，是马克思主义中国化的突出成果，为我国大力解放和发展社会生产力、不断推进社会主义现代化建设找到了一条崭新的成功道路。

我国是在社会主义基本社会制度条件下发展市场经济，是社会主义基本制度与市场经济体制的有机结合，不是资本主义的市场经济，也不是单纯的市场经济，那种独立于任何社会基本制度的单纯市场经济在世界上是不存在的。邓小平同志早在1979年就指出，“说市场经济只存在于资本主义社会，只有资本主义的市场经济，这肯定是不正确的。社会主义为什么不可以搞市场经济，这个不能说是资本主义。”① “这是社会主义利用这种方法来发展社会生产力。把这当作方法，不会影响整个社会主义，不会重新回到资本主义。”② 在1992年视察南方的重要谈话中，邓小平同志进一步提出了“计划经济不等于社会主义，资本主义也有计划；市场经济不等于资本主义，社会主义也有市场”的“两个不等于”论断。这一论断一方面明确了市场经济是一种经济体制不是社会基本制度，是发展社会基本制度的一种方式或手段；另一方面，这一论断还明确了市场经济作为一种经济体制，必须与社会基本制度紧密结合在一起，市场经济的发展过程已充分证明这一点。因此，我们的市场化改革，绝不是西方经济学的专利，它恰恰是马克思主义中国化理论成果的应用。

新中国成立后，如何处理好计划与市场的关系，一直是我们在社会主义建设进程中艰辛探索和研究的问题。传统社会主义经济理论认为，社会主义经济只能是计划经济，否定商品货币关系和价值规律的作用；传统社会主义经济体制实行高度集中的以指令性计划为主的管理体制，排斥市场机制。但实践表明，这种对马克思主义僵化教条的理解，阻碍了社会主义生产力的发展。十一届三中全会会后，我国开始了市场取向改革的探索。党的十四大明确提出了建立社会主义市场经济体制的改革目标。从此，以

①② 《邓小平文选》第2卷，人民出版社1994年版，第236页。

建立现代企业制度为方向的国有企业改革、以明晰产权为重点的乡镇企业改革、以适应市场经济要求为目标的分税制改革和银行改革、以推进生产资料价格双轨制为市场单轨制和生产要素价格市场化为重点的价格改革以及大力发展个体私营等非公有制经济等，都有条不紊地积极展开，并取得明显成效。到20世纪末，我国社会主义市场经济体制初步建立。相应地，困扰我们几十年的卖方市场格局也转变为人们所乐见的买方市场格局。进入21世纪，党的十六大、十六届三中全会和十七大，进一步提出和部署了完善社会主义市场经济体制的任务。完善社会主义市场经济体制的着力点，是深入贯彻落实科学发展观，积极改革攻坚，实现国民经济又好又快发展，这一切都是马克思主义中国化的最新成果。

总结30多年改革开放的实践创新与理论创新，可以归结为两个方面：从改造世界方面讲，开辟了中国特色社会主义道路；从认识世界方面讲，形成了中国特色社会主义理论体系。改造世界和认识世界的有机统一，就是以中国特色社会主义为主题的理论与实践的辩证运动。在改革开放和社会主义现代化建设的不同阶段，先后产生了邓小平理论、“三个代表”重要思想以及科学发展观等重大战略思想，它们都是中国特色社会主义理论体系的有机组成部分，既一脉相承又与时俱进。在改革开放的进程中，这三大理论成果不断探索和回答了三大课题：什么是社会主义、怎样建设社会主义，建设什么样的党、怎样建设党，实现什么样的发展、怎样发展。对这三大课题的探索和回答，又通过改革开放实践的纽带相互联系和贯通，成为中国特色社会主义实践的“三位一体”，这也决定了中国特色社会主义理论体系内涵的“三位一体”。同时，中国特色社会主义理论体系主要是在以和平与发展为主题的时代条件下产生的，其三个组成部分都坚持从当代中国实际和时代特征出发，注重总结改革开放不同时期、不同阶段的新鲜经验，注重探索和回答不同的新问题，既相互贯通又层层递进，在改革开放新的实践中不断丰富和完善，而这一切又都与社会主义市场经济体制的建构与完善紧密地联系在一起。

四、吸收借鉴西方经济学的科学成分用以指导市场经济运行，是我们解释市场经济效率的又一个重要的理论依据

社会主义市场经济理论作为一种来自于新的社会实践的科学理论，是

马克思主义经济学的重要组成部分之一，它的建立和完善必须要坚持以马克思主义政治经济学为基础，同时又要以科学的态度吸收、借鉴西方经济学和其他经济学科的理论成果。正如邓小平同志所指出的："社会主义要赢得与资本主义相比较的优势，就必须大胆吸收和借鉴人类社会创造的一切文明成果，吸收和借鉴当今世界各国包括资本主义发达国家的一切反映现代社会化生产规律的先进经营方式、管理方法。"因此，构建社会主义市场经济体制，推行对外开放，需要我们正确对待资本主义社会创造的现代文明成果。资本主义经历了几百年的发展，在经济、科技、教育、文化和社会管理等方面积累了丰富的经验，社会主义作为崭新的社会制度，必须大胆借鉴、吸收人类社会包括资本主义社会创造出来的文明成果，结合新的实践进行新的创造，为我所用，才能加快发展，赢得同资本主义相比较的优势。中国改革开放，从对西方经济学的借鉴来看，我们有以下几个方面：

第一，从我们建立社会主义市场经济体制的目标来说，一是要使市场对资源配置起基础作用；二是实现生产要素商品化、企业行为自主化、产权关系明晰化、交易行为规范化等，这是我们吸收借鉴微观经济学所取得的。我们创造性地提出了如何在资源和技术约束下求得竞争性均衡的帕累托配置效率，纠正市场失灵和分配不公平的偏差。

第二，我们在国有企业改革中借鉴了西方股份制经济的管理经验。股份制企业的主要特点是：股东以其出资额为限对企业债务负有限责任，享有终极所有权；企业以其全部财产对企业债务负责，享有法人所有权；股东大会、董事会、总经理、监事会相互制约监督，形成法人治理结构。一方面，股份制企业能够通过多元化的所有者——股东筹集到企业发展所需要的巨额资金；另一方面，由于股权的可转让性，使财产能够在全社会范围流动。这两点，适应了社会化大生产的要求，推动了生产力以前所未有的速度发展。借鉴西方股份制经济的管理经验，对我国更好地实现公有制与市场经济的相结合，创新公有制实现形式，建立现代企业制度提供了有益借鉴。

第三，实施反垄断法等市场经济管理的措施借鉴了西方国家的经验。现代意义上的反垄断法是伴随着西方资本主义从自由经济转化为垄断经济这一特定历史条件而出现的。西方国家反垄断法的实施，在一定程度上对维护市场公平竞争，规范市场行为，维持市场秩序，起到了积极作用。目前我国虽然没有出现欧美国家那样的生产和资本高度集中的经济垄断组织，但随着我国开放步伐的加快，越来越多的世界跨国公司进入我国市场，它们垄断式的经营方式一定程度上干扰了我国市场的正常运行。我国应借鉴西方国家的反垄断措施，制定和完善反垄断法，以规范市场行为，维护大多数市场参与者的正当权益，确保社会主义市场经济的健康有效运转。

第四，关于社会保障制度的建设，我们已经和正在借鉴西方资本主义国家中的福利国家的理论和实际做法。与西方发达资本主义国家相比，我国社会保障制度的建设起步相对较晚。改革之前，我国采取的是计划经济体制下的福利性的社会保障政策。随着我国经济体制改革的深入，原有的社会保障措施越来越不能适应我国经济发展的需要。西方社会保障制度的经验教训为我国进一步建立和完善社会保障制度提供了一些有益启示和一定的借鉴意义。

第五，在宏观调控的手段方面我们借鉴了西方发达市场经济的管理经验。加强和改善国家对经济运行的宏观调控，这是马克思主义政治经济学也有的结论。但是在宏观调控的手段方面我们借鉴了西方发达市场经济的管理经验。如中央银行制度、财政政策、货币政策等具体操作层面的做法，不能说是属于资本主义所独有，因此我们完全可以采取“拿来主义”。

以上我们列举了改革开放过程中我们学习和借鉴西方资本主义和资产阶级经济学的各主要方面，当然，还有很多方面我们还没有完全列举进来。在这里我们还是要作如下说明：我们学习借鉴西方资本主义和资产阶级经济学的有益成分，并把它运用于社会主义改革开放过程之中，这样所取得的成就，不能说与西方经济学没有关系。但是，我们认为，这种成就不能归功于西方经济学，因为，被我们所借鉴利用的西方经济学理论，已经是经过我们进行批判改造的理论，这是在马克思主义历史唯物主义和其他经济规律指导下运用的，因此这种成就必然要归功于马克思主义，归功于马克思主义的新发展。

关于进一步推进国有经济改革发展的一些意见

林 岗 张 宇 张 晨*

一、对国有企业改革和发展起干扰作用的某些错误观点

改革开放以来，我国国有经济的改革与发展获得了巨大成就。一方面，通过制度创新，建立起了适应市场经济要求的新型国有资产管理制度和企业经营管理体制，使企业成为独立经营的市场主体，国有企业的竞争力和活力大大增强，效益明显改善。另一方面，通过调整国有经济的布局，把国有经济的重点放到关系国民经济命脉的重要行业和关键领域以及大的企业集团，增强了国有经济的控制力和影响力。但是，社会上也流行着四个对坚持国有企业改革和发展的正确方向起干扰作用的错误观点。要在已经取得的成就的基础进一步深化国有企业改革，应当对这些错误看法造成的混乱认识加以澄清。

错误观点之一：国有企业效率必然低下，因而应私有化。

在传统的计划经济体制下，确实存在国有企业效率不高的情况。但通过多年的改革，情况已发生变化。特别是21世纪以来，国有企业的经营绩效明显提高。目前，我国的许多国有企业在生产规模、科技创新、全员工效、安全指标和发展速度等主要技术指标上不仅在国内一流，在国际上也处于领先地位。事实证明，国有经济效率低下的论断是站不住脚的。

首先，让我们看一看国有企业的技术效率的变化。根据表1，在竞争

---

* 林岗，中国人民大学经济学院教授、博士生导师；张宇，中国人民大学经济学院教授、博士生导师；张晨，中国人民大学经济学院讲师、经济学博士。

性行业中，纵向看，国有工业企业和全部工业企业的全要素生产率（TFP）近年来都有显著的增长，“三资”工业企业则增长较慢。从TFP的增速来看，国有工业企业不仅快于“三资”工业企业，而且快于全部工业企业总体水平，这说明国有工业企业的技术效率改善明显快于非国有工业企业。横向看，国有工业企业与“三资”工业企业的差距逐年缩小。国有工业企业TFP与全部工业企业相比差距不大，且2007年和2008年国有工业企业已经高于全部工业企业的总体水平，这说明国有工业企业的技术效率与私营工业企业的总体水平大致相当，甚至已经超过了许多私营工业企业。另外，在科技投入方面，国有企业、国有联营公司以及国有独资公司这三种注册类型的国有企业的人力、物力投入都大大超过其他注册类型的企业（见表2）。这表明，国有企业在技术效率改进方面，比其他经济成分更具后劲儿。总之，就技术效率而言，国有工业企业不仅增长快于非国有企业，而且绝对水平与非国有工业企业的总体水平并不存在显著差异。

表1　竞争性行业全要素生产率（TFP）

年份＼行业	国有工业企业	“三资”工业企业	全部工业企业
2003	0.63	1.15	0.72
2004	0.74	1.15	0.80
2005	0.88	1.19	0.89
2006	0.96	1.23	0.96
2007	1.13	1.32	1.07
2008	1.22	1.29	1.10

资料来源：使用2003～2008年《中国工业经济统计年鉴》中34个竞争性行业的数据作为估算TFP的基础数据，计算得到竞争性工业行业中不同所有制形式企业的销售收入、从业人员数、固定资产净值的总计值，以此为基础估计出竞争性行业总的生产函数形式，进而获得不同所有制形式企业的TFP指标。

表2　不同注册类型企业的科技投入和科技产出　单位：%

注册类型	科技投入			科技产出	
	科技活动人员占从业人员比重	R&D经费占主营业务收入比重	科技活动经费占主营业务收入比重	新产品产值占工业总产值比重	新产品销售收入占主营业务收入比重
内资企业	3.8	0.6	1.2	9.7	9.7
国有企业	5.0	0.6	1.2	7.9	7.8

续表

注册类型	科技投入			科技产出	
	科技活动人员占从业人员比重	R&D 经费占主营业务收入比重	科技活动经费占主营业务收入比重	新产品产值占工业总产值比重	新产品销售收入占主营业务收入比重
国有大型企业	6.1	0.7	1.4	9.4	9.3
国有联营企业	7.7	1.2	2.3	20.6	24.1
国有独资公司	6.4	1.3	2.6	18.1	17.1
集体企业	1.0	0.5	0.8	8.2	8.2
私营企业	1.9	0.3	0.6	5.3	5.1
港澳台商投资企业	2.2	0.5	0.9	12.7	12.0
外商投资企业	3.2	0.6	1.1	16.9	17.0

资料来源：《中国科技统计年鉴（2009）》，中国统计出版社 2009 年版。

其次，再考察财务效率方面的状况。总资产贡献率综合地反映企业全部资产的获利能力，是评价企业财务绩效的常用指标。我们根据垄断性行业和竞争性行业的分组，将垄断性行业从全部工业行业数据中剔除，分别得到了国有企业和全部企业的总资产贡献率（见表3）。

表 3　　竞争性行业总资产贡献率　　单位：%

年份＼行业	全部工业企业	国有工业企业
2003	9.56	8.00
2004	11.32	9.95
2005	10.58	8.54
2006	11.47	9.03
2007	13.38	11.07
2008	13.58	8.62
2009	14.01	11.24

资料来源：《中国工业经济统计年鉴（2010）》，中国统计出版社 2010 年版。

由表3可见，在竞争性行业中，国有工业企业的总资产贡献率始终低于全部工业企业的水平。但是，由于总资产贡献率是一个涉及利润、税负、利息、资金周转速度等因素的综合指标，不能简单地以此做出国有企业必然效率低下的一般结论，而有必要进一步分析影响国有工业企业的总资产贡献率各个具体因素。为此，我们将总资产贡献率的公式做如下变形处理：

总资产贡献率

=（利润总额+税金总额+利息支出）/平均资产总额

=利润总额/平均资产总额+税金总额/平均资产总额+利息支出/平均资产总额

=（利润总额/销售收入）/（平均资产总额/销售收入）+税金总额/平均资产总额+利息支出/平均资产总额

=销售利润率×总资产周转率+税金总额/平均资产总额+利息支出/平均资产总额

由上式可以看出，总资产贡献率与销售利润率、总资产周转率、税负率以及资产负债率四个主要指标相关。我们分别计算了国有企业和全部工业企业的上述四个指标（见表4）。

表4　影响总资产贡献率的主要指标比较

指标 年份	销售利润率（%）		总资产周转率（次/年）		流动资产周转率（次/年）		资产负债率（%）		税负率（%）	
	国有工业企业	全部工业企业	国有工业企业	全部工业企业	国有工业企业	全部工业企业	国有工业企业	全部工业企业	国有工业企业	全部工业企业
2003	6.61	5.82	0.61	0.85	1.69	2	59.24	58.96	4.88	4.46
2004	7.63	6.00	0.65	0.92	1.86	2.16	59.35	59.17	4.96	4.42
2005	7.62	5.96	0.73	1.02	2.1	2.35	56.66	57.81	5.29	4.71
2006	8.37	6.22	0.75	1.08	2.28	2.5	56.24	57.46	5.58	4.96
2007	8.80	6.79	0.78	1.13	2.39	2.63	56.5	57.48	5.81	5.22
2008	6.14	6.11	0.78	1.16	2.34	2.67	58.99	57.71	5.64	5.56
2009	6.12	6.37	0.70	1.10	2.05	2.43	60.3	57.88	5.89	5.36
平均	7.33	6.18	0.71	1.04	2.10	2.39	58.18	58.07	5.44	4.96

注：税负率=（应缴增值税总额+营业税及其附加）/资产总额。
资料来源：《中国工业经济统计年鉴（2010）》，中国统计出版社2010年版。

由表4可以看到，国有工业企业在销售利润率和税负率两项指标上均高于全部工业企业，资产负债率则与全部工业企业相当。因此，国有工业企业总资产贡献率低于全部工业企业的原因，只能是税负率高而总资产周转率较低。总资产周转率是流动资产周转率和固定资产周转率的加权平均和。根据表4，2003～2009年，国有工业企业的总资产周转率平均仅有0.71次/年，而全部工业企业的总资产周转率则平均达1.04次/年。流动资产周转率情况，国有工业企业与全部工业企业相差并不多，加之流动资产在总资产中的权重较小，故而可以断定国有工业企业总资产周转率低的主要原因是其固定资产周转率较低。[①] 国有工业企业固定资产周转率较低的原因是多方面的。一方面是因为国有企业多为投资规模和沉淀成本较大的机械制造、石化、冶金、电信等行业的企业，这些行业的固定资产使用年限较长、折旧较慢，故而资本周转速度较慢，所占用的平均资产较多。另一方面，也是由于国有企业有一部分固定资产是其"社会功能的物质载体"而非生产性载体。有学者通过调研数据得出结论，认为国有企业的"社会性"固定资产占企业固定资产总额的比重远远高于其他所有制性质的企业。[②] 事实上，虽然国有企业改革在一定程度上减轻了企业的社会负担，但并未完全将这种负担消除。总之，国有工业企业总资产贡献率较低并不能说明其国有企业的生产经营效率一定低于其他所有制形式的企业，而是由行业特点和部分社会保障功能由企业承担等旧体制的遗存造成的。

为了避免总资产利润率涉及的复杂的问题，我们可以再考察一下企业的另一项重要财务指标——成本费用利润率。成本费用利润率是企业一定期间的利润总额与成本费用总额的比率。这一指标表明每付出一元成本费用可获得多少利润，体现了经营耗费所带来的财务成果。成本费用利润率的计算公式是：成本费用利润率＝利润总额/成本费用总额，因其分母是一定期间成本费用，故而能够避免以总资产贡献率衡量效率带来的偏差。

我们根据垄断性行业和竞争性行业的分组情况，将垄断性行业从全部工业行业数据中去除，分别得到了国有企业与全部企业的成本费用利润率（见表5）。

---

① 根据2004年第三次经济普查数据，当年国有工业企业固定资产周转率为1.32次/年，而全部工业企业为2.16次/年，远高于国有工业企业水平。

② "社会性"固定资产指某些由企业建设和购置的潜在福利性固定资产，包括企业办的大中专院校、中小学、商店、邮局、派出所等使用的固定资产。参见李培林、张翼：《国有企业社会成本分析》，载于《中国社会科学》1999年第5期。该文指出，集体企业、私有企业和三资企业的社会性固定资产都为0。

表 5　　竞争性行业成本费用利润率　　单位：%

年份＼行业	国有工业企业	全部工业企业
2003	4.73	5.15
2004	5.53	5.46
2005	4.23	4.94
2006	4.42	5.21
2007	6.21	6.28
2008	3.43	5.82
2009	5.84	6.68

在成本费用利润率这一指标上，国有工业企业的表现大大好于其总资产贡献率。国有工业企业的成本费用利润率在多数年份与全部工业企业相差很小，在2004年甚至高于全部工业企业。这说明，在我们仅考虑一定期间成本收益效率时，国有工业企业的表现并不逊于其他所有制形式的企业。这也印证了国有工业企业总资产贡献率低主要是由行业特点和部分社会保障功能由企业承担等旧体制的遗存所造成这个结论。

另外，还需要看到，国有企业利润率略低于其他企业，还与国有企业的工资性支出高于非公有企业有关。在许多私营企业，工资甚至不足以支付劳动力再生产所必要的费用，甚至低于生存工资水平。在这类企业，相当数量的劳动者维持生存还要部分地依靠社会性的补贴（如政府转移支付）和务农收入。李钟瑾等学者利用四种方法估算了私营企业工资水平与生存工资水平之间的差距，并将其称为“私营企业的社会欠账”，如表6所示。①

表 6　　2003～2009 年私营企业社会欠账估算　　单位：亿元

全部私营企业	方法 1	方法 2	方法 3	方法 4
2003 年	2 218	2 187	2 289	2 200
2004 年	2 944	2 838	2 972	2 862
2005 年	3 924	3 780	3 959	3 814

① 李钟瑾等：《生存工资、超时劳动与中国经济的可持续发展》，载于《政治经济学评论》2012 年第 3 期。

续表

全部私营企业	方法1	方法2	方法3	方法4
2006年	4 645	4 367	4 605	4 413
2007年	5 887	5 521	5 839	5 586
2008年	8 173	7 920	8 329	8 002
2009年	9 665	9 339	9 827	9 436
加总	37 456	35 952	37 820	36 314
规模以上私营工业企业	方法1	方法2	方法3	方法4
2005年	1 899	1 894	2 003	1 951
2006年	2 251	2 232	2 375	2 307
2007年	2 804	2 774	2 962	2 872
2008年	4 463	4 440	4 717	4 585
2009年	5 028	4 994	5 308	5 159
加总	16 445	16 334	17 365	16 874

资料来源：李钟瑾等根据《中国统计年鉴》、《中国工业经济年鉴》及国家统计局《农民工监测调查报告》计算。

在表6中，方法1～4分别对应以下情况：（1）私企只支付了正常工作时间的工资，但没有支付加班费。这时社会欠账主要产生于少付的加班费。（2）私企支付了正常工作时间的工资，也按双倍支付了每周36小时加班时间的工资，但没有支付非法加班的工资。由于工资是对包括正常工作和合法加班在内的工作时间的报酬，所以单位小时工资比较低。这时社会欠账一部分产生于实际支付的工资与生存工资的差额，另一部分产生于对非法加班未支付的工资。（3）私企支付了正常工作时间的工资，并按照单倍工资支付了36小时加班时间的工资，但没有支付非法加班的工资。这种情况介于情况（2）和情况（4）之间。（4）私企支付了正常工作时间的工资，并按双倍支付了所有加班时间的工资。这时社会欠账主要产生于实际支付的工资与生存工资之间的差额。考虑到私营企业由于支付低于生存工资的工资，才具有较高的利润率水平，那么，在与国有企业进行比较时，应当将其利润中包含的“社会欠账”（正常工资与低于生存工资的私营企业实际工资间的差额）扣除。经调整的私营工业企业主营业务利润率仅为1%～2%，显著低于国有企业3%～4%的水平（见表7，2008年之前，所得税税率不同，故不列入比较）。

表 7　　主营业务利润率

年份	私营工业未调整的总资产收益率	方法 1	方法 2	方法 3	方法 4	国有工业利润率
2008	4.73	1.34	1.36	1.15	1.25	4.61
2009	4.63	1.42	1.45	1.25	1.34	4.59

资料来源：李钟瑾等根据历年《中国统计年鉴》计算。

还需要强调的是，评价国有企业的效率不能仅仅局限于企业的微观效率指标，还必须看到国有企业在保持社会稳定、保障宏观调控、维护国家安全、实现国家战略、推动自主创新以及实现科学发展和促进社会和谐等方面的重要作用，也就是说，国有企业具有重要的宏观经济意义，国有企业的效率还需要从宏观的视角加以考察。国有经济的这种宏观效率对于促进国民经济的持续稳定协调发展具有关键作用。

错误观点之二：国有经济造成垄断，不利于市场竞争，因而应私有化。

这种观点把反垄断与私有化混为了一谈。垄断作为一种市场结构，与所有制形式并没有直接的关系。在市场经济中，某些行业中的某些企业由于在规模经济和范围经济、长时期大规模的研发投入和知识产权、稀缺资源占有、网络效应等方面具有优越地位，从而在生产、交换和价格的形成上具有了一定程度的控制力，就会通过市场竞争形成垄断地位。这种情况无论是在公有经济还是私有经济中都存在。事实上，自从资本主义由自由竞争阶段进入垄断阶段后，垄断就日益成为资本主义经济的常态，并随着资本主义经济的发展而不断加强。在这些垄断性部门，由公有制企业经营比由私有制企业经营，能更好地体现社会的利益和国家发展战略。

对于处于垄断地位的企业，我们要通过《反垄断法》以及政府和社会的监督对其行为加以控制，防止其利用垄断地位对社会的利益造成损害。但是，不能把反垄断与私有化混为一谈，垄断与国有制，反垄断与私有化之间没有直接的关系。实际上，与主要发达市场经济国家相比，当前我国市场结构所面临的主要问题不是所谓的垄断，而是企业规模相对较小，产业组织结构松散，国际竞争力低下，不能适应国际竞争的需要。根据美国《财富》杂志最新公布的 2009 年世界 500 强企业排名，我国入围的企业与世界同行业领先企业的差距仍然较大：石油石化行业中，中国石化、中国石油、中国海油三家企业的年销售收入合计尚不及壳牌石油公司一家；电信行业中，中国移动的营业收入仅为美国电话电报公司的一半；航运业中，中国远洋的营业收入约为马士基的40%；航空设备制造业中，中国航空工业集团的营业收入仅为美国波音公司的1/3；矿业中，中国铝业的年营业收入仅为必和必拓的30%；钢铁行业中，宝钢的营业收入不足安赛乐米塔尔公司的三成；汽车业中，“上汽”与“一汽”的营业收入总和还不到丰田汽车的1/4。而在标志一国工业技术能力的装备制造业中，我国尚无企业入围世界500强，中央三大电气集团的营业额仅为美国通用电气的2.5%左右，约为德国西门子公司的4.4%。因此，一些关键性行业集中度的提高和国有企业规模的扩大，是面对全球化的挑战和维护国家经济安全的必要选择。

在经济对外全面开放的条件下，判断一个企业是否处于垄断地位，不能只是在国内企业之间比较，还要考虑到国际竞争。从全球市场的角度来看，我国国有企业没有一家能够说是处于垄断地位。以石油石化行业为例，2011年，中国石油天然气公司的国内产原油为10 754万吨，国外产原油8 938万吨（其中4 173万吨为权益产量），海外业务营业收入已经占到其总营业收入的近1/3；[①] 而在国内市场上，国有石油石化企业同样置身于全球化带来的竞争中。为兑现进入WTO的承诺，2004年12月，我国正式开放中国石油零售市场，BP、壳牌、埃克森—美孚等国际大型石油公司开始进入成品油零售市场，虽然占有加油站份额小，但进入的却是中国经济最发达、中国成品油需求量最大、利润最高的广东、浙江、江苏、福建等省。2006年12月商务部发布了《成品油市场管理办法》和《原油市场管理办法》，自2007年1月1日起施行，对外开放国内原油、成品油批发经营权，允许具备条件的企业从事原油、成品油批发经营。随着我国成品油市场的逐步开放，中国石油企业势必将面临外国石油公司主要是以埃克森—美孚、壳牌、BP为首的国际大石油公司，和一些产油国大公司，如俄罗斯石油公司等的激烈竞争。

事实上，即便不考虑国际竞争，仅就国内经济而言，国有企业在垄断程度也被国内外某些人别有用心地夸大了。表8的数据说明，除了电网、石油石化、电信基础运营、铁路交通运输、烟草以及一些社会服务业中的特殊的子行业（如自来水生产供应）有着较强的垄断性之外，包括煤炭、

---

① 参见《中国石油天然气股份有限公司2011年年度报告》。

钢铁等在内的其他行业，如建筑、房地产、汽车、机械制造、信息产业、金融业、商业和社会服务业都具备了较强的竞争性。从国有企业的行业分布来看，分布于竞争性行业的国有企业占国有企业总数量的90%以上。[①]这些数据表明，多数国有企业都是积极的市场竞争主体，并未损害市场的竞争性。换句话说，在我国的竞争性行业中，竞争的强度并未因国有企业的存在而减弱。

表8　　　　国有资产主要分布行业的市场结构

行业			CR_8	CR_8^*	HHI^*	CR_4	HHI
石油石化							
	石油天然气开采		0.72	0.91	0.58		
		原油生产				0.99	0.41
	石油化工		0.36	0.48	0.04		
		成品油生产销售				0.97	0.43
电力生产及供应			0.23				
	发电					0.33	0.03
	火力			0.10	0.005		
	水力			0.17	0.006		
电信基础运营						0.98	0.29
钢铁			0.28			0.28	0.03
煤炭			0.21			0.18	0.01

注：CR为集中率（Concentration Rate）；HHI为霍芬达尔－赫希曼指数，（Herfindahl-Hirschman Idex），用于衡量市场竞争的激烈程度。一般认为该指数高于0.3即存在一定程度的垄断。

资料来源：CR_8数据为2000年数据，来源于戚聿东：《中国经济运行中的垄断与竞争》，人民出版社2004年版，第115～117页。CR_8^*和HHI^*数据来源于：刘小玄：《中国转轨市场过程中的产权和市场》，上海三联书店2003年版。CR_4与HHI数据根据各主要行业前六名企业情况及其相关行业数据计算得到，其中原油生产、成品油生产销售、发电、电信基础运营、钢铁、煤炭分别以原油产量、成品油产量、发电量、电信业营业收入、粗钢产量、煤炭行业销售收入为基础数据计算得到。

---

① 根据2007年全国国有企业户数、从业人数、国有资产总量行业分析表相关数据计算，其中，竞争型行业涵盖除石油石化、烟草、电网、市政公用、铁路运输、邮电通讯等之外的其他行业。

那些主张肢解国有大企业的人，经常宣称国有企业的利润主要来自垄断。这在很大程度上也是一种想当然。垄断性行业中国有企业的利润总额波动较大，2005～2008年，垄断性行业国有企业的利润总额较大，占全部工业国有企业的利润总额的比重也较大，其中2005年和2006年，这一比例都超过了30%。这主要是受到经济周期和资源价格特别是石油价格的影响。但总的来说，2000～2009年，国有工业企业的利润主要来自于竞争行业，这些行业的总资产利润率较高，利润总额的增速也更快（见图1）。因此，认为国有企业利润主要来源于垄断的说法，只是看到了个别行业在个别年份的特殊情况，并不具有全面、客观的依据。

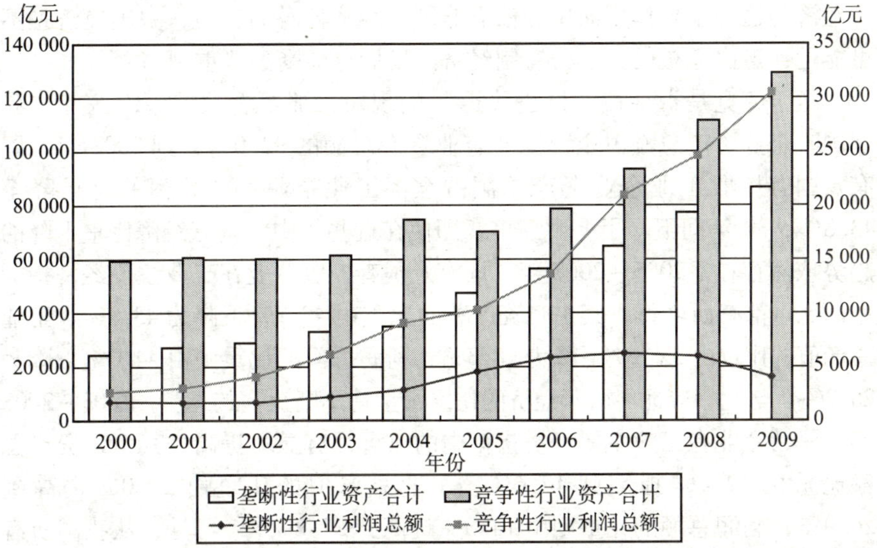

图1　2000年以来垄断行业与竞争行业中国有企业的资产与利润情况对比

资料来源：《中国工业经济统计年鉴》（2001～2010），中国统计出版社。

错误观点之三：国有企业的发展壮大会挤压私人企业的空间，导致所谓“国进民退”，不利于市场经济的发展。

这种观点把国有经济的发展与非国有经济的发展不恰当地对立起来了。党的十七大报告指出：“坚持和完善公有制为主体、多种所有制经济共同发展的基本经济制度，毫不动摇地巩固和发展公有制经济，毫不动摇地鼓励、支持、引导非公有制经济发展，坚持平等保护物权，形成各种所有制经济平等竞争、相互促进新格局。”积极鼓励、引导和支持非公有制经济的发展，对于调动各方面的积极性，鼓励生产、鼓励创业、鼓励投资、鼓励就业、增强经济发展的活力具有重要的不可替代的作用。但是，促进非国有经济发展与发挥国有经济的主导作用是相辅相成的，而不是相互对立的。正是国有经济的存在和主导作用的发挥，使我们在当前应对危机的过程中，有条件实施大规模的政府投资、大力度的结构调整和大范围的社会保障；使我们保持了在资源、能源、交通、通讯、新技术、金融等关键行业和领域的控制力；使我们能够不断增强国家的经济实力、国防实力、民族凝聚力以及应付各种突发事件和重大风险的能力，保障国家的安全；也使我们能够建立比较和谐的劳动关系，保障社会的公平正义。国有经济的上述作用，为非国有经济的发展创造了良好的宏观环境。离开了国有经济的这种主导作用而单纯依靠非国有经济自身的努力，中国经济是不可能迅速走出危机的，非公有制经济的发展也会受到严重制约。

至于究竟是否存在“国进民退”的现象，那要看数据。1978 年，我国国有企业资产总额占全部工业企业资产总额的 92.0%，到 2008 年，国有及国有控股工业企业资产总额占全部工业企业资产总额的比重降至 43.8%，30 年间下降了一半还多。即使在近些年中，国有经济比重下降的趋势依然存在。2005～2008 年，国有及国有控股企业在工业主要经济指标中的比重都有所降低，其中，资产总额比重由 48.1% 下降为 43.8%，工业总产值的比重由 33.3% 下降为 28.3%，利润总额的比重则由 44.0% 下降为 26.7%。与此相应地，民营经济的比重则呈现不断提高的态势。2005～2008 年，民营企业在工业主要经济指标中的比重都有显著提高，其中，资产总额比重由 12.4% 提高到 17.6%，工业总产值的比重由 19.0% 提高到 26.9%，利润总额的比重则由 14.3% 提高到 27.2%。① 可见，从我国所有制结构变化总的情况来看，所谓的“国进民退”并不存在，那些基于个案而做出的所谓“国进民退”的判断是不符合实际的。此外，应当指出，不能认为国有经济只能是有退无进。事实上，党中央讲的是有退有进。在平等竞争的条件下，为什么社会主义的国有企业就不能发展和壮大自己？

错误观点之四：国有经济战略调整的目的，就是要使国有企业全面退出竞争性领域。

这种观点与我国国有企业改革的目的是背道而驰的。中共十五届四中

---

① 参见国家统计局：《统计数据不支持国进民退观点》，载于《东方早报》，2010 年 8 月 2 日。

全会通过的《中共中央关于国有企业改革和发展若干重大问题的决定》指出，国有经济需要控制的行业和领域主要包括：涉及国家安全的行业，自然垄断的行业，提供重要公共产品和服务的行业，以及支柱产业和高新技术产业中的重要骨干企业。其他行业和领域，可以通过资产重组和结构调整，集中力量，加强重点，提高国有经济的整体素质。2006 年 12 月国务院办公厅转发的国资委《关于推进国有资本调整和国有企业重组的指导意见》提出，国有经济应对关系国家安全和国民经济命脉的重要行业和关键领域保持绝对控制力，包括军工、电网电力、石油石化、电信、煤炭、民航、航运等七大行业。在这些领域，应使国有资本总量增加、结构优化，一些重要骨干企业要发展成为世界一流企业。同时，国有经济对基础性和支柱产业领域的重要骨干企业要保持较强的控制力，包括装备制造、汽车、电子信息、建筑、钢铁、有色金属、化工、勘察设计、科技等行业。这些领域的国有资本比重虽然下降，但国有经济的影响力和带动力应增强。因此，我国的国有企业在不同产业领域的进与退并不是以垄断还是竞争为根据的，而是以发挥国有经济的主导作用的需要为依据的。我们建立和发展社会主义市场经济以及推动国有企业改革的根本目的，就是要把公有制与市场经济结合起来，使公有制企业特别是国有企业适应市场竞争的要求，在市场竞争中得到发展壮大。如果规定国有企业只能存在于非竞争领域，国有企业都退出竞争领域，发挥国有经济的控制力、影响力和带动力就成了一句空话，公有制与市场经济的结合也就根本无从谈起。

二、国有企业进一步改革发展的思路

1. 深化国有经济改革必须继续坚持和完善以公有制为主体、多种所有制经济的基本经济制度，充分发挥国有经济的主导作用，不断提高国有经济的控制力、影响力和带动力，努力做大做强国有企业，不断提高国有企业的竞争力，坚定反对私有化思潮的误导。改革开放以来，国有经济在国民经济中的比重持续下降，这种情况在改革开放的初期是合理和正常的，但是，当前，公有制经济的比重已经很低，公有制经济主导地位面临着丧失的危险。在这种情况下鼓吹“国退民进”，对社会主义基本经济制度来说无异于釜底抽薪。我们还应当清楚地认识到，国有经济不仅是社会主义制度的根基，还是推行国家发展战略的基本经济力量。我们在前面批评的那些有关国有经济的错误主张如果真的得到施行，将会严重地阻碍国家发展战略的实施，而有利于西方敌对势力遏制我国发展势头图谋的实现。

2. 对国有企业改革应采取分类指导的原则。从总体上来看，可以把国有经济的分布领域分为两种情况：有控制的领域和一般性的领域。在涉及国民经济命脉和国家安全的关键部门，国有经济要保持控制力，国有企业的范围和管理方式的选择不仅要考虑市场化的短期目标，而且要考虑宏观调控的总体要求和约束。在其他一般性的领域，国有企业的范围和管理方式的选择则要以市场竞争为基础，国家不进行直接干预和约束。不能人为地让国有企业完全退出竞争领域，而要坚持有进有退，有所为有所不为，集中力量，加强重点，充分发挥国有经济对其他经济成分的影响和带动作用，使之成为实现国家发展战略的有力杠杆。

3. 建立健全国有企业的监管体制。中央、省、市（地）三级国有资产监管机构建立和运行，一定程度上解决了以往国有资产监督管理职能分散在多个部门，对企业干预过多，但无人对国有资产的保值增值真正负责的局面，使得国有资产保值增值责任层层落实，国有资产监管进一步加强。但是，目前还存在关于国有资产管理的组织和政策不统一，中央和地方以及不同地区、不同行业协调配合不够的问题，对金融产业、文化产业等重要部门的国有资产目前还缺乏像工业部门中国资委那样的管理体系。因此，需要创新国有资产管理体系，在统一政策、统一规划、统一制度和加强协调的前提下，对国企实行中央、地方和行业分工管理。

4. 完善国有资本经营预算制度。国有资本经营预算制度是国有资产监督管理机构依据政府授权，以国有资产出资人身份依法取得国有资本经营收入、安排国有资本支出的专门预算，是政府预算的重要组成部分。实行国有资本经营预算是国有资产监督管理机构履行出资人职责的重要方式，是调整国有经济布局和结构的重要手段，是对国有资本管理和运营进行评价考核的重要方面。要进一步改革和规范国有企业利润自留、上缴和使用的决策方式。应由各级政府或履行出资人权利的机构向同级人民代表大会提交国有企业利润分配的方案，由各级人大审议，行使利润分配的最终决策权。同时，也要警惕国内外某些别有用心之人，以提高国有企业分红比重、实行全民分享国企利润为口实，达到限制国有企业通过积累做大做强的目的。2012 年中美战略与经济对话，美方对中国人民的福利表现出令人生疑的热心，要求中方提高国有企业红利上缴比例，其最终图谋就在于限制国企，从而遏制我国的经济增长。国有企业利润上缴和资本分红制度既要体现社会利益和社会公平的要求，同时要充分考虑企业积累和长远发展的需要。

5. 完善企业经营业绩考核体系和企业经营者的激励和约束机制。企业经营业绩考核体系是国有资产监督机构依法对所出资企业经营业绩进行考核的一系列指标所构成的综合体系，是年度考核与任期考核相结合、结果考核与过程评价相统一、业绩考核与奖惩和分配紧密挂钩的国有资产业绩考核制度。实行企业经营业绩考核是实行国有资产经营目标管理和落实国有资产经营责任制度的重要手段，有利于提高国有资产的经营效率和竞争能力。长远来看，对于大多数竞争性领域应该将全社会的平均利润率作为评价国有企业经营绩效的一般标准。作为过渡，目前可用分类、分行业的平均利润率对国有企业经营进行绩效考核。

另外，要通过试行规范的年薪制、奖励红股或期股期权等多种薪酬方式，形成有利于最大限度实现国有资产保值增值目标的激励体系。要根据绩效考核和评价结果对企业负责人进行奖惩。强化企业内部约束，完善法人治理结构，形成股东大会、董事会、监事会、总经理之间分权制衡机制和企业内部财务预算硬约束机制；严格实行企业重大决策失误责任追究制度，建立健全企业风险内控机制。

6. 进一步加强国有经济内部的民主管理。社会主义公有制是全体人民共同占有生产资料的一种所有制形式，公有制的性质要求其管理过程必须充分体现全体人民的共同利益和共同意志。当前，国有经济管理中存在一些薄弱环节和不足之处，如权力缺乏约束、管理者以权谋私、垄断企业收入过高、重大决策不够规范等，引起了群众的不满。这些问题的产生与国有资产管理中的民主监督机制不健全有关。因此，要创新和加强对国有资产管理过程的民主监督，创新和完善人民群众参与国有资产管理的体制机制。

首先，要加强各级人民代表大会对国有资产的监督管理。从根本上说国有资产属于全体人民，各级政府行使对国有资产的管理权，从本质上说是来源于全体人民的授权。因此，要加强各级人民代表大会对国有资产改革和管理过程的监督，比如，应当尽快出台《国有资产法》，明确国有资产的全民所有的属性以及全国人民代表大会的资产委托权利；明确各级国有资产管理机构与同级人民代表大会之间的关系；各级人大应当成立专门国有资产审核机构，审议各级政府在处理国有资产中的合规性，以保证国有资产正常运转以及处置的公平、公开。在此基础上，事关国有资产监管的重大事项，如国有资本经营预算的审定批准、国有资产监督管理报告的审议批准、国有企业利润的分配和红利上缴、国有资产的“进退”问题的决策，都应由同级人民代表大会实行民主决策。

其次，要加强国有企业内部劳动者对企业经营管理的民主监督。首先要充分发挥职工民主管理作用，构建和谐的劳动关系。不仅要实践我国《公司法》中规定的职工的民主参与权利，还要体现公有制的特点，使职工能够通过职代会参与管理，避免企业与职工关系的雇佣劳动化或私营企业化。此外，还应当充分发挥国有企业党组织在民主管理中的积极作用，保证监督党和国家的方针、政策在企业的贯彻执行，协调维护各方的合法权益。

7. 完善与社会主义国有经济的性质相适应的收入分配制度。与社会主义国有经济的性质相适应的收入分配制度，是以按劳分配为主多种分配为主的收入分配体制，这种体制要体现以劳动为基本尺度的社会公平。特别是要加强对垄断行业和金融部门等领域收入分配的监管，防止企业领导人和内部职工的利益过度膨胀，损害社会的利益。这些行业因垄断形成的租金或级差收益，应上缴国家，或用于生产性积累，不能用于企业的个人收入分配。

国有企业深化改革必须正确认识的几个基本问题

简新华*

如何正确认识和深化国有企业改革，不仅直接关系到能否建立起社会主义市场经济体制的微观基础、最终完成改革的基本任务、真正建立起社会主义市场经济体制，并且决定中国的改革能否坚持社会主义方向、壮大增强国有经济、巩固和加强社会主义经济基础、真正避免贫富两极分化、切实走向共同富裕。

一、国有企业还要不要改革、朝什么方向改

改革开放的过程也是国有企业改革的过程，改革开放初期就提出了企业改革特别是国有企业改革是整个经济体制改革的中心环节。从扩大企业自主权、利润留成、恢复奖金制度，到把“包”字请进城、实行承包制、拨改贷、利改税，再到转机改制、调整国有经济布局结构，改革国有经济管理体制、实行以股份制或公司制为基本形式的现代企业制度、国企上市、三改一加强、抓大放小、有进有退、下岗分流、减人增效、再就业工程、利税分流、年薪制、期权制、稽查特派员制、独立董事制、建立国资委和国有资产经营公司、债转股、国有股减持、股权分置改革，等等，国有企业改革始终没有完全停止过，而且是改革的重点之一。为什么现在还

* 简新华，武汉大学经济发展研究中心教授、博士生导师。本文为作者主持的国家社会科学基金重大招标项目“中国工业化的资源环境人口制约与新型工业化道路研究”（09&ZD025）的阶段性成果。

会出现国有企业还要不要改革、如何改革的问题和争论呢？这首先是因为改革开放以来，国有企业和国有经济发生了重大变化，国有企业改革在取得了巨大成绩的同时又存在突出的问题。

20 世纪 80 年代，放权让利的改革极大地调动了国有企业和职工的生产经营积极性，经营状况得到改善，不仅在财政收入、就业、技术等方面支撑着改革和发展，而且支持了非国有经济（包括乡镇企业和私营经济）的发展。20 世纪 90 年代，多方面的原因使得国有企业经营状况恶化。21 世纪的第一个 10 年，国有企业进入加速发展和效益提高的时期。

从经营领域来看，国有企业由几乎在国民经济所有部门行业存在，连农业都有国营农场，转变为主要存在于公共品提供、自然垄断行业、关系国家经济命脉和安全的基础性产业，已经从许多产业部门退出。从企业制度上看，由政企不分、产权不清、权责不明、国家统负盈亏的国有国营的企业制度，大部分初步转变为以公司制为主要形式的现代企业制度。从企业数量上看，1998 年国有企业的户数占比为 39%，2010 年下降到 4.5%；国资委管理的中央企业由 2003 年国资委成立时的 196 家下降到 2011 年的 118 家。从资产总额的比重来看，1978 年中国国有企业资产总额占全部工业企业资产总额的 92%；下降到 2008 年的 43.8%。中国现在国有企业的数量和比重虽然已经大幅度下降，但国有经济的整体素质和实力大大增强。2002 年到 2011 年，国有企业上缴的税金总额由 2 926.8 亿元增加到 16 803.9 亿元，国资委管理的中央企业的营业收入由 3.36 万亿元提高到 20.2 万亿元，国有企业的利润总额由 2 636 亿元上升到 14 989 亿元。进入世界 500 强的中国企业主要是国有企业，依然控制着国家的经济命脉，体现着国家的经济实力和国际竞争力。在 1997 年的亚洲金融危机，2008 年的美国金融和经济危机中，如果没有国有企业的支撑，后果将是不可想象的。

现在有一种流行的观点，认为国有企业近年来的高利润，主要是依靠垄断地位和政府的保护优惠政策取得的，是通过对社会利益的侵占（垄断高价）和对公共资源的无偿占有（资源、金融和市场支配等）而获得的不正常超额利润。这可能不完全符合实际。不可否认，垄断和相关政策是近年来国有企业取得高利润的重要因素；同样不可否认的是国有企业制度的完善、经营的改进也是重要原因，即使是处于自然垄断行业的国有企业也面临着激烈的国际竞争和国内同行业国有企业之间的竞争。这方面的事例是不少的。

以上情况说明，国有企业已经在管理体制、企业制度和经营机制上发生了深刻变化、取得了重大发展，为中国的改革、发展、稳定做出了重要贡献，但国有企业改革的任务还没有完成，还存在不少困难和问题。目前国有企业存在的主要问题有：国有经济的管理体制很不健全，初步建立的现代企业制度很不成熟和完善，企业的治理结构也不规范，尤其是缺乏合理有效的监督约束机制；高管权力过大、收入过高，离谱的高薪、过度的职务消费、贪污受贿、吃喝玩乐、养情妇包二奶、奢侈腐败、转移瓜分国有资产、掏空国企的情况层出不穷，以权谋私、侵吞国有资产的腐败现象依然相当严重，“三公”开支过大，挥霍浪费现象比较突出；行政垄断的特征比较明显，缺乏必要的监管，提供的产品和服务与价格不协调，在相当程度上是依靠垄断地位取得高额利润，国有企业利润基本不向国家上缴或太少，国家或全民的所有者权益没有得到有效体现，甚至在一定程度上国家所有只是名义上的，实质上变成企业所有、高管所有；国企应有的职责没有得到有效的履行，高管与职工、垄断行业与非垄断行业的收入差距过大，国企高管的职位甚至成为其他收入不高、难以再提拔升迁的党政官员退休之前给予一定经济补偿的肥缺；国家投入过多，股票上市和银行信贷都向国有企业倾斜，投资决策严重失误，投资效率不高，经济效益相对较低，国有经济比重不断下降，主导作用特别是促进共同富裕的作用发挥不够。

正是由于国有企业和国有经济存在这些问题，所以有人认为必须深化改革，以解决这些问题，发展和壮大国有经济；但也有人认为这些是国有企业必然产生的问题，只有通过进一步改革以减少甚至基本消除国有企业，才能从根本上解决这些问题。由此可见，对国有企业深化改革的原因和出发点的看法很不相同。

更根本的是由于对中国改革的性质、方向、目标和国有企业存在的问题及其产生的原因、解决的途径等的认识和主张不一致，使得对国有企业深化改革的必要性和方向看法存在重大分歧。

在主张中国改革的目标模式应该是自由资本主义市场经济模式、在经济政治上都要全盘西化的人看来，市场经济只能与私有制对接，公有制是计划经济的基础，因此公有制经济特别是国有企业私有化是市场取向改革的必然要求。他们认为国有企业产权不清、政企不分、全民不全、全民所有等于无人所有、无人负责、委托代理链太长、缺乏规范有效的激励监督约束机制、代理风险极大且无法防范、垄断经营、浪费严重、效率低下、腐败蔓延，甚至认为现在出现的收入分配不公、贫富两极分化也主要是垄断性国有企业造成的，只有国有企业完全退出竞争领域，彻底改掉国有企业，这一切问题才能最终解决，才能真正实现共同富裕。以前人们说“私有制是万恶之源”，现在在这些人眼里，公有制特别是国有企业简直成了万恶之源，私有化似乎是灵丹妙药!

有人明确提出中国“十二五”计划时期改革的主要任务之一是国有企业私有化，笔者认为这是极其错误和危险的主张。垄断行业私有化比国有更糟糕，更不利于消费者需求的满足、公共品的提供、价格的合理、市场失灵的纠正、国家有效的宏观调控、就业问题的解决、共同富裕的实现，更会扩大收入差距、损害职工的地位和利益。国企私有化不仅不能解决高管过度高薪、工人弱势、贫富差距快速扩大的问题，还会再一次像俄罗斯那样导致极少数权势人物通过侵吞大量国有资产而暴富，并且使得侵占的国有资产合法化，加剧已经相当严重的贫富两极分化。私有化的结果，会导致广大中国劳动者60多年辛辛苦苦、用鲜血和生命积累的数以万亿计的巨额国有资产转眼之间化为乌有，落入极少数有权有势、惯于投机钻营者手中，使得国有企业某种程度事实上存在的非法的高管所有制，变成合法的完全的高管私人所有制。私人寡头和跨国公司外国资本会轻而易举地攫取绝大部分国有资产和资源，控制中国的经济命脉，极大地削弱中国的国家经济实力，使得中国成为国际资本主义经济的附庸，造成大量企业倒闭、工人失业、财富外流、经济总量和增长速度大幅度下降，产生更加严重的贫富悬殊、两极分化，严重损害广大人民群众的根本利益。社会主义制度和共产党的领导将失去必要的经济基础，甚至导致国家解体、四分五裂、共产党下台、社会主义被抛弃，形成所谓“权贵资本主义”，出现成千上万个政党，国家至少一分为七，天下大乱，使得社会主义集中力量办大事、弥补市场失灵、保证基础设施和公共品供给、成功进行宏观调控、有效应对经济危机和各种灾难、最终走向共同富裕的优越性丧失殆尽。这绝不是危言耸听！苏联的解体和衰落雄辩地证明了这一点，更何况中国人口远远超过苏联、资源远远没有苏联丰富、经济发展程度也远远低于苏联。中国绝不能重蹈覆辙，那将会导致数以亿计的人没有饭吃、沦为难民，甚至可能冲出国门，谁也拦不住，会给全世界造成巨大动荡，带来难以克服的麻烦。政治动乱、国家解体可能导致的核武器失控、扩散，会给全人类造成什么样的危害，更是令人不敢想象。西方有些人总是鼓吹中国实行私有化，但对他们到底是祸是福，其实很难预料，中国垮了，他们的日子很可能也不好过。

在认为中国改革的实质是社会主义制度的自我完善和发展、目标模式是建立社会主义市场经济体制的人看来，通过相应的制度变革，公有制能够与市场经济相结合，传统的国有国营的企业制度存在种种缺陷，不适应市场经济的要求，必须进行改革，以建立适合社会主义市场经济需要的现代企业制度，国有企业改革的目的和方向不是私有化，而是完善国有企业制度、发展壮大国有经济。

笔者认为，由于国有经济比重已经比较低，而且存在继续下降的趋势，国有企业的制度也很不完善，存在各种各样的问题，经济效益不高，给全国人民带来的实惠也不多，的确需要进一步改革，但改革的方向绝不能是完全私有化，而是完善国有企业制度，发展壮大国有企业，更好地发挥国有经济的主导作用，为走向共同富裕做出更大贡献。国有经济的发展壮大，是社会主义市场经济与资本主义市场经济的根本区别之一，是社会主义制度的主要经济基础和本质要求。上述国有企业存在的问题，并不是所有制本身不可避免的必然现象，通过转机改制、实行规范有效的现代企业制度，是能够消除的，也能够与市场经济相结合。这种看法，笔者在《经济日报》1993 年 12 月 22 日发表的整版文章《试析中西所有制形式的演变及启示》、《经济研究》1998 年第 9 期发表的文章《委托代理风险与国有企业改革》、外文出版社 1999 年出版的《中国公司治理结构》一书中收入的文章《代理成本与公司治理结构》、上海《学术月刊》2000 年第 3 期发表的文章《改革以来社会主义所有制结构理论的发展》中，都做过专门论述，这里不再重复。国内外不止少数个别国有企业在市场经济中的发展兴旺，则是实践证明。

这里想补充说明的是，传统的企业理论认为，市场经济中企业经营的唯一目标只能是所有者的利润最大化，不能有其他目标，更不能有社会目标，否则企业将产权模糊、目标多重、无所适从、行为混乱、效益低下、难以生存和发展，市场对企业的调节作用也难以发挥。人们往往也以此认为，国有企业除了要实现国有资产保值增值之外，必然还会承担部分国家或社会要求的责任，否则就不能称之为国有企业，因此国有企业不可能成为真正的企业，必然效益低下，在市场经济中难以生存和发展。但是，按照现代企业理论的研究，现代市场经济条件下的现代企业，要想成为长寿型企业，不能只顾股东收益的最大化或利润最大化，而必须兼顾供应商、职工、销售商、消费者等各方利益相关者的利益，甚至还必须考虑环境保护等公众诉求。只有这样，企业的各种经济关系才能得以维持和改善，各方面的积极性才能调动和发挥，才能得到消费者和社会的认可和赞誉，形成更有影响力的品牌，获得更大更持久的市场占有率。其实，利益有差别的共享能够带来和谐与效率的思想，古已有之，最早可以追溯到古希腊学者色诺芬。古希腊的经济学主要是研究家庭经济管理的，色诺芬在他的经济学专著《经济论》（关于财产管理的讨论）中提出，“为什么在有些家庭里，几乎所有的仆人都戴着脚镣手铐，可是他们总是想逃跑；而在另一些家庭里，他们根本不受什么束缚，却都高高兴兴地工作，并且愿待在他们的岗位上？”为什么会有如此大的差别呢？色诺芬写道：使人“能分享你的好东西”，“这是最好的使人产生忠心的办法”。在利益共享或利润分享中，股东应该得大头，否则将挫伤投资者的积极性，使得人们不愿意投资，这就会牺牲经济发展的动力和效率。因此，国有企业应该在实现国有资产的保值增值、为全民创造财富的同时，适当完成必要的社会任务，不能盲目地认为国有企业肯定搞不好。

二、改什么、应该怎样改

深化国有企业改革需要改什么、怎样改？有人认为很简单，就是全面彻底私有化，至少也要从竞争领域完全退出。当然，也有人指出在私有化和退出过程中，要防止自卖自买、低价贱卖国有资产、造成国有资产大量流失，要给私有化的国有企业原有的职工必要的安置和合理的补偿。前面已经说明，这是一条错误的危险之路。即使在私有化过程中，按照人头平分国有资产，表面似乎很公平，老百姓和国家也可能取得一定的收入、得到一定补偿，但劳动者数量庞大，分散持有少量的分到手的国有资产，既不可能拥有定价权，也不可能以此取得较多的收入，最终的结果很可能是廉价卖掉，这样一来，老百姓和国家会永久失去这些国有资产，短期所得到的有限收入将远远比不上私有化造成的长期的巨大损失。

也有学者认为必须改变国有经济比重不断下降的趋势，大力发展和壮大国有经济。笔者是赞同后一种观点的，中国深化国有企业改革的主要任务，应该是改革和完善国有企业制度，克服国有企业存在的困难和问题，在继续支持私营经济发展的同时，努力做大做强国有企业和国有经济，更好地发挥国有经济的主导作用，走向共同富裕。这才是中国应该走的光明大道！

国有企业如何深化改革？笔者认为，应该合理采取以下措施：

1. 采取适当的措施，在国企和私企同等享受“国民待遇”、开展市场公平竞争的前提下，支持和鼓励国有企业做大做强，提高国际竞争力，更好更快地发展国有经济，更好发挥国有经济的主导和控制作用。

2. 完善国有经济管理体制，国有资产管理的最高机构应由国务院的机构改变为全国人民代表大会设立的机构，直接接受人民代表大会的监管，真正向全民负责，履行国有资产所有者的职责，有效实现国有资产的保值增值和完成必要的社会任务。

3. 健全国有企业制度特别是治理结构，完善国有企业董事会、监事会、独立董事制度，形成合理有效的激励监督约束机制，使工会独立化，切实发挥职工和党委会的监督作用，改变国有企业缺乏必要监管、在某种程度上存在的事实上的“高管所有制”、“部门或企业所有制”、“独立董事既不独立也不懂事只是享受高薪”的现象，有效防范委托代理风险，克服官僚主义、以权谋私、鲸吞国有资产、贪污腐败现象。

4. 逐步减少或取消国有企业不必要的行政垄断，消除部门特权和既得利益，促进国有企业主要依靠改进技术、提高质量、搞好服务、开发新产品、善于经营、科学管理而盈利。从事自然垄断行业、公共基础设施和服务等生产经营活动的国有企业，在发挥保障国计民生和国家各方面安全的同时，也要尽可能通过相应法规（产业规制），在供给、价格、数量、质量等方面，合理限制国企的垄断性。尽可能发挥市场的作用，在民企能够进入的领域应该允许进入，更好地减少或消除垄断的不利影响，克服垄断可能产生的弊端，更好地满足社会需求，提供价格合理的优质产品和服务。在竞争性领域，给国企和民企同等的国民待遇，公平竞争，优胜劣汰，让民间资本进入所有竞争领域，消除国企不必要的垄断。

5. 切实履行国有企业为全民和国家谋利益的职责，法定国企必须上缴合理比例的利润，让利于民，用于国家经济的发展和民生问题的解决，真正为人民谋利益，为国家进行合理有效的宏观调控、维护国计民生、提高劳动收入比重、缩小收入差距、改善人民生活和走向共同富裕做出更大贡献。

6. 法定企业高管与职工收入差别的合理倍数，适当缩小国有企业高管与普通职工收入的差距，进行必要的成本控制。根本不用担心因此没人愿意做国企高管，不要担心留不住管理人才。不能认为赚更多的钱是国有企业高管的唯一追求，收入、待遇、人力资本增值、事业、荣誉、成就感、事业心、奉献精神都是国有企业高管追求的目标。连私营企业主都要做“光彩事业”、慈善事业呢！难道就不能鼓励国有企业高管的奉献精神吗？在保持国有企业高管必要的合理的高薪的前提下，不要害怕没人愿意做国有企业高管。不信，可以去问问现在在任的国有企业高管，看他们有多少不愿意当高管的。

现在有人认为，国有企业改革的目标或主题是使国有企业彻底的市场化，方向是公众化、市场化。[①] 笔者认为这是一个内涵不是十分明确的、可能给私有化留下后门的、值得深入探讨的主张。什么叫国有企业市场化？如果是指国有企业的生产经营活动必须市场化，即以利润最大化为目标、面向市场、参与竞争、优胜劣汰，应该说基本上是正确的，但也不能一概而论。部分在自然垄断行业、提供公共品和公共服务的国有企业的生产经营活动是不能完全市场化的。即使是在竞争性领域的国有企业的生产经营也不能“彻底的市场化”，多少要承担一定的社会责任，否则，就不是国有企业。假若国有企业市场化是指国有企业产权的股份化、证券化、公众化，即国有企业的产权可以在资本市场上完全不受限制的自由转让、股票可以自由买卖、主要由公众持股，存在的问题可能就更大了。国有企业要实行公司化的现代企业制度，其资产肯定必须股份化、证券化，而且应该可以转让，但必须以保持国有资产的控股地位为前提。如果无限制的自由买卖，很可能使得国有资产失去控股地位，国有企业就可能演变成私有为主体的混合所有制企业，甚至转变为私有企业。股份公众化虽然有利于国有企业的股权多元化、掌握更多的资金、提高控制力、建立更有效的公司治理结构、更好地发挥公众的监督作用，但同样也要以保持国有资产的控股地位为前提，否则，公众化就可能成为私有化的代名词或者变相的私有化！

在深化国有企业改革上，有一个不能回避的问题，就是必须正确处理国有经济与私有经济的关系。笔者认为，正确处理两者的关系，必须遵循的原则应该是：

在总量上，国有经济与私有经济不是此长彼消、此消彼长的关系，而应该是共同发展、“国进民也进”的关系；既不是单一的“国进民退”，

---

① 冯蕾：《私有化还是市场化——访中国企业研究院首席研究员李锦》，载于《光明日报》，2012年4月19日。

也不是纯粹的“国退民进”，而是两者都发展、数量都增加、规模都扩大。

在占整个国民经济的比重上，需要扭转国有企业比重不断下降的趋势，改变国有经济比重不断下降即“国退民进”的局面，但绝不是要采用限制、改造、取缔、消灭私有经济的方法，而是采取合理的措施，使包括国有经济在内的公有制经济更快更好地发展，从而提高国有经济的比重。

在产业部门的布局结构和产业链分工协作上，在更适合国有企业的领域以国有企业为主体，在更适合私有企业的产业则以私营企业为主体，国有企业继续有进有退，但不人为强求退出竞争性领域，能够在竞争性领域生存和发展的国有企业，应该让其做大做强；合理放开对非国有企业的限制，让私有和混合所有制企业进入更多产业领域，对国有企业形成竞争压力，更好地发挥市场竞争优胜劣汰的作用。在产业链和生产经营的分工协作上，国有企业与私有企业应该优势互补、扬长避短、相互配合、互利共赢，形成以国有企业为核心的企业群，充分发挥国有企业作为“龙头老大”的导向带领作用和私有企业经营灵活高效的优势。

在政策措施上，特别是在竞争领域，国有企业和私营企业应该都平等享受所谓“国民待遇”，一视同仁，公平竞争，既不能歧视私营企业，也不能让国有企业承受太多的社会负担，国有企业所有权的实现主要应是合理上缴利润和必要的监控，而不是让其承担许多社会责任。

我国改革的民生诉求

黄泰岩*

改革的目的是保障和改善民生，民生理应成为改革的题中应有之义。30多年的改革开放实践也表明：不改革，生产力就难以得到解放和发展，人民生活水平就难以得到切实改善和提高。从这个意义上来说，改革在根本上是适应民生的基本诉求。

一、改革与民生关系的变动规律

改革开放以来，我国保持了长期的高速经济增长，1978～2011年的年均经济增长率为9.89%，创造了世界经济发展的“中国奇迹”，充分展现了改革的巨大红利。回顾改革开放30多年的历史，我国大致经历了三次大的改革浪潮。每次改革都起因于民生的巨大诉求，而改革的结果都极大促进了民生的提升。

第一次改革浪潮是启动于1978年的建立有计划的商品经济。受传统计划经济的长期束缚，我国生产力的发展遭到了严重阻碍。到十一届三中全会前，国民经济几乎走到了崩溃的边缘，人民生活得不到基本保障。因此，当十一届三中全会顺应民生诉求提出改革开放政策时，得到了干部群众上下一致欢迎，改革开放便顺利地如火如荼展开，并在农村取得巨大成功后转向城市，有力促进了生产力的发展，经济增长从1981年5.2%的低点迅速上升到1984年的15.2%的改革开放30多年的最高点。实行多年的票证供给制度废除了，人们生活得到大幅改善。

---

* 黄泰岩，辽宁大学经济学院教授、博士生导师。

第二次改革浪潮启动于小平同志“南方谈话”提出的建立社会主义市场经济新体制。建立有计划的商品经济的改革红利到1988年基本释放完毕，从1988年出现严重通货膨胀后，我国经济发展进入了下行期和调整期，各种社会矛盾也随之凸显。特别是在苏联、东欧国家发生剧变的大背景下，如何通过继续深化改革促进生产力发展和人民生活水平大幅提高，以体现社会主义制度的优越性，就成为坚持走有中国特色社会主义道路的唯一选择。这次以建立社会主义市场经济新体制为目标的改革，推动了20世纪90年代我国经济的大发展，经济增长从1990年3.8%这一改革开放30多年中的最低点上升到1992年的14.2%，到迈入21世纪时提前基本实现小康社会。

第三次改革浪潮启动于我国以入世为标志的建立开放型经济体系。20世纪90年代的快速增长使我国出现严重的产能过剩，加之亚洲金融危机的叠加效应，我国经济增长率到1999年回落到7.6%的新低谷。2001年的入世，不仅使中国经济迅速融入世界经济，而且使中国特色社会主义市场经济体制与世界接轨，进一步释放了市场经济体制改革的红利，从2000~2010年，我国年均经济增长率达到了10.36%，是改革开放30多年中发展最快、人们生活提高幅度最大的10年。

纵观这三次改革浪潮，我们可以清晰地看到我国改革与民生相互关系的如下基本运动规律：

第一，改革存在着周期的运动。当改革启动时，经济增长与人民生活水平提升迅速进入快车道，改革促进民生的效应直接而迅速。但是，每一次改革浪潮在带来大约5年的快速增长后，新体制的活力和动力逐渐衰减，经济增长进入调整直至跌入低谷，新的改革诉求又开始酝酿形成，这一变动周期大约为9~10年。这表明：（1）我国改革是分阶段推进的。我国渐进式的改革总是依据不同发展阶段的民生诉求设计不同阶段的改革目标和任务，但每次有限改革目标和任务的完成，由于促进了生产力的发展和人民生活水平的提高，得到了人民广泛的支持，为下一次改革提供了新的动力，从而形成改革的良性循环和周期运动。（2）必须始终坚持深化改革。这一方面是因为每次有限的改革，都只是逼近总目标，但完善的社会主义市场经济体制还没有建立起来；另一方面更重要的是，每次有限的改革对生产力和人民生活水平的提高都是有限的，当既有体制不能再促进生产力发展时，新一轮周期的改革就要开始了。

第二，改革周期和经济周期高度吻合。我国改革开放30多年来，大致经历了3个经济周期，每个周期也都是9～10年左右，而且每次改革都是发生在经济进入调整和谷底阶段，然后通过改革带动经济进入新一轮的快速发展，形成一个完整的经济周期。从这个意义上说，我国的改革并非主动的，而是被逼的，是民生的倒逼机制。因为改革是利益关系的重新调整，并不是所有的人都希望改革。但当不改革就无法发展，不发展各种社会矛盾就会凸显，甚至激化时，改革就容易达成共识，并向前推进。所以，经济周期孕育了改革周期，改革周期促成了经济周期，二者互为因果。

2008年国际金融危机爆发之后，我国经济增长进入了第三个经济周期的调整期，2012年的经济增长速度破8，跌入低谷。这一严峻形势，倒逼我国必须进行新一轮的改革。可以坚信：我国将进入新一轮的改革周期，而这一轮的改革周期也将使我国迎来新一轮的快速发展周期。

二、改革要适应什么样的民生诉求

既然我国改革是分阶段推进的，那么，改革适应的民生诉求就应是阶段性的诉求，这具体包括两方面的内涵：

第一，改革必须依据现阶段的民生诉求加以设计。我国未来10年的基本诉求就是建成全面小康社会，这就要求以建成全面小康社会这一阶段性目标设计未来10年的改革方案。全面小康社会不仅要求经济总量的扩大，而且还要求发展的成果由全体人民共享，从而需要推进国民收入分配制度的改革；不仅要建成经济大国，而且还要建成经济强国，从而要求推进教育科技体制改革；不仅需要经济建设，而且还需要政治建设，从而要求推进政治体制改革；不仅要成为经济强国，而且还要成为文化强国，从而要求推进文化体制改革；不仅需要经济发展，而且还需要维护公平正义，从而要求推进社会体制改革；不仅需要经济社会发展，而且还需要生态文明建设，从而需要推进资源环境管理体制的改革。

第二，改革必须依据本国的民生诉求加以设计。我国的基本国情就是：仍处于并将长期处于社会主义初级阶段，社会的主要矛盾是人民日益增长的物质文化需要同落后的社会生产之间的矛盾，是世界上最大的发展中国家。因此，推进任何方面的改革都要牢牢立足这个最大的国情。这就需要用历史的观点评价改革和设计改革的方案，不能简单地对比，特别是不能以美国的标准衡量中国。有的文章简单地指出中国和美国的差距，然后中国应该怎么改革。这表面看好像是科学的，实际上它是一个巨大的错误。因为中国的GDP总量不到美国的一半，人均GDP只有美国的10%多一点，在发展水平如此悬殊的情况下，怎么能让中国的经济运行与管理和美国一样，更何况中美在政治、社会、文化等多方面存在巨大的差异，即使具体的体制机制设计也不可能一样。如果要与美国比的话，那也应该比美国与我国在同样发展水平时，它是如何管理和运营经济的，是如何超越英国成为世界霸主的。

所以，那种脱离今天中国国情的民生诉求，即使是中国明天甚至后天的改革依据，都会对今天的改革带来损害，即使是好心，也是办了坏事。

三、适应民生诉求的新一轮改革思路设计

基于以上理念，我国即将开始的新一轮改革的思路，应做出如下设计：

第一，改革必须适应发展这个最大的民生。发展是解决我国所有问题的关键，是国家繁荣富强、人民幸福安康、社会和谐稳定的物质基础。要树立起发展不仅是改革的结果，更是改革的前提这一基本理念。改革必须放在发展的框架中加以推进，也就是说，改革的深度、速度和强度要适应发展的要求，形成在发展中改革，在改革中发展的良好格局。那种脱离特定阶段特定发展任务来设计改革，往往会带来灾难性的后果，比如应对2008年国际金融危机时，美国的通用汽车公司面临倒闭。在这种情况下，美国政府并没有任由它倒闭、破产，而是通过国有化的方式重组通用汽车，并运用行政、法律、外交和舆论等政府权力振兴通用汽车，重返华尔街。作为一个资本主义的市场经济国家，美国“居然”能在特殊时期以国有化的非常方式保护汽车产业，难道作为社会主义市场经济的中国，通过发展国有经济，应对世界金融危机的冲击，实现保增长保稳定保民生，就是开了改革的倒车？实际上，适应发展和民生的需要，改革在特定时期可以做出调整，这也是制度的灵活性，只是这个灵活性并不违背制度的原则性，正如美国对通用汽车的国有化并不会改变美国的基本制度。

第二，改革必须适应以人为本这一保障民生的基本要求。这具体包括两个方面：一是充分发挥人民的首创精神。既然改革要适应民生的诉求，

那么只有广大人民群众最清楚他们需要什么，什么能够让他们更幸福，因而依据他们的愿望进行的改革探索就必须给予充分的尊重和提倡。完善社会主义经济体制，仍然是前无古人的伟大实践，仍然需要继续“摸着石头过河”。这就使我国的改革既需要党和政府的顶层设计，更需要恢复“相信群众”的优良传统，相信党和相信群众是我们党取得胜利的法宝。二是最大限度地满足人民群众的物质文化需要。发展的最终目的，就是让人民群众过上最幸福的生活。因此，对发展中国家而言，一国的工业化和现代化不仅仅表现为经济增长，更要体现为经济发展。经济发展包括经济增长，但比经济增长具有更广泛的含义，通常还包括经济结构的优化、经济制度的变迁、资源环境的改善等。因此，在发展中国家，“仅仅用经济增长率来衡量进步是值得怀疑的，原因是多方面的。GDP 不能够告诉我们任何关于分配的情况，也没有表明这个社会的福利体系怎样。另外一个弱点是其忽略了环境因素。”① 这就是说，我们要的发展必须是科学的发展。

第三，改革必须适应民生的多样化需要。改革所要适应的民生诉求，既有整体的民生诉求，也有分阶层的民生诉求。因此，我国改革的设计，除了要体现整体的民生诉求外，还要关注不同阶层群众的民生诉求。这主要包括：一是针对城乡差别，通过推进城镇化，实现农民的市民化、农业的工业化和农村的城镇化，彻底解决“三农”问题。二是针对东中西部的区域差别，通过实施不同的发展模式，实现东部率先发展、中部崛起、西部大开发和东北全面振兴，解决区域协调发展问题。三是针对社会建设相对于经济建设的滞后性，通过实施社会体制改革和创新社会管理，实现在学有所教、劳有所得、病有所医、老有所养、住有所居上持续取得新进展。

① 伦达尔等：《发展经济学新方向——当代的增长、环境与政府》，经济科学出版社 2001 年版，第 5 页。

分级所有：中央与地方国有资产产权结构的优化选择

陈少晖　朱　珍*

党的十六大提出，“在坚持国家所有的前提下，充分发挥中央和地方两个积极性，国家要制定法律法规，建立中央政府和地方政府分别代表国家履行出资人职责，享有所有者权益，权利、义务和责任相统一，管资产和管人、管事相结合的国有资产管理体制。中央政府和省、市（地）两级地方政府设立国有资产管理机构”。这是国有资产管理体制上的一次重大制度创新，实际上提出了国有资产“分级所有”的改革设想。因此，围绕这一产权结构安排，国有资本经营预算工作必须按照“分级所有”的要求分别建立中央与地方的国有资本经营预算，同时明确中央与地方之间的国有资本经营预算关系。

一、实行国有资本中央与地方“分级所有”的依据

我国传统的国有资产分级管理体制模式存在着一系列难以克服的弊端，从而导致了该制度安排的低效率。如何有效地克服这些弊端，一种可以考虑的制度安排是变“分级管理”为“分级所有”，即将现在由各级政府“分级管理”的国有资产以适当的方式划归各级政府所有，并从法律上明确其产权归属。提出这一观点，具有以下政策、法律和实践依据。

---

* 陈少晖，福建师范大学经济学院教授，博士生导师；朱珍，福建师范大学经济学院博士研究生。本文为国家社科基金项目《公共财政框架下的省域国有资本经营预算研究》（08BZZ037）阶段性成果之一。

（一）政策依据：十六大国资新体制的框架

按照党的十六大报告提出的设想，“分级所有”的国有资产管理体制，将是一种坚持国家所有的前提下，由“中央政府与地方政府分别代表国家履行出资人职责，享有所有者权益，权利、义务和责任相统一，管资产和管人、管事相结合的国有资产管理体制”。在这里，我们虽然看到“坚持国家所有”的提法没有变，但可以理解为国家或全民拥有法律意义上的国有资产终极所有权。而如果从所有权的定义出发进行分析可以发现，经济学意义上的所有权，实际上是指经济主体资产依法享有的占有、使用、收益和处分的权利，是一种绝对的物权。允许地方政府“代表国家履行出资人职责，享有所有者权益”，也就意味着地方政府拥有了所有权所规定的四项基本权力，只要这一规定不变，地方政府就是其投资管理范围的国有资产产权主体，从而以出资人的身份行使对资产完整的支配权。在明确地方政府可以作为国有资产所有权主体的资格后，报告进一步具体划分“分级所有”的基本内容，即“关系国民经济命脉和国家安全的大型国有企业、基础设施和重要自然资源等，由中央政府代表履行出资人职责，其他国有资产由地方政府代表国家履行出资人职责”。这种“高度自主权”显然为目前各级地方政府“分级管理”的国有资产转变为“分级所有”，提供了意义明确的政策依据。

（二）法律依据：国有资产多元代表的法理基础

《中华人民共和国宪法》第三条规定：“中央和地方国家机构职权的划分，遵循在中央统一领导下，充分发挥地方的主动性和积极性的原则。”《宪法》还规定，地方政府由地方人大产生，对人大负责，受它监督，地方政府依照法律规定的权限，管理本行政区域内的经济、财政、城乡建设事业等行政工作。这说明宪法承认地方政府是国家在地方上经济和政治利益的独立代表，否则它就不必对地方人大负责，受它监督。事实上，宪法和民法、行政法律等基本法都肯定了地方政府的主体地位。地方政府当然也应有代表国家行使包括所有权在内的经济权益的独立资格。若不承认这种权利，在实际生活中地方政府对国有资产的处分和收益就存在非法之嫌。因为一个没有独立地位的法律主体所为的意思表示，只有在受到有权主体的追认之后方能被视为有效。也就是说，地方政府的所有决定都必须由唯一有权的中央政府追认方为有效。这不仅在事实上不可能而且导致设立地方政府的必要性不存在。

（三）实践依据：国外借鉴与我国的现实选择

从实践的角度来看，我国国有资产实行“分级所有”的依据主要有：

第一，从国外来看，分级所有的国有资产管理制度为世界主要国家所普遍采用。西方发达国家国有资产管理模式的共同特点就是：在国家所有制内，确立中央和地方分级所有的模式。世界绝大多数国家的国有资产在法律上属于中央及地方政府所有，各级政府之间有明确的财产划分，如同政府对私人企业财产无权支配和收益，上级政府对下级政府所有的资产也没有支配权和收益权。在美国，联邦、州和地方三级政府，每级政府都拥有自己相对独立的财产权利，对有自己拥有并管理的财产或投资形成的财产拥有所有权。日本则早在 1948 年就颁布了《国有财产法》对中央所有的国有财产的范围、国有财产的分类、国有财产管理和处分及行政财产、普通财产的管理做出了基本的规定。此外，法国、德国、澳大利亚等都实行分级所有，各级政府之间有明确的财产划分。

第二，在现实中，“大一统”的国家所有权观念仅仅存在于理念之中，中央与地方分别所有早已成为既成事实。“大一统”的国家所有权制度在我国建立已逾半个世纪之久，其观念在人们心中根深蒂固。然而，从经济生活中的实际情况来看，我国几十万国有企业由国家（全民）统一行使所有权，这种所有权关系只是一种意识形态上的理念，事实上从来没有存在过，即使在经济高度集权的计划经济时期也有大量的地方国营企业存在。在市场经济条件下，“大一统”的国家所有权理念更加备受冲击和质疑。现实中，中央与地方分级所有也已经既成事实。从增量的角度看，在“谁投资，谁受益”的原则下，地方拥有对其管辖的国有企业的全部收益（包括利润和所得税），已是被各方面普遍接受的现象；从存量的角度看，目前，中央直接管理的特大型企业只有 100 多家，绝大多数的企业均由地方管理和支配。可见，对规模如此庞大的国有资产实行分级所有后，中央可以集中精力管理好属于自己的那部分企业，如中央财政投资或控制的企业，从而减轻管理的压力与注意力以充分实现国有资产保值增值等目标。

二、国有资本“分级所有”体制的建构原则

从理论上讲，资产的所有权归谁，谁就有权力对资产进行监管；而实

行有效监管，必须解决国有企业“主体缺位”和“代理效益”问题，真正做到产权清晰，责任明确，监管到位。根据党的十六大提出的国有资产管理体制改革新思路，构建国有资产分级所有体制框架，必须遵循的基本原则是：

（一）国有资本总体效益最大化原则

国有资本具有一般的资本属性，即对市场的依赖关系和追求利润的属性，和国有资本的存在原因相联系的则是国有资本的国有属性。因为在市场经济条件下，国有经济是政府针对市场失效、弥补市场缺陷、干预经济和实施发展战略的一种重要手段。这一特征使国有经济成为政府意志在经济领域中的体现，政府职能在经济领域中的延伸，以及国家全局利益和长远利益在经济领域中的代表。由此可见，国有资本要在一定程度上承担实现国家政治经济社会目标的责任，担任政府宏观调控的工具和实施宏观调控政策的促进者，这些特征可以统称为国有资本的国有属性。因此，国有资本不仅具有一般资本追求利润、实现经济效益目标、保值增值的特性，而且具有实现政府职能、追求社会效益目标的国有属性。国有资本效益更理性地表现为：使全社会经济主体的运行更为有效，创造更高的劳动生产率和社会经济综合效率。

（二）分级所有的财产分配原则

从发展的角度观察，我国国有资本“分级所有”的产权基础和体制框架应当是“一级政府、一级产权、一级信用”。各级政府都应该有清晰的产权及产权收益，产权在各级政府之间可以交易，但应严格遵循市场经济的基本原则。

第一，“谁投资，谁所有”原则。这是市场经济下的一条基本原则。当前世界各国国有资产均按照“谁投资，谁所有”的原则实行分级所有，中央和地方政府不能互相干涉对方的国有资产管理，从而避免了在我国现行体制下因国有资产统一所有造成的诸多弊端。按照“谁投资，谁享有”原则，由中央财政投资兴办的企业为中央政府所有，由省级财政投资兴办的企业为省政府所有，市级也是如此，依次类推。

第二，地区之间利益均衡。从我国国有资产的分布情况看，各个地区之间的现有分布格局很不平衡。如果简单按照现在谁管理谁就享有所有者权益的话，显然是有失公允的。这样不仅和全面建设小康社会的总体目标不相符，也不利于缩小地区之间的差距，而且还会给社会带来不稳定因素。但究竟如何进行调整，如何保障地区之间国有资产分布的大体公平，也是一个非常难以解决的问题。要做到绝对的公平当然是不可能的，但大体的调整和平衡是很有必要的。因此，必须从深层次考虑实现地区间利益平衡问题，保证国有资产分布在地区之间大体公平。

第三，在法治框架内确权。市场经济是法治经济，分级所有权的划分及制度的确立必须依法进行，在法治框架内确权。全国人民代表大会及其常务委员会有权确认中央与地方的财产划分范围，省级人民代表大会及其常务委员会有权确认地方范围内省、市之间的财产划分范围；另外，在特殊条件下，如发生战争、出现特大自然灾害或国家有特殊需要时，中央可以对地方所有的财产予以征收或征用，以维系全国人民的整体利益。

（三）分类管理原则

由于国有资产承担社会性目标的特殊性，国有资产的分级所有也必须考虑特定产业满足不同社会目标的区别，所以，不同的国有资产，其分级标准也不相同。这里主要有三种情况：一是对于非经营性国有资产中的资源型国有资产、一般性国有自然资源，由地方政府履行国有资产出资人职责，中央政府按一定比例享有收益；而对于重要的国有自然资源，应主要由中央政府代理所有权，资源所在地也可以按一定比例享有收益。目前对重要国有自然资源的地方垄断和破坏性开发趋势必须加以遏制。二是对于公共服务领域的国有资产，即关系国家安全的行业、自然垄断产业的基础设施和基础产业等，要根据其服务特点区别对待。属于关系国家安全的行业和全国性的公共服务行业，应由中央政府履行国有资产出资人职责，如国防工业、铁路干线、大电网等；而地区性公共服务行业，如城市道路、供水、煤气、市内电话及地方性的基础产业等，应由地方政府履行国有资产出资人职责。三是对于竞争性领域中的国有企业，尽管国有经济将来要逐步从许多竞争性领域中退出，但在相当长时期内国有企业仍将存在于竞争性的领域，特别是对支柱产业中大型企业和高新技术产业中大型项目的国有资产享有出资人职责；而地方政府则履行一般制造业和支柱产业中中小型竞争性企业的国有资产出资人职责。从长期看，县级以下政府在几年内将不再持有竞争性企业的股份。

（四）兼顾中央和地方利益的原则

产权是对一定数量资产的一系列权利的总和，因此，在“统一所有、分级管理”的国有资产管理体制下，中央与地方政府之间的产权关系主要体现在增量上，即税赋分成问题，存量资产对中央与地方产权关系的影响不大。新的国有资产管理体制确立以后，国有资产存量调整问题迫在眉睫，中央企业重组也必然会导致中央和地方产权关系的变化。由于中央与地方之间的资产数量直接关系到两者资源支配能力，所以可能引发两者之间的利益矛盾。在社会经济系统中，每一局部的利益要求都具有它的合理性，中央与地方政府的利益博弈、利益划分历来也是影响政策的最重要因素之一。因此，中央和地方产权关系的改革在追求总体效益最大化的同时，要兼顾中央和地方的利益，既要保证中央的利益，又要充分调动地方参与改革的积极性，这对于深化国有体制改革具有重要的意义。

三、“分级所有”过程中中央与地方国有资产的划分标准

在基本原则确定之后，必须解决的第二个问题就是国有资产如何在中央政府与地方政府之间进行合理划分。党的十六大报告对此提出了原则性意见，即关系国民经济命脉和国家安全的大型国有企业、基础设施和重要自然资源等，由中央政府代表国家履行出资人职责；其他国有资产由地方政府代表国家履行出资人职责。因此，国有资产的划分标准，可以从以下几个方面统筹考虑。

（一）按国有经济的行业分布确定划分标准

根据对国家国有经济结构调整政策、国有企业改革进程、我国经济发展阶段和国内外市场形势等因素的综合分析，未来 10 年（2010 ~ 2020 年）我国国有经济行业发展大致呈现以下态势：一是继续保持高速发展的行业；二是保持较快增长速度的行业；三是发展速度持续平稳的行业；四是优势减弱、增长停滞的行业。根据十六大精神及上述对国有经济的行业发展态势分析，在划分国有资产时，中央政府所持的国有资产将主要集中在高速增长的行业和部分快速增长的行业，以及某些特殊非要由中央政府持有的领域，而将平稳增长的行业和缓慢或增长停滞的行业内的国有资产

划归地方政府所有，另一部分快速增长行业且更适宜地方管理的国有资产将由中央和地方按出资比例共同持有。这样，既保证了中央掌握经济命脉、保障国家安全的需要，又能将中央管不了、管不好的企业及时交由地方所有，发挥地方政府管得住、信息准的优势，使地方政府能够因地制宜地决定所辖国有资产的“进”与“退”。国有资产分级所有后，随着国有工商行业结构调整向纵深发展，积极从不具备竞争优势的行业退出，加快用高新技术改造传统产业，我国国有经济将会在结构优化的基础上进一步发展壮大，为增强我国经济实力、国防实力和民族凝聚力，发挥主导作用。

（二）按国有资产的增量与存量确定划分标准

面对我国这么庞大的国有资产总量，要在中央与地方之间进行划分，主要涉及资产的增量与存量的划分问题。增量问题较为简单，只要按照“谁投资、谁所有”的一般标准即可明确新增资产的归属关系，即由中央财政投资形成的国有资产，归中央政府所有；由各级地方政府（省、市、县、乡）投资形成的国有资产，归各级地方政府所有。

而对于存量问题，可先对国有资产的来源进行界定，对于投资来源明确，投资主体单一的国有资产存量，适用于“谁投资、谁所有”的划分标准；而对于投资主体较多，产权关系复杂，一时无法明确界定投资来源的国有资产，可以设想按照“均权”原理加以处理，即除依据产业性质必须由中央持有产权的国有资产之外，把分布于全国各地且根据产业性质不适合更高层政权机构管理的国有资产，按照全国人均值与辖区人口数量之积，界定给资产所在的省（自治区、直辖市）、市、县所有，对超出部分的资产产权则由其上一级政权机构以合资方式持有。如果产业性质上不适合上级政权机构持有，则通过有偿转让方式逐步退出，将所有权转让后所获得的收入，再通过类似财政转移支付的方式支付给那些人均国有资产拥有值低于平均水平的地区。通过这种市场经济的产权交易原则进行的国有资产存量纵向与横向的划转，在各层次政权和地区之间形成产权归属清晰、责任分工明确、在互利基础上密切协作的国有资产分级所有体制。

（三）以中央与地方之间经济职能的层级划分为标准

在中央和地方国有产权关系调整中，要根据它们各自的功能定位，结合不同产业的特征，确立科学合理的资产边界，从而促进保持和实现它们的功能。

第一，对于资源型国有资产，其中一般性国有自然资源，如土地类国有资产（包括水域）可以在国家统一规划的框架内，由地方政府履行国有资产出资人职责，中央政府按一定比例享有收益；而对于重要的国有自然资源，如森林、重要矿藏资源等，应主要由中央政府代理所有权，资源所在地也可按一定比例享有收益。目前，对重要国有自然资源的地方垄断和破坏性开发趋势必须加以遏制。

第二，对于关系国家安全的行业、自然垄断产业的基础设施和基础产业等，需要根据其服务特点区别对待。属于关系国家安全的行业和全国性的公共服务行业，应由中央政府履行国有资产出资人职责，如国防工业、铁路干线、大电网等；而地区性公共服务行业，如城市道路、供水、煤气、市内电话及地方性的基础产业等，应由地方政府履行国有资产出资人职责。

第三，对于竞争性领域中的国有企业，尽管国有经济将来要逐渐从许多竞争性领域中退出，但在相当长的时期内国有企业仍将存在于竞争性领域，特别是对支柱产业和高新技术产业更是如此。对这类产业，中央政府应履行大型企业，特别是支柱产业中大型企业和高新技术产业中大型项目的国有资产出资人职责；而地方政府则履行一般性制造业和支柱产业及高新技术产业中中小型竞争性企业的国有资产出资人职责。

四、“分级所有”体制下中央与地方国有资产产权的界定

（一）明晰界定中央与地方国有资产的边界

根据党的十六届三中全会精神，关系国民经济命脉和国家安全的大型国有企业、基础设施和重要自然资源等，由中央政府代表国家履行出资人职责，其他国有资产由地方政府代表国家履行出资人职责。

1. 中央政府的国有资产监管范围。根据中央和地方产权边界标准以及中央企业的现状和我国的经济制度条件，中央企业的产业分布和需要控制的范围可以简要地概述为表 1 所示的内容。

表 1　　中央政府的国有资产监管范围

国有资产范围	说　明
1. 能源	能源是国家的命脉所在，应作为我国中央政府的监管对象，包括石油、煤炭、火电、水电和核电等。
2. 基础原材料	基础原材料是国民经济的命脉产业，其产品质量、价格稳定是其他产业平稳发展的前提。基础原材料具体包括化工、有色金属及冶金等。
3. 基础设施建设	考虑到我国大型基础设施建设的迫切性和特殊工程建设的安全性，存在几家从事基础设施建设的中央企业是完全有必要的。
4. 邮政通信与交通运输	电信运营网络具有自然垄断性质，涉及国家信息安全，理应由中央政府监管。而运输行业是国民经济的基础行业，加之投资额大、回收期长，只有中央政府才有能力监管。
5. 机械制造	机械制造行业是一个国家技术水平的代表，关键领域的机械制造也涉及国家的安全问题。
6. 高新技术	生物技术、电子技术等高新技术在未来 10 年是世界技术发展的方向，是一国产业进一步发展不可或缺的。
7. 特种行业	粮食储备、棉花储备、特种商品进出口、烟草、盐业等。根据储备商品的特殊性、盐业和烟草专卖的需要而统一由中央政府来监管。
8. 军工	涉及国家安全及兵器的种类。

2. 地方政府的国有资产监管范围。地方政府是要准备管理新体制中不归中央政府管理的其他国有资产，但这并不是说对现有的中央政府不管的国有资产都要管。在地方政府的分级代表确定范围之前，是要先确定整个国有经济范围的，不在这一范围的资产应退出国有经济，地方政府只能对退出后的中央政府管辖国有资产之外的国有资产负责，并不是对不退时的其他资产都要管理。也就是说，分级代表体制的实行是建立在国有经济战略调整的基础上，不是对未经战略调整的国有资产实施新体制管理。实际上，在调整未到位的情况下，推行分级所有管理体制，调整的压力都会压在地方政府身上，因为中央政府要管理的企业是明确的，也是少数的，剩下的企业退与不退，已经与中央无关了，全要靠地方政府来做最后处置。如果对这种情况不给予旗帜鲜明的回答，那么新的分级代表体制改革的意义就要因阻力过大被抵消。所以，地方政府必须先解决国有经济的战略调整问题，经过战略调整后的不归中央政府管辖的国有资产才是地方政府代表国家履行出资人职责的范围。

（二）明确中央政府与地方政府对国有资产的权利和义务

在“分级所有”的国有资产管理体制下，中央政府履行中央国有资产出资人职责，对所辖国有资产具有收益、处置和考核等管理职权。当前，国务院国资委监管重要中央企业，对部分大型企业和企业集团进行授权经营。因此，中央政府对于国有资产的权利和义务主要表现为进一步提高国有资产的管理效率，促进中央企业重组和理顺经营性资产与非经营性资产的转换途径，促进中央国有资产的保值增值。由于地方政府承担发展地方经济和确保社会稳定等职能，其出资人代表身份与行政职能的矛盾很难避免。因此，明确地方国有资产监督管理机构的职责，围绕如何更好地履行出资人职责来设置内部机构，理顺监管机构和相关政府部门的关系，从而有效地促进地方政府的行政职能和出资人职责的分离，有利于深化地方国有资产管理体制改革，促进中央和地方国有产权关系的协调发展。

（三）促进中央和地方国有产权的流动

国有企业的产权流动方式有两种：一是行政划拨；二是市场交易。中央和地方国有产权流动是调整国有经济布局和完善国有公司治理结构的必然要求，流动形式包括行政划拨和市场机制。当前的资产流动主要发生在中央企业之间，以行政划拨为主；但是随着中央企业重组的进一步深入，中央和地方国有产权之间的流动将更加普遍。以行政划拨方式来实现国有企业产权的流动有其高效率的一面，即以行政力量直接实现产权在不同主体间的流动；当然，行政划拨方式来实现国有企业产权的流动也有其低效率的一面，因为它必然地面临高的行政决策成本。相应地，国有企业产权流动的市场方式也有其优势，主要是更加符合经济规律，更加体现经济效益原则；当然，这种方式也面临着市场交易成本比较高。因此，政府需要做的首要之事是使国有企业产权流动过程中，社会成本与个别企业的“私人”成本保持一致，即符合科斯定理。当社会成本大于个别企业的“私人成本”时，就应该启动行政划拨方式。无论是行政划拨方式还是市场交易方式，都要求企业是一个独立的市场行为主体，因此，解决国有企业的内部机制问题，理顺中央和地方国有产权流动的途径具有重要意义。

我国初次收入分配结构变迁：一个马克思经济学视角的经验分析

乔　棒　曹利战*

中国初次收入分配中劳动份额偏低的各种解释，无疑都可以在一定程度上说明中国初次收入分配结构的变化。然而这些解释涉及的多属于具体的影响因素，对于我们期待的更深层次的理论分析略显不足。因此，我们想通过引入马克思的初次收入分配理论进行分析。

一、马克思的初次收入分配的“地位论”假说

马克思的初次收入分配理论是在对斯密的初次收入分配理论发展的基础上形成的，其阐述的劳动和资本在初次收入分配中占比主要决定于二者在生产过程中所处的地位。因此，我们也可以把马克思的初次收入分配理论概括为一种“地位论”假说。

在西方经济学的创始人亚当·斯密那里，收入分配或者说初次收入分配被看做是一个逻辑和历史演绎的过程。初次收入分配的历史演进，最终体现为劳动者与资本家的收入占比问题，而如何确定他们之间的收入分配比例，这构成了斯密初次收入分配理论的主要内容。不过，在斯密的初次收入分配理论中我们可以看到两种决定收入比例的观点：一种是劳动者的普通工资和资本家的利润要取决于劳资两方所订的契约。而在订立这一契约的过程中，两方的利益关系绝不一致，劳动者希望多得，资本家设法少给，而且，劳动者都想为提高工资而结合，雇主却想为减低工资而联合。

---

* 乔棒，黑龙江大学经济学院教授；曹利战，哈尔滨工业大学管理学院。

如此，斯密所得出的结论是："雇主的人数较少，团结较易。加之，他们的结合为法律所公认，至少不受法律禁止。但劳动者的结合却为法律所禁止。"这意味着，劳动者在劳资订立的契约中处于不利的地位，不仅受到人数多少带来的团结难易的影响，而且也会受到国家法律的影响。这两个因素都有利于雇主，因此，在雇主雇用劳动者的初次收入分配中，劳动工资的比例会被尽量压低。另一种是"构成一国全部劳动年产物的一切商品价格，必然由三个部分构成，而且作为劳动工资、土地地租或资本利润，在国内不同居民间分配"，而这种分配的根据在于，"不论是谁，只要自己的收入来自自己的资源，他的收入就一定来自他的劳动、资本或土地"。这意味着劳动者的工资和资本家的利润是基于他们拥有的资源在生产过程中所做的贡献。

对于斯密在初次收入分配上的这两种观点，马克思批判地继承了第一种观点，并发展出工人和资本家围绕初次收入分配的"地位论"假说。这表明马克思的初次收入分配理论是围绕工人和资本家的地位展开的。作为前提或出发点，马克思区分了劳动和劳动力，并揭示了劳动者的工资本质是劳动力的价格或价值的转化形式。这是确立初次收入分配"地位论"的重要前提，如果不把劳动力和劳动区别开来，那么，把劳动者的报酬看做是劳动的所得，就会让人觉得劳动者是以自己的贡献获得收入的，而把劳动者的报酬看做是劳动力的价格或价值，就会使人们认识到劳动者的收入是建立在契约或地位的基础上。因此，马克思把劳动和劳动力区别开来，为他的初次收入分配的"地位论"奠定了坚实的基础。

在把劳动力和劳动区别开来的基础上，马克思进一步阐述了决定劳动者和资本家在初次收入分配中的地位的因素。首先，资本主义生产方式演进中的劳动过程的性质是决定劳动者和资本家地位的技术性因素；其次，资本主义积累的一般规律是决定劳动者和资本家地位的制度性因素；最后，国家干预是决定劳动者和资本家地位的外在的决定性因素。

从以上对马克思初次收入分配理论的认识，我们可以看出，在资本主义生产方式下，资本主义生产方式下的生产过程的性质、资本主义积累的一般规律以及国家干预，是决定劳动者和资本家地位的主要因素，而劳动者的地位又决定了劳动报酬在初次收入分配中的占比。因此，运用马克思的初次收入分配理论可以从本质上揭示资本主义生产方式下的初次收入决定问题。当然，对于我国改革开放后的初次收入分配结构的变化，也可以借此加以分析。

二、我国初次收入分配的“地位论”视角的理论与实证分析

我国改革开放后的初次收入分配结构的劳动收入占比呈现的先上升后下降趋势，与典型的初次收入分配结构的劳动收入占比先下降后上升趋势形成鲜明的对比。虽然，我们可以期待在一个更长的时间内看到我国的初次收入分配结构也出现劳动收入占比最终上升的趋势，但是，对于一个实现了长达 30 多年高速经济增长的国家来说，这样的期待显得有些遥远。为什么我国在长期的高速增长中没有实现初次收入分配结构应有的转型？归根结底，我国初次收入分配结构的变迁与劳动者的地位变化有着非常密切的关系。

（一）理论分析

自 1978 年开始，中国的经济发展走上了一条不同于以往的新的道路。在这条道路上，我们不仅对经济体制进行改革，而且还逐步打开国门实施对外开放，此外，对过去的发展道路也予以调整，一方面改变了过去的重工业优先发展战略；另一方面在努力实现经济增长方式的转变。所有这些属于经济发展的新的选择，对初次收入分配结构的变迁都产生了明显的影响，而其影响的机理又都在于劳动者地位的改变。

中国的经济体制改革走的是一条渐进式的道路。在农村，以家庭联产承包责任制为主的改革，使农民获得土地的承包权和自主经营权，这不仅极大地调动起农民的生产积极性，而且也使农民的地位发生了改变。因此，改革初期的农民收入有了较大提高，在对农户收入没有进一步划分，而把它看做劳动收入的这一统计口径下，农民收入的提高无疑对劳动收入的提高起了促进作用，从而有利于劳动收入在初次收入分配中占比的提高。然而，随着经济体制改革的重心由农村转向城市，一方面由于国家的政策重点转向城市；另一方面农民在农业收入呈现边际递减的情况下又没有其他的收入途径，农民收入提高处于一种停滞的状态，其对提高劳动收入的贡献相对下降，这一趋势到 20 世纪 80 年代末显得十分明显。在城市，国有企业改革和所有制结构调整是城市经济体制改革的两项主要内容。国有企业改革所走的也是一条渐进之路。首先是以放权让利的方式推进国有企业改革。这一改革改变了过去国家对国有企业完全控制的局面，

而向国有企业下放了部分权力和让渡了一些利益。国有企业在得到了部分权力和利益后，其努力实现搞活国有企业的途径主要是调动企业职工的积极性，因此，以奖金形式发放的劳动收入增长较快，这在一定程度上提高了劳动收入在初次收入分配中的比重。所有制结构调整的最初形式主要是体制外生长，即非公有制的个体经济首先得到发生，这在个体经济收入也没有进行具体区分劳动收入和资本收入的情况下，也有利于提高劳动收入的占比。但是，随着城市经济体制改革的不断走向深入，国有企业改革深化和所有制结构调整扩大，最终形成了一种不利于劳动收入提高的局面。进入20世纪90年之后，国有企业改革从过去的搞活所有国有企业转向搞活国有经济，并形成了国有经济有所为有所不为的改革取向。因此，出现了一批因经营困难而得不到国家扶持的停产半停产国有企业，由此导致20世纪90年代中期以后大批国有企业职工下岗失业。这无疑影响到劳动收入在初次收入分配中的比例。而进入20世纪80年代后期，所有制结构调整发生了较大的变化，属于体制外的非公有制经济得到进一步的肯定和发展，表现在私营经济得到承认，外资经济大规模地进入。这种非公有制经济的发展，无疑增强了资本在生产中的地位而降低了劳动者在生产中的地位，从而出现了初次收入分配中不利于劳动者的局面，这也应该是进入20世纪90年代劳动收入在初次收入分配中开始下降的一个影响因素。

对外开放开启了一个我国对外经济关系良性发展的通道，而这种对外经济关系的发展对于我国劳动收入的影响却呈现出一种比较特殊的趋势。在“三资”企业最初登陆我国之后，“三资”企业提供给劳动者的收入相对比较高，这对于提高劳动收入的占比起到了一定促进作用。但是，在之后的很长时间里，“三资”企业不断增加，但是劳动者的工资却被锁定在初始水平一直没有提高。因此，对外开放引起的劳动收入变化并没有表现出应有的上升态势。

发展转型主要实现从粗放式增长向集约式增长的转变。然而，这是一项非常艰巨的任务。在改革开放之初，我们调整了过去的重工业优先发展战略，开始按照我国的比较优势开辟了一条新的发展路径。其中劳动力优势显然是我国比较优势最突出的因素。当我们把经济发展的重点转到劳动密集型产业上时，这应该有利于劳动者收入的增加和劳动收入占比的提高。事实上，在改革开放初期，这种转变对于提高劳动者收入和劳动收入占比确实起到了促进作用。但是，随着农村剩余劳动力不断被释放，形成了农村劳动力向城市“无限供给”的局面，这一方面为城市发展劳动密集型产业提供了重要的保障；另一方面却阻滞了劳动力工资的提高，从而不利于初次收入分配中劳动收入占比的提高。过去人们一直议论的一种现象，即到深圳打工的农民工20多年工资没有变化，这就是说，最初到深圳打工的农民工在当时获得较高的收入，而20年以后仍然是相同的工资就意味着农民工的工资相对下降了许多，因此，劳动收入占比下降也就成为一种自然的现象了。而在这种变化的背后，一个基本事实是这种劳动力的"无限供给"相对地降低了劳动者的地位，从而影响到劳动收入的提高。不仅如此，从20世纪90年代中期开始，国有企业因为经营困难和国有经济的战略性调整而出现大量下岗失业人员，这更加重了劳动力供给的"无限性"，从而对劳动力工资的相对下降和劳动收入占比的降低起到了推波助澜的作用。

相对于劳动力供给增加而不断降低的劳动者地位和劳动收入，资本和资本所有者的地位逐步提高。这种局势从20世纪80年代后期初露端倪。首先，私营经济在这一时期开始进入了快速发展阶段，这一方面得益于过去个体经济的积累；另一方面也得益于这时国家对私营经济的政策发生的转变，即承认私营经济作为社会主义初级阶段所有制结构中一个组成部分。而自1992年邓小平南方谈话后，私营经济的发展更是进入了一个快车道。特别是随着国有经济的战略性调整，即"抓大放小"，绝大多数的国有中小企业，通过改组、联合、兼并、租赁、承包经营和股份合作制、出售等形式进行了改制，这为私营经济的发展提供了一个很好的机会和良好的环境。私营经济的发展和私人资本的扩张，不断地加强了私人资本所有者的力量，并形成了与劳动所有者相反的发展趋势。如此决定了我国初次收入分配结构自20世纪90年代后呈现劳动收入比重不断下降的趋势。

在我国体制转轨和发展转型过程中的这种劳动者和资本所有者地位的变化，应该是初次收入分配结构的劳动收入占比下降的重要基础。而最终形成劳动收入占比下降趋势的另外一个重要因素，是国家在推动经济发展过程中较少有对劳动者倾斜的支持政策。中国改革开放后的经济发展在很大程度上是由政府主导的，不仅中央政府在改革中起着主导作用，而且地方政府还是一个非常积极的经济主体参与经济活动。这种政府对经济的深度介入，本来应该有利于对劳动者的保护，也应该在提高劳动者收入方面发挥更大的作用。然而，我国经济发展水平决定了实现经济赶超依然是自上而下最重要的目标。在国家层面上，我们要加快经济增长，实现对发达国家的赶超；在地方层面上，落后地区要实现对发达地区的赶超。在这样的一个发展格局中，各级政府很容易把发展的重点锁定在加快经济增长上，而且都希望用最便捷的方法，在最短的时间内实现这一目标。从调动生产要素来实现经济增长的角度看，我国改革开放后尽管调整了过去重工业优先发展战略而按照劳动力的比较优势发展劳动密集型产业，但是劳动力的优势并没有变成地位的优势，相反，劳动者的相对地位一直难以提高，2 亿多农民工长期为城市建设贡献着力量却得不到城市居民同样的保障，甚至农民工本来较少的工资也不能按时拿到。出现这种局面绝不是我们要忽视农民工或劳动者的利益，而是我们现阶段的赶超任务或 GDP 目标更容易凸显具有稀缺性的资本的地位。因此，在事实上造成对劳动者利益的忽视，当然也造成劳动者收入难以提高的局面。

对于我国改革开放后，特别是进入 20 世纪 90 年代后，初次收入分配结构中劳动收入占比呈下降趋势的理解，可以简单地归结为，中国经济体制改革和经济发展转型，虽然极大地调动起了劳动者的积极性，并使劳动力要素在生产中发挥出巨大的作用，但是，劳动者的地位并没有因此得到应有的提高，相反，劳动者在这个过程中的相对地位逐步下降，从而造成了劳动者的收入也相应地下降。

（二）实证分析

对以上的理论分析，我们还可以进一步加以实证。我国体制改革和发展转型对劳动者的地位产生了不同的影响，进而影响到劳动者在初次收入分配中占比。我们把这一影响机制中所包含的关系用如下的模型反映出来：

$$Lsh_{it} = \alpha_0 + \beta_1 Mar_{it} + \beta_2 Fdi_{it} + \beta_3 Inv_{it} + \beta_4 Tra_{it} + X_{it} + Dum_{it} + \alpha_i + \varepsilon_{it} \qquad (1)$$

式中，i 表示地区；t 表示时间；Lsh 为劳动收入份额，由收入法中劳动者报酬与剔除生产税净额的 GDP 之比表示；Mar 度量经济体制改革，用固定投资中非国有经济占比表示；Fdi 由各地区外商直接投资占该地区 GDP 的比重度量；Inv 表示发展战略，是一个代理变量，用各地区的投资率表示；Tra 是度量发展方式转型的变量，用全要素生产率表示；X 表示一组影响劳动收入份额的控制变量，包括教育水平，用每万人高校在校生的自然对数表示（$\ln Edu$）、人均 GDP 及其平方项（Ry 和 Ry_2）；α_0 和 α_i 分别为截距项和不可观测的个体效应；ε_{it}是其他可能起作用但没有被模型所捕获的影响因素；β 和 γ 为待估参数。考虑到 2004 年及以后国家统计局对劳动者报酬的统计口径进行了调整，因此在实证过程中，我们还设置了2004～2007年为1，其他年份为0的虚拟变量Dum_{it}，用以控制该统计变化可能对劳动份额变迁产生的影响。

如果要得到一个可靠的估计结果，首先要解决的是模型（1）中潜在的内生性问题。对此我们使用系统广义矩估计（System-GMM）（Blundell and Bond，1998）。一般来说，由于系统GMM同时将内生变量的水平和差分项的滞后值作为工具变量，因此会产生更加高效的估计结果。

为了对以上模型涉及的影响关系系数进行估计，我们通过检索《新中国六十年统计资料汇编》、《中国国内生产总值核算历史资料》（1952～2004）、《中国统计年鉴》、《中国工业经济统计年鉴》以及《中国经济普查年鉴（2004）》，获得各变量的数据。而对模型中涉及的资本存量（或固定资本存量）的数据，我们是根据单豪杰（2008）提供的部分数据并按照其方法计算出来的，其中2005～2007年的固定资本数据并没有提供，我们用相同方法进行推演获得。

通过这些数据，对模型（1）进行估计，最终的估计结果如表1所示。

表1　　估计结果

核心解释变量	估计系数	标准差
Mar	-0.086**	0.027
Fdi	-0.353**	0.149
Tra	-0.253***	0.066
Inv	-0.180***	0.037
控制变量	估计系数	标准差
ln*edu*	-0.015**	0.007
Ry	0.004	0.008
Ry_2	0.001	0.002
Dum 2004～2007	-0.057***	0.006
AR（2）	0.43	P=0.67
汉森检验	24.60	P=0.27
观测值	327	

注：*显著水平为10%；**显著水平为5%；***显著水平为1%。常数项被省略。

在估计结果中，AR（2）是残差项差分自相关检验，原假设是一阶差分后的残差项不存在二阶自相关，显然0.67的P值支持了改假设。汉森检验是关于工具变量有效性的检验，其P值为0.27，同样也支持了原假设。因此可以说我们的估计结果是可信的。

就以上几个核心解释变量来看，用固定投资中非国有经济占比表示的经济体制改革变量（Mar），其对初次收入分配中劳动占比的影响是负向显著的，这说明随着改革的不同深入，劳动收入占比是下降；用各地区FDI表示的对外开放水平，对初次收入分配中劳动占比的影响也是负向显著的，这表明随着对外开放水平的不断提高，劳动收入占比也是下降；用各地区的投资率表示的发展战略（Inv），对初次收入分配中的劳动占比产生的也是负向显著的作用，因此，在这种新的赶超战略下，劳动收入占比是下降的；用全要素生产率度量的发展方式转变这一变量，其影响的劳动收入占比同样呈现负向显著的作用。这些结果与我们前面理论分析的结论是吻合的，即体制改革、对外开放和发展转型的各个因素都导致劳动者在初次收入分配中呈现低位下降的趋势，正是这种趋势造成了初次收入分配中劳动收入占比相应地呈降低趋势。

在控制的几个变量中，还可以看出一些与我们感觉较为吻合的结果，首先，表示教育水平的变量与劳动收入占比的关系时负向且显著的，这意味着随着教育水平或高校毕业生比例的提高并没有对劳动收入占比产生的正向的影响，这与高校扩招后的大学生就业难的趋势正相对应。而代表经济增长的人均DGP在两个维度下都对劳动收入占比的影响不显著，这正好说明了我国改革开放后长期的经济高速增长并没有相应地提高初次收入分配中劳动收入占比这一事实。最后，控制的虚拟变量表明，统计上的变化对劳动收入占比的变化是有一定影响的。

（三）结论和对策建议

本文借助马克思的初次收入分配理论对我国改革开放后初次收入分配中劳动占比的变动趋势进行了分析，不仅在理论上揭示了出现这种趋势的影响机理，而且在实证上证实了这种理论结论，即造成我国改革开放后劳动收入占比变化的主要是由于经济体制改革的不断深入、对外开放的不断扩大和经济发展转型的缓慢推进，使得劳动者的地位随之变化。在改革开放之初，由于改革开放和发展转型有利于劳动者的地位提高，因此，劳动者的收入也相应地提高，而随着改革开放的不断走向深入和发展转型难以推进，又造成劳动者地位不断下降，由此决定了劳动者的收入在初次收入分配中的比例呈下降的趋势。

根据这样的结果，我国转变初次收入分配结构，即提高劳动收入在初次收入分配中的比重，需要做的主要工作就是提高劳动者的地位。为此可以选择的政策有：

第一，保证新颁布的《中华人民共和国劳动合同法》（简称新《劳动合同法》）得到贯彻执行。从历史的角度来看，提高劳动者的地位主要靠有利于劳动者的法律执行。目前，包括一些学者在内的许多人认为，新《劳动合同法》增加了对企业的压力，不利于实体经济的发展。从一个角度来看，似乎有道理，但是我们都知道罗斯福新政时期，就是在美国还没有完全摆脱经济大萧条时颁布实施了《公平劳动标准法》。因此，我们没有理由放松对新《劳动合同法》的执行，这对于提高劳动者的地位具有不可替代的作用。

第二，加大对围绕企业初次收入分配的各利益主体的调节力度。如何解决目前围绕新《劳动合同法》的如上认识，即严格执行新《劳动合同法》会对中小型企业造成压力，不利于实体经济的发展。这或许是一个事实，但这个事实并不是无解的。实际上，这完全可以通过政策调节来解决这一问题。因为，在初次收入分配涉及的主要利益主体包括资本所有者、劳动者和政府。资本所有者和劳动者无疑都希望在初次分配中多得，而政府是这三者中唯一可以有所超脱的主体，也就是它既可以成为最大化者，也可以是一个利益的让渡者。这意味着当资本和劳动力在分配中表现的难以协调时，政府不仅可以作为法律执行者，也可以作为一个利益调节者，其通常的手段就是减税或补贴。因此，在新《劳动合同法》执行中遇到上述难题时，政府可以采取减税或补贴的方式来保证劳动者的权利得到充分的实现。

第三，加快经济结构调整以提升劳动者的地位。尽管目前出现“民工荒”，并因此使得体力劳动者的工资有较大幅度的提高。但这对于从根本上改变劳动者的地位并不会起到决定性的作用。因为这种体力劳动者工资的提高会最终影响到劳动密集型企业的竞争力和发展，如果因此导致大面积的劳动密集型企业破产，而又没有产业结构升级，那对于劳动者来说更是灾难性的。只有加快产业结构升级和经济结构调整，为就业创造更大的空间，一方面劳动力供给增长放慢；另一方面劳动力需求不断扩大，这才能够在根本上改变劳动者的地位。当然，这需要配合提高劳动者的素质，并为此加强对劳动者的培训。这无疑是改变劳动者地位的重要基础。

总之，通过法律形式来对劳动者的地位加以保护，并通过政府的调节减缓这种法律实施的压力，并从长远的角度改变影响劳动者地位的供求关系，才能够实现劳动者在初次收入分配中的地位，实现初次收入分配结构的彻底转型。

吸取欧洲主权债务危机教训
有效防范中国公共债务风险

谢 地 孟 勐*

一、欧洲主权债务危机的生成机理

欧洲主权债务危机是美国次级抵押贷款危机的延伸。全球金融危机是此次欧洲主权债务危机的诱因，但主权债务危机的爆发归根结底是相关国家自身的经济和财政问题，也是债务危机发生国盲目奉行凯恩斯主义经济政策的恶果。

具体分析，欧洲主权债务危机的成因主要有以下几个方面：

第一，经济结构片面化造成经济增长动力不足。

欧洲主权债务危机发生国的经济结构相对片面化，经济“内生”增长能力薄弱，财政收入增长缓慢。欧盟统计局最新数据显示，欧元区 2011 年 GDP 增长率仅 1.4%，欧盟也仅增长 1.5%，尤其是 PIGS 国家，经济呈现负增长态势，财政收入增长情况堪忧①。PIGS 国家由于自身资源条件的制约，并且未能坚持不懈地采取有效措施进行经济调整，因而没有像德国、法国等核心国家一样拥有支柱性实体产业来支撑经济发展，而是主要依赖旅游业、房地产业、金融业等，缺乏支撑其经济可持续发展的支柱产业和推动其产业升级的新兴产业，经济增长动力明显不足，进而造成财政

---

* 谢地，吉林大学中国国有经济研究中心研究员，吉林大学经济学院教授、博士生导师；孟勐，吉林大学经济学院硕士研究生。本研究得到吉林大学“985 项目”支持。

① 资料来源：《欧元区 GDP 数据显示其陷入温和衰退可能性增大》，商务部网站，2012 年 3 月 7 日。

收入增长缓慢，经济疲软、财力不足必然迫使其举债融资，以维系国家的正常运转。

第二，收入初次分配不合理引致收入再分配难题。

收入分配包括收入初次分配和再分配，收入初次分配是指在生产过程中对投入生产要素（劳动力、土地、资本）的回报，包括工资薪金、租赁金、利息和利润；收入再分配是指在初次分配的基础上进一步完成的收入分配活动，即转移支付，包括财政补贴、财政贴息和税收支出等。欧洲主权债务危机发生国的收入分配差距体现在两个方面：一是失业性收入分配差距，即随着经济萎靡不振，欧债危机发生国的失业率极速攀升，引发失业人口与就业人口之间的收入分配差距扩大。二是人口结构性收入分配差距，即不同年龄、不同行业、不同地域的人口结构性差异的居民之间所存在的收入分配差距。无论是失业性收入分配差距，还是人口结构性收入分配差距，都属于收入初次分配的范畴。欧洲主权债务危机发生国的初次收入分配差距往往是需要通过欧元区成员国间转移支付以及本国内高福利的社会保障体制的收入再分配机制得以弥补，这必然会增加政府用于失业救济、养老保险、行业补贴以及区域性投资等财政支出。财政支出在弥补收入初次分配差距的过程中不断攀升，而经济结构的片面性制约经济的增长动力，财政收入最终难以维系，政府无力负担而过度举债，引发本国主权债务危机。

第三，高福利社会保障陷阱。

从20世纪70年代开始，欧洲就着力建立以高福利为特色的社会保障体制。欧元区各国的高福利社会保障涵盖了社会生活的各个方面，“从摇篮到坟墓”的高福利社会保障包括住房、医疗、儿童津贴、教育、失业救济、养老保险、病假、殡葬等一系列从生到死的生活补助。此次欧洲主权债务危机的形成在一定程度上可以说是由于欧洲主权债务危机发生国“高福利陷阱”之祸，是高福利社会保障体制的弊端在经济状况不佳的背景下集中暴露。国家财政在不景气的经济环境中无力承担巨额的高福利社会保障支出，从而引发主权债务危机。欧元区的主权债务危机发生国的高福利社会保障体制缺陷表现在以下方面：一是高福利与经济和财政增长能力不匹配。欧洲国家普遍实行的高福利社会保障体制并非与其疲软的经济实力和缓慢的财政增长能力相匹配。特别是希腊、葡萄牙等财力较弱的主权债务危机发生国在加入欧元区之后，其社会保障逐渐向德国、法国等核心国家看齐。在2008年危机萌芽之前，PIGS国家自加入欧元区后各年工资平均涨幅均超过25%，失业救济金补助程度也逐年递增。盲目的高福利社会保障体制不仅占用了国家财政用于经济结构调整以及刺激经济增长的政府投资，而且使欧洲人患上“高福利依赖症”，商业竞争意识消耗殆尽，陷入无尽的“高福利陷阱”之中，最终有限的经济增长率和财政收入增长率敌不过经年累积的巨额财政赤字，政府被迫举债度日，继而债台高筑。二是高福利社会保障体制的社会化不足。欧元区高福利国家采用的是全民普享式的社会保障体系（陈宪，2010），欧洲国家在社会保障体制中没有将个人义务和收益水平密切联系起来，在具体实施社保工作时缺失社会参与和社会分担，而政府行为却无处不在。政府事无巨细地为居民提供全方位的社会福利。三是社会保障融资渠道单一。欧洲高福利社会保障的融资渠道主要来自于国家财政。国家财政为高福利社会保障的高额支出兜底，并且连年进行大规模的转移支付，使政府财政负担日益沉重。当社会保障资金不足时，主权债务危机发生国的政府迫于财政压力所采取的措施是提高税负。而高税负、高福利对劳动力市场产生相应副作用，抑制了劳动供给，“福利病”现象凸显，削弱经济增长动力。再加上人口老龄化加速和失业率攀升，政府财政负担更加沉重，而不得不扩大财政赤字和政府债务。

二、中国公共债务现状、问题及其风险分析

公共债务是以各级政府信用作为担保，并承诺到期还本付息的一种债务形式。欧洲的主权债务和我国的政府债务实际上都可以认为是一种内外债兼有、显性债务和隐性债务并存的公共债务形式。各国在一般情况下没有清晰地将内外债明确区分开来，而是以公债余额进行核算，我国和欧盟也是将内外债务共同作为公债余额（贾康，2010）。因此，欧洲国家公共债务可以看做是广义的主权债务，即一国政府或其授权的部门代表国家举借的，并以本国政府信用作为担保的需要偿还的所有债务；我国公共债务实际上是各级政府举债的统称，包括中央政府债务和地方政府债务。在我国，中央政府债务主要是指国债，同时也涵盖金融机构不良资产、社会保障基金缺口、政策性金融债以及高等教育负债等其他债务形式。地方政府债务主要是指地方融资平台债务，还包括中央代地方发行的地方债券等。根据相关权威数据粗略估算，截至2010年年末，我国政府的公共债务规

模约28.39万亿元人民币，约占当年GDP的71%。本文对我国公共债务的现状、问题及其风险进行分析，主要涉及中央政府债务（国债、中央政府的社会保障隐性债务以及中央政府对国有经济部门的隐性担保）、地方政府债务（主要分析地方融资平台债务），等等。

（一）中央政府债务分析

中央政府的显性债务主要为国债。2011年年末我国中央政府对内和对外国债余额高达7.2万亿元①。此外，我国中央政府也存在巨额的隐性债务。中央政府的隐性债务包括直接性隐性债务和或有隐性债务。中央政府直接性隐性债务主要为社会保障资金缺口所形成的债务，中央政府或有隐性债务主要为中央政府对国有经济部门（包括国有企业、国有银行体系、国有资产管理公司等）的隐性担保。根据上海证券的研究报告粗略估计，2010年年末我国中央政府隐性债务的总规模约为10.94万亿元；其中，基本养老保险基金缺口至少4万亿元，三大政策性商业银行债券发行量4.54万亿元，铁道部负债总额1.89万亿元，四家国有商业银行改制上市时剥离不良资产负债约0.44万亿元，国外负债0.07万亿元②。

1. 国债。自1994年分税制以来，我国的中央政府显性债务集中表现为国债。本文采用国债的债务规模、负债率、偿债率、债务依存度等相关指标来分析国债发行规模的协调性、国债风险积累情况、国债偿还保证程度以及财政支出对国债的依赖性，评估我国中央政府的显性债务风险状况。

（1）国债发行规模的协调性分析。一般来说，国债的发行量受经济发展水平的制约，债务规模不得超过国民经济的承载范围。1994年以后，我国的GDP增长率稳定在10%左右，但国债发行数额的增长率虽有波动，最高值达到了164.35%，但其平均值远远超过GDP的增长率。同时，由于中央财政收入是国债到期还本付息的直接偿债资金，国债的发行应受到当期中央财政收入的限制。从国债的发行数额增长率和同年中央财政收入增长率来看，在绝大多数年份中，我国的国债发行规模的增速远超于同期中央财政收入的增速。

---

① 资料来源：《2011年和2012年中央财政国债余额情况表》，中商情报网，2012年3月29日。

② 数据由上海证券首席宏观分析师胡月晓制作的《中国地方政府债务研究》报告整理、计算得出。

（2）国债风险的积累情况分析。本文采用负债率指标来衡量我国国债风险的累积情况。负债率是一国在固定时期的债务余额与国内生产总值（GDP）的比率，这一比率反映该国的经济状况对于债务存量总规模的承受能力。国债负债率的计算方法是当年国债余额除以当年国内生产总值。将国债负债率与国际上规定的负债率警戒限值进行比照，可以大体上判断我国国债风险的积累情况。国际上对于负债率警戒线的划定有两种标准：其一，静态标准是根据《马斯特里赫特条约》规定的警戒线为60%①；其二，动态标准是根据本国当期财政收入占GDP比重来确定的负债率警戒线。在实际应用中，国际上一般采用动态标准所确定的负债率警戒线来衡量本国债务风险，本国负债率超过当年财政收入占GDP的比重则表明该国负债超标，可以认为该国的债务积累过度，存在一定程度的债务风险。我国的国债负债率，从静态标准上看，一直在20%以下，远小于60%的静态警戒水平；然而，截至2010年末，我国政府的公共债务总规模约达28万亿元，占当年GDP的71%，全国公共债务负债率高于60%的静态警戒线。从动态标准上看，以我国中央财政收入占GDP比重作为当年国债负债率警戒限值，我国各年的国债负债率均大于警戒水平，近年来，各年平均超出6个百分点左右。

（3）国债偿还的保证程度分析。从债务可持续性角度考虑，一国的债务负担应在其偿债能力范围内，即债务规模要受到财政收入状况的制约，当年政府债务的还本付息额应与财政收入水平相互协调。各年的债务负担来自政府每年必须偿还债务的本金与利息之和。国债偿债率的计算方法为当年国债的还本付息数额除以中央财政收入，所得比率反映我国中央财政收入对国债偿还的保证程度。根据国际经验，公认的国债偿债率安全线为8%~10%（夏远湘，2000）。如果超出这一水平，则认定为该国中央财政对国债偿还的保证程度不足，较弱的偿债能力将会引发相应债务风险。我国国债偿债率指标明显高于安全水平，并且波动性较大，一些年份的国债偿债率甚至超过30%的水平。我国的高偿债率可以说明中央财政收入大部分用于本年度债务的还本付息，政府已经陷入了反复的“发新债还旧债”的恶性循环，长此以往则容易引发债务危机。

（4）财政支出对国债的依赖性分析。衡量当年财政支出对债务的依赖

---

①《马斯特里赫特条约》，又称《欧洲联盟条约》，1991年12月9~10日在荷兰的马斯特里赫特举行的第46届欧洲共同体首脑会议上签订。

程度应该以债务依存度作为量化指标。债务依存度是当年债务发行量与财政支出之间的比率。我国在1994年后实行的是分级财政体制，因此认为以中央财政支出为口径来计算国债依存度更具现实意义，即把当年中央财政支出作为分母，当年国债发行数额作为分子，二者的比值即为当年的国债依存度。在国际上，公认的中央财政支出对国债依存度的警戒水平为25%～30%（夏远湘，2000）。我国债务依存度从1995年开始均超出警戒线，尤其是2007年由于特别国债的发行导致债务依存度飙升到79.45%。

2. 中央政府的社会保障隐性债务。在我国的社会保障体系中，目前已经形成了现收现付与部分积累相结合的制度，涵盖养老、医疗、失业、生育等多方面内容。我国社会保障制度的转轨以及社会保障范围的扩充正在给中央政府带来相当大的财政压力。社保基金支付义务与基金积累的缺口要求中央财政来填补，这部分资金缺口构成了我国中央政府隐性债务的重要组成部分。在社会保障资金缺口引发的中央政府隐性债务风险中，现阶段对中央财政影响最大的是养老保险。

3. 中央政府对国有经济部门的隐性担保。中央政府对国有经济部门的隐性担保主要是为国有企业、国有银行体系、国有资产管理公司的资产、债务展开逐层担保，以形成一种较为稳定的均衡结构，来维系国有经济部门的正常运营。

中央政府对国有企业、国有银行体系以及国有资产管理公司的担保机制具有十分清晰的层次和逻辑体系，政府首先通过“金融约束”等制度安排，将大量的民间金融剩余资本以存款储蓄的形式汇入国有银行体系中，成为银行负债。在这一过程中，中央财政需要为银行储户的储蓄存款提供隐性担保，与此同时，也隐性担保了国有银行体系的负债。然后，国有银行体系利用吸纳的储蓄存款，向国有企业发放低利率的政策性贷款。这部分贷款在银行内部转化为信贷资产，而在国有企业中则形成了主要负债项目。中央财政在这之中既担保国有企业的债务，也担保国有银行体系的资产。在中央财政减少对国有企业的注资的条件下，国有银行的大部分贷款将用来弥补国有企业的亏损，从而导致国有银行资产质量恶化。在这个过程中，中央财政对国有企业的亏损也提供了隐性担保。此时，国有资产管理公司开始发挥作用，即采用向国有银行体系的资产负债表中注入特别债券的方式来置换出不良资产，这其中所形成的债务全部由中央财政进行担保。

（二）地方政府债务分析

在全球金融危机和欧洲主权债务危机的影响下，我国中央政府在实行积极的财政政策来推动经济快速增长的同时，地方政府性债务也随之呈现井喷式增长的新态势。根据审计署数据，截止到2010年年末，我国地方政府性债务余额高达10.7万亿元[①]。2011年，新举债2.1536万亿元，偿还旧债2.1533万亿元，2011年地方政府性债务存量并未有所减少，而且在2012年将有1.84万亿元地方政府债务到期[②]。根据《预算法》规定，地方债在我国尚未允许大规模公开发行，自2011年10月，国务院仅批准上海市、浙江省、广东省、深圳市四地开展地方政府自行发行地方债试点，并且地方债当前的发行规模相对很小。数据显示，国务院批准的2011年我国地方政府债券发行规模为2 000亿元，其中财政部代理地方政府发行1 771亿元，2012年则扩增至2 500亿元，而且财政部明确提出，地方政府债券的收入要优先用于保障性住房安居工程[③]。鉴于各地保障性住房建设资金严重紧缺，资金缺口高达近万亿，地方债券的发行规模相对于保障性住房的建设资金缺口是杯水车薪，也仅仅能为四个试点地区雪中送炭，可以预测到这部分地方债券收入在弥补保障性住房建设资金缺口之后，将所剩无几。因此，在我国不允许地方政府自行举借债务的前提下，我国地方政府公开发行的债务规模其实很小，如此之高的地方政府性债务规模的绝大部分是由许多地方政府采用一些隐性方式举借而来的。一直游离在预算之外的地方政府性债务是地方政府通过融资平台向国内金融机构的贷款，这已成为地方政府性债务的主要资金来源。庞大的地方融资平台债务是地方政府在财力不足并且缺乏直接举债权的情况下，担负着提供公共交通、保障性住房、公共卫生、义务教育等公共产品的事权责任，从而形成的一种具有显示合理性的变相政府融资方式。然而，在“惠民生”的政策方针下，地方政府提供公共产品的任务必将越来越繁重，地方财政压力迫使地方融资平台继续风生水起，长此以往，地方融资平台所积累的债务风险则不容小觑。

---

① 国家审计署：《全国地方政府性债务审计结果》，审计署网站，2011年6月27日。

② 国务院总理温家宝在2012年3月14日的记者会上就地方政府债务问题答中外记者问时公布的数据。

③ 财政部关于印发《2011年地方政府自行发债试点办法》的通知，财政部网站，2011年10月17日。

概括起来，地方债务风险状况主要呈现出两个方面的态势：

一方面，短期风险暂时可控，长期风险存在失控隐患。我国地方融资平台尽管当前的债务总量已经相当可观，但是在短期内地方政府债务风险是暂时可控的，而就长期看来，我国地方债务风险并不乐观。这是因为：

第一，地方政府在经济政策的制定上过分迷信凯恩斯主义，奉行“高投资，保增长”的政策，引发地方债务激增，短期内经济在数量上的增长能够暂时掩盖债务风险，而长期内“高投资”可能会破坏经济增长的质量，从而抑制经济的长期增长动力，地方政府性债务风险也极有可能在未来经济增速逐渐放缓的过程中失控。国务院自2008年在全球金融危机中推行4万亿元经济刺激计划以来，各地政府的配套投资高达20万亿元，使地方融资平台债务总量激增。从长期来看，扩大政府投资很可能面临着投资和消费比例失衡和投资乘数压缩以及对社会投资产生挤出效应等副作用，这对国民经济可持续性的高速增长投下阴影，债务风险将有可能在未来的经济乏力期凸显出来。

第二，地方融资平台债务大多是中长期贷款，所投向的公共基础设施建设的投资周期长、规模大，目前阶段地方融资平台债务风险显性化的可能性相对较小，在地方融资平台经历完偿债高峰期后，地方政府将很有可能出现大幅财政资金缺口，这会使地方融资平台债务风险会转化为地方政府的显性债务风险。

第三，土地财政在长期上或将大幅缩水，随着地方政府土地财政的资金链紧绷，地方财政可能面临更为沉重的压力，这不仅会导致地方融资平台的旧债难以偿还，而且地方政府极有可能会采取其他方式继续扩大举债来完成日益繁重的公共投资建设任务，最终地方债务风险在长期上将难以控制。

另外，与经济发达地区相比，欠发达区域的地方政府债务风险难控，与省、直辖市、自治区政府层面相比，市、县、乡级基层政府债务风险难控。这是因为：

第一，基层地方政府的偿债能力弱，债务风险积累程度高。我国地方政府性债务主要分为省（省级政府）、地（地级市）、县（县级市）、乡（镇）四级政府债务，各级政府面临着不同程度的负债压力。近年来，县乡级基层政府的债务规模不断扩充，债务压力相对集中。数据显示，截止到2011年12月末，全国共有地方融资平台1万余家，县级融资平台约占平台总数的70%[①]。尽管基层融资平台为促进经济和社会的发展起到一定程度的积极作用，但从我国政府财力的纵向分布来分析，越到基层，其财力的回旋空间越小，政府财政承受债务风险的能力也就越弱。在我国当前的公共财政体制下，基层政府的地方融资平台借贷资金绝大部分投向于公共基础设施建设领域，如市政建设、交通运输等，虽然冠以政府投资拉动经济增长的目标，但更为重视所谓的“面子工程”。

第二，中部、西部、东北部等经济欠发达地区的债务风险化解难度较大。我国中部、西部、东北部等经济欠发达地区，由于经济发展水平不高，项目投资效益低下，很容易导致项目投资失败。尽管投融资规模不大，而产生的风险却会远远大于经济较为发达的地区。这些欠发达地区债务风险相对比较集中，相当一部分地区的负债能力与还本付息能力严重错位。

三、吸取欧洲主权债务危机教训，有效防范中国公共债务风险的若干建议

我国公共债务风险问题与欧洲主权债务危机发生国的情况存在本质区别，经济体制、人口规模、发展阶段、未来成长空间等很多方面都很难进行简单比较。但欧洲主权债务危机的经验教训值得总结，应当引以为戒。

值得思考的问题主要是：

其一，我国和欧洲主权债务危机发生国都存在经济结构失衡问题，但我国的失衡点在于经济结构矛盾突出，欧债危机发生国的失衡点在于经济结构片面化。但无论是哪种类型的经济结构失衡，都将抑制经济和财政的增长动力，进而诱发债务问题。我国的经济结构矛盾具体表现为：实体经济与虚拟经济失衡，一、二、三产业机构不合理，传统产业与新兴产业缺乏互补，投资消费出口关系不协调，国有经济与民营经济之间利益冲突等。

其二，我国和欧洲主权债务危机发生国都存在收入分配差距问题，但收入初次分配与再分配的难题不尽相同，平衡收入初次分配和再分配不可避免地要增加政府的财政投入，从而相应地加重了债务压力。欧债危机发

---

① 韩文亮、王开华、杨琴：《破解融资平台难题》，载于《金融时报》，2012年2月17日。

生国的收入分配差距主要体现在收入初次分配上，但弊端凸显于收入再分配的过程中。政府为充分弥补初次收入分配差距，采用高福利的社会保障制度来进行收入二次分配以平复不同人口结构间的收入差距，而财政在高福利的重压下债务负担日益沉重。而我国收入分配差距既体现在收入初次分配上，也体现在收入再分配上。我国的收入初次分配差距相对欧债危机发生国来说更为严重，而再分配机制尚不健全，并存在负福利效应。当前，我国初次收入分配差距暂时无法像欧洲国家一样通过再分配机制予以平衡，政府在发挥平衡收入分配的财政职能中存在很大程度的错位，造成财政收支对收入分配的逆向调节，造成对财政资源的浪费，再加上我国政府在健全收入分配机制方面的持续性财政高投入，使我国的债务负担也在一定程度上由此变得更为沉重。

其三，我国和欧洲主权债务危机发生国都存在社会保障不合理问题，但不合理之处在于一个是社会保障过度，一个是社会保障不足。欧债危机发生国的过度保障导致财政压力和债务负担沉重，而我国将会在未来不断加大社会保障的财政投入以实现社会的公平和公正，这在将来对财政产生的压力和负担是不容忽视的。

可见，经济结构、收入分配、社会保障不仅是欧洲主权债务危机的形成因素，也是我国改革开放30余年来一直尚未解决而在进一步改革和发展必须破解的难题。为防止我国公共债务风险在未来经济社会的发展中进一步恶化，避免我国财政重蹈欧洲主权债务危机的覆辙，我国应以欧洲主权债务危机为前车之鉴，在调整经济结构、平衡收入分配、完善社会保障体制等方面做出努力，以有效防范公共债务风险向公共债务危机的转化。

首先，调整经济结构，维系经济可持续性增长动力。主要是厘清实体经济和虚拟经济的关系，推动实体经济和虚拟经济的良性互促、协调发展；着力推进一二三产业协同发展，促进一二三产业协同发力来带动新一轮的经济增长；传统产业和新兴产业双管齐下，坚守“中国制造”，以战略性新兴产业牵引和带动传统产业转型和升级；以扩大国内不同层次居民的消费需求为目标进行结构性调整，遏制“投资饥渴症”，使投资、消费、出口“三驾马车”协同拉动经济的稳健增长；促进国有经济和民营经济的良性互动，营造平等竞争、优胜劣汰的市场氛围，使国有经济和民营经济在未来经济发展中“各得其所”。

其次，改革政府财政职能，在收入初次分配和再分配中均贯彻公平、效率有机结合的原则。改革开放30多年来，我国收入分配失衡的问题日益严峻。政府应该在调节收入分配差距的过程中积极发挥财政职能，特别是采用扩大转移支付支出、提高所得税税率和工资标准等措施进行二次收入分配的调整，以缩小城乡之间、地区之间、行业之间、人群之间在生产过程中所形成的初次收入分配差距，这是不言而喻的。欧洲主权债务危机发生国主要是通过高福利的社会保障制度以及个人所得税的累进税制等转移支付手段进行收入二次分配，来矫正市场竞争所造成的初次收入差距，实现社会的公平和公正。我国和欧洲调节收入分配差距的方式大体类似，都是在收入二次分配中关注公平问题，而在很大程度上忽视了初次收入分配的公平性。在收入初次分配和再分配中，初次分配是基础，对于收入分配差距的大小起着决定性作用，一旦初次分配的大格局确定下来，收入再分配很难加以改变，对收入分配差距往往也只能做些局部性的调整。吸取欧洲主权债务危机的教训，我国财政需要更加关注初次收入分配的公平性，从二次收入分配的"市场外弥补差距"着重向初次收入分配的"市场内创造收入"转变。

最后，从中国的实际出发完善社会保障体制。我国社会保障水平应与经济发展相适应，防止将社会保障的支出规模盲目扩大而超出经济发展水平的可承受范围，社会保障的建设便会超出财政的承载能力，进而加大政府债务风险。同时，应着力建设个人的保障权利与义务相对等的多层次社会保障体系。

第四篇

中国经济学的创新与发展

政治经济学中的几个理论问题辨析

卫兴华*

一、作为《资本论》研究对象的“资本主义生产方式”辨析

马克思在《资本论》第一卷第一版序言中指出：“我在本书研究的是资本主义生产方式以及和它相适应的生产关系和交换关系。”这里所讲的“资本主义生产方式”究竟是指什么？学界有多种互异的解读：有生产力说；生产力与生产关系统一说；生产关系总和说；生产力含义上的劳动方式说；作为生产力和生产关系中介的资本主义劳动方式说；从经济形态看的资本主义社会说；生产资料与劳动力相结合的社会方式说；等等。

从近几年的有关讨论来看，有两种解读比较凸显。其一是劳动方式说；其二是生产资料与劳动力相结合的社会方式说。我持第二种见解。我在1982年第1期的《经济理论与经济管理》上发表的《〈资本论〉的研究对象问题》一文，提出了这一见解。后来有几位学者也提出相同的见解。近年来看到有的学者主张劳动方式说，不赞同第二种解读，但其所持反对理由，我认为不能成立。他们说，生产资料与劳动力相结合的社会方式也是生产关系。按此解读，《资本论》的研究对象就成为：我在本书研究的是“生产关系以及和它相适应的生产关系和交换关系”了，于理不通。这种推论不能成立。它没有分清广义生产关系和狭义生产关系的联系与区别，特别是没有分清生产关系中多层次的内在关系及其主次地位。

笔者认为，要弄清作为《资本论》研究对象的“资本主义生产方式”

---

* 卫兴华，中国人民大学荣誉一级教授、博士生导师。

究竟是指什么，需要首先弄清相关的四个关键性问题。其一是：《资本论》的研究对象和马克思主义政治经济学的对象是统一的。如果马恩列讲政治经济学的研究对象是生产关系（广义的），没有讲过还研究不同于生产关系且决定着生产关系的别的什么例如“劳动方式”之类的内容，那么《资本论》的研究对象也应如此，不应附加与广义生产关系有别的东西。其二是：应弄清《资本论》或政治经济学所研究的生产关系有不同的层次，存在基础层次和非基础层次的关系。其三是：《资本论》中广泛应用“资本主义生产方式”和“生产方式”概念，既要弄清这两个概念的联系与区别，又要弄清“资本主义生产方式”的不同含义，弄清作为《资本论》研究对象的“资本主义生产方式”和其他含义的“资本主义生产方式”的区别。其四是：从《资本论》的篇章结构安排来辨析马克思在商品货币研究的基础上进入对资本主义经济制度的分析时，究竟是先阐述劳动方式，再阐述资本主义生产关系和交换关系；还是先阐述生产资料（资本）与劳动力（雇佣劳动）相结合的社会方式这一基础层次范畴，再进一步分析与之相适应的资本主义生产关系和交换关系。这一点很重要，因为《资本论》的体系结构，是体现和印证马克思所讲的《资本论》的研究对象的。下面我们就这四个方面的问题分别进行辨析。

（一）政治经济学的研究对象是生产关系，这在马克思、恩格斯、列宁的著作中有明确的论述

在《〈政治经济学批判〉导言》中，马克思指出，他创立的政治经济学是“考察资产阶级经济制度”的。“我考察资产阶级经济制度是按照以下的顺序：资本、土地所有制、雇佣劳动；国家、对外贸易、世界市场”。《资本论》的内容，实际上包括了其中的前三项，即考察和研究资本、土地所有制和雇佣劳动，都属于“资产阶级经济制度”即资本主义经济制度的范畴。而经济制度是生产关系总和。

《导言》阐述了以往经济学在研究生产、分配、交换、消费及其相互关系问题的肤浅的非科学的观点。在分析生产问题时，马克思批评了约·斯·穆勒等讲“生产”就是讲“一切生产的一般条件”的观点，强调应重视生产的社会生产关系，“一切生产都是个人在一定社会形式中并借这种社会形式而进行的对自然的占有”。强调生产的“社会形式”，就是强调社会生产关系。并明确指出“政治经济学不是工艺学”。也就是不研究生产的技术方面。马克思还讲：“政治经济学所研究的是财富的特殊社会

形式。”① 马克思又指出，《资本论》的最终目的就是揭示资本主义社会的经济运动规律。可以看出，这些规律包括诸如价值规律、竞争规律、剩余价值规律、平均利润率规律、级差地租规律、资本主义积累的一般规律、商品生产所有权规律和资本主义占有规律，等等，都是经济关系运动的规律。都不是劳动方式运动的规律。

恩格斯在评价马克思的《政治经济学批判》一书时也指出，马克思主义政治经济学是研究生产关系的。“政治经济学是现代资产阶级社会的理论分析，因此，它以发达的资产阶级关系为前提”，也就是说，是对发达的资本主义生产关系的理论分析。又进一步指出：“经济学所研究的不是物，而是人和人之间的关系。”② 列宁也讲：政治经济学是研究人们在生产上的社会关系。又明确指出：“马克思的主要著作《资本论》就是专门研究现代社会即资本主义社会的经济制度的。”③

总之，从马克思、恩格斯、列宁的有关论述中可以领会到，他们把《资本论》或资本主义政治经济学的研究对象，确定为资本主义的生产关系，其任务是揭示资本主义的经济规律。并不包括生产力或生产力含义上的劳动方式。至于政治经济的对象要不要拓宽和发展，是另外的问题。

（二）《资本论》所研究的生产关系是多层次的

需要明确一点：学界一般认为，马克思所研究的生产关系，就是再生产四环节中“生产、分配、交换、消费”中的生产关系。其实，这个四分法不是马克思经济学的构建，而是某些资产阶级经济学的构建。马克思并不赞同按此构建政治经济学体系结构，而且在《〈政治经济学批判〉导言》中指出了前人对这四环节内容及其相互关系的肤浅看法，并从生产关系方面进行了深入的科学的分析。但是，不应认为，马克思在《〈政治经济学批判〉导言》中所讲的四环节的生产关系就是《资本论》或政治经济学研究对象的全部。既要区分广义的生产关系（生产、分配、交换、消费四方面的关系）和狭义的生产关系（主要是直接生产过程中的关系）。也应研究作为资本主义历史条件和前提的资本原始积累的关系特别是作为

① 《马克思恩格斯全集》第46卷下，人民出版社1980年版，第383页。

② 《马克思恩格斯选集》第2卷，人民出版社1995年版，第44页。

③ 《列宁选集》第2卷，人民出版社1995年版，第311页。

生产关系基础的生产资料所有制关系和生产资料与劳动力相结合的经济关系。所有制关系是基础层次的关系，这是大家认同的。但是，所有制的基础性决定作用，是通过一定的生产资料和劳动者的特定的结合方式实现的。否则无法说明，为什么都是不劳动者占有生产资料，劳动者失去生产资料，而会区分为奴隶制度、封建制度和资本主义制度。资本主义之所以成为资本主义，是因为非劳动者占有的生产资料成为资本，而推动生产资料的劳动力变成商品，成为雇佣劳动者。正是资本与雇佣劳动相结合的生产方式，决定着直接生产过程中的资本主义生产关系，也支配着整个资本主义生产关系体系。

直接生产过程中的资本主义生产关系，还进一步区分为不同的层次：资本主义生产中的一般关系；简单再生产中的关系；扩大再生产中的关系；资本积累中商品生产所有权的规律转化为资本主义占有规律的关系；资本主义发展前期劳动在形式上隶属于资本的关系；在分工的工场手工业中劳动开始转变为劳动在实质上隶属于资本的关系；机器大工业后劳动进一步实质上隶属于资本的关系；资本主义发展中的竞争和对抗关系；剩余价值分割中的资产阶级与无产阶级的关系；资本主义发展的历史趋势及其演变关系；等等。在这种多层次的资本主义生产关系体系中，体现着资本主义所有制关系的资本和雇佣劳动相结合的关系，起着基础层次的决定性的作用。

通过以上分析可以看出，资本主义直接生产过程中的关系也是多层次的。不能因为所有制关系以及资本与雇佣劳动相结合的关系也属于生产关系，就否定它们在资本主义生产关系体系中的基础性和决定性作用，将其错误理解为是“生产关系决定生产关系”的不当逻辑。

（三）需要对《资本论》中的“生产方式”和“资本主义生产方式”概念按其原有含义进行辨析，最后确定作为研究对象的“资本主义生产方式”应是什么

在《资本论》中，广泛使用“生产方式”和“资本主义生产方式”概念。“生产方式”，就是指采取什么方式进行生产。包括生产的技术方式或工艺方式，也可以说是生产力含义上的劳动方式；也包括生产的社会方式即社会经济关系方式。《资本论》中，有时只从技术方式含义上使用“生产方式”概念。例如，“现代工业的技术基础是革命的，而所有以往

的生产方式的技术基础是保守的”。[①] 有时，是从生产力和生产关系的统一中应用“生产方式”一词的。例如：“物质生活的生产方式制约着整个社会生活、政治生活和精神生活的过程”。[②] 有时是从生产的社会形式即生产关系方面讲“生产方式”的。例如，“资本和雇佣劳动的关系怎样决定着这种生产方式的全部性质。这种生产方式的主要当事人，资本家和雇佣工人”。[③] 这里讲的“生产方式”是指资本主义生产方式，即生产的资本主义社会形式。

“生产方式”一词，除包括以上三方面的内涵外，还可以指小生产方式和商品生产关系：“劳动者对他的生产资料的私有权是小生产的基础……这种生产方式在奴隶制度、农奴制度以及其他从属关系中也是存在的”。[④]“对于这个历史上一定的社会生产方式即商品生产的生产关系来说……”[⑤]

“生产方式”与“资本主义生产方式”是含义有所区别的两个概念。生产方式前面加上“资本主义”，就表明与资本主义生产关系相联系。它在《资本论》中只在两种含义上使用：或是单指也是更多地专指资本主义生产关系，或是指与生产力相结合的资本主义生产关系。前者又可细分为指资本主义经济制度或生产关系体系、资本主义所有制、资本和雇佣劳动相结合的社会方式等。例如，“这个阶级的历史使命就是推翻资本主义生产方式和最后消灭阶级。这个阶级就是无产阶级”。[⑥]“只有在现代生产力和资本主义生产方式这两个要素互相发生矛盾的时候，这种革命才有可能”。[⑦] 这两段论述中的“资本主义生产方式”，只能是资本主义生产关系或经济制度。

资本主义生产方式也可以是指与一定生产力相结合的资本主义生产关系，即资本主义生产的技术方式和社会方式的统一。例如，“农业和工场手工业的原始的家庭纽带……被资本主义生产方式撕断了”。[⑧]“生产排泄

---

① 《马克思恩格斯文集》第5卷，人民出版社2009年版，第560页。
② 《马克思恩格斯选集》第2卷，人民出版社1995年版，第32页。
③ 《马克思恩格斯文集》第7卷，人民出版社2009年版，第996页。
④ 《马克思恩格斯文集》第5卷，人民出版社2009年版，第872页。
⑤ 《马克思恩格斯文集》第5卷，人民出版社2009年版，第93页。
⑥ 《马克思恩格斯文集》第5卷，人民出版社2009年版，第18页。
⑦ 《马克思恩格斯全集》第7卷，人民出版社1959年版，第514页。
⑧ 《马克思恩格斯文集》第5卷，人民出版社2009年版，第578～579页。

物和消费排泄物的利用，随着资本主义生产方式的发展而扩大”。[①] 从马恩的著作来看，多数是从资本主义生产的社会方式即资本主义生产关系的角度应用资本主义生产方式一词的。从生产力和资本主义生产关系的结合上应用得较少。

关键的问题是，作为《资本论》研究对象的资本主义生产方式是什么？前面讲过，马克思、恩格斯、列宁将政治经济学的对象界定为生产关系，固然是指由一定生产力决定的生产关系，但没有在研究对象上附加非生产关系的东西。既然如此，《资本论》研究的对象也不应附加非生产关系的东西，如生产力含义上的劳动方式，或兼有生产力和生产关系含义的劳动方式等。如果讲劳动方式，也应区分劳动的技术方式和劳动的社会方式。前者是指应用什么生产资料怎样进行劳动的方式，后者是指通过何种社会形式使劳动者与生产资料相结合的劳动方式，如受资本支配的雇佣劳动方式，在皮鞭棍棒强制下的奴隶劳动方式等。这类劳动方式依然属于生产关系范畴，应是《资本论》和政治经济学的研究对象。雇佣劳动方式，也就是资本与雇佣劳动相结合的方式。

作为《资本论》研究对象的决定着资本主义直接生产过程的生产关系和再生产过程中的交换关系的“资本主义生产方式”，应是生产关系体系中的基础层次的范畴。马克思、恩格斯明确指出，生产资料所有制是生产关系的基础，还把资本主义所有制称作资本主义生产方式。“资本的献媚者政治经济学家从理论上把资本主义生产方式和它自身的对立面说成是同一的”。[②] 在法文版中，将这里的“资本主义生产方式”改成“资本主义的所有制”（中译本译作“所有权”）。

在马克思、恩格斯著作中，研究各个社会经济形态，很重视作为社会生产关系基础层次的生产资料和劳动力相结合的社会方式。而我国学界则对此关注不够。我们只选择马克思的几段话来进行辨析。《资本论》第2卷中讲：“不论生产的社会形式如何，劳动者和生产资料始终是生产的因素……要进行生产，它们就必须结合起来。实行这种结合的特殊方式和方法，使社会结构区分为不同的经济时期。在当前考察的场合，自由工人和他的生产资料的分离，是既定的出发点，并且我们已经看到，二者在资本

---

① 《马克思恩格斯文集》第7卷，人民出版社2009年版，第115页。

② 《马克思恩格斯文集》第5卷，人民出版社2009年版，第877页。

家手中是怎样和在什么条件下结合起来的。”[①] 这里说明，生产资料和劳动者结合的特殊社会方式，决定着不同的社会经济制度。而与生产资料分离的“自由工人”（雇佣劳动者）在资本支配下结合起来，使其演变为“当前考察的”资本主义经济制度。这种劳动与生产资料分离、资本与雇佣劳动相结合的生产方式，是考察资本主义经济制度“既定的出发点”。

“只是由于劳动采取雇佣劳动的形式，生产资料采取资本的形式这样的前提——也就是说，只是由于这两个基本的生产要素采取这种独特的社会形式——，价值（产品）的一部分才表现为剩余价值……雇佣劳动的形式对整个过程的面貌和生产本身的特殊方式有决定的作用”。[②]

“生产资料……逐渐转化为资本，而同转化为雇佣工人的直接生产者相对立。……资本主义生产方式正是在这里表现出自己的特征”。[③]

“资本主义生产的基础是：生产工人把自己的劳动力作为商品卖给资本家，然后劳动力在资本家手中只作为他的生产资本的一个要素来执行职能”。[④]

工人将劳动力作为商品出卖，“劳动就表现为雇佣劳动。……资本和雇佣劳动的关系怎样决定着这种生产方式的全部性质。这种生产方式的主要当事人，资本家和雇佣工人，本身不过是资本和雇佣劳动的体现者”。[⑤]

“我们称为资本主义生产的是这样一种社会生产方式，在这种生产方式下，生产过程从属于资本，或者说，这种生产方式以资本和雇佣劳动的关系为基础，而且这种关系是起决定作用的、占支配地位的生产方式”。[⑥]

从上述部分引证中，可以看出马克思所讲的两重意思。其一是，资本与雇佣劳动相结合的关系和对立，是资本主义经济制度或生产关系的基础和条件；其二是，资本与雇佣劳动相结合的关系构成资本主义生产方式的特点和性质。就是说，用资本与雇佣劳动相结合的生产方式，来定断资本主义生产方式。另外，马克思在 1857～1858 年的《政治经济学批判》手稿中还指出：资本和雇佣劳动的关系是资本主义社会制度入口处的基本问题。

---

① 《马克思恩格斯文集》第 6 卷，人民出版社 2009 年版，第 44 页。
② 《马克思恩格斯文集》第 7 卷，人民出版社 2009 年版，第 998 页。
③ 《马克思恩格斯文集》第 7 卷，人民出版社 2009 年版，第 761 页。
④ 《马克思恩格斯文集》第 6 卷，人民出版社 2009 年版，第 427 页。
⑤ 《马克思恩格斯文集》第 7 卷，人民出版社 2009 年版，第 996 页。
⑥ 《马克思恩格斯全集》第 47 卷，人民出版社 1979 年版，第 151 页。

从上述分析可以表明，《资本论》所研究的“资本主义生产方式以及和它相适应的生产关系和交换关系”，可以解读为《资本论》的研究对象是：资本与雇佣劳动相结合的资本主义生产方式以及和它相适应的生产关系和交换关系。资本与雇佣劳动相结合的关系，同时体现了作为资本主义生产关系基础的所有制关系。

有的学者主张作为《资本论》研究对象的资本主义生产方式，是生产力含义上的或生产力与生产关系含义上的劳动方式。如分工协作等，决定着资本主义生产关系和交换关系。这与马克思的论述正好相反。马克思指出：“资本主义的协作形式一开始就以出卖自己的劳动力给资本家的自由雇佣工人为前提。”[①] 资本主义生产中的分工协作劳动也好，机器大工业也好，都是以资本与雇佣劳动相结合为前提条件的，并不是劳动方式决定了资本与雇佣劳动的结合以及与其相适应的资本主义生产关系。

（四）从《资本论》的篇章安排和体系结构看决定资本主义生产关系的资本主义生产方式究竟是什么

《资本论》第1卷第一篇是商品和货币。因为商品是资本主义的经济细胞或“财富的元素形式”，又是资本主义发展的历史条件，“商品的流通是资本的起点”，所以马克思在进入对资本主义经济制度分析前，要用3章篇幅研究商品货币问题。《资本论》从第二篇起，进入对资本主义经济的研究。第二篇仅1章，篇名为“货币转化为资本”。《资本论》第1卷共7篇，只有第二篇仅1章。为什么马克思不把这一章的内容并入《绝对剩余价值生产》的篇章中而要单独以一章成篇呢？自有其理论分析安排上的深刻考虑。

《资本论》第1卷研究的是产业资本的直接生产过程。商业资本、借贷资本远在奴隶社会就存在，只有出现了产业资本，才有资本主义社会经济制度。

产业资本直接生产过程的起点是什么？是货币和由货币购入的生产资料转化为资本，还需要雇佣工人，也就是购买劳动力商品。马克思把出卖劳动力商品的劳动者称作雇佣工人，其劳动就表现为雇佣劳动。“工人自己也只是表现为商品的出售者，因而表现为自由的雇佣工人，这样，劳动

---

① 《马克思恩格斯文集》第5卷，人民出版社2009年版，第388页。

就表现为雇佣劳动”。[①] 这样，才有资本与雇佣劳动的结合。而雇佣劳动是在资本统治和支配下进行生产劳动的。这是剩余价值生产和资本积累的决定性基础。“资本主义生产的整个体系，是建立在工人把自己的劳动力当作商品出卖的基础上的”。[②] 也就是建立在资本统治雇佣劳动的基础上的。

由此可见，《资本论》第二篇分析货币转化为资本，劳动力成为商品，就是阐明生产资料与劳动力相结合的资本主义生产方式。三卷《资本论》所研究的资本主义的生产过程、流通过程和生产总过程中所体现的生产关系和交换关系，都是由资本支配下的雇佣劳动生产方式为决定性基础并与它“相适应”的。可见，作为《资本论》研究对象的“资本主义生产方式”应是资本与雇佣劳动相结合、资本统治与支配雇佣劳动的生产方式。这正是《资本论》第1卷第二篇以单章成篇的道理所在，正是这一篇研究了资本主义生产关系和交换关系与之相适应的资本主义生产方式。

二、社会主义商品经济理论不同观点辨析

马克思主义的创始人认为，在未来生产资料归全社会所有的社会主义社会中，商品生产和交换将不再存在。这也是马克思主义者曾长期坚守的统一的观点。列宁也讲过：社会主义就是消灭商品经济。在苏维埃政权初期，列宁曾试图消灭货币，以实物经济取代商品经济，但在经济实践中行不通，改行新经济政策，恢复商品交换。但列宁没有从理论上解决在建成了的社会主义制度中商品生产的命运问题。因此，社会主义条件下是否存在和怎样存在商品生产和价值规律的作用问题，在1952年斯大林的《苏联社会主义经济问题》发表以前，依然是理论界一直讨论和争论的一个重要问题。斯大林的上述论著，以权威的形式肯定社会主义制度下由于存在公有制的两种形式，必然存在商品生产和交换，但又认为生产资料不是商品，只具有商品的外壳，只有消费品是商品。

我国社会主义制度下的商品经济问题，也是长期存在意见分歧的理论问题。由于受经典作家社会主义非商品生产论和斯大林生产资料非商品论

① 《马克思恩格斯文集》第7卷，人民出版社2009年版，第996页。
② 《马克思恩格斯文集》第5卷，人民出版社2009年版，第495页。

的影响，自20世纪50年代以来的理论研究中，在商品经济问题上，存在多种不同的观点：社会主义非商品经济论；生产资料非商品论；全民所有制内部非商品论；商品属性逐渐褪色论；商品经济消亡论；商品属性与产品属性统一论；等等。1959年4月，中国社会科学院经济研究所和上海社会科学院经济研究所在上海召开了关于社会主义制度下商品生产和价值规律的讨论会，多数人的观点肯定社会主义商品生产存在的必要性与重要作用。但争论依然存在。意见分歧的一个问题是：国营企业间的生产资料交换和职工到国营商店购买的消费品，是不是商品。有三种意见：是商品；多少带有商品的性质；实质上不是商品。有的学者持这样一种观点：国家职工到国营商店购买消费品，由于是全民所有制内部的交换，不是商品；而农民去购买东西就是商品，因为是两种所有制之间的交换。这种观点显然难以成立。职工到国营（或国有）商店购买消费品，是货币与商品的交换，要遵守等价交换原则，价值规律、供求规律起着作用。商品由国营商店转到国家职工手中，是从全民所有制转入个人所有制，发生了所有制的变化。我之所以要讲到这一点，是因为直到近年来，这些学者还坚持认为，马克思、恩格斯讲的社会主义公有制度下商品生产消亡的理论是正确的。不过存在具体说明上的两种区分。一种意见认为，我国现在还是“不够格的社会主义”，不同于马克思讲的社会主义，在发展了的社会主义制度中，商品经济将会消亡。另一种意见认为，马克思所讲的社会主义社会中商品经济消亡的理论，已经在我国成为现实：“社会主义公有制下人与人之间的经济利益关系，按其本质来说，是对商品货币关系的否定，商品关系与私有制一起被否定了。所以并不像有些人所说的，公有制下不存在商品货币关系只是马克思的主观设想，要加以突破。马克思的这一科学论断今天恰恰被证明是完全正确的，而且正在从理论变为现实”。同时认为，社会主义公有制经济中，“也不存在货币关系。有的人囿于表面的观察，看到每个社会成员的报酬都是采取了货币工资的形式，就把劳动证书的货币形式当作了真正意义上的货币，这不能不说是一种肤浅的认识，没有看到劳动收入的货币形式的劳动卷实质”。[①] 这种理论观点完全脱离实际，脱离了我国商品经济和货币真实存在的现实。这是把马克思主义经典作家关于社会主义社会商品货币消亡的设想，作为不变的教条予以固守，是把

---

① 胡钧、侯孝国：《对公有制和商品经济兼容问题的思索》，载于《中国社会科学》1989年第6期。

现实生活中实际存在的商品货币关系硬套进社会主义非商品生产论的教条框架中。事实上，我国的商品货币关系，在国内外都发挥着与任何商品货币本质一样的作用和职能。另一种观点认为，由于我国是处于初级阶段的社会主义，是不够格的社会主义，所以还不能消除商品经济，到够格的社会主义时，商品经济就会消亡。这种看法也不能成立。马克思、恩格斯在19世纪50年代就认为，英国等发达资本主义国家建立社会主义后商品生产将会消亡。我国目前的经济规模居世界第二位，不仅远超19世纪50年代的英国，也超过现在的英国。直到1890年，英国的钢铁产量为800万吨，德国400万吨，法国不到200万吨。直到1914年，英国的国民总收入为110亿美元，人均244美元。即使抛开物价上涨因素，我国目前也超过了英、法、德等国家。根据西方经济研究权威英国安格斯·麦迪森所著《中国经济的长期表现》一书的推算，到2030年，中国占世界GDP的比重将达到23%，成为世界第一大经济体。按邓小平和中央的发展战略规划，21世纪中叶，我国将走出社会主义初级阶段，成为够格的社会主义。可以肯定，商品经济会继续存在与发展。

马克思主义要随着时代的发展而发展，要以经济实践的土壤为根基而创新与发展。在20世纪50年代，我国学界展开社会主义商品生产与价值规律的讨论时，笔者在《学术月刊》1959年第11期发表的论文《社会主义制度下商品生产的研究方法问题》，不赞同各自从定义出发、从本本出发，界定商品和商品生产的内涵。我主张消费资料和生产资料都是商品。国有企业间的生产资料调拨与互换，也是和应是商品价值关系。文中指出：根据“全民所有制经济中的生产资料属于同一所有者这一论据，否定生产资料是商品的性质是没有充分根据的。这是忽视了不同国营企业之间的独立权利和利益，忽视了它们各自的占有权和使用权，只看重了它们的统一面，而看落了它们的矛盾面；只强调了使用价值在同一所有制内部的调拨，而不强调价值关系的存在和交换的等价要求。如果否定生产资料是商品，那么必要导向否认价值规律在生产资料生产中的作用”。需要说明：笔者关于生产资料也是商品的论述，既是肯定国营企业卖给集体经济的生产资料是商品，也是主张国企之间的生产资料交换也应当是商品，应重视等价交换，重视价值规律的作用。

笔者在改革开放前的20世纪50年代，提出国企间的生产资料交换也是和应是商品，是出于这样的理由：第一，从宏观层次看，所有国企都归国家所有，是同一所有制。但从微观层次看，众多国企各自具有占有权和使用权，在维护国家财产上，要各自代表国家行使所有权。甲、乙两个企业无权占用和动用对方的任何资产和产品，只有通过商品价值关系互通有无。第二，更重要的是，不同国企的总体劳动状况、企业管理状况、生产效率和效益状况等是各自不同的。这种企业间经营管理和经济效益的差别，客观上要求实现为企业间各自利益的差别。在传统体制下，只注意到职工之间的劳动差别需要实现为报酬上的差别，这要通过按劳分配实现。但忽视企业间的总体劳动、经营管理和效益上的差别，也应实现为企业间利益上的差别。结果是不管企业贡献差别如何，都吃国家大锅饭，损害企业发展的主动性与创造性。国企之间的利益差别的实现，只有通过商品价值关系，将生产资料作为商品对待，让价值规律起调节作用。笔者在《学术月刊》的论文中，只概括地讲到传统体制“忽视了不同国企之间的独立权利和利益”，“看落了它们的矛盾面”，“不强调等价交换”，“否认价值规律在生产资料生产中的作用”，但没有展开进行具体论述。当时提出的理论观点的本意，就是上面所讲的内容，这里涉及社会主义商品经济存在的原因或根据问题。目前流行的观点是：由于国有企业存在各自独立的经济利益，所以相互间是商品经济关系。笔者认为，应将因果关系倒过来讲。在传统体制下，企业吃国家大锅饭，同一行业的工资由国家统一规定，不存在企业各自独立的经济利益。如果国有企业不作为商品经济的主体进行经营，就不能实现各自的经济利益。其逻辑关系是：企业间经营管理和效率的差别，应当和要求通过商品价值关系实现为经济利益的差别。先让企业成为商品经济主体，才后有企业各自独立的经济利益。否定商品经济关系，就必然否定企业的利益差别和独立的经济利益。

改革开放以来，需要重新和进一步认识商品经济在社会主义经济中的地位和作用。因为所有经济体制的改革，都与商品经济、价值规律、市场调节问题密切相关。20 世纪 80 年代，理论界展开讨论社会主义经济与商品经济的关系问题。有多种不同的见解：社会主义经济是商品经济；社会主义经济是计划经济；社会主义是与商品经济结合的计划经济；社会主义经济是有计划的商品经济。还有学者不赞同提社会主义商品经济，认为商品经济是资本主义经济范畴。有的认为英文中没有商品经济一词，难以翻译为外文，主张用商品生产、商品交换概念。

在英文、德文中没有商品经济概念，因而马克思、恩格斯著作中就没有商品经济概念，只讲商品生产、商品交换、商品流通。但俄文中有商品经济概念，因此列宁的著作中大量使用这一概念，而且他区分了简单商品经济（或小商品经济）与资本主义商品经济的不同关系。商品经济是商品生产和商品流通的统称，它本身不具有特定的社会经济性质，因而存在于多个社会经济形态中。

关于社会主义经济是不是商品经济的争论，应当分清是从社会主义经济的本质关系和特点来界定，还是从经济体制和运行机制来界定。讲社会主义经济是商品经济，应是从经济体制和运行机制来界定的，不应是从社会主义的本质关系和特点来界定。由于当时没有明确分清这一界限，存在混淆界限、认识难以统一的情况。1984 年中共中央《关于经济体制改革的决定》中提出："社会主义计划经济……是在公有制基础上的有计划的商品经济"（这一提法在后来的中央文件中转述时，发展为"社会主义经济是在公有制基础上的有计划的商品经济"）。社会主义要实行有计划的商品经济，这一点取得了共识。但有的学者从社会主义经济本质关系上来解读社会主义是商品经济的内涵，这是值得商榷的。

笔者在《学术月刊》1986 年第 12 期发表了《社会主义商品经济的几个理论问题》一文。主要提出这样的理论见解：（1）在社会主义经济中，既存在国家、集体和劳动者个人之间总体利益的一致性，又存在它们之间以及各个经济主体之间利益的差别性和矛盾性。这种利益的差别性和矛盾性，需要通过商品经济和价值规律来实现和调节。（2）全民所有制企业和各个经济实体"要求实现与各自经营管理水平相适应的经济利益，是社会主义商品经济存在的特殊条件"（一般条件是社会分工）。（3）社会主义公有制、按劳分配，"还缺少各自的和整体的实现机制和有效形式"，应"探求它的实现机制和有效形式"。在这里较早地提出了探求公有制的实现形式问题。提出"必须充分利用商品经济的机制，把商品经济所特有的内在动力和外在压力机制同社会主义的动力机制结合起来"。（4）商品经济既不是同社会主义经济相对立，也不是与社会主义经济相等同。具体分析了从什么含义上可以讲"社会主义经济是商品经济"。不赞同从社会主义经济的本质属性上界定社会主义是商品经济。可以讲：小商品生产是商品经济，资本主义经济是商品经济，社会主义经济是商品经济。但小商品生产、资本主义经济、社会主义经济在本质关系上是不同的。不能用商品经济来规定和说明它们各自的本质关系。我始终认为，强调"社会主义经济是商品经济"或"有计划的商品经济"，是从经济体制和运行机制的层次上讲的。用以表明，社会主义经济既不是自然经济，也不是马克思、恩格斯所设想的消除了商品关系实行计划调节的产品交换经济。强调"社会主义经济是商品经济”，对实行经济体制改革有着十分重要的理论和实际意义。

三、社会主义市场经济理论不同观点辨析

在我国改革开放前，长期讨论商品生产和价值规律问题，但始终没有涉及“市场经济”问题，改革开放以来，才提出了市场经济概念和理论。但在市场经济问题上始终存在理论认识上的种种差异。

（一）“商品经济”和“市场经济”的内涵异向问题

不少学者将商品经济与市场经济两个概念画等号。有的说：商品经济是经过市场进行交换的经济，所以就是市场经济；有的说：西方国家没有商品经济与市场经济的区分，两者是一回事；有的说：市场经济是高度社会化的商品经济，只存在发展程度上的差别。另外，在改革开放前和改革开放初期，无论西方学者和政要，还是社会主义国家的马克思主义论著，都认为市场经济是资本主义经济制度的属性，而计划经济是社会主义经济制度的属性。

在改革开放的前期阶段，无论中央文件或中央领导人讲话，还是我国有影响的学者，都强调社会主义实行计划经济，而不是市场经济。例如，1984 年 9 月 9 日，当时的国务院总理写给邓小平、陈云等四位中央领导的信中，关于改革问题，依然坚持“中国实行计划经济，不是市场经济”，获得同意。邓小平给予高度评价的 1984 年通过的中共中央《关于经济体制改革的决定》（以下简称《决定》）中，对计划经济与市场经济的见解，提出了看似传统实际上已有变化的论述。《决定》提出：就总体说，我国实行的是计划经济，即有计划的商品经济，而不是那种完全由市场调节的市场经济。请注意解读这段话的几层含义：（1）“就总体说”，不实行市场经济，表示局部可以实行。（2）对市场经济做了新的界定。以往的论著将市场经济与私有制和资本主义相联系，而《决定》超越了这种理解，将市场经济界定为计划外的“完全由市场调节”的经济。（3）完全由市场调节的这部分市场经济，《决定》指出，主要是“部分农副产品、日用小商品和服务修理行业的劳务活动”。（4）“就总体上说”实行计划经济，也意味着不再是计划囊括国民经济的全部，还有部分市场经济。但已明确

说明：计划经济是有计划的商品经济。从逻辑上来辨析，就是国民经济的主要部分实行有计划的商品经济，次要部分实行计划外的市场经济。其将商品经济和市场经济作为两个不同的概念分别应用。

笔者把商品经济与市场经济看做是既相联系又有区别的两个概念，不是仅根据上述《决定》中的区分，而是从经济理论和经济实践的分析中做出的判断。第一，我国实行传统计划经济的年代，商品经济一直存在。遍布城乡的百货商店和供销社，进行着居民所需的商品供销活动。虽然商品交换活动也都要通过市场，但在指令性计划经济下，市场机制的功能不健全，有市场而没有市场调节。调节生产什么，生产多少的是国家计划而不是市场；调节消费需求的也不是市场价格，价格高低是由国家统一规定，多数商品由计划供应。市场不起调节作用的商品经济，不能起配置资源的作用，不是市场经济。第二，中共中央在《关于经济体制改革的决定》中讲："计划经济与商品经济不是对立的"，表明二者可以有机结合。但传统指令性计划经济与市场经济则是对立的。全面实行计划经济，就没有市场经济存在的余地；反之，全面实行市场经济，就没有指令性计划存在的余地。第三，有的学者认为商品经济要通过市场就是市场经济，还借此宣称他和某些学者远在中央提出市场经济前，就先提出了市场经济的观点。这样的理论见解未免简单化了。中央提出的市场经济，是指市场能够在资源配置中起基础作用的市场经济，指令性计划经济下的商品经济，虽有市场，但不能起资源配置作用。如果把商品经济等同于市场经济，那么，我国改革开放前的近30年中，始终存在商品经济，也就始终存在市场经济了，为什么还要把建立社会主义市场经济体制作为创新性理论与实践提出来呢？第四，西方没有商品经济与市场经济的区别，是因为在美英等词典中只有市场经济一词，没有商品经济一词。而我国从20世纪50年代以来的论著中，一直使用商品经济概念。直到改革开放后的20世纪70年代，特别是邓小平南方讲话后，才流行市场经济一词。这是我国经济发展和改革的实践带来的概念变迁，不能用西方概念的应用，规范我国的应用。第五，我们讲"非公有制经济是社会主义市场经济的重要组成部分"，是正确的，但不应讲私有制商品经济是社会主义商品经济的组成部分。讲前者之所以正确，是因为市场和市场经济在国内是统一的，市场机制对各种所有制都一样起资源配置作用。不能把市场经济按所有制区分为国有制市场经济或公有制市场经济、私营企业市场经济、个体经济市场经济等。市场配置资源作用，是不分公私和中外经济的。讲后者之所以不正确，是因为商品经济是商品生产和商品流通的统一，不同所有制的商品生产过程的经济关系是不同的。讲社会主义商品经济是指公有制为基础的商品经济。中共中央在《关于经济体制改革的决定》中指出：在商品经济问题上，“社会主义经济与资本主义经济的区别……在于所有制不同”。党的十六大报告中明确指出：“社会主义商品经济与资本主义商品经济的本质区别，在于所有制基础不同。建在公有制基础上的社会主义商品经济……”我们可以说，公有制的社会主义经济，是社会主义商品经济，外资企业、私营企业作为资本主义经济是资本主义商品经济，个体经济是小商品经济。总不能说资本主义经济是社会主义商品经济。因为私营、外资和个体经济的商品生产过程，不属于社会主义商品生产过程。这样的分析方法和见解，未见别人讲过，可能会引起异议，但笔者肯定这一见解。第六，将市场经济界定为高度社会化的商品经济，与我国的实际情况不相符。我国市场取向的改革，以及后来提出实行社会主义市场经济，并不意味着我国已经实现了“高度社会化的商品经济”。整个社会主义初级阶段，是实现社会化的过程。

有的学者认为，提出社会主义市场经济概念后，可以不再提社会主义商品经济概念。笔者认为，无论从理论和实践的发展史来说，还是从中国特色社会主义理论的建设来说，这两个概念的并存和分别应用是合理的，不存在取代的问题和必要。而且，从世界社会经济发展史来看，远在奴隶社会就存在商品经济，但不能说奴隶社会就实行市场经济。

市场经济是以商品经济的发展为基础的，两者有着内在的联系。但市场不起调节经济作用的商品经济，不是市场经济。可以说，市场经济是通过市场发挥调节作用实现社会资源配置职能的商品经济。社会主义市场经济，是在社会主义条件和国家调控下，由市场发挥资源配置基础性作用的商品经济。

有个流行的提法：“社会主义市场经济是与社会主义基本制度相结合的。”这里存在一些语法和逻辑上的问题。“社会主义市场经济”中的“社会主义”，就是社会主义基本制度，因此，“社会主义市场经济”一词，已经是指社会主义基本制度下的市场经济。再讲“与社会主义基本制度相结合”，就变成社会主义基本制度下的市场经济是与社会主义基本制度相结合的绕口令式的论述了。准确点讲，可以说：社会主义市场经济是市场经济与社会主义基本制度相结合的。

(二) 在社会主义市场经济问题上，邓小平与陈云理论观点的一致性辨析

在我国理论界，研究计划经济和市场经济问题时，存在一种不符合理论实际和历史实际的情况。有的学者把陈云看做是计划经济派，把邓小平看做是市场经济派。又分两种看似相同但出发点各异的观点。一种观点是仍坚持计划经济理论与实践，不赞同实行社会主义市场经济。如有人提出，1979 年 3 月，陈云提出计划经济为主，同年 11 月邓小平与外国客人谈话时就提出实行市场经济，与陈云观点相对立。另一种较普遍的观点是赞同实行社会主义市场经济，认为邓小平远在 1979 年 11 月就提出了实行社会主义市场经济，但没有贯彻实行，直到 1992 年南方谈话后，才在十四大确定这一经济体制改革的目标。其实，第一种看法不仅存在观点上的问题，更重要的是没有弄清陈云和邓小平理论观点的原意，存在误解和错解。第二种观点也存在把握邓小平观点的准确性问题，把邓小平 1979 年 11 月所讲的社会主义市场经济看做是同他 1992 年南方谈话后我国目前实行的社会主义市场经济是一回事，没有从发展的视野来理解和把握邓小平理论的发展。

在中央领导层最早指出传统计划经济弊端、主张引入市场经济（市场调节）的是陈云。

1979 年 2 月 22 日，李先念在听取一次汇报时说："陈云同志同意，在计划经济条件下，搞点市场经济作为补充。计划经济与市场经济相结合，以计划经济为主；市场经济是个补充，不是小补充，是大补充。"①

陈云在 1979 年 3 月 8 日写的《计划与市场的问题》一文中指出了传统计划经济的缺点：没有根据我国社会主义经济制度的经验，发展马克思的有计划按比例理论，没有在社会主义制度下必须有市场调节这一条。在陈云、邓小平、李先念等同志的思想中，市场调节与市场经济是同义的。但由于传统理论把市场经济看做资本主义属性，所以常在内部讲话和写作时，市场调节与市场经济两个概念通用，但公开发表时，为了避免意识形态上的干扰，统一称市场调节。在《计划与市场》一文中，原稿这样讲：在今后的经济体制改革中，怎样调整"计划与市场两种经济的比例"，"不一定计划经济部分愈增加，市场经济部分所占绝对数额就愈缩小，可

---

① 《陈云年谱》下卷，中央文献出版社 2000 年版，第 236 页。

能都相应地增加”。在正式发表时，为与公开的提法相一致，将市场经济一词改为市场调节。1995年出版《陈云文选》第二版时，由于已实行社会主义市场经济体制，便将市场经济一词又改回来。① 陈云的这一思想，后来概括为计划经济为主，市场调节为辅（就是市场经济为辅）。这一理论思想得到邓小平等中央领导层的赞同，成为1987年十三大前中央的指导思想。邓小平于1979年11月26日与外宾谈话时讲“社会主义为什么不可以搞市场经济……我们是计划经济为主，也结合市场经济”。这个谈话，直到1992年邓小平南方谈话公开讲“市场经济不等于资本主义”，社会主义市场经济体制进入改革目标后，才公开被引用和发表。但不少学者将邓小平在这个谈话中所讲的市场经济，理解为等同于1992年南方谈话中所讲的市场经济。这是误解。实际上，邓小平同志关于社会主义市场经济的理论思想也有一个发展过程。1979年的谈话，依然是在计划经济为主，市场调节（市场经济）为辅的框架中进行阐述的。“我们是计划经济为主，也结合市场经济”。有人引用谈话时，略去了这句关键性的话。这句话的原意是：在指令性计划为主条件下辅之以市场经济（市场调节）。直到1982年4月3日，邓小平在一次讲话中还说：“最重要的，还是陈云同志说的，公有制基础上的计划经济，市场调节为辅。”②

由于有的学者将邓小平在1979年11月谈话中讲的社会主义市场经济理解为与他南方谈话后实行的社会主义市场经济是一回事，就演绎出无法解释的理论指导上以及改革实践上的矛盾。因为直到党的十三大以前，经邓小平指导和同意而通过的一系列的中央文件和主要领导人的讲话，一直反对完全实行市场经济，坚持把计划经济为主，市场调节（市场经济）为辅，作为经济体制改革的模式。为厘清这个矛盾，有的学者竟提出远离实际的解释。在一家大报上发表过一篇长文，做出这样的解释：邓小平作为伟大的政治家，具有广阔的胸怀，当他的市场经济改革思想别人还跟不上来的时候，他可以等待。按此说，一直等待了13年，才在南方谈话公开提出社会主义市场经济理论思想。还有的学者做了这样的解释：邓小平远在1979年11月就提出实行社会主义市场经济的观点，但没有引起应有的注意和重视。这两种解释的非科学性是用不着辩驳的。

党的十三大根据邓小平指导，没有再提计划经济为主。1989年政治风

① 《陈云文选》第3卷，人民出版社1995年版，第247页。

② 《陈云年谱》下卷，中央文献出版社2000年版，第293页。

波后，邓小平在6月9日的讲话中强调提出“我们要继续坚持计划经济与市场经济相结合”。这已不是“为主”“为辅”的板块式结合，而是内在的有机结合。1992年的南方谈话，突破了市场经济姓“资”、计划经济姓“社”的传统观念，为我国建立社会主义市场经济体制确立了理论基础。

对于在邓小平指导下市场经济思想的发展和社会主义市场经济体制的确立，陈云同志是同意和支持的。胡锦涛同志在《在陈云同志诞辰100周年纪念大会上的讲话》中说：陈云同志的必须有市场调节的重要认识，“对我们突破高度集中的计划经济体制的束缚，曾经产生过广泛而深刻的影响”，又说：“陈云同志积极支持和推动邓小平同志倡导的改革开放……提出了许多深远的重要思想。”

社会主义市场经济体制的建立和发展，邓小平同志的理论指导特别是南方谈话起了决定性作用；但陈云同志的理论指导，在传统计划经济体制中冲开了缺口，引入市场调节（市场经济）机制，并支持邓小平的改革开放的理论和实践，也有重要的作用和深远的影响。将两人的经济思想割裂开来甚至对立起来的种种见解，是不符合实际的。

生产方式概念及其相关的几个理论问题

吴宣恭*

生产方式是马克思主义政治经济学的重要概念。由于它在马克思的著作中出现频率很高（据简略统计，仅在《资本论》中它就出现过568次），而且分别在许多不同的场合使用，遂引起学者对其含义的理解产生较多分歧。对生产方式含义的认识本身只是一个概念性的问题，但由此进行理论拓展，却影响了研究者对一些重要问题的观点，包括政治经济学的研究对象和研究方法、生产力与生产关系的相互关系、生产关系的基本构成、经济制度与经济关系的关系以及生产、交换、分配的关系，等等，影响着马克思主义政治经济学的建设。

一、广义的生产关系是生产方式概念大量使用的含义

在马克思、恩格斯的论著中，生产方式一词具有不同含义。初步阅读国内的有关研究成果，能列举出处并加说明的含义就不下10种。例如，认为生产方式指：生产的同义词、实际的生产过程、从人与物关系看的生产过程、生产的技术方式、生产的技术条件和社会条件、劳动方式、劳动过程、劳动者与生产资料结合的方式、生产制度、生产的社会类型或型式、社会经济结构、经济的社会形态、生产力和生产关系的统一。据笔者个人的初步查找和简略归纳，生产方式除了以上的含义以外，至少还指：生产力发展状况或劳动过程的条件；从社会联系看的具体生产类型（如商品生产的生产方式、自给自足的生产方式、工场手工业生产方式、行会手

* 吴宣恭，厦门大学教授、博士生导师。

工业生产方式、独立的生产方式、结合的生产方式）；按规模或生产工具划分的生产类型（如大生产的生产方式、小生产的生产方式、大工业的生产方式、手工工具的生产方式、机器的生产方式）；具体的生产方法（如影响商品生产时间的旧的、陈旧的生产方式、改良的生产方式、新的生产方式、在个别部门采用的生产方式）。

本文想进一步提出的是，与许多专家的意见不同，笔者以为，生产方式最大量出现的含义之一是生产关系，即包括生产、交换、分配、消费关系的广义的生产关系，或者马克思所说的“生产关系总和”、“社会生产关系”、“经济关系”，而不是仅在生产领域中发生的、与交换关系、分配关系并列的狭义的生产关系。

以下分类摘引一些比较清楚反映马克思、恩格斯用意的论述并作简要的解释：

1. “对于这个历史上一定的社会生产方式即商品生产的生产关系来说，这些范畴是有社会效力的、因而是客观的思维形式。”① 资本主义生产方式“显然是长期历史发展的结果，是许多经济变革的总结，并且是以其他各生产方式（社会生产关系）的衰亡和社会劳动生产力的一定发展为前提”。② 在这些地方，马克思或是直接指出生产方式即特定的生产关系，或是用括号的方式标明生产方式就是“社会生产关系”。

2. “这种生产方式的主要当事人，资本家和雇佣工人，本身不过是资本和雇佣劳动的体现者，人格化，是由社会生产过程加在个人身上的一定的社会性质，是这些一定的社会生产关系的产物。”③ 资本和雇佣劳动不是单纯的物，而是资本主义的生产关系，资本家和雇佣工人是这种关系的主要当事人和人格化。这是马克思主义政治经济学的基本共识，只需将它简单代入便可以看到：（1）马克思称资本家和雇佣工人是资本主义生产方式的主要当事人以及资本和雇佣劳动的人格化，等于说资本主义生产方式就是资本主义生产关系；（2）他还指出，资本主义生产方式中的这些表现，“是这些一定的社会生产关系的产物”，表明生产方式和社会生产关系是等同的用语。

3. 马克思在解释资本主义的本性时指出：“只有资本主义生产方式才

---

① 马克思：《资本论》第1卷，人民出版社1975年版，第93页。

② 《马克思恩格斯全集》第31卷，人民出版社1972年版，第398页。

③ 马克思：《资本论》第3卷，人民出版社1975年版，第995页。

会为了利润而牺牲人性。”① “资本主义生产方式按照它的矛盾的、对立的性质，还把浪费工人的生命和健康，压低工人的生存条件本身，看作不变资本使用上的节约，从而看作提高利润率的手段。”② “无偿劳动的占有是资本主义生产方式和通过这种生产方式对工人进行的剥削的基本形式”。③ “上述三位一体的公式可以更确切地归结为：资本—利息，土地—地租，劳动—工资；在这个公式中，利润，这个作为资本主义生产方式特征的剩余价值形式，就幸运地被排除了。”④ “以生产剩余价值为目的的资本主义生产方式，必然要越来越成为占绝对支配地位的生产方式。”⑤ 众所周知，“为了利润而牺牲人性”、“劳动隶属于资本”、“把浪费工人的生命和健康看作提高利润率的手段”、“以生产剩余价值为目的”、“占有无偿劳动”、以获取剩余价值为特征，等等，完全是资本主义生产关系的本质属性。马克思在这么多场合用这些特性去描绘资本主义生产方式，表明资本主义生产方式就是资本主义生产关系的另一种表述用语。

4. 在论述剩余价值规律的作用时，马克思说：“生产剩余价值或赚钱，是这个生产方式的绝对规律。”⑥ “竞争使资本主义生产方式的内在规律作为外在的强制规律支配着每一个资本家。”⑦ “工人人口本身在生产出资本积累的同时，也以日益扩大的规模生产出使他们自身成为相对过剩人口的手段。这就是资本主义生产方式所特有的人口规律”。⑧ 这里所说的各种规律正是资本主义生产关系所特有的。可见，从经济规律及其形成条件看，马克思使用的资本主义生产方式概念完全等同于资本主义生产关系，应是属于生产关系的范畴。

5. 在谈到资本的本质时，马克思说：“每一个劳动过程中的生产资料都分为劳动资料和劳动对象。但是，二者只有在资本主义生产方式下才成为资本”。⑨ “在资本主义生产方式中，——也就是说，一旦资本支配生产本身并赋予生产一个完全改变了的独特形式，——商人资本只是表现为执

---

① 马克思：《资本论》第1卷，人民出版社1975年版，第334页。
② 马克思：《资本论》第3卷，人民出版社1975年版，第102页。
③ 《马克思恩格斯选集》第3卷，人民出版社1972年版，第66页。
④ 马克思：《资本论》第3卷，人民出版社1975年版，第919～920页。
⑤ 《马克思恩格斯选集》第3卷，人民出版社1972年版，第322页。
⑥ 马克思：《资本论》第1卷，人民出版社1975年版，第679页。
⑦ 同上，第649～650页。
⑧ 同上，第692页。
⑨ 马克思：《资本论》第2卷，人民出版社1975年版，第181页。

行一种特殊职能的资本。”[①]“利润，和剩余价值是一回事，不过它具有一个神秘化的形式，而这个神秘化的形式必然会从资本主义生产方式中产生出来。”[②] 在这些句子里，(1) 马克思将资本主义生产方式说成是资本支配生产的独特形式，讲的就是人格化的资本——资本家支配生产的关系，即资本主义的生产关系。(2) 马克思讲生产资料只有在资本主义生产方式下才成为资本，而资本是资本家雇佣工人、攫取剩余价值的生产关系，即资本主义生产关系。可见，他在此所说的资本主义生产方式就是资本主义生产关系。(3) 马克思还讲到利润的“神秘化”的根源是资本主义生产方式，显然它不是指生产的技术方面或劳动条件，而是生产中人们的相互关系，即资本主义生产关系，因为“神秘化”根本不是从生产的物质方面产生的。

6. 马克思在谈到资本主义的历史进程时指出：“假定在资本主义积累之前有一种‘原始’积累（亚当·斯密称为‘预先积累’），这种积累不是资本主义生产方式的结果，而是它的起点。”[③]“只要劳动者是自己的生产资料的所有者，他就能为自己积累；只要他能为自己积累，资本主义积累和资本主义生产方式就是不可能的。”[④]“所谓原始积累只不过是生产者和生产资料分离的历史过程。这个过程所以表现为‘原始的’，因为它形成资本及与之相适应的生产方式的前史。”[⑤] 这些论述表示，不是资本主义生产方式决定资本的“原始积累”，而是相反的，劳动者被剥夺生产资料是资本主义生产方式的条件；不是资本主义生产方式形成资本，即资本家无偿占有剩余价值的关系，而是它“与资本相适应”。可见，这些地方所说的资本主义生产方式分明是指资本主义的生产关系，而不是介乎于生产力和资本主义生产关系之间的其他因素。

7. “资本主义的生产方式和积累方式，从而资本主义的私有制，是以那种以自己的劳动为基础的私有制的消灭为前提的，也就是说，是以劳动者的被剥夺为前提的。”[⑥]“剥夺人民群众的土地是资本主义生产方式的基

---

① 马克思：《资本论》第 3 卷，人民出版社 1975 年版，第 365 页。
② 同上，第 44 页。
③ 马克思：《资本论》第 1 卷，人民出版社 1975 年版，第 781 页。
④ 同上，第 836 页。
⑤ 同上，第 783 页。
⑥ 马克思：《资本论》第 1 卷，人民出版社 1975 年版，第 843 页。

础。"[①]"如果说资本主义生产方式是以工人的劳动条件被剥夺为前提，那末，在农业中，它是以农业劳动者的土地被剥夺，以及农业劳动者从属于一个为利润而经营农业的资本家为前提。"[②]"资本主义生产方式的前提是：实际的耕作者是雇佣工人，他们受雇于一个只是把农业作为资本的特殊使用场所，作为在一个特殊生产部门的投资来经营的资本家即租地农场主。"[③]这些地方谈到了资本主义生产方式的前提，正是资本主义生产关系中的所有制。马克思强调资本主义所有制是资本主义生产方式的前提，表明这种生产方式就是资本主义的生产关系，并且完全是反映生产关系而不是其他关系的关系。如果将这些话里的资本主义生产方式代之以资本主义生产关系，丝毫不影响其原意。同时，这些地方指出资本主义生产方式以劳动者生产资料被剥夺的资本主义私有制为基础，与有的专家所说的资本主义生产方式产生私有制，决定资本主义生产关系，正好完全相反。

综上所述，无论从字面上或者从资本主义生产方式的性质、特点、规律、历史进程、产生条件和所有制基础去辨析，马克思、恩格斯在许多地方讲到的生产方式实际上是指生产关系（这在《反杜林论》里显得最为明白，那部经典名著讲到资本主义生产方式的种种表现、矛盾及其解决途径，长期以来都被绝大多数的引用者理解为资本主义生产关系的表现和矛盾）。对这种大量使用的含义（以上引述的只是其中的小部分），绝不应该忽视或回避，它对解决本文后面提到的政治经济学建设的一些主要问题具有重要意义。

二、生产方式概念的规范化

研究者的大量引证和解释毋庸置疑地说明了，在马克思、恩格斯长时期完成的浩瀚的著述中，关于生产方式的概念确实随着不同的论述场合而具有众多的含义。概念的多含义固然可根据不同的环境和对象方便地叙述相关的问题，但它也是理论发展过程的阶段性结果和表现。例如，马克思在《德意志意识形态》中早就提出生产力与生产关系辩证关系的理论，但

① 马克思：《资本论》第1卷，人民出版社1975年版，第837页。

② 马克思：《资本论》第3卷，人民出版社1975年版，第694页。

③ 同上，第697～698页。

当时他用的不是生产关系概念，而是用“交换方式”、“交往关系”、“生产和交往的关系”等；以后他在使用生产关系时又往往同交换关系并列；在《共产党宣言》中，他就基本上使用生产关系这一概念了。只要想到马克思、恩格斯对当时的经济政治局势和理论斗争的紧迫快速反应，戎马倥偬，就不能苛求他们使用的概念都处处高度一致。但是，理论概念的含义过于多样，免不了会使其内涵和外延处于不确定状态，影响了理论逻辑的严密性，不利于理论的明白表述，并容易在传播中引发歧义（就像今天我们面临的情况一样）。因此，随着理论的广泛传播和应用，要求概念逐渐明确和规范化，这是理论发展的必然趋势和结果。

北京大学的赵家祥教授不随时俗，分析生产方式的多种含义的共同点和基本点，肯定斯大林将生产方式概念规范化和明确化，定义为人们在物质资料生产过程中生产力和生产关系的统一，符合马克思生产方式概念的基本含义，是对马克思历史唯物主义理论的发展，倡言不要退回到这一概念的多含义状态。我赞同他的这个观点并就此作一些补充。

有人认为斯大林关于生产方式的定义不符合甚至是违反了马克思的基本论断，实际并非如此。马克思虽然没有直接说生产方式是生产力和生产关系的统一体，但他在一些场合谈到生产方式时，确实包含了生产力和生产关系的矛盾统一体的含义，例如：

1. “这难道不是说，生产方式，生产力在其中发展的那些关系，并不是永恒的规律，而是同人们及其生产力的一定发展相适应的东西，人们生产力的一切变化必然引起他们的生产关系的变化吗?”① 这句话清楚地指出，第一，生产方式亦即生产力在其中发展的关系，其当然的含义应是：生产力是在生产方式当中发展的，而不是独立于生产方式之外的东西，生产方式包含了生产力。第二，生产力的一切变化直接引起生产关系的变化，而不必通过别的中介去决定生产关系。第三，生产力与生产关系同处于生产方式之中，这样它们才能互相影响。也就是说，生产方式涵盖了生产力和生产关系。第四，在生产力与生产关系的相互关系中，生产力是矛盾的主要方面。旧的生产关系不适合生产力发展要求的时候就会被突破，由新的生产关系替代，这时，整个生产方式也就改变了。所以，生产方式是与生产力发展相适应的历史性范畴。总之，这句话表明了，生产方式包

---

① 《马克思恩格斯选集》第1卷，人民出版社1995年版，第152页。在1972年中文版，“生产方式”之后用的是顿号，由此使有些人误认生产方式与生产关系是并列的范畴。

含了生产力和生产关系，生产力与生产关系相互影响，两者都是在生产方式中发展的，生产方式是两者矛盾的统一体。马克思还在叙述原始部落共同体的生产方式时写道："这种生产方式既表现为个人之间的相互关系，又表现为他们对无机自然界的一定的实际的关系。"① 同样表明生产方式包含着生产关系和生产力两个方面。

2. "资本主义生产方式的矛盾正好在于它的这种趋势：使生产力绝对发展，而这种发展和资本在其中运动、并且只能在其中运动的特有的生产条件不断发生冲突。"② 在英文版，这段话是 The contradiction of the capitalist mode of production，however，lies precisely in its tendency towards an absolute development of the productive forces，which continually come into conflict with the specific conditions of production in which capital moves，and alone can move。其中 conditions of production 一词，在《资本论》第一版序言里那句名言——"我要在本书研究的，是资本主义生产方式以及和它相适应的生产关系和交换关系（In this work I have to examine the capitalist mode of production，and the conditions of production and exchange corresponding to that mode）"也使用了，而在序言的中文版，它被翻译为生产关系（同样的译法，在《共产党宣言》中也出现过）。这就直截了当和明白无误地指出，资本主义生产方式的矛盾就是生产力的发展同资本在其中运动的生产关系的矛盾。

3. "矛盾在于：资本主义生产方式包含着绝对发展生产力的趋势，而不管价值及其中包含的剩余价值如何，也不管资本主义生产借以进行的社会关系如何；而另一方面，它的目的是保存现有资本价值和最大限度地增殖资本价值（也就是使这个价值越来越迅速地增加）。"③ "在资本主义生产方式内发展的、与人口相比显得惊人巨大的生产力，以及虽然不是与此按同一比例的、比人口增加快得多的资本价值的增加，同这个惊人巨大的生产力为之服务的、与财富的增长相比变得越来越狭小的基础相矛盾，同这个日益膨胀的资本的价值增殖的条件相矛盾。危机就是这样发生的。"④ 这些话揭示了：生产力不受社会关系的限制、按照它内在的必然趋势在生

① 《马克思恩格斯全集》第46卷（上），人民出版社1980年版，第495页。

② 马克思：《资本论》第3卷，人民出版社1975年版，第287页。

③ 同上，第278页。

④ 同上，第296页。

产方式内部绝对的发展，而资本主义的生产方式却要以资本的增殖为目的，所以，生产力的发展与追求剩余价值的生产关系之间存在矛盾，引发了经济危机。可见，这里使用的“生产方式”就包括了生产力和生产关系以及它们相互矛盾的关系。

4.“如果说资本主义生产方式是发展物质生产力并且创造同这种生产力相适应的世界市场的历史手段，那末，它同时也是它的这个历史任务和同它相适应的社会生产关系之间的经常的矛盾。”① 这句话指出，资本主义生产关系同（作为资本主义生产方式的任务和手段）的生产力经常发生矛盾，而两者又是同时存在于生产方式之中，表明生产方式是生产力与同它相适应的生产关系的矛盾统一关系。

可见，将生产方式表达为生产力和生产关系的统一，并不违背马克思、恩格斯理论的基本精神。然而，如此定义生产方式却能排除了生产方式概念多义性的不利因素，突出社会经济生活中最主要的两极，阐明它们之间的矛盾统一关系，使人们对社会发展的动因和规律有了更为简要和明确的了解，抓住基本的、主要的矛盾，进而弄清它们与其他非主要因素的关系。这对辩证唯物主义和历史唯物主义原理的传播和运用，都有重要的意义，可以说是包括斯大林在内的后人对马克思主义的重大发展。

有的专家认为生产方式不是生产力和生产关系的统一，但他又说：“马克思主义经济学以历史唯物主义科学世界观为指导，以资本主义生产方式的内在矛盾即资本主义生产的社会形式同物质生产方式之间的矛盾运动为依据，科学地阐明了社会主义生产方式代替资本主义生产方式的历史必然性。”在一定生产方式中，生产的社会形式和物质生产方式，就是生产关系和生产力，说生产方式的内在矛盾是这二者的矛盾，不就是承认生产方式是生产关系与生产力的矛盾统一体吗？如果他要辩称“物质生产方式”不仅是生产力，而是还包含了人与人的关系，那又是等同于“生产方式”了。这句话就变成生产方式的内在矛盾是生产方式自身和生产的社会形式的矛盾，存在明显的逻辑错误。

不过，生产方式概念的进一步明确和规范化毕竟是继承者的工作，我们今天研究马克思、恩格斯的著作，不能用后人发展了的范畴去代替他们在特定场合的思考和表述，把经过发展的概念含义强加给他们，一定要分别不同场合如实地去领会他们用过的生产方式的含义。一般化的、统一的

---

① 马克思：《资本论》第3卷，人民出版社1975年版，第279页。

定义不符合当时马克思用语的语境，容易产生牵强附会式的解释。因此，用后人规范的生产方式的定义去推断马克思对政治经济学研究对象的意见，也是非历史的、片面的和不合适的。

三、生产方式是否是生产力和生产关系之间的中介

社会发展是否存在“生产力—生产方式—生产关系”范式，即生产方式是否是生产力和生产关系必不可少的中介，不能只靠引用少数几段语录去证明。因为，第一，如果靠摘引语录能证实自己的论点，反对者也能找出几句意思相反的话，演绎出相反的结论。例如，马克思在许多地方就直接讲生产力决定生产关系，而不是通过生产方式。他在批判庸俗的资本理论时说：“既然生产力决定生产关系，因此，经济学与法学常常存在同样的问题。”① “人们生产力的一切变化必然引起他们的生产关系的变化”。② “各个人借以进行生产的社会关系，即社会生产关系，是随着物质生产资料、生产力的变化和发展而变化和改变的。”③ “社会的物质生产力发展到一定阶段，便同它们一直在其中活动的现存生产关系或财产关系（这只是生产关系的法律用语）发生矛盾。于是这些关系便由生产力的发展形式变成生产力的桎梏。那时社会革命的时代就到来了。”④ 恩格斯完全同意最后这句话并引用它去描述唯物主义历史观的基本内容。这些话都直截了当地说生产力决定生产关系，并没有在它们之间插入“生产方式”作为中介因素。同样的，对于生产关系要与生产方式“相适应”、生产方式决定生产关系的说法，别人也能找出相反意思的话，例如，“在这种社会生产关系及与之相适应的生产方式所借以建立的自然形成的不发达的状态中，传统必然起着非常重要的作用。”⑤ “这个过程所以表现为‘原始的’，因为它形成资本及与之相适应的生产方式的前史。”⑥ 这里讲的是生产方式与生产关系和资本“相适应”，恰好与他们的主张翻了个儿。第二，他们当

① 马克思：《资本论》第1卷，人民出版社1972年版，第835页。
② 《马克思恩格斯选集》第1卷，人民出版社1972年版，第119页。
③ 《马克思恩格斯选集》第1卷，人民出版社1972年版，第363页。
④ 《马克思恩格斯选集》第2卷，人民出版社1972年版，第82~83页。
⑤ 马克思：《资本论》第3卷，人民出版社1975年版，第893页。
⑥ 马克思：《资本论》第1卷，人民出版社1975年版，第783页。

做论据的有的引文，其含义也可作相反的解释，例如，他们援引《哲学的贫困》的一段话："随着新生产力的获得，人们改变自己的生产方式，随着生产方式即保证自己生活的方式的改变，人们也就会改变自己的一切社会关系。"如果把其中的生产方式的含义理解为生产关系，社会关系解释为经济关系以外的关系。那就等于说，生产力决定生产关系，随着生产关系的变化，一切社会关系，如政治、法律、伦理关系等都会改变。无论从政治经济学基本理论或者逻辑上看，这种解释也未必不对。那么，"三要素模式"的论据就不一定能够成立，至少是值得怀疑的了。

所以，重要的是，必须切实弄清生产方式是什么，才可能辨清它是否生产力和生产关系之间必不可少的中介。如果连生产方式的确切含义是什么都没有弄明白，不了解它对人们的经济关系起什么作用、在社会经济结构中居于什么地位，就按照几句自作解释的语录妄下结论，那是没有说服力的。

显然，如果生产方式的内涵是多方面的、外延有大有小，它的地位和作用就是不确定的，肯定承担不了生产力与生产关系"中介"的重任。因此，要使"中介"的说法能够讲得通，还得依靠一个前提，即概念含义是单一的。不具备这个前提，"中介"说便是泥脚巨人了。所以，只能从主张生产方式只有单一含义的意见入手去研究了。在这种意见中，影响较大的有两类：一是主张生产方式就是劳动者和生产资料的结合方式；二是主张它指劳动方式或劳动过程。下面就对这两种意见做些分析。

持前一种意见的专家提出，资本主义生产方式"即资本主义条件下劳动者和生产资料相结合以生产人们所需要的物质资料的特殊方式，也就是雇佣劳动和资本相结合以生产人们所需要的物质资料的特殊方式"。他还引用马克思叙述资本主义生产方式特征的话证明他们的意见："我们称为资本主义生产的是这样一种社会生产方式，在这种生产方式下，生产过程从属于资本，或者说，这种生产方式以资本和雇佣劳动的关系为基础，而且这种关系是起决定作用的、占支配地位的生产方式。"

这里有几个问题值得探讨。

首先，生产方式就是指劳动者和生产资料的结合方式吗？这种意见援引了几段马克思关于生产力决定生产方式，生产方式决定生产关系的语录，说明生产方式是与生产力和生产关系并列而且决定着生产关系，阐述了如何理解这个"原理"，却没有举出马克思在什么地方明确说过生产方式就是劳动者和生产资料的结合方式。这样，他们关于生产方式就是这种结合方式的推断就失去了论据的可靠性，使人怀疑它究竟是马克思、恩格斯的原意还是他们自己的推测。

其次，他们引用的那段语录能说明马克思讲的“生产过程从属于资本”和“以资本和雇佣劳动的关系为基础”的生产方式，指的是劳动者和生产资料的结合方式吗？能说明这样的生产方式是与生产关系并列而且能决定生产关系的独立范畴吗？不能。第一，那句话一是讲生产过程与资本的从属关系，二是讲生产方式以什么关系为基础，这些与劳动者和生产资料的结合方式不是一回事，无法看出文中的生产方式就是指生产要素的结合方式。第二，马克思在分析雇佣劳动与资本的关系时明确指出：“资本也是一种社会生产关系。这是资产阶级的生产关系，是资产阶级社会的生产关系。构成资本的生活资料、劳动工具和原料，难道不是在一定的社会条件下，不是在一定的社会关系下生产出来和积累起来的吗？难道这一切不是在一定的社会条件下，在一定的社会关系内被用来进行新的生产吗？”① 可见，资本主义的生产过程是资本雇佣劳动进行生产和积累的过程，也即在资本主义生产关系范围内进行的过程，体现着资本主义的生产关系，当然是资本主义生产关系的一部分。“生产过程从属于资本”、“资本和雇佣劳动的关系为基础、起决定作用、占支配地位”描述的正是资本主义生产关系，而不是与生产关系并列、决定生产关系的什么中介范畴。

最后，即使退一步同意生产方式是指劳动者和生产资料的结合方式，还需要分析一下它与生产关系究竟有什么关系，从它们发生的过程看到底谁先谁后，谁决定谁？

生产资料和劳动者的结合方式在直接形式上体现的是生产资料和劳动者之间的关系，从社会关系看，其实质却是生产资料的代表，即生产资料的所有者或占有者与劳动者之间的关系。它本身就是一种生产关系，或者说，是社会生产关系的一个组成部分。它的基础是生产资料所有制，是由所有制决定的。生产资料所有制是经济主体围绕着生产资料结成的关系，也是生产关系的组成部分。但是，它又是人们进行生产不可或缺的前提，对生产关系的其他部分起着决定作用。生产资料所有制不同，劳动者和生产资料的结合方式就不一样。例如，在奴隶主所有制下，劳动者是奴隶主会说话的工具，与生产资料都是奴隶主的财产，两者是在奴隶主的支配下直接结合的。在欧洲的封建所有制下，农奴世世代代终身束缚在封建领主

① 《马克思恩格斯选集》第1卷，人民出版社1972年版，第363页。

所有的土地上，劳动者与最主要的生产资料直接结合。自耕农使用自己所有的土地和其他生产工具，独立从事耕作，在他们和生产资料之间没有插入别的主体，也是与生产资料直接结合的。只有在资本主义私有制条件下，劳动者被剥夺了生产资料，也解脱了土地的终身羁绊，成为一无所有的自由人，他们丧失生产资料，只能通过被雇佣才能获得劳动和谋生的机会。处于这种所有制，劳动者只能通过雇佣劳动的方式、在生产资料所有者支配下与生产资料间接地结合。因此，结合方式反映的是劳动者和生产资料根据生产资料所有者的意志和利益，在一定范围，通过特定的途径相结合的关系。就资本主义而言，劳动者和生产资料是根据创造剩余价值的需要，通过劳动力买卖，在资本家控制的生产过程中，在资本家的指挥、监督下实现两者的结合的。它是生产资料所有制发生作用的后果，在实质上反映了资本家奴役、剥削雇佣劳动者的关系。可见，结合方式不仅不能脱离生产关系，反而要受到相同的基础——生产资料所有制的制约。

不仅如此，生产资料所有制和劳动者和生产资料的结合方式存在于不同的过程，发挥不同的作用。生产资料所有制存在于生产过程之前，体现着生产资料所有制的各个主体之间的关系，是劳动者与生产资料相结合，进行劳动生产的前提条件。马克思指出生产条件的分配不同于一般产品的分配，“是在生产关系本身范围内，落到同直接生产者相对立的、生产关系的一定当事人身上的那些特殊社会职能的基础。这种分配关系赋予生产条件本身及其代表以特殊的社会性质。它们决定着生产的全部性质和全部运动。”① 有些学者在强调劳动者和生产资料的结合方式的重要作用时，都喜欢引用马克思的这句话：“实行这种结合的特殊方式和方法，使社会结构区分为各个不同的经济时期。”殊不知他们却漏掉紧接的另一句话：“在当前考察的场合，自由工人和他的生产资料的分离，是既定的出发点，并且我们已经看到，二者在资本家手中是怎样和在什么条件下结合起来的——就是作为他的资本的生产的存在方式结合起来的。”② 后一句话就明白地指出，资本主义的结合方式是以工人丧失生产资料和资本家拥有资本作为前提条件的。因此，作为前提条件的生产资料所有制形成在前，劳动者和生产资料的结合方式是在所有制关系确定以后才产生的，发生在后。例如，在资本主义私有制条件下，各种生产资料早就被资产阶级占有

---

① 马克思：《资本论》第3卷，人民出版社1975年版，第994页。
② 马克思：《资本论》第2卷，人民出版社1975年版，第44页。

了，劳动者对它们没有任何权利，这样，生产资料是由所有者自己使用或是租借承包给别人经营，必须由生产资料的所有者、占有者事先确定，在这些关系确定之后才可能开始规划生产进程，由经营者决定到底生产什么产品，由谁去进行生产筹备工作，需要什么人员和数量多少，等等，继之才招聘、雇用员工，然后才发生劳动者和生产资料的实际结合。

可见，生产资料和劳动者结合方式是由一定的生产资料所有制决定的，结合方式是在所有制关系明确以后才形成的关系，是在生产关系总体中发生的生产过程中人们相互关系的一部分。它不是独立于生产关系之外的关系，更不是处于生产力和生产关系之间并能决定生产关系的中介环节。

有些专家认为，生产方式是指劳动过程或劳动方式，并说它决定生产关系。这也是值得商榷的。

劳动过程是劳动者运用劳动资料作用于劳动对象，生产一定使用价值的过程。它一方面体现了人与物的关系，另一方面体现了人与人的关系。劳动过程存在于人类一切社会形态，从人与物的关系看，它具有各个社会形态共有的一般特征，同时也随着生产要素的变化出现新的特点，并影响劳动过程中人们的相互关系。但从人与人的关系看，即使在相同的物的生产条件下，由于生产资料所有制的差别，劳动过程中各种主体的地位和关系各不相同，劳动过程又具有不同的特点。在资本主义制度下，生产资料归资本家所有，他们在市场上购买了劳动力，获得了一定时间的劳动力支配权和使用权。这就决定了资本主义的劳动过程和劳动方式具有两个特征：一是劳动者在资本家的监督指挥下，根据资本家的意志进行劳动；二是劳动产品作为资本家支配、使用的生产要素发挥作用的成果，全部归资本家占有。因此，资本主义的劳动过程，就是在资本家支配下，无偿占有雇佣工人的剩余劳动、剥削和奴役他们的过程，体现着资本主义特有的生产关系。马克思指出："社会生产过程既是人类生活的物质生存条件的生产过程，又是一个在历史上经济上独特的生产关系中进行的过程，是生产和再生产着这些生产关系本身，因而生产和再生产着这个过程的承担者、他们的物质生存条件和他们的互相关系即他们的一定的社会经济形式的过程。"① 既然劳动过程是在"独特的生产关系中进行的过程"，会"生产和再生产这些生产关系"，它就是生产关系的一部分，而不是独立于生产关

① 马克思《资本论》第3卷，人民出版社1975年版，第925页。

系之外的因素。虽然由于生产在整个再生产过程中的重要地位，生产过程中人们的相互关系在生产关系的总体中也起着重要的作用，影响着交换关系、分配关系，但是，这只是它作为生产关系的组成部分在生产关系总体中的作用，它和生产关系的其他部分一样，都要以一定的生产资料所有制为基础，受所有制的制约，显现出由所有制决定的特殊的经济性质。

综上所述，劳动者和生产资料的结合方式或劳动过程、劳动方式实际上都是以生产资料为基础的生产关系的组成部分，无论把生产方式定义为结合方式或劳动过程、劳动方式，都无法说明它是独立于生产关系之外，同生产力、生产关系并列而且决定生产关系的中介环节。

四、政治经济学要不要以生产关系为研究对象

对于这个问题，大多数马克思主义政治经济学的研究者，无论是主张“生产力—生产方式—生产关系”还是主张“生产力—生产关系”的，都给予肯定的回答。差别只在前者将生产方式（劳动者和生产资料的结合方式或劳动过程）独立出来，强调生产方式的作用，认为生产关系是从生产方式中产生的，要以前者为主，将二者结合在一起进行研究。因此，如果按照本文前一部分所分析的，生产要素的结合方式或劳动方式、劳动过程无非是社会生产关系的一部分，都是在生产资料所有制基础上形成的，它们本身就是生产关系的一个部分，那么，两种观点就没有本质的差别，就不影响政治经济学以生产关系为研究对象的基本结论了。如果进一步考虑到，马克思、恩格斯对生产方式最为常用的含义是社会生产关系，不妨这样说：马克思主义的政治经济学，是在生产力生产关系矛盾统一体的框架下，研究社会生产关系（包括生产过程、流通过程、分配过程、消费过程中人们之间的经济关系）及其发展规律的科学。这可能是对马克思提出的：“我要在本书研究的，是资本主义生产方式以及和它相适应的生产关系和交换关系”的名言，最符合历史唯物主义基本原理和方法，在逻辑和语义上最少矛盾的解释。

有的专家指出：“如果将生产方式解释为生产关系，马克思的那句话就成了‘我要在本书研究的，是资本主义生产关系以及和它相适应的生产关系和交换关系’。这显然犯了逻辑混乱的错误。”这明显的是把社会生产关系，即作为与生产力相对应的广义的生产关系，同具体的生产过程中人

们的相互关系混淆起来了。只要查阅一下马克思、恩格斯的著作就不难看到，他们往往将生产关系同交换关系、生产方式、交换方式、分配方式并列使用。例如，他们说过：“考察一下现代的土地所有权形式，对我们来说是必要的，因为这里的任务总的来说是考察资本投入农业而产生的一定的生产关系和交换关系。”① “分配就其决定性的特点而言，总是某一个社会的生产关系和交换关系以及这个社会的历史前提的必然结果，而且只要我们知道了这些关系和前提，我们就可以确实地推断出这个社会中占支配地位的分配方式。”② “以往的全部历史，都是阶级斗争的历史；这些互相斗争的社会阶级在任何时候都是生产关系和交换关系的产物，一句话，都是自己时代的经济关系的产物。”③ 在这些地方，马克思、恩格斯都把生产关系同交换关系、分配关系并列，表明他们所指的只是具体的生产、交换、分配过程中人们的相互关系。而且，在其中最后一段话里，恩格斯还用“经济关系”将这些具体的关系“一句话”概括起来，指出生产关系和交换关系都属于经济关系。正是在这种意义上使用生产关系和交换关系，恩格斯才说：“政治经济学，从最广的意义上说，是研究人类社会中支配物质生活资料的生产和交换的规律的科学。”④

所以，如果正确区分狭义的生产关系（具体的生产过程中人们的相互关系）和广义的生产关系（社会生产关系或经济关系总和），那些由于语义而产生的分歧就不难消除，政治经济学研究对象的问题就能比较容易地解决。只要在基本方向得到共识，不纠缠于一些细节，大家便可在马克思主义旗帜下团结起来，研究一些对当今社会发展关系重大的问题，共同进行政治经济学的建设，同时容许在研究重点、研究次序和其他问题上保留不同意见，展开研讨，促进学科的繁荣和发展。

不过值得注意的是，近来却有一些学者借着对生产方式的不同理解，将研究生产方式的范式与研究生产关系的范式割裂开甚至对立起来。有人还列举以生产关系为研究对象的范式的几宗错误，即所研究的生产关系缺乏客观基础，只有主观的价值判断，脱离客观实际来讲生产关系“应当如何”，属于主观主义、唯意志论；缺乏客观立场与科学分析，只是论证传

---

① 马克思：《资本论》第3卷，人民出版社1975年版，第694页。

② 《马克思恩格斯选集》第3卷，人民出版社1972年版，第193页。

③ 同上，第66页。

④ 同上，第186页。

统社会主义生产关系如何“优越”、如何“和谐”，而不是如何解决现实社会生产关系的各种实际问题；宣扬所有制崇拜，把虚幻的生产关系当做真实的生产关系来研究，陷入了形而上学与法学的幻想；违背了以历史唯物主义为核心的科学世界观与以辩证唯物主义为指导的科学方法论，脱离了马克思主义经济学范式的科学轨道，是一种既不科学又缺乏客观适应性的经济学范式。虽然作者也在这种范式前加上“传统”二字，但通篇论述一点也没有谈到研究生产关系的“传统”范式和一般的范式有什么区别、一般的以生产关系为对象的政治经济学是否没有他列举的几宗错误，表明他加上“传统”只是一种遮掩，他的批判应是指向所有的以生产关系为研究对象的经济学（因为，倘若一般的研究生产关系的政治经济学与他批判的“传统”范式不同，与那些原则性错误无关，或者并不必然产生那些错误，就不需要完全否定，他主张的“生产方式范式”就不是唯一正确的，就没有什么理论“发展”可言，就不能打击别人，抬高自己了）。

然而，以生产关系为政治经济学的研究对象必然会导致“唯心主义”和“形而上学”，必定产生那一系列的错误吗？不！这里存在理论的混淆、误解和歪曲。

首先，它混淆了学科研究对象和研究中存在的缺陷。对象的明确有利于学科研究的开展，但它只是研究能否正确进行的条件之一，此外还取决于方法、途径、条件等因素，因而不能把研究中发生的各种问题都归咎于对象的确定。政治经济学的研究对象包括有资本主义和社会主义的生产关系。对前者的研究，除了有关现代资本主义的发展需要不断更新以外，其分析和阐述基本上是正确的，在马克思主义理论队伍中，尚未听说因其将研究对象定为资本主义生产关系而斥之为唯心主义和形而上学的。至于对后者的研究，在初期虽然出现过某些缺陷，其根源也不在于研究的是生产关系，恰好相反，有些问题是由于没有研究好生产关系及其发展规律而发生的。可见，断言政治经济学以生产关系为对象必然导致“唯心主义”和“形而上学”，是事物辨认上的逻辑错误。

其次，以我国的生产关系作为研究对象的政治经济学，除了“文革”期间因社会动荡和理论混乱受到影响以外，其基本方向是正确的，都是为了研究和发现社会主义经济的发展规律，繁荣我国的社会主义经济。它在建立初期出现的一些缺陷，并不是因为研究对象以及基本理论和基本方法的错误导致的，而是同新社会制度的不成熟有关。恩格斯在评价空想社会主义理论的历史意义时说得好：“不成熟的理论，是同不成熟的资本主义生产状况、不成熟的阶级状况相适应的。”[①] 社会主义是人类历史上崭新的制度，初建不久就显现出巨大的优越性，经济迅速发展，人民生活显著改善，但是由于它的建设缺少成熟经验可循，在前进道路上就得“摸着石头过河”，免不了会出现许多波折。实践中的问题必然会在理论上反映出来，出现一些缺陷。经过反复总结经验教训，实践中的问题逐步得到解决，理论也会随之不断地完善。所以，不能将以前的政治经济学一棍子打死，戴上“唯心主义、形而上学”等一大堆黑帽子，更不能将之归咎于研究对象的问题。

再次，指责以生产关系为对象的范式“只是论证传统社会主义生产关系如何‘优越’、如何‘和谐’，而不是如何解决现实社会生产关系的各种实际问题”，这既不符合实际，又是自我矛盾的。随着“文革”后的拨乱反正和改革开放的发展，以生产关系为对象的政治经济学有了很大改进。它发现传统体制的弊病，论证改革开放的意义，进而全面分析现有生产关系的变化和存在的问题，探讨我国经济的发展道路，并不只是论证传统生产关系如何优越。[②] 而且，这种意见说“生产关系范式”错在不解决“现实社会生产关系的各种问题”，恰好证明了政治经济学研究生产关系的必要性，否定了自己的意见。因为如果不研究生产关系，怎么能够发现生产关系的问题并加以解决呢？

持这种意见的学者还认为，生产方式有三种含义：（1）劳动方式，即“各种生产要素在一定生产技术条件的基础上以一定的生产组织结合起来的具体形式与作用方式”；（2）生产形式，即“一定历史阶段产品的生产、交换以及通过交换（或分配）来体现和实现生产者之间的社会联系或关系的经济形式，生产的社会形式”；（3）生产的社会形式，即“生产的社会性质，从根本上说它表现为劳动者与生产资料结合的特殊方式”。这些含义中，第一种和第三种除了一些附加定语以外没有什么差别，都是指生产要素的结合方式，是叙述的重复，本文前一部分已经论证它是生产关系的一个部分了。至于第二种所说的“生产、交换或分配体现的社会联系和关系”，更直接和明显的是生产关系的组成部分，其中的生产、分配体

---

① 《马克思恩格斯选集》第3卷，人民出版社1972年版，第299页。

② 其实，每个阶级都有自己的理论立场，资产阶级经济学都一致歌颂资本主义如何合乎天性和美好，难道我们也要同他们站在一起责骂社会主义才正确吗？何况社会主义属于新生事物，更需要彰显它的优越性，以增强劳动人民为新社会奋斗的信心和决心。

现的社会联系和关系，与斯大林讲的“生产过程中人与人的相互关系和分配关系”，有什么本质的不同？还有，他说的第二种和第三种含义，一个叫“生产形式”，一个叫“生产的社会形式”，它们如果硬是要加以区别的话，后者应该是包含于前者之中的子概念；既然前者是生产关系，后者也不能不是生产关系了。总之，按照他所说的含义，生产方式都是生产关系的一部分，属于生产关系的范畴。所以，他说“生产方式是生产关系的产生基础与存在载体，它既决定着生产关系的基本性质，也决定着生产关系发展的趋势与方向”，讲轻一点是同义反复，究其实质是对生产关系内涵的认识错误。

五、批判“所有制崇拜”想鼓吹什么

主张“生产方式范式”的专家为了强调生产方式的重要性，故意淡化、贬低生产资料所有制的作用，有人竟然说以生产关系为对象的政治经济学“宣扬所有制崇拜，把虚幻的生产关系当做真实的生产关系来研究，陷入了形而上学与法学的幻想”。这种观点明显地离开了马克思主义的基本理论，可能被利用去反对共产党坚持社会主义公有制为主体的一贯主张。

生产资料所有制是生产条件的一定的社会形式，是任何社会生产必不可少的前提条件。马克思和恩格斯非常重视所有制在生产关系中的地位和作用，在许多场合都明确地指出，各种不同的生产关系（生产方式）都以一定的生产资料所有制作为基础。例如，“公社的现实存在，又由个人对劳动的客观条件的所有制的一定形式来决定。”[①] “罗马尼亚各州的情形就是这样。那里原来的生产方式是建立在公社所有制的基础上的，但这种公社所有制不同于斯拉夫的形式，也完全不同于印度的形式。”[②] 古代社会“生产者对生产条件的所有权，同时是政治关系即市民的独立地位的基础。”[③] “劳动者对他的生产资料的私有权是小生产的基础。”[④] “剥夺人民

① 《马克思恩格斯全集》第46卷（上），人民出版社1980年版，第484页。

② 马克思：《资本论》第1卷，人民出版社1975年版，第265页。

③ 马克思：《资本论》第3卷，人民出版社1975年版，第675页。

④ 马克思：《资本论》第1卷，人民出版社1975年版，第830页。

群众的土地是资本主义生产方式的基础。"① "土地所有权的垄断是资本主义生产方式的历史前提，并且始终是它的基础，正象这种垄断曾是所有以前的、建立在对群众的某种剥削形式上的生产方式的历史前提和基础。"② "资本主义生产方式的基础就在于：物质的生产条件以资本和地产的形式掌握在非劳动者的手中，而人民大众则只有人身的生产条件，即劳动力。"③ 在《哥达纲领批判》中把未来的社会称为"集体的、以共同占有生产资料为基础的社会"。恩格斯也指出，未来社会制度"同现存制度的具有决定意义的差别当然在于，在实行全部生产资料公有制（先是单个国家实行）的基础上组织生产。"④ 不仅如此，马克思还总结了各个社会中人们的经济关系，指出，劳动条件的分配，"是在生产关系本身范围内，落到同直接生产者相对立的、生产关系的一定当事人身上的那些特殊社会职能的基础。"⑤ "凡是社会上一部分人享有生产资料垄断权的地方，劳动者，无论是自由的或不自由的，都必须在维持自身生活所必需的劳动时间以外，追加超额的劳动时间来为生产资料的所有者生产生活资料，不论这些所有者是雅典的贵族，伊特剌斯坎的僧侣，罗马的市民，诺曼的男爵，美国的奴隶主，瓦拉几亚的领主，现代的地主，还是资本家。"⑥ 可见，马克思和恩格斯不仅在提到原始公社、古代社会、小生产、资本主义和未来社会时，都指出它们要以一定的生产资料所有制作为生产关系的基础，而且在概括人类社会一般规律时，也强调生产资料所有制的基础作用，指出它决定着生产的全部性质和全部运动。

中外古今的一切实践都证实了这一理论的正确性。历史上，各个地区和国家经济关系的性质和特点都是由生产的基本条件即所有制决定的；从原始社会、奴隶社会、封建社会到资本主义社会的经济关系的更迭替代，无一不是生产资料所有制变更的结果。在资本主义社会，资产阶级占有生产资料而工人一无所有决定了雇佣劳动制度以及资产阶级对雇佣工人的剥削；生产社会化和私人资本主义占有的矛盾，不可避免地发生周期性的经济危机。在我国，如果没有没收官僚资本，土地改革，进行生产资料所有

---

① 马克思：《资本论》第1卷，人民出版社1975年版，第837页。
② 马克思：《资本论》第3卷，人民出版社1975年版，第696页。
③ 《马克思恩格斯选集》第3卷，人民出版社1972年版，第13页。
④ 《马克思恩格斯全集》第37卷，人民出版社1971年版，第443~444页。
⑤ 马克思：《资本论》第3卷，人民出版社1971年版，第994页。
⑥ 马克思：《资本论》第1卷，人民出版社1975年版，第263页。

制的社会主义改造，就不可能出现劳动者当家做主、平等互助、公平分配的社会主义生产关系。所以，小平同志说："我们社会主义制度是以公有制为基础的"。[①] 从具体一点的层次看，在单一的公有制和高度集中的产权制度下，实行的只能是计划经济；改革开放后，多种所有制的发展加上国有制产权结构的多样化，才可能实行社会主义的市场经济。新中国成立以来所有的经济变化以及当前存在的种种问题和矛盾，只能从所有制找到根源和科学的解释。

可见，生产资料所有制是客观存在并对社会生产关系发挥重要作用的经济关系。有些人称它为"虚幻"关系和"形而上学与法学幻想"，是非常错误的。第一，马克思、恩格斯就揭露过资产阶级法律和法学给人们造成一种幻想和错觉，"仿佛私有制本身仅仅以个人意志即以对物的任意支配为基础"，指出"因为仅仅从对他的意志的关系来考察的物，根本不是物；物只有在交往中并且不以权利（一种关系，哲学家们称为观念）为转移时，才成为物，即成为真正的财产。这种把权利归结为纯粹意志的法律幻想，在所有制关系进一步发展的情况下，必然会造成这样的现象：某人在法律上可以对某物享有权利，但实际上并不占有某物。"[②] 所以，与这些人的看法相反，马克思、恩格斯恰好强调必须将财产看做人们的经济关系而不是法学幻想。第二。这些人曲解了马克思的这句话："要想把所有权作为一种独立的关系、一种特殊的范畴、一种抽象的和永恒的观念来下定义，这只能是形而上学或法学的幻想。"实际上，这句话并不是针对所有制关系本身，而是针对普鲁东对所有制概念的错误认识。因为，普鲁东把所有制当成一种独立于历史发展进程之外，不依历史发展而变化的抽象的永恒观念，否认它的历史的暂时的性质，还把所有制同分工、竞争、垄断、贸易等经济关系截然割裂开来，把它们看成是时间上处于不同顺序的阶段或互不相关的东西，从而把所有制当成是在社会生产关系之外的独立范畴。马克思就是针对这两个错误，批判普鲁东的观点是形而上学与法学幻想。所以，这个断章取义的帽子不能强加在所有制关系头上。本来，这个曲解在20世纪80年代的争论中已经出现过并已被澄清了，如今有人为了攻击马克思主义的所有制理论再度搬用它，说明他们在理论上已是末路穷途。

---

① 《邓小平文选》第3卷，人民出版社1993年版，第216页。

② 《马克思恩格斯选集》第1卷，人民出版社1972年版，第70～71页。

承认不承认生产资料所有制的重要地位和作用历来是马克思主义和其他学说的重要分水岭。马克思批判过拉萨尔关于劳动是一切财富的源泉的论点，指出“只有一个人事先就以所有者的身份来对待自然界这个一切劳动资料和劳动对象的第一源泉，把自然界当做隶属于他的东西来处置，他的劳动才成为使用价值的源泉，因而也成为财富的源泉”，揭露他回避生产资料所有制的重要性，是有意掩盖资本主义和其他一切剥削的根源，是“资产阶级的说法”。[①] 近现代的西方经济学回避资本主义社会的生产关系，更是闭口不谈生产资料所有制。连标榜研究经济制度的新制度经济学，也是避开资本主义最根本的制度——生产资料所有制，只局限在经济运行层次的具体产权，甚至是一些细微产权上做文章。究其原委，就是为了掩盖资产阶级利用他们独占的生产资料剥削劳动者的关系。这就充分暴露了他们理论的资产阶级属性。在我国的社会主义建设中，是否坚持社会主义公有制为主体，关系到社会主义的方向和前途。在改革开放初期关于生产资料所有制的地位和作用的辩论和后来关于所有制是目的或者手段的辩论中，一些观点背后的意图就在于淡化、抹煞所有制的重大意义，否认公有制为主体的必要性和重要性，为私有制的发展制造舆论。在理论是非遭到混淆之后，有些人便从反对辨别所有制的“公”和“私”进而反对区分生产关系性质的“资”和“社”，这就令人清楚地看出否定所有制理论的社会、政治意义了。

有些人以批判斯大林为掩护，指责所谓的“所有制崇拜”，在理论上是站不住脚的，完全违背历史和现实的。所有制是客观存在的关系，它在生产关系中发挥基础性、决定性作用是生产过程的必然结果，完全可能科学地认知和描述其作用的缘由和轨迹，根本不同于那些因人类受制于自然界而不知其原委的神秘幻觉。将所有制重要地位和作用的科学说明蔑称为拜物教，实际上是对马克思主义所有制理论的歪曲和攻击，必将对社会主义事业带来巨大的不良作用。因为，一旦否定了所有制理论，就无法辨别和分析不同性质的经济关系，不懂它们变化发展的原因和规律，非社会主义和反社会主义的势力就可趁乱行事，干扰我国发展的社会主义方向。试看改革开放过程，不同社会势力围绕所有制问题展开的斗争是很激烈的。一些人为了发展资本主义私有制，利用各种时机和借口，不断转换口号，如斥责国有企业效率低下，主张以私营企业取而代之；鼓吹国有制经济不

---

① 《马克思恩格斯选集》第3卷，人民出版社1972年版，第5页。

“与民争利”，应退出一切竞争性领域、全面推行“国退民进”；将国有企业经过改革调整得到发展以及企业并购的市场行为，歪曲为“国进民退”；歪曲、捏造统计资料，转移公众视线（如利用公众对分配不公的愤怒将它归咎于国家垄断），借机反对国有经济对关键部门的掌控。如此步步进逼，直欲使资本主义经济占据我国所有的营利部门和关键部门而后快。近年来，国外企图抑制中国发展的势力，也大力渲染和攻击中国国有企业的“垄断”，声讨国有企业的发展。在所有制关系上的这一系列反公促私、反“社”促“资”行径，处处表现出他们不是不懂得，而是太在乎所有制的重要性了。他们骨子里搞“私有制崇拜”，却大讲所有制是虚幻的，无关紧要，不要“崇拜”，是想麻痹我们，使我们忽视所有制的重要性，放松对公有制的防护，好让资产阶级趁机占领所有制阵地。遗憾的是，这种正中资产阶级下怀的说法，居然也在马克思主义理论队伍中传开了，很值得我们担忧。现在，私有经济已经在我国得到快速发展，造就了一大批家财千万、亿万的富豪，导致许多重大的社会矛盾，如果不尽快警醒过来，注意从所有制关系去认识矛盾的根源，矛盾不但得不到解决，还可能积累得越加深重，社会主义事业必然受到极大危害。

最后，我想解释一下。本文的主要目的并不是想争辩生产方式含义的是非，因为我深知自己的理解不见得是完全正确的，充其量只是在多种分歧意见中再添上一种，认识不可能就此辨清。反正这些不同的含义已经存在一百多年，过去并没有引起人们对马克思、恩格斯著作基本精神的领会，让它再悬挂一阵子也无妨。之所以谈这个话题，是因为我担心，现在有些人根据生产方式的不同的含义去任意发挥，而生产方式的多义性又可能影响对马克思主义一些基本原理和基本方法的认识。例如，怎样正确认识对立统一规律（一分为二？一分为三？），使辩证唯物主义和历史唯物主义得到更简明的阐述，更容易、更广泛地被广大群众接受和运用；怎样才能准确地说明生产力和生产关系的相互关系，进而正确认识社会的基本矛盾及其发展规律；怎样完整阐述生产关系的内涵及其各个组成部分的相互关系；怎样认识所有制在生产关系中的基础性作用，如它们怎样决定人们在生产过程中的相互关系、怎样影响交换关系和方式以及分配关系和方式；怎样在当前的实践中去验证马克思主义的经济理论，建立和发展中国的现代的政治经济学，并运用它们去认识和解决实际生活中的问题和矛盾，促进经济的发展和人民生活水平的提高。这些比较根本的问题如果没有解决好，将对马克思主义政治经济学的建设带来非常不利的影响。鉴于目前理论界存在某些浮躁情绪，为了搞所谓的“创新、发展”，将马克思的论述碎片化，断章取义，穿凿附会的现象屡见不鲜，所以，笔者希望马克思主义的理论队伍不要因为概念理解的分歧，干扰、搅乱政治经济学的基本理论体系，应该求大同、存小异，坚持马克思主义的基本理论和方法，反击以新自由主义为主的资产阶级经济理论利用各种机会和场合的进攻，为马克思主义政治经济学的建设共同努力。

公民社会与财产权

——兼论社会主义市场经济的公民财产权利

刘 灿 韩文龙*

随着我国经济、政治和社会等领域改革的不断推进，中国学界越来越关注和讨论公民社会或市民社会（Civil Society）。中国学者热衷于这个西方“舶来品”的目的主要是想通过这个理念来为中国现代化发展以及处理国家、社会和个人之间的关系提供理论路径和逻辑框架①。在西方国家，公民社会经历了不同的发展阶段，其含义也是不断变化的。本文将梳理公民社会在不同历史时期的含义，对公民社会与财产权的关系进行理论分析；同时用公民社会与财产权的理论论述发展社会主义市场经济与构建公民财产权利的问题。

一、公民社会的发展历程：从古希腊到当代

公民社会的发展是个不断演变的过程。公民社会最早可以追溯到古希腊时期的“城邦社会”，经历了政治社会和公民社会的一体化、现代公民社会和政治社会的分离以及当代公民社会从政治国家和经济社会中进一步

* 刘灿，西南财经大学马克思主义经济学研究院教授，博士生导师；韩文龙，西南财经大学经济学院博士生。本文是作者主持的国家社科基金重点项目“完善社会主义市场经济体制与公民财产权利研究”（10AJL002）的阶段性成果。

① 李熠煜：《当代中国公民社会问题研究评述》，载于《北京行政学院学报》2004 年第 2 期，第 92 ~ 96 页。

的分离后，不同的历史时期，公民社会的含义也不同[1]。

（一）古希腊和古罗马时期

古希腊时期，已经有了公民社会的雏形——城邦社会。最早论述城邦社会的先哲是亚里士多德（公元前384～公元前322）。亚里士多德在其著作《政治学》中提出了公民社会的雏形——城邦社会（希腊语为 koìnônìs plìtìké，英文译为 Civil Society）。他认为“城邦的一般含义就是为了要维持自给生活而具有足够的人数的一个公民集团”[2]。而什么是公民？公民就是“凡有权参加议事和审判职能的人，我们就可以说他是那一城邦的公民”[3]。但是古希腊时期城邦中的公民不是一个普遍意义的公民概念，而是一个特权阶层。只有少数人具有城邦“公民”的身份，而诸如奴隶、外邦人却是被排斥在外的。古希腊公民的权利（主要是政治权利）来源于其城邦的身份，没有城邦的身份，其权利不会被赋予。从这个意义去理解，古希腊的公民社会是具有身份象征的城邦社会，而城邦社会的实质是政治社会。没有城邦身份的人就不具有公民身份，进而不会享有一系列的政治权利。

古罗马时期的西塞罗（公元前106～公元前43）认为，Civilis Societas（拉丁文）“不仅意指单个国家，而且也指业已发达到出现城市的文明政治共同体的生活状况。这些共同体有自己的法典，有一定程度的礼仪和都市特性（野蛮人和前城市文化不属于市民社会）、市民合作并依据民法生活并受其调整，以及‘城市生活’和‘商业艺术’的优雅情致”[4]。可见，西塞罗的公民社会主要包括国家、制定法律并实施法律的政治共同体以及拥有城市生活和商业艺术的古代文明社会。

（二）中世纪和思想启蒙运动时期

罗马帝国灭亡后，欧洲进入了教会统治的黑暗的中世纪。中世纪前

---

① 国内学者吴俊斌对公民社会的发展历程做了一个较好的回顾，并且对公民社会的理解从公民社会的传统含义、现代含义和当代旨趣三个方面进行了论述。本文借鉴了其划分方法，但是又在此基础上有所创新。详见吴俊斌：《公民社会构建的基础理论研究》，博士学位论文，中共中央党校，2007年。

②③ ［古希腊］亚里士多德：《政治学》，吴寿彭译，商务印书馆1965年版，第113页。

④ 邓正来主编：《布莱克维尔政治学百科全书》修订版，中国政法大学出版社2002年版，第132页。

期，在封建皇权和教会的统治下，欧洲的城市生活开始走向了衰落，公民社会（市民社会）[①] 也处在了消亡的边缘。后来，随着城市工商业的再度兴起，市民阶层开始形成，公民社会又开始复苏了。有学者指出，由于中世纪城市与乡村的分离，公民权仅限于市场之内，而农村居民的公民权却是受到限制和排斥的[②]。

中世纪后期，随着城市商业的发展，商业阶层开始发展并壮大。他们不仅追求更多的经济利益，而且要求更多的政治权利。这都催生了他们的自由、平等意识。正是对中世纪欧洲封建和教会势力对人性和自由压抑的反思和反叛，欧洲人发起了文艺复兴运动，形成了以"肯定人权反对神权"，"提倡科学反对蒙昧"等的新精神。在文艺复兴时期，一些启蒙思想家对公民社会进行了一些论述。如霍布斯把公民社会等同于政治社会，并认为政治社会是与自然状态相互对立的人类的生存状态。那么什么是自然状态呢？霍布斯认为"自然使人在身心两方面的能力都十分相等"[③]；洛克认为公民社会和国家或者是政治社会是同义的[④]；卢梭则主张"主权在民"和"社会契约论"的思想，同时认为公民社会即为政治社会[⑤]。

（三）现代意义的公民社会

现代意义的公民社会理论是建立在政治国家与公民社会两分法基础上的。代表性的人物主要有亚当·弗格森、托马斯·潘恩、黑格尔、马克思和托克维尔等。

弗格森所处的时代正是公共政治生活领域和私人生活领域相分离的时代。在商业文明的时代里，社会腐化堕落成为了一种趋势。正如弗格森所说"人们认为只考虑财富才是最重要聪明的。对公益事业撒手不管，对人类事务漠不关心被认为是节制、美德，从而得到人们的赞赏"[⑥]。弗格森

---

① 在国内，Civil Society 翻译为公民社会、市民社会和文明社会等，因为不同的语境下其翻译不同。本文主要使用公民社会的译法。关于公民社会概念的辨析在文中第二部分会做一个详细的讨论。

② 黄洋：《追溯"市民社会"的历史渊源》，载于《读书》1997 年第 5 期，第 139 页。

③ ［英］霍布斯：《利维坦》，黎思夏、黎廷弼译，商务印书馆 1985 年版，第 92 页。

④ ［英］约翰·洛克：《政府论（下篇）》，叶启芳、瞿菊农译，商务印书馆 1964 年版，第 59 页。

⑤ ［法］卢梭：《社会契约论》，何兆武译，商务印书馆 1980 年版，第 39 ~ 46 页。

⑥ ［英］亚当·弗格森：《文明社会史论》，林本椿、王绍详译，辽宁教育出版社 1999 年版，第 283 页。

认为，公民社会就是建立了政府、制定了法律的文明社会，强调公民自治、社会自决和公民积极参与国家政治生活，同时也积极倡导公民关注公共利益。

托马斯·潘恩从起源、性质和形式等方面区分了公民社会和政治国家。潘恩认为“社会是由我们的欲望所产生的，政府是由我们的邪恶所产生的；前者使我们一体同心，从而积极地增进我们的幸福，后者制止我们的恶性，从而消极地增进我们的幸福”①。

黑格尔认为“市民社会是处在家庭和国家之间的差别的阶段”②。黑格尔的市民社会包含三个重要的环节：“第一，通过个人的劳动以及通过其他一切人的劳动与需要的满足，使需要得到中介，个人得到满足——即需要的体系。第二，包含在上列体系中的自由这一普遍性的现实性——即通过司法对所有权的保护。第三，通过警察和同业公会来预防遗留在上列两体系中的偶然性，并把特殊利益作为共同体予以关怀。”③ 黑格尔的公民社会（市民社会）可以理解为区别于家庭和国家的一系列社会关系。

马克思批判地继承了黑格尔的哲学思想，包括公民社会（市民社会）思想，认为“家庭和社会都是国家的前提”，“政治国家没有家庭的自然基础和市民社会的人为基础就不可能存在。他们对国家来说是必要条件”④。马克思的公民社会（市民社会）理论是建立在生产力发展和交换关系基础上的，他认为“市民社会包括在各个人在生产力发展的一定阶段上的一切物质交往。它包括该阶段的整个商业生活和工业生活”，同时“市民社会这一名称始终标志着直接从生产和交往中发展起来的社会组织”⑤。

托克维尔以反对“多数人的暴政”来构建其政治哲学的基础，包括公民社会理论。托克维尔强调自主性社会和多元性的社会，这是他公民社会思想的核心理念。什么是自主性社会？自主性社会是“个人的努力和社会

---

① ［英］托马斯·潘恩：《潘恩选集》，马清槐等译，商务印书馆1981年版，第3页。

② ［德］黑格尔：《法哲学原理》，范扬、张企泰译，商务印书馆1961年版，第197页。

③ ［德］黑格尔：《法哲学原理》，范扬、张企泰译，商务印书馆1961年版，第203页。

④ ［德］马克思：《黑格尔法哲学批判》，引自《马克思恩格斯全集》第3卷，人民出版社2002年版，第10、12页。

⑤ ［德］马克思、恩格斯：《德意志意识形态（节选）》，引自《马克思恩格斯选集》第1卷，人民出版社1995年版，第130、131页。

力量结合，常会完成最强权和最强大的行政当局所完不成的工作”①。多元社会的核心是利用多个权威和信息中心来实现一定的社会监督和制约的功能，如独立的媒体、理性的舆论、出版自由、结社自由等。

（四）当代意义的公民社会

当代意义的公民社会思想主要有两个方面：一是公民社会与政治国家和经济系统相分离，转向了文化批判领域；二是全球视角下地区公民社会和全球公民社会运动的兴起。期间的代表人物主要有安东尼奥·葛兰西、尤尔根·哈贝马斯、柯亨（J. L. Cohen）和阿拉托（A. Arato）等。

葛兰西是当代西方马克思主义的主要代表人物之一。他在著作《狱中札记》中从文化意义上来界定公民社会（市民社会），开启了研究公民社会（市民社会）的新视野。葛兰西的公民社会是区别于经济领域和政治社会的新领域，它包括从属于上层建筑和意识形态领域的各类社会组织，其功能是形成和完善整个社会的文化和道德形态。他还提出了著名的国家公式：国家 = 政治社会 + 市民社会，认为“国家的一般概念中有应该属于市民社会概念的某些成分”②。

哈贝马斯是较有影响力的一位思想家。他提出了全球性公民社会的理念。他的“公共领域”理论可以说是关于公民社会理念的重要理论突破。哈贝马斯对公民社会的研究主要体现在其“公共领域”思想内的。在早期，他的公民社会（市民社会）的“公共领域”主要指“包括教会、文化团体和学会，还包括独立的传媒、运动和娱乐协会、辩论俱乐部、市民论坛和市民协会，此外，还包括职业团队、政治党派、工会和其他组织等”③。后期，哈贝马斯的“公共领域”的含义发生了变化。此时，他的公民社会的“公共领域”是独立于政治系统和经济系统的社会文化体系，即生活中的组织和机制。正如他所论述的：“相反，构建其（市民社会）建制核心的，是一些非政府的、非经济的联系和自愿联合，它们使公共领域的交往结构扎根于生活世界的社会成分之中。”

柯亨和阿拉托是美国的两位政治学家。柯亨主要研究了资本主义社会

---

① ［法］托克维尔：《论美国民主》上卷，董果良译，商务印书馆 1988 年版，第 106 页。

② ［意大利］安东尼奥·葛兰西：《狱中札记》，葆煦译，人民出版社 1983 年版，第 222 页。

③ ［德］哈贝马斯：《公共领域的结构转型》，曹卫生等译，学林出版社 1999 年版，序言第 29 页。

的公民社会问题，而阿拉托则研究了东欧社会主义国家的公民社会问题，不过两人都主张政治国家、经济社会和公民社会的三元模型。柯亨和阿拉托认为“介于经济和国家之间的社会互动领域，由私人领域（特别是家庭）、团体领域（特别是志愿结社）、社会运动及大众沟通形式组成”[①]。当然，他们坚持认为让公民具有基本权利是构建现代公民社会的基本原则。

二、公民社会的概念解释

Civil Society 的源起可以追溯到古代希腊社会时期的“城邦社会”，其发展经历了洛克在政府学说中主张的“社会先于国家或者是外在于国家”，黑格尔的“国家高于社会”，孟德斯鸠的“法治社会”以及哈贝马斯提出的社会“公共域”问题等[②]。目前，人们对现代公民社会的认识仍然是不统一的。

（一）关于市民社会或公民社会的认识

Civil Society 在国内有多种译法，如译为“市民社会”、“民间社会”和“公民社会”等。在马克思的著作里提到了“市民社会（德文为 bourgeois）”，学者们有一种固有偏见，认为马克里所使用的“市民社会”是等同于资产阶级社会的[③]。后来，学者们重新理解了马克思的市民社会理念。如李淑珍（1996）提出马克思的市民社会理论是在反对黑格尔从伦理精神角度去论述市民社会与国家关系的，马克思认为市民社会应该是人的物质生活领域，而国家则是人的政治生活领域，市民社会决定国家，而不是国家决定市民社会[④]。这一观点在马克思的著作中也得到了体现，如

① 转引自周国文：《“公民社会”概念溯源及研究述评》，载于《哲学动态》2006 年第 3 期，第 58 ~ 66 页。

②③ 李熠煜：《当代中国公民社会问题研究评述》，载于《北京行政学院学报》2004 年第 2 期，第 92 ~ 96 页。

④ 李淑珍：《论马克思的市民社会有国家的思想及其历史与现实意义》，载于《学术月刊》1996 年第 9 期，第 9 ~ 15 页。

"市民社会包括各个人在生产力发展的一定阶段上的一切物质交往"①。

西方马克思主义的代表人物安东尼奥·葛兰西认为市民社会是考察国家问题的核心，并提出了著名的"国家 = 政治社会 + 市民社会"的公式。"领导权理论"是其构建国家和市民社会关系的重要理论工具，他把文化上的领导权赋予了市民社会，而把政治上的领导权赋予了政治社会。文化上的领导权具有决定意义。葛兰西的市民社会理论主要是为了论述国家问题而提出的。他刻画了市民社会在文化上的领导权，即意识形态和思想文化等对国家的影响②。

（二）关于"公民社会的分离"

对公民社会的认识人们经历了不同的阶段。18 世纪晚期欧洲大陆的启蒙运动中，很多理论家将公民社会（或市民社会）与国家分离出来，认为应该构建一个独立于国家的私领域。这个领域是自由人意志和利益的体现。正如俞可平（2003）所论述的"市民社会代表私的领域，而政治国家代表公的领域。市民社会的显著特征在于，它是相对于政府而言的非官方的社会结构和过程，诸如各种民间组织机构、非政府机构、中介组织、社会运动等均属于市民社会的范围。"③

当公民社会从国家中分离出来后，随着经济社会的进一步发展，理论家们又试图将公民社会从经济社会中分离出来。这样，一个社会的社会形态就分离为国家、经济社会和公民社会了。如美国著名的政治学家柯亨和阿拉托试图将公民社会从经济领域中分离出来，并定义公民社会为"介于经济和国家之间的社会互动领域，由私人领域（特别是家庭）、团体领域（特别是志愿结社）、社会运动及大众沟通形式组成。"④

可以这么说，公民社会其实就是在不同的社会经济发展状态下从国家、经济等领域分离出来的单独的一个"领域"。正如周国文（2006）将

---

① ［德］马克思：《黑格尔法哲学批判》，引自《马克思恩格斯全集》第 3 卷，人民出版社 2002 年版，第 10、12 页。

② 王元：《葛兰西"市民社会"国家观述评》，载于《福建学刊》1995 年第 3 期，第 48 ~ 52 页。

③ 俞可平：《社会主义市民社会——一个新的研究课题》，载于《增量民主与善治》，社会科学文献出版社 2003 年，第 196 页。

④ 转引自周国文：《"公民社会"概念溯源及研究述评》，载于《哲学动态》2006 年第 3 期，第 58 ~ 66 页。

公民社会的演变概括为三次分离，第一次是在古罗马和古希腊时期，随着商业化和政治化的城邦的出现，公民社会（或市民社会）从野蛮社会中分离出来；第二次是在17世纪和18世纪的欧洲的启蒙运动时期，随着代议制取代君主专制制度后，公民社会（或市民社会）从政治国家中分离出来；第三次是在当代的西方世界中，随着科技等的发展，公民社会正试图从经济领域中分离出来①。

（三）用“公民社会”表达Civil Society的含义

由于翻译的问题，Civil Society有人翻译为市民社会，有人翻译为公民社会。本文主要采用“公民社会”的译法。原因是：（1）过去，一些学者曾带有偏见地认为马克思的市民社会就是指资产阶级社会，给我们的认识带来了一些误区。其实，后来人们重新理解了马克思的市民社会理论，并认为市民社会是建立在生产力发展基础上的一切物质交换。这种观念的改变也就为我国利用马克思理论重构公民社会扫清了意识形态方面的障碍。（2）考虑到语境问题，“市民”在我们日常的语言交谈中主要是指“城市居民”。构建中国的“公民社会”，其主体不仅包括城市居民，而且包括农村居民，因此为了避免语义的混乱，本文赞成用“公民社会”的表达更加合适。

如前所述，不同的时期公民社会的含义不同，其划分方法也不同。如古罗马时期公民社会等同于“城邦社会”，现代意义上的“政治国家与公民社会”的两分法，以及当代意义上的“政治国家—经济系统—公民社会（主要是文化批判领域）”的三分法。哪种划分方法是最好的？其实这取决于概念使用者的目的和时代背景。

对于“公民社会”的划分方法，本文比较认同“第三次分离”的说法，即公民社会是从政治国家领域和经济领域分离出来的一个相对独立的领域，这一领域之间可能是互动的，它可能包括家庭领域、民间组织机构、非政府机构、中介组织、社会运动和社会沟通形式等。当然，现代意义上的公民社会已经被赋予了一定的自主性品格：主体意识、自由意识、平等意识、竞争意识、法治意识和开放意识等。构建现代意义上的公民社会就需要保证公民的基本权利和自由，同时需要培养现代公民社会的整体

---

① 周国文：《“公民社会”概念溯源及研究述评》，载于《哲学动态》2006年第3期，第58～66页。

性品格。

（四）进一步的讨论：近代公民社会与政治社会的分离

在近代早期，西欧确实存在着新兴的绝对主义国家力量向原来封建国家各个领域不断渗透和扩展的过程，先于或外于这种新兴的绝对主义国家的东西不是市民社会，而是封建国家的政治社会。这是一种分离过程，也是一个历史更替过程。随着绝对主义国家的进一步发展，它最终剥夺或取代了封建国家作为政治社会的政治性质，即超经济强制性质，以经济生活为中心的人际交往领域也随之日益突现出来。在当时的政治思想家们看来，自然法哲学和社会契约论不仅成为新兴绝对主义国家合法性的来源，而且成为重建经济交往的依据。这种新兴的政治国家与发展起来的经济交往之间的矛盾，最终通过资产阶级革命后的政治改革得到解决，政治改革第一次宣布：人类今后不应该再通过强制即政治手段，而应该通过利益即社会的手段联合起来。这是对历史唯物主义的落实。17 世纪英国资产阶级革命后，工业革命从而引起的社会革命，就有力地证明了这一点。英国工业革命的兴起使工业和商业活动得到蓬勃发展，重商主义走向终结，经济自由主义应运而生。现代市场经济的起源和经济人的出现，经济与政治开始相对分离，从而使以经济生活为中心形成的人际交往领域获得了相对独立的地位，英国现代公民社会由此起源。因此，恩格斯说：只有英国才有一部社会的历史①。他所说的社会正是指从个人利益出发形成的人际交往领域，即现代公民社会。西方现代公民社会的起源不仅与现代市场经济起源同步，而且与现代民族国家共生，并成为其所依赖的物质基础。这种现代国家不外乎是资产者为了在国内外相互保障各自的财产和利益所必然要采取的一种组织形式②。从这个意义上而言，现代公民社会就是指现代民族国家，并不存在某种先于或外于现代民族国家的所谓市民社会领域③。

黑格尔沿用近代早期的市民社会概念，并赋予其新的内涵，旨在揭示以经济为中心的人际交往的私人性质与国家公共政治权力之间的矛盾，以及后者对前者的形塑作用。他的偏颇在于过分强调了现代民族国家整合其边界内各种领域的积极作用，忽略了前者的不可遏制的历史变革力量。因而，马克思颠倒了黑格尔的观点，把市民社会归结为生产力发展的一定阶

---

①② 《马克思恩格斯选集》第 1 卷，人民出版社 1995 年版，第 132 页。

③ 安东尼·吉登斯：《民族、国家与暴力》，生活·读书·新知三联书店 1998 年版，第 24 页。

段上的一切物质交往，即生产关系，从而在思想上完成了对市民社会的批判，创立了科学的历史唯物主义。至于哈贝马斯重提市民社会和公共领域，并以此来分析西方的资产阶级社会，只是对以经济为中心的人际交往关系的形式化细分。他所赋予市民社会的内涵仍然遵循了马克思的历史唯物主义原则，是指商品交换和社会劳动领域。

（五）公民社会与财产权的关系

近代社会发展过程中，随着摆脱政治、社会因素纯粹经济性财产的出现，以自下而上的方式反对封建特权，建构自由、平等、所有权、契约的市场经济，促进了政治社会的转型和市民社会的出现，市民社会是各个成员作为独立的单个人的联合，因而也就是在形式普遍性中的联合，这种联合是通过成员的需要，通过保障人身和财产的法律制度，和通过维护他们特殊利益和公共利益的外部秩序而建立起来的。权力是对财产进行保护的产物，受保护之后的财产构成了对专横权力的制约，财产是政治社会的真正基础，是公民订约的真正保障，为个人创造了一个不受国家控制的领域，它对政府的意志加以限制，成为所有不受国家和强权控制的生活基础，成为自由、个人自治赖以植根和获取养料的土壤。

私人财产权利的确立是近现代市民社会形成的基础条件，资本主义所有制是社会的经济基础。马克思讲到了财产关系决定法权关系，而不是法权关系决定财产关系，并深刻地指出："私有财产的真正基础，即占有，是一个事实，是不可解释的事实，而不是权利。只是由于社会赋予实际占有以法律的规定，实际占有才具有合法占有的性质，才具有私有财产的性质。""私有财产的关系潜在地包含着作为劳动的私有财产的关系和作为资本的私有财产的关系，以及这两种表现的相互关系"，[①] 因此财产有两种，个人必需之财产与投入经济运行从而用以增值的财产，马克思主张废除的是"借助自己的财产以攫取他人劳动成果的权利"的资本财产，未来社会要"重新建立个人财产"。财产具有重要的历史作用，一方面，"以私有财产为中介，人的激情的本体论本质才在其总体上、在其人性中存在"，作为个体生命，从其本身需要出发的全部感觉充分发展，不留缝隙地占有世界和拥有自身；另一方面，以动产形式出现的私有财产，"动产已经使人民获得了政治的自由，解脱了市民社会的桎梏，把世界连成一体，创造

① 《马克思恩格斯全集》第3卷，人民出版社1995年版。

了博爱的商业、纯粹的道德、温文尔雅的教养；它给人民以文明的需要代替粗陋的需要，并提供了满足需要的手段”①。

在古典市民社会（古希腊和古罗马）并没有一个真正独立存在的市民阶层，市民不能充分地行使政治权利，也没有确立近代意义的“私法自治”。就所有权而言，“以城邦形式存在的希腊也不能够想象每位公民可以拥有任何国家的保护的权利”。当国家和个人在观念上相互独立，个人的权利越来越受到尊重，商人阶级开始出现，私人财产权利作为社会文明的标志，也作为近现代市民社会的标志而确立起来。“在地中海欧洲的历史上，是有了财产权利的分离才有了个人自由、尊重他人自由的道德观念。”②

公民社会的兴起，其实是人们的权利意识和公民意识觉醒的结果。权利意识，主要表现为在政治、经济生活过程中对人自身和财产的保护意识提高。洛克在关于财产权的论述中提到了自然权利（包括生命、自由和财产的权利），并认为财产权是最基本的自然权利，也是生命和自由等权利的基础③。所以捍卫生命、自由等权利，首先是要捍卫财产权利。这是近代西方社会构建公民权利保障体系的一个基本逻辑。近代社会，保护公民的权利不仅体现在“代议制”政府的出现，即从体制上限制“公权力”对私权利的侵犯，而且表现在建立了现代意义上的法律来规制政府与私人，私人与团体，私人与私人之间的关系。在众多的保护私权的法律制度中，财产权法律制度无疑是具有基础性作用的法律制度。

财产权的实现与公民社会的形成和发展有着密切的关系。(1) 财产权的实现，尤其是财产权法律制度的建立为近代公民社会的形成和发展奠定了制度基础。财产是公民实现生命和自由等权利的经济基础。如果说现代国家是一种契约的话，其实质是具有财产的公民在自由、平等的地位上形成的社会契约。没有财产的人，往往被排除在政治活动以外，这种排除既是由于经济上不能独立和自足而无法参与政治活动的自选择结果，也是其在社会上没能取得合适的社会地位而被社会机器排斥的结果。财产权法律制度的建立为有财产者的财产安全提供了保护，也为其独立的参与政治、经济领域的活动提供了制度基础。(2) 公民社会的形成和发展对公民的财产权保护具有强化作用。公民社会是从政治国家和经济领域中分离出来的独立的第三种领域。如果一个社会的私人领域、团体领域等具有相对的独

---

①② 《马克思恩格斯全集》第3卷，人民出版社1995年版。

③ ［英］约翰·洛克，赵伯英译：《政府论两篇》，陕西人民出版社2004年版，第4~5页。

立性，社会运动可以在合法的程序下被政府允许，社会沟通网络是畅通的，那么这个社会的公权力将会受到一定程度的限制，政府行为会处于有效的监督中，私权利则会较少受到公权力的侵害。当然，对于公民来说，最容易被侵害的权利就是自由权和财产权。公民社会的发展，则会增加保护私权利的工具，如媒体、社团等。

（六）社会主义市场经济与公民财产权利

公民权利是现代市场经济的基础，也是社会主义市场经济的基础。马歇尔（T. H. Marshall）在 1949 年的著名演讲《公民权与社会阶层》中对英国 17 世纪以来公民权的发展做了梳理，并将它归纳为三种类型的权利及其相应制度安排的发展。这三种权利分别是公民基本权利、政治权利与社会权利。传统计划经济体制下，公民社会与公民权利的问题并没有在我国的经济社会制度中得到充分的重视，社会公民的权利在城乡分割、公有与非公有的划分等制度性安排下具有两大特征：一是社会成员的基本权利、政治权利和社会权利相互交织，参与经济权利的基本保障一定意义上替代了公民权利的内涵，在城市保证劳动者充分就业，在农村集体所有的土地政策以及农民依此参加农业生产，就被看做实现了公民的权利。二是社会公民的权利都是在“单位制”的社会结构中实现的而并不是基于公民身份，而“单位人”身份，一般包括工人或干部身份，不包括农民身份和城市非就业（没有能力就业）者身份，他们所对应的社会福利几乎没有，1956 年确立的户籍制度帮助维持并巩固了这一差别性的社会公民权利结构。这种社会结构严重地影响着社会主义应有的社会公正。

改革开放以来，随着社会主义市场经济的不断完善、民主政治的切实推进，社会福利和保障制度的逐步构建，社会成员逐步摆脱“单位”身份束缚开始以个人（即公民）的资格，并以市场经济的契约方式来界定国家、社会和个人相互之间的关系。公民社会与公民权利的问题进入大众和政治决策者的视野，中国开始了构建与社会主义市场经济相适应的公民社会的进程。在这一进程中，基于城乡差别、社会成员之间的收入差别成为转型期的突出矛盾，重点放在基本公共服务均衡化，如医疗卫生（或公共卫生和基本医疗）、义务教育、社会救济、就业服务和养老保险等制度构建上，而一度忽略了个体公民的基本权利。我国公民社会和公民权利的发展并不能依靠单项的养老保险制度、教育制度、公共医疗卫生制度等制度建设所能实现，而更重要的是保证公民个人自由所需的权利，即参与经济和政治事务的权利，其基础是公民个人财产权。无财产，即无自由。因此，确认和保障公民的财产权利是社会主义市场经济的基础制度建设。2007 年《物权法》的颁布实施，无疑在我国公民社会建设进程中具有重大的历史性意义。

中国的市场化改革过程，是一场涉及社会成员之间利益结构调整和财产权利重新配置的深刻的社会变迁，改革 30 多年后，社会财产权结构发生了一系列新的变化，主要是产权主体的多元化，社会成员收入来源的多样性，个人或家庭财产形式的多样性和私人财产积累量快速增长。① 在我国市场化改革深化阶段，公民财产权利结构的矛盾日渐突出，如何构建与社会主义市场经济相适应的财产权制度成为近年来经济学和法学领域学者研究关注的热点。马克思认为，一个利益关系失衡的财产权结构会构成严重的“社会安全问题”。② 在社会转型和社会成员利益结构快速分化的时期，我们必须高度重视我国公民财产权结构的矛盾，如果从财产权拥有、财产权保护、财产权运用和财产权结果这四重视角来看，这些矛盾表现在：

1. 在财产权拥有方面。在现行的农村土地产权制度下，农民并没有拥有真正意义或物权意义上的“土地财产”，在体制不完善的情况下，个人劳动要素禀赋差（如受教育程度和健康程度）的人也难以通过劳动积累财产，这必然形成一部分弱势群体财产权的缺失，最典型的就是农村居民和城市中丧失劳动能力、没有就业机会的人。

2. 在财产权保护方面，当前的主要矛盾是国家公权对私人财产权的侵害。例如，目前我国城乡大量存在的对农村集体所有的耕地、农民自留地与宅基地的强制征用，对城市居民住房的强制拆迁，对农村居民征收的赋税过重或不合理的税费，这些问题的产生，都是对国家权力约束不力或没有明确的法律依据而造成的权力滥用。法学家江平认为，“现在私权日益觉醒和扩大，公权力仍然保持着较大的干预和管制力量，就会形成转型社会里公权力和私权利的必然冲突，甚至在某一时期会有尖锐的冲突。这

---

① 根据国家统计局城市司（2009）对全国城镇居民家庭的财产存量进行估算，我国城镇居民家庭经过 20 多年的积累，2007 年户均财产总量为 31 万元。2002～2007 年间，我国城镇居民家庭财产增长速度较快，2007 年比 2002 年增长了 1.34 倍。家庭财产增长较快主要是得益于金融财产和房屋财产的大幅增加。其中，2007 年与 2002 年相比，金融财产和房屋财产价值分别增加了 1.2 倍和 1.4 倍。从各类财产构成看，房屋财产占了家庭财产的最主要部分，2002 年的比重约为 64%，2007 年这一比重升至 66%。

② 马克思：《资本论》第 1 卷，人民出版社 1975 年版，第 466～468 页。

是客观规律造成的。”①

3. 在财产权运用方面。我国处在工业化历史时期，资本与劳动之间的雇佣关系是社会经济组织中的主要关系，当物质资本仍然是稀缺资源的情况下，劳资契约关系中资方处于强势，加之真正代表劳方利益的组织缺位，长期造成劳资收入的比例失衡以及劳动收入在国民收入中的比例过低。当前，大家关注的国民收入分配比例失衡的问题，其根本原因是劳动与资本这两种财产权利的利益失衡，是在收入分配制度上反映出的资本强权现象。

4. 在财产权结果方面，当前的主要矛盾是公民财产占有与财产性收入的差距不断扩大，② 其特征是：1）我国居民财产分布的不平等程度已经比较严重；无论是金融资产还是其总财产净值，无论是人均财产水平还是财产积累速度，城乡之间都存在巨大差异；2）财产分布差距扩大幅度超过了收入分布；3）中等收入人群比重严重偏低；大约只有15%的人群可视为中等财产组人群，其中64%来自城镇住户。缺乏“中产阶层”是我国居民财产分布的一个重要特征。③

社会主义市场经济和现代公民社会、和谐社会的发展，需要构建一个合理并能提供有效激励的财产权制度。一个合理的财产权结构是社会主义市场经济的微观基础，发展社会主义市场经济和构建公民社会需要公民拥有私人财产并保证公民的财产权自由。但是，财产权的自由并不只是拥有资本权利的那部分人的自由，它意味着每个社会成员拥有财产权利的平等、获得和使用财产的公平即劳动产品分配的公平以及人们能充分享受社会财富带来的幸福，实现人的全面自由发展。我们在构建适应社会主义市场经济的财产权制度时应该坚持这种价值取向，我们不能放任财产占有差距的扩大，政府在财产权结构和收入分配上应该积极有为。在市场经济制度的基本关系上，我们应该在财产与收入分配的公正公平基础上实现不同

---

① 转引自金国中：《公权与私权的平衡》，载于《经济参考报》2004年1月9日。

② 我国居民财产分布的基尼系数在短期内上升较快，近年来明显升高，2002年我国居民财产分布的基尼系数为0.550，2010年该指标上升到0.690。据西南财经大学中国家庭金融资产调查中心2012年发布的数据，中国家庭财富净值的均值为665 187元，中位数为24 000元。分城乡来看，城市家庭财富净值均值为1 467 860元，中位数为33 340元；农村家庭财富净值均值为117 928元，中位数为20 500元。财富最高的10%家庭占全社会财富的比例达到86.69%，在城市，这一比例更高，达到89.50%。数据显示出我国居民（家庭）财产分布差异大。

③ 李实等：《中国居民财产分布不均等及其原因的经验分析》，载于《经济研究》2005年第6期。

主体之间的利益均衡问题。在转型过程中，居民财产性生产要素的获得已经改变了财产性生产要素的流向和国民收入分配的格局，使收入分配机制向“要素分配”转变。我们应该有新的思路来设计下一步的改革，着力在初次分配领域调整财产权结构。在政策目标上，我们需要坚持三对概念，即财产权与经济自由，财产权与人的发展，财产权与利益均衡。

马克思的社会分工理论

杨永华*

一、马克思主义经济学传统理解的代表性观点——斯大林经济理论，可以概括为所有制经济学

笔者认为，对马克思主义经济学的传统理解的代表性观点是斯大林的经济理论，斯大林经济理论可以概括成所有制经济学。从经济学理论体系来说，斯大林经济学可以概括为所有制经济学，也就是说，所有制是斯大林经济学分析的出发点，也是最终归宿。所有制分析是斯大林经济理论分析的基本方法：社会主义的经济范畴和经济规律都可以用公有制来说明，资本主义经济学中的所有经济范畴和经济规律都可以用资本主义私有制来说明；社会主义的经济范畴和经济规律都是为了说明社会主义公有制，所有资本主义的经济范畴和经济规律都是为了说明资本主义所有制。

斯大林所有制经济学的理论基础，早在1938年出版的《联共（布）党史简明教程》第四章第二节“论辩证唯物主义和历史唯物主义”就作了阐述。斯大林所有制经济学的基本观点是：经济学是研究生产关系的；所有制是生产关系的基础；所有制就是生产资料的归属和支配权；资本主义实行生产资料资本主义所有制，社会主义就是实行生产资料社会主义所有制。

由此得出的推论是，社会主义经济与资本主义经济是绝对对立的；社会主义经济学与资本主义经济学是绝对对立的。当然，从经济学说史的角

* 杨永华，华南师范大学经济与管理学院教授、博士生导师。

度来看，所有制经济学也可能是一种新观点。

斯大林所有制经济学必然把经济学研究范围局限于所有制，必然排斥所有制以外的“通常意义上的经济理论”，如劳动理论、分工理论、价值理论，等等。有些与所有制无关的内容也硬要纳入所有制理论。斯大林的所有制经济学能否成立，当然要接受社会主义实践的检验。

二、用所有制经济学理论眼光来看待的马克思经济学

斯大林的所有制经济学并不仅仅体现在社会主义经济理论上，而且把马克思经济学也理解成所有制经济学。从所有制经济学的角度出发，必须得出政治经济学社会主义部分和政治经济学资本主义部分绝对对立的结论，必然得出马克思经济学的许多范畴和概念不能引入社会主义经济理论的结论。斯大林说，“我认为，也必须抛弃从马克思专门分析资本主义的《资本论》中取来而硬套在我国社会主义关系上的若干概念。我所指的概念包括‘必要’劳动和‘剩余’劳动、‘必要’产品和‘剩余’产品、‘必要’时间和‘剩余’时间这样一些概念。马克思分析资本主义，是为了说明工人阶级受剥削的泉源，即剩余价值，并且给予被剥夺了生产资料的工人阶级以推翻资本主义的精神武器。显然，马克思在这里所使用的概念（范畴）是和资本主义关系完全适合的。但是现在，当工人阶级不仅没有被剥夺政权和生产资料，反而掌握着政权和生产资料的时候，还使用这些概念，这就非常奇怪了。现在，在我国的制度下，说劳动力是商品，说工人‘被雇佣’，这真是十分荒谬的：仿佛占有生产资料的工人阶级自己被自己雇佣，把自己的劳动力出卖给自己。现在来讲‘必要’劳动和‘剩余’劳动，也是非常令人奇怪的：仿佛在我国条件下，交给社会去扩大生产、发展教育和保健事业以及组织国防等工人劳动，对于现在掌握政权的工人阶级来说，并不是象用来满足工人及其家庭的个人需要的劳动那样必要的。”① 由于所有制性质的不同，社会主义经济与资本主义经济是两个绝对对立的生产方式，所以，马克思的《资本论》只能用来说明资本主义生产方式，而要说明社会主义生产方式的经济理论必须重新创造。而重新创造的任务只有斯大林才能完成。

---

① 斯大林：《苏联社会主义经济问题》，人民出版社 1971 年版，第 13 ~ 14 页。

斯大林所有制经济学的理论并不完全是创新，而是吸收了列宁的经济学是研究生产关系的论述，以及当时流行的马克思主义经济学的一些理论。列宁认为，马克思“从各个社会形态中取出一个形态（即商品经济体系）加以研究，并根据大量材料……把这个形态的活动规律和发展规律做了极详尽的分析。这个分析仅限于社会成员间的生产关系。马克思一次也没有利用这些生产关系以外的什么因素来说明问题……《资本论》的骨骼就是如此。可是全部问题在于马克思并不以这个骨骼为满足，并不以通常意义上的‘经济理论’为限；他专门以生产关系说明该社会形态的结构和发展，但又随时随地探究适合于这种生产关系的上层建筑，使骨骼有血有肉。《资本论》所以大受欢迎，是由于‘德国经济学家’的这一著作把整个资本主义社会形态作为活生生的东西向读者表明出来，将它的生活习惯，将它的生产关系所固有的阶级对抗的具体社会表现，将维护资产阶级统治的资产阶级政治上层建筑，将资产阶级的家庭关系和盘托出。”① 也就是说，马克思主义经济学理论只有生产关系理论，不包括古典经济学理论，这就必然把古典经济学重要组成部分的劳动理论、分工理论和价值理论等“通常意义上的经济理论”排斥于马克思经济学之外，把马克思经济学与古典经济学相对立。笔者不是说马克思主义经济学不要研究生产关系，而是说，那种主张马克思主义只能研究生产关系，而要放弃“通常意义上的经济理论”的研究，是否符合马克思的原意，是否科学，其实是值得重新推敲的。

20世纪初期的30年里，马克思主义经济学走到了极端，其基本结论就是经济学思想史学家所谓的“经济学消灭论”。当时，一大批才华横溢的马克思主义经济学家，如布哈林、希法亭等，和资产阶级经济学家如威·桑巴特、杜冈—巴拉诺夫斯基都相信经济学消灭论。布哈林在《食利者政治经济学》一书中写道，“政治经济学作为一门科学，只把商品（特别是商品资本主义社会）作为自己的对象。实际上，如果出现一种有组织的经济，假定这是……社会主义‘国家’有组织的经济——那么在这里就不会找到需要理论经济学来解决的任何一个问题……在社会主义制度下，政治经济学将失去自己的意义；只保留‘经济理论’。”② 布哈林在《过渡时期经济学》中重申经济学消灭论，“资本主义商品社会的末日也就是政

① 《列宁选集》第1卷，人民出版社1972年版，第9页。

② 《布哈林文选》（下），东方出版社1988年版，第39～40页。

治经济学的告终。"①

随着斯大林所有制经济学和列宁的研究生产关系理论的广泛流行，并且被误认为是马克思主义经济学的正宗，于是排斥了"通常意义上的经济理论"，即排斥古典经济学理论，特别是排斥劳动理论、分工理论、价值理论等商品经济理论。把马克思主义经济学局限于社会经济形式范畴内，排斥了一般劳动过程的范畴，在这股思潮的影响下，马克思主义经济学的停滞带有某种必然性。

三、引入一般与特殊的辩证法来研究的马克思经济学

斯大林的所有制经济学，列宁的研究生产关系的理论，都把马克思经济学局限于社会经济形式范畴的框框内。这就涉及一个方法论，就是马克思经济学只是社会经济形式范畴，还是一般劳动过程范畴和社会经济形式范畴的有机结合？也就是说，马克思主义经济学有没有一般劳动过程范畴？即马克思主义经济学是只研究生产关系，还是既要研究生产关系又要研究"通常意义上的经济理论"？

一般劳动过程范畴和社会经济形式范畴是列宁提出来的。列宁把经济范畴划分为一般劳动过程范畴和社会经济形式范畴的看法，是符合马克思的原意的。马克思说，"资本主义生产过程是一般社会生产过程的一个历史规定的形式。而社会生产过程既是人类生活的物质生存条件的生产过程，又是一个在历史上经济上独特的生产关系中进行的过程，是生产和再生产着这些生产关系本身，因而生产和再生产着这个过程的承担者、他们的物质生存条件和他们的互相关系即他们的一定的社会经济形式的过程。"② 马克思明确地说，首先有一个社会生产过程，就是一般劳动过程，其次有一个独特的生产关系，就是社会经济形式范畴，所谓资本主义就是一般劳动过程和社会经济形式的有机结合。但是传统观点把资本主义生产过程理解为脱离了一般劳动过程范畴的社会经济形式范畴，这不符合马克思的原意。资本主义生产过程是建立在一般劳动过程范畴基础之上，即建立在劳动、分工、价值等范畴基础之上的社会经济形式范畴。

---

① 布哈林：《过渡时期经济学》，上海三联书店 1981 年版，第 2 页。
② 马克思：《资本论》第 3 卷，人民出版社 1975 年版，第 924～925 页。

卓炯研究列宁的一般劳动过程范畴和社会经济形式范畴，赞成列宁所说的政治经济学只研究社会经济形式范畴的看法，但是又强调，社会经济形式范畴的基础是一般劳动过程范畴，因此不能撇开一般劳动过程范畴单独研究社会经济形式范畴，在研究生产关系的时候要结合一般劳动过程范畴一起研究，也就是说，要研究一般劳动过程范畴。或者说，研究生产关系的时候，不要排斥列宁所说的“通常意义上的经济理论”。笔者认为，这个看法是对的，没有劳动范畴，没有生产范畴，生产关系范畴就成为空洞的废话。

从方法论来说，就是要引进一般与特殊相结合的辩证法。这里涉及矛盾的普遍性和特殊性的关系。对待矛盾的普遍性和特殊性的关系有三种态度：第一种态度是，只看见矛盾的普遍性而忽视矛盾的特殊性，并且用矛盾的普遍性来代替矛盾的特殊性；第二种态度是，只看见矛盾的特殊性而忽视矛盾的普遍性，并且用矛盾的特殊性来代替矛盾的普遍性；第三种态度是，既看到矛盾的普遍性又看到矛盾的特殊性，并找出两者的区别与联系，这才是辩证唯物主义的科学态度。

古典经济学常常采取第一种态度，就是只看见矛盾的普遍性，并且用矛盾的普遍性来代替矛盾的特殊性。比如说，资本范畴，看做是永恒的范畴，从原始社会人们用的石块木棍直到现代工厂里的机器设备，都是资本，他们看不到其中的区别。只重视一般劳动过程范畴的研究，而忽视了对社会经济形式范畴的研究，忽视了一般劳动过程范畴和社会经济形式范畴相结合的研究。

正确的方法应该是特殊性和普遍性的辩证统一。既要研究社会经济形式范畴又要研究一般劳动过程范畴，既要研究生产关系又要研究“通常意义上的经济理论”。只有用这样的科学方法来研究社会主义生产方式和资本主义生产方式，才能看到这两种生产方式既有不同的部分，又有相同的部分。社会主义生产方式和资本主义生产方式相同的部分就是一般劳动过程范畴，相异的部分就是社会经济形式范畴。这样才能真正发现《资本论》的生命力，马克思在《资本论》中的一般劳动过程范畴持有永恒的生命力。

发展马克思主义经济学，必须引进一般和特殊相结合的辩证法。马克思经济学也是一般劳动过程范畴和社会经济形式范畴相结合的理论体系。斯大林的所有制经济学，列宁所说的生产关系，只是社会经济形式范畴。经济学消灭论更是把社会经济形式范畴推到极端，因为社会主义消灭商品经济，资本主义是市场经济，这就把马克思经济学仅仅理解为社会经济形式范畴，就是强调特殊，排斥一般，这就违反了辩证法一般和特殊的辩证关系的要求。

四、马克思经济学中的社会分工理论

笔者认为，马克思经济学也是一般劳动过程范畴和社会经济形式范畴的有机结合。马克思经济学中有内容丰富的一般劳动过程范畴理论。一般劳动过程范畴至少包括物质利益原则、劳动学说、分工学说和劳动价值学说，等等。

马克思的劳动学说包括劳动的定义、劳动的构成。关于劳动，马克思说，“劳动首先是人和自然之间的过程，是人以自身的活动来引起、调整和控制人和自然之间的物质变换的过程。”[①] 劳动过程的简单要素是，有目的的活动或劳动本身、劳动对象和劳动资料。从劳动过程的结果看，劳动可以划分为生产劳动和非生产劳动两大类，从简单劳动过程的观点看，劳动结果表现为产品的为生产劳动；不表现为产品的为非生产劳动。随着劳动过程的发展，必然出现分工。或者说，出现了两种劳动过程：一是没有分工的过程；二是引入分工的劳动过程。分工有劳动分工和劳动者分工两大类。劳动分工又有技术分工和社会分工两大类，我们这里所谓的社会分工是指具有不同的经济职能的经济单位的分工。

社会分工理论在马克思经济学中具有十分重要的地位。卓炯说过，“社会分工就好象一条红线一样，推动了商品生产的发展。商品经济的发展，使人类的经济生活日益复杂化，为了从复杂的现象中探求它的本质，这样就建立了政治经济学这门科学。”

马克思正是从社会分工开始解说经济学的，“牧人生产毛皮，皮匠把毛皮变成皮革，鞋匠把皮革变成皮靴。在这里，每个人所生产的只是一种中间制品，而最后的完成的形态是他们的特殊劳动的结合产品。此外，还有供给牧人、皮匠和鞋匠以生产资料的各种劳动部门。……使牧人、皮匠和鞋匠的独立劳动发生联系的是什么呢？那就是他们各自的产品作为商品而存在。反过来，工场手工业分工的特点是什么呢？那就是局部工人不生

---

① 马克思：《资本论》第1卷，人民出版社1975年版，第201~202页。

产商品。变成商品的只是局部工人的共同产品。社会内部的分工以不同劳动部门的产品的买卖为媒介……社会分工则以生产资料分散在许多互不依赖的商品生产者中间为前提。……在商品生产者及其生产资料在社会不同劳动部门中的分配上，偶然性和任意性发挥着自己的杂乱无章的作用。诚然，不同的生产领域经常力求保持平衡，一方面因为，每一个商品生产者都必须生产一种使用价值，即满足一种特殊的社会需要，而这种需要的范围在量上是不同的，一种内在的联系把各种不同的需要量联结成一个自然的体系；另一方面因为，商品的价值规律决定社会在它所支配的全部劳动时间中能够用多少时间去生产每一种特殊商品。但是不同生产领域的这种保持平衡的经常趋势，只不过是对这种平衡经常遭到破坏的一种反作用。在工场内部的分工中预先地、有计划地起作用的规则，在社会内部的分工中只是在事后作为一种内在的、无声的自然必然性起着作用，这种自然必然性可以在市场价格的晴雨表的变动中觉察出来，并克服着商品生产者的无规则的任意行动。”① 这就是马克思对资本主义商品经济的科学描述。

社会分工不但是商品经济的基础，而且也是经济学的基础。正因为如此，马克思才把商品经济制度称为社会分工制度。马克思写道：“产业的向前发展所造成的不变资本的这种节约，具有这样的特征：在这里，一个产业部门利润率的提高，要归功于另一个产业部门劳动生产力的发展。在这里，资本家得到的好处，仍然是社会劳动的产物，虽然并不是他自己直接剥削工人的产物。生产力的这种发展，归根到底总是来源于发挥着作用的劳动的社会性质，来源于社会内部的分工，来源于智力劳动特别是自然科学的发展。在这里，资本家利用的，是整个社会分工制度的优点。在这里，劳动生产力在其他部门即为资本家提供生产资料的部门的发展，相对地降低资本家所使用的不变资本的价值，从而提高利润率。”②

如果把马克思的经济学理论体系看做是一棵大树的话，那么，马克思这棵经济学大树就可以称为解说社会分工的经济学说。解说社会分工，这才是经济学的正宗。而拒绝分工理论，经济学就会误入歧途。

---

① 马克思：《资本论》第1卷，人民出版社1975年版，第392～394页。

② 马克思：《资本论》第3卷，人民出版社1975年版，第97页。

五、古老而又年轻的分工经济学

把经济学看做是解说社会分工的学说，这样的经济学是一门十分古老而又年轻的经济学理论。西方可以追溯到古希腊的柏拉图和色诺芬，中国古代可以追溯到孟子，也许更早一些。

古典经济学的鼻祖斯密的《国富论》被称为分工经济学。由于分工和交换，使社会成为商业社会，于是产生了经济学理论体系。所以，马克思说，分工“是政治经济学的一切范畴的范畴”①。

经济学是在分工的基础上长出来的参天大树。经济学的发展形成了许多分支。因此作为经济学的分支，就不一定要从分工开始讲起，只要讲清楚某一个分支就够了。比如金融学就不一定要把分工作为研究的逻辑起点。这样分工这个经济学大树的基础就被掩盖了，甚至淡化了。这一现象产生了误解，好像经济学的基础不再是分工。斯大林提出经济学的基础是生产资料所有制，在所有制基础上构筑了整个经济学体系，这样的经济学，笔者称为所有制经济学。斯大林的所有制经济学只看到马克思经济学中的社会经济形式范畴，看不到马克思经济学中的一般劳动过程范畴，只看到社会主义和资本主义生产方式的区别，看不到这两种生产方式都是社会分工的社会化大生产，于是把经济研究引入歧途。

马克思经济学与资产阶级经济学都承认，分工是经济学的基础，区别在于：斯密的《国富论》在社会分工这棵理论大树上结出了经济自由主义这个果实；马克思的《资本论》在社会分工这棵理论大树上结出了劳动价值学说和剩余价值学说两个果实。遗憾的是不少研究马克思经济学的学者，只看到劳动价值学说和剩余价值学说两个果实，没有看到社会分工这棵大树。肯定马克思的劳动价值学说和剩余价值学说是正确的，但是这两个学说不是凭空产生的，而是生长在一棵根深叶茂的社会分工这棵理论大树上的。没有这棵理论大树，哪来理论果实？斯大林的所有制经济学却认为马克思的两个理论果实生长在所有制这棵树上，并认为这两个理论果实到了社会主义已经不适用了，需要重新创造，于是就屏蔽了社会分工这棵大树。这样就陷入了经济研究的理论误区。

---

① 《马克思恩格斯全集》第46卷，人民出版社1979年版，第304页。

六、挖掘马克思的社会分工理论

随着学习研究《资本论》的深入，笔者逐渐发现，社会分工不仅可以说明商品经济产生和发展的原因，而且可以说明整个经济学理论体系。笔者学习研究马克思《资本论》的一个重要内容就是为了挖掘马克思的社会分工理论，也就是挖掘马克思经济学中的一般劳动过程范畴。

第一，分工经济学有助于坚持和发展马克思经济学的基本原理。列宁把经济范畴分为一般劳动过程范畴和社会经济形式范畴，一般劳动过程范畴的主要内容包括经济形式、劳动和分工协作；社会经济形式范畴的主要内容包括生产资料所有制。把马克思的经济理论脱去资本主义形式，剥离出一般劳动过程范畴，然后与社会主义形式结合起来，形成马克思主义的社会主义经济理论。

第二，研究马克思的物质利益规律。物质利益是自然人参与经济活动的动力源。马克思的物质利益规律包括两个方面的内容：第一是指整个阶级或者社会集团参与经济、政治、社会活动的动力是为了追求利益；第二是指个人参与经济活动的动力仍然来源于获得经济利益，在社会主义条件下，追求物质利益仍然是自然人参与经济活动的动力。

第三，研究马克思的劳动学说。马克思劳动学说的主要内容包括劳动的二重性学说、劳动创造价值的学说、必要劳动和剩余劳动的学说，等等。马克思劳动学说的精华在于劳动价值学说。劳动创造了世界，所以劳动成果归劳动者所有，这就是马克思的劳动的政治经济学的基本结论。在劳动过程中人们之间结成一定的关系，即生产关系。马克思主义经济学就是研究劳动过程中的生产关系。研究劳动不等于放弃对财产的研究。

第四，研究马克思的分工学说。人类的劳动发展到一定程度就形成了分工。分工有具体劳动分工和劳动者分工两个系列。社会分工属于劳动分工，而不是劳动者分工。社会分工是商品经济的原因，笔者称为商品经济社会分工论。社会分工决定了商品经济的存亡。商品经济社会分工论是一个十分古老的经济学理论。这个命题的新意在于说明了社会主义商品经济的客观必然性。经济学可以看做是说明社会分工制度的理论体系。把商品经济的范畴和经济规律，看做是说明社会分工的理论也无不可。从这个意义上可以说，经济学就是商品经济学，甚至可以说，经济学也就是一种社会分工学说。

第五，研究马克思的价值学说。随着分工的发展产生了产品交换。产品交换使劳动形成了二重性，具体劳动形成使用价值，抽象劳动形成了价值。价值规律是商品经济的基本规律，是社会分工制度的核心内容，价值规律基本功能就是按比例分配社会总劳动，实现资源配置的优化。从20世纪后期开始，绝大多数实行中央计划经济的国家进行了艰难的经济体制改革，实现资源配置机制从计划机制到市场机制的转换。凡是成功地实现了资源配置机制转换的国家都取得了伟大的成功。

第六，研究市场经济和公有制，这是中国特色社会主义经济模式的两个要点。社会主义经济是市场经济而不是自然经济或者计划经济。社会主义实行公有制，但以公有制为主，并不是排斥非公有制经济成分。非公有制经济成分是社会主义经济的重要组成部分，因此必须毫不动摇地支持和发展非公有制经济。经过改革形成了以公有制为主导的多种所有制并存的所有制结构，这样的所有制结构才是市场经济运行的制度环境，不断地规范着市场经济的运行，同时市场经济的运行影响着所有制结构的发展和变化。

第七，研究中国特色的社会主义模式如何促进生产力的高速发展。中国作为发展中国家，是在一些发达国家实现了工业化、城市化以后，通过工业化途径来发展经济的。作为发展中国家的中国来说，经济发展就是补工业化和城市化的课，而不是补资本主义的课。越来越多的学者认识到，马克思的《资本论》实际上是一部发展经济学，提出了工业化是经济发展的基本路径等重要理论。马克思经济发展理论的一个重要特征在于引入生产关系分析，这就划清了马克思主义经济发展理论与发展经济学的基本区别。激进主义的分析给我们的启示是，发展中国家要注意发达国家对发展中国家的经济侵略，要保护自己的民族经济。

第八，要用现代眼光看待马克思的经济理论，用新的马克思主义理论来重新审视资本主义和社会主义。通过市场经济、非公有制成分和外资、工业化和城市化等途径的中国还是社会主义吗？笔者的回答是肯定的，这样的社会主义是邓小平提出的以生产力为标准来观察的新观点。生产力发展不快的穷社会主义是不合格的社会主义，搞社会主义必须紧紧抓住发展生产力这个根本任务。社会主义与资本主义不是绝对对立的，社会主义与资本主义有相当多的共同点。当然，社会主义和资本主义具有不同的社会性质。

关于当前我国收入分配理论研究的若干问题思考

张俊山*

本文运用马克思主义的思想方法对当前普遍存在的一些理论提法进行深入反思，以期对进一步思考收入分配问题有所启发。

一、近年来我国学术界对分配问题研究的主要结论

根据对这些学术著作与文章的阅读、归纳，目前我国理论界对于收入分配问题提出了以下一些看法：

第一，关于收入分布的状态及其变动趋势。在对收入分配的研究中，目前多是从收入的分布性研究入手，或者主要停留在收入分布性。在对收入分布性研究的各种文章中，绝大多数都认为，自20世纪90年代以来，我国在收入分配领域里出现了收入差距扩大的趋势，而且收入差距的扩大已形成贫富差距的扩大，许多学者都通过对基尼系数的计算来论证这一点。无论是从研究的成果还是从社会上一般感觉来看，人们普遍还是认为当前的收入分配领域存在着严重的差距，并且这种巨大的差距已经不仅是影响着人们的心理，使人感觉存在着严重的收入分配不公，而且，对经济的运行上也产生着严重的消极影响。特别是在金融危机后，理论界提出了通过扩大内需来解决由于出口受到限制形成的有效需求不足，而且，进一步认为，扩大内需应从以往的投资需求转向扩大消费需求。

在对收入的分布研究中，有一类运用西蒙方法整理我国收入分布形态

---

* 张俊山，南开大学经济学院教授、博士生导师。

变化趋势的研究，并同样地提出所谓倒“U”形曲线的假说。这些研究一般认为，我国的收入差距扩大是经济体制向市场经济转轨过程的现象。但是，我国市场体制在世纪之交已经建立，自20世纪90年代末以来，我国经济已经是按照市场经济体制运行了，为什么在市场经济体制建立以后，收入的差距扩大不仅没有停止，而且还在继续扩大？显然，所谓倒“U”形曲线的假说的根据是不足的。

第二，关于当前收入分布中存在的问题及其原因。对于当前的收入分布状态，无论是学术界还是政府部门都认为是存在着严重不合理情况，其中，最主要的问题有：生产领域的普通劳动者收入低下；在整个国民收入中，居民收入所占的比例低。关于这一分配状态的不合理性，多数文章还主要是从以下几个方面来认识：（1）从个人收入绝对数量的差距和倍数来考虑，巨大的差距形成了贫富状况、生活水平的悬殊，因此是不合理的；（2）从多数人的低收入对宏观经济运行的制约来认识收入分布状态的不合理。理论界依据宏观经济学关于有效需求拉动经济的理论，认为，收入分布的差距过大，妨碍了社会上大多数普通劳动者购买力的提高进而限制了社会消费需求的增长，从而妨碍了经济的增长；（3）从微观上对收入分配不合理的判断，主要体现在，运用西方微观经济学的边际生产力与要素收入关系的理论，从分析企业利润增长和工人收入增长入手，指出工人收入的增长低于劳动的边际生产力提高，因此，工人受到了剥削；（4）从收入的来源或形成方式论证收入分配中的不合理。

国民收入在企业、政府、住户之间的分配是关于收入分布研究的另一内容，并认为在国民收入中居民收入所占比例较低这一点不合理性，理由在于：（1）宏观上对消费需求的抑制；（2）国民收入中增长部分主要没有被用于改善人民生活。在整个国民收入中，居民收入的比重只是反映着国民收入中积累、公共消费与个人消费的数量比例，而这种数量比例关系是否合理，需要结合各种用途的恰当与否加以考察。实际上，由于“居民”这一概念中包含着从不同部门获取收入的群体，因此，即使是同等收入水平的居民，其收入的形成方式也有不同，并不能准确地反映国民收入分配中的问题。

对于收入差距及不合理的收入差距的形成原因，当前理论界主要提出以下几方面：（1）个人效率不同在市场经济中导致个人的收入出现差别；（2）市场经济体制的不完善，使得经济活动中存在着垄断因素，处于垄断地位的行业、企业可借以获得高额收入，进而使这些企业中的职工获得高额收入；（3）认为在劳动（力）市场上，由于劳动者分散面对雇主，因此，在工资收入上的谈判能力处于劣势；（4）社会管理体制存在着缺陷而产生的腐败。

这些原因是人们在对分配问题进行研究时能够立即从社会上观察或感觉到的，因此，也成为目前研究文献中普遍提出的观点。但是，当我们考虑这些认识所依据的理论，以及对这些原因做进一步思考时，这一认识程度就显得苍白无力，有必要在马克思主义理论基础上，对当前的收入分布状况作进一步的深入思考。

二、当前收入分配研究中的理论特征

为了更好地认识分配问题和理论界已经得出的思想结论及政策建议，有必要对当前分配问题研究的理论特征做深入的剖析。

在当前众多的关于收入分配问题研究的文章中，所运用的理论既有明确地运用西方新古典经济学范式的研究，也有运用马克思主义经济理论的研究，更多的是并不明确自己的理论范式，而是运用作者自己理解的市场经济理论作为分析的工具。

在我们所看到的其他两类研究成果中，多数自觉不自觉地都在研究成果中体现着西方新古典经济学的研究范式的影响。

首先，我们看一些明确提出是以马克思主义经济理论为指导的对分配问题的研究。这些研究成果中所运用的理论主要是来自于马克思的经济理论，但是，其中一些往往只是对于马克思经济理论在形式（文字）上的使用，套用马克思理论中的一些既定的理论来解释分配领域中的一些现象，并无对马克思经济理论的准确把握。如何正确地运用马克思主义的立场、观点和方法来分析我国的收入分配问题，仍须进行艰苦的努力。

在众多的研究成果中所体现出的最为普遍的理论特色，还是那些根据市场经济运行所呈现出的表面现象所归纳总结出的理论。从他们所阐述的内容来看，其思想深处仍是西方新古典经济学的思想方法。归纳起来，这一类研究成果理论中所体现出的思想方法有以下这些内容：

第一，新古典经济式的经济主体。在新古典经济学中，经济活动的主体是一个个原子式的个人——理性经济人。每个人获取收入的手段是运用自己所拥有的要素禀赋——劳动、土地、资本，每个人的要素禀赋在经济活动中所做的“贡献”是它的所有者所获取收入多少的依据。第二，按照这一范式，市场经济是经济活动的当然平台，各种要素在市场这个平台上向经济做出“贡献”，并依据其“贡献”大小从市场上取出相应的收入。第三，收入采取价值、货币形式，是财富的一般形式。第四，财富和收入的这种形成方式，使个人活动与收入数量联系起来，尽管在实际的经常活动中，人们是在分工、协作中共同创造着现实的物质财富，但是，这种“一般形式的财富”却是每个人独立地创造的。因此，个人之间的收入差别被归结为个人创造这种“一般财富”的效率差别。因而，有了所谓“初次分配”依据“效率”的说法。

除以上体现着新古典经济学范式的分配理论以外，在许多文献中还体现着计划经济所赋予的对收入分配的理解，这就是大家都熟悉的“分蛋糕”说。

以上内容构成了当前收入分配研究领域中普遍接受和使用的理论，它们是收入分配领域的“理”。尽管这些理论是不可怀疑的，但是如果完全由这些理论来支配分配过程，所得到的后果却往往不合乎人们心目中的合理社会。因此，就出现了所谓“公平与效率”的权衡，这样，就可以在保持对上述“理”的信奉的同时，为在一定程度上违背这些“理”提供理论依据。

三、当前收入分配问题研究中理论上存在的问题

以上概要地归纳和提炼了当前收入分配研究中流行的理论，由于人们对这些理论在使用过程中带有强烈的实用主义色彩，因此，它们并不构成体系完整、逻辑严密的分配理性，仅仅是在思想方法和世界观方面带有共同的特征。因此，笔者在以后的论述中仅以“流行的分配理论”这一笼统的用语来代表这些以新古典经济学个人主义、形式化的马克思主义为特点的分配理论。

尽管这些理论对于当前存在的分配不合理现象能够提出一些为人们常识感觉所接受的解释，但是，应当看到这些理论工具都存在着严重的理论缺陷。这些理论缺陷使得它们在强烈的现实问题面前，也只能寄希望于对于在分配中居于主导地位社会集团的劝诫，或者寄希望于政府一纸法令改变收入分配的模式。但是，经济运行中的一些规律又使这些希望显得苍白

无力。因此，需要有科学的理论对分配领域问题加以深入分析。

收入分配是社会再生产运动的一个环节，是社会经济运动的有机组成部分，它是社会生产关系的内容之一。因此，要科学地分析收入分配领域的问题不能只是就分配谈分配，就分配理论谈分配理论，而应当把分配问题置于社会经济结构整体背景之中，从社会经济体系的运动看收入分配态势的形成原因。

收入分配理论，应当回答以下几方面的问题：第一，什么是收入、它在社会经济中的意义何在，弄清这个问题，我们才能知道我们所研究的收入分配问题，所分配的是什么、这一分配与整个社会经济的联系所在；第二，收入分配活动所依据和维护的客观基础，为此要说明收入的形式、这些形式存在的依据、它们的性质等问题；第三，要说明收入分配活动所依据的客观基础所形成、存在的依据，以及它们发展变动的规律和趋势。这样，才能从根本上全面了解呈现在社会表面的收入分配现象。

当前理论界流行的分配理念以及在这一理念下形成的理论，正是在这些方面存在着许多根本性的缺陷。这些缺陷所导致的问题并不在于它们就分配所提出的解释与人们的常识感觉不相一致，而在于其所处的经常经济理论中深层的基础性概念原则存在着含混不清，不能科学地反映经济活动的深层客观实际。

第一，对于收入是什么的问题，流行的理论几乎没有做过深入的考虑。在流行的理论中，收入无非就是一笔钱。如果我们再问这笔钱是什么？它代表着什么？他们的回答只能说，钱就是财富，或者说是财富的代表；至于再问钱作为收入对于它的获得者又意味着什么？恐怕只能是说，钱越多就可以使人生活得更好。

第二，对于收入分配形式问题，流行的理论一般只是把它们当做来自不同源泉收入不同名称而已，这些源泉就是市场经济中活动着的原子式个人所持有的“资源禀赋”。这些“资源禀赋”中最具神秘色彩的就是“资本”这一源泉。在当前流行的分配理论中，“资本”的内涵已经远远超出马克思所论述的作为价值增殖手段的资本，诸如“金融资本”（指人们以金融资产形式持有的资本，并非马克思主义政治经济学意义上的金融资本）、“人力资本”、“知识资本”等。这些用以说明收入分配依据的“资本”概念，多是抛弃了“资本”概念中的价值内容，把资本等同于社会上存在的某种事物，看做是对某种事物自然属性发挥收入源泉时被赋予的“特有名称”。当资本概念被物质化也就使资本作为收入源泉进一步神秘化。在当前占大量的关于收入的数量分布研究中，对于收入形式问题更是置于无关紧要的地位。

第三，对于收入分配的依据和客观基础，流行的分配理论所知道的唯一机构就是市场，按照这些理论，在经济活动中人与人之间只有唯一种关系，即市场交换关系。当把经济活动看做是唯一的市场活动时，生产过程、价值的形成与增殖、所有制等内容都不同了，因此，流行的理论也只能以个人主义的所谓“贡献”、“效率”与“收入”的关系加以解释。但是，在一个抽象空洞的财富世界里，“贡献”的内容、“效率”的基础、都被转化为一种空洞禀赋作用。最终，他们所说的“效率”只能解释为“赚钱的效率”，“效率”与“收入”的正相关关系。可见，以市场交换为依据的收入分配理论所说的“按贡献分配”只能是这种空洞的、没有内容的内容。

由以上可以看出流行理论的特征与马克思所说庸俗经济学的特征十分相似。马克思在《资本论》第3卷批判庸俗经济学的“三位一体公式”时指出，“庸俗经济学所做的事情，实际上不过是对于局限在资产阶级生产关系中的生产当事人的观念，教条式地加以解释、系统化和辩护。因此，毫不奇怪，庸俗经济学对于各种经济关系的异化的表现形式……感到很自在。”① 由于流行理论的这一特征，使在许多关于分配问题的理论研究中难以触及现象背后的一些较深的理论问题。

在当前一些运用马克思主义理论为指导研究收入分配问题的文献中也存在着一些理论和方法上的缺陷，使得流行的一些庸俗理论及方法掺杂在马克思主义理论的运用之中。在这方面存在的问题主要有：

第一，对于作为分配对象的收入是什么的问题，一般都是依据马克思的劳动价值论加以解释。但是现实经济生活中丰富多变的价值现象，需要有对劳动价值论的更丰富和深入的理解和把握。仅凭教科书上定义式的运用，只不过是在向别人表明自己是在“坚持马克思主义的劳动价值论”，而不能使之成为分析现实问题的理论工具。

第二，在收入分配形式和收入分配的依据及客观基础问题上，大多都是从传统的“按劳分配”的起点出发，通过把“按劳分配”中的“劳”的概念加以扩展，进一步把扩展后的“劳”代之以“贡献”，用“按贡献分配”作为市场经济条件下的分配原则和分配道德理念。由于当前是“社

① 马克思：《资本论》第3卷，人民出版社1975年版，第923页。

会主义”市场经济，因此，即使是马克思主义理论指导的研究，在收入分配及经济运行方面，那些马克思在分析资本主义生产资料所有制及由此形成的阶级关系方面的理论范畴，在研究中就不再起主要作用。

第三，在对待马克思主义理论文献方面，当前存在着一种倾向，即在没有充分理解和挖掘马克思理论的精神实质的情况下，满足于从字面上用马克思提出的概念范畴来解释现实生活中的现象。最为明显的就是理论界普遍使用简单劳动和复杂劳动及其与价值创造之间的关系来解释不同人员的收入差距。再有，用穿凿附会的方式对马克思的一些理论加以改造，使之成为当前分配中某些现象的“合理”解释。

可见，即使在以马克思主义为理论武器的研究中，如果不能真正地从世界观方法论的基础上理解马克思主义，简单地凭借对教科书上所述的几条原理，是不能承担起研究和说明当前复杂的经济现象的重任的。

四、挖掘马克思主义经济理论的丰富内涵，为收入分配研究奠定科学的基础

本文以马克思主义的思想方法和理论工具研究收入分配问题，力求努力挖掘马克思主义经济理论的丰富内涵，准确地把握马克思主义经济理论及分配理论的思想内容和方法，通过创新理论对收入分配问题给予科学的说明。

第一，准确把握马克思主义经济理论的基本特征。任何一种经济理论都是基于对社会经济的构成及运动过程的基本判断，马克思主义经济理论对于社会经济的构成和运动过程的基本判断和认识是以它的哲学世界观辩证唯物主义和历史唯物主义为依据的。马克思主义哲学的唯物主义基础体现在经济理论中，就是把人们物质生活资料的生产活动看做是人类第一个和最基本的实践活动。因此，物质生活资料生产活动的物质结构与社会结构就成为决定社会经济构成及运动规律的基础。这一基本的世界观使马克思主义经济理论对社会经济问题的分析时，坚持从对社会生产关系的分析入手，以社会生产关系的运动规律为基本依据解释各种社会经济现象。这样，就使马克思主义对社会经济及其过程的认识与那些把个人假定为理性经济人，它的本性被看做经济规律的本源的西方新古典经济理论，以及当前流行理论背后的个人主义世界观从根本上区别开来。

第二，科学抽象的方法是研究中梳理各层次分配现象及其关系的科学方法。在目前关于分配问题研究的许多文献中，往往是在指出收入的分布状况后，平行地罗列若干造成这种分布结果的原因。但是，这些问题哪些内在于深层生产关系的，哪些属于管理体制不健全引起的，哪些是经济发展不平衡引起的，等等，却缺少准确地把握与分析。

马克思主义的科学抽象法提供了一套从现象入手，运用科学的逻辑，逐步深入本质分析的思维方法。它可以使我们按照客观事物的本质，从思维上再现社会经济活动的结构与规律。按照这一方法，可以使得杂陈在社会经济活动中各种类型的分配现象，按照它们由以产生的原因，被置于相应的理论层次。这样就可以使我们分清哪些问题需要有深层的社会生产关系变革予以解决，哪些需要调整管理制度予以解决，哪些需要通过发展逐步得到解决。

第三，正确地把握社会经济基础与上层建筑的关系。经济基础与上层建筑的划分是马克思主义对社会结构认识的基本内容，以经济基础与上层建筑关系的理论为指导，研究收入分配关系有着重要的理论意义。正确地把握经济基础与上层建筑的范畴及其相互关系，对于研究收入分配问题有着极其关键的指导意义。

在收入分配研究的流行理论中，“公平与效率”的命题是一个毋庸置疑的铁的定律，在马克思主义学者与那些以西方理论来研究分配问题的学者之间，区别只是只对“公平”与“效率”关系解释不同。但是，这一流行思维中存在着一个重大的缺陷就是混淆了经济基础与上层建筑在社会经济中的地位和作用、它们之间决定与被决定等关系。因此，正确地把握经济基础与上层建筑的关系，使我们可以从流行的思维限制下解放出来，准确地揭示真正影响收入分配的原则性内容。

第四，深入挖掘和理解和作为马克思主义经济理论中的基础性内容。政治经济学是马克思主义的重要组成部分，马克思主义的哲学世界观是通过政治经济学转化为对现实社会的具体认识的。马克思对经济活动的分析是以“资本主义生产方式以及与之相适应的生产关系和交换关系”为对象展开的。资本主义生产方式是高度发展的商品经济，在这个“万物皆商品”的社会里，价值是呈现于整个经济活动各个方面、贯穿于经济活动各个环节的基础性范畴。没有科学的价值理论，对于市场经济研究的整个经济理论就没有了基础，就成了空中楼阁。收入的分配是价值运动的集中体现，因此，为深入把握收入分配问题，必须有对价值范畴及其运动规律的更深入的把握。

剩余价值理论是马克思主义经济理论的基石，在马克思主义政治经济学的理论逻辑进程中，剩余价值理论的形成与发展价值运动在雇佣劳动的生产关系下的具体化，工资与剩余价值的关系构成了全部分配关系的基础，在此基础上形成了丰富多样的收入现象。

第五，正确地对待和运用马克思主义经济学的阶级分析方法。阶级分析的方法是马克思主义理论的特征之一。马克思主义政治经济学把社会生产关系作为研究对象，从对社会生产关系的分析入手解释社会经济规律及各种经济现象。马克思主义政治经济学把人看做社会生产关系中的一定地位角色，是人格化的生产关系。这就必然要求考察阶级关系在决定人们的经济利益中的作用。可以说，马克思的分配理论中的各个范畴，从工资到利润，再到利息、企业主收入、地租，等等，都是不同集团建立在社会生产过程中不同阶级地位基础之上的。因此，离开了阶级分析的方法，马克思的许多范畴和理论都难以得到科学的解释。

在当前关于收入分配问题的研究中，有大量的涉及中产阶级的问题，但是，当前人们所说的中产阶级是一个十分模糊的概念，它只是按照收入的一定范围来划分的，只能反映出社会上存在着一批年收入在百万的社会成员，既不能反映出这些收入形成方式，也不能反映出这些成员在社会生产过程中的地位作用。这些问题不清楚，所谓扩大中产阶级也就成为没内容的空话。因此，需要运用马克思主义的阶级分析方法全面分析各种收入及其源泉，才能为合理的收入政策奠定理论基础。

第六，应该注意到，在现实的社会经济生活中，收入问题不完全是由纯经济的规律决定的，它还承载着丰富的社会内涵。经济规律在收入分配的实现过程中，确定了分配的基础性结构，其他因素在这一基础性结构的制约下，对具体的收入形式、收入水平产生着影响。这一点在古典经济学家以及马克思对收入分配的研究中就已注意到。马克思曾谈道，“关于不同生产部门劳动剥削上的许多差别，亚当·斯密已经作了详细的论证，说明它们会通过各种实际的或人们的偏见认可的补偿理由而得到平衡，因而，它们作为只是表面的暂时的差别，在研究一般关系时不应加以考虑。”①

收入分配问题不只是个“切蛋糕”的方式方法问题，表面上它是社会

---

① 马克思：《资本论》第3卷，人民出版社1975年版，第159页。

经济活动的一个环节，但是它的理论根基却是扎在社会生产关系的深层，并且延伸到社会生活的各个方面。因此，为了对收入分配问题有更为全面正确的认识，我们需要把研究深入到看似抽象的经济理论深处，对一些基础性的范畴进行深入的逻辑分析和认识。

马克思的产权视阈下的企业控制权思想

梁洪学*

控制权是产权或广义的所有权的一个组成部分，因此，分析控制权首先必须关注和研究产权及产权制度。

一、马克思有关产权的一般理论

（一）马克思的财产权理论

早在一百多年前，马克思就全面深入地研究了各个社会的财产权利关系，建立了较为详尽的产权理论体系。马克思的产权理论是与他对所有制分析相联系的，他是从所有权是所有制的法律形态的认识视角来解释整个社会的财产关系及其运动的。马克思是第一位有产权理论的社会科学家①。

马克思从财产权是生产关系的法律表现来揭示产权本质的，进而建立了科学的系统的产权理论。马克思指出："垄断一经存在，它就是所有权。"② 但是，"只是由于社会赋予实际占有法律的规定，实际占有才具有合法占有的性质，才具有私有财产的性质。"③ 马克思认为，产权或财产

---

* 梁洪学，吉林财经大学教授，博士后，吉林财经大学《当代经济研究》编辑部。基金项目：吉林省高校人文社会科学重点研究基地开放项目。

① S. 佩乔维奇：《马克思、产权学派和社会演化过程》；J. C. 伍德编：《卡尔·马克思经济学》第4卷，克鲁姆·赫尔姆出版公司1998年版，第240页。

② 《马克思恩格斯全集》第3卷，人民出版社2002年版，第460页。

③ 《马克思恩格斯全集》第3卷，人民出版社2002年版，第137页。

所有权的关系，既不是抽象的，也不是永恒的，而是伴随着社会制度变迁在各种不同的社会关系背景下不断演变的。

马克思没有把财产权仅仅看做是财产归属的所有权或其他的单一权利，而是看做一组权利的集合。即除了财产归属的所有权外，他还研究了占有权、使用权、支配权、索取权、继承权一系列权利。[①] 现代西方产权理论中的产权含义与此大体相当。在市场经济条件下，财产的所有权在很多情境下都是可以分解的，进而处于相互分离的状态。在《资本论》中，马克思笔下的资本家对企业财产的所有权、商品生产者对产出品的所有权等，实际上就是作为主体的占有者对客体财产（主要指生产资料）的所有、占有、使用、支配等一系列的权利束，这种意义上的所有权，既可以为一个主体占有者所有，也可以由不同的权能主体所拥有，并且各自的权能具有很强的排他性。我们从中就不难发现，这不是单纯的狭义上的财产归属的所有权而是一个广义上的所有权，这个广义的所有权涵盖了现代意义上“产权”的一切权能及属性[②]。

从广义的视角看，所有权是涵盖多种权能而又复杂的权利集合，而产权的各种具体表现形式，如所有权、分配权、占有权、使用权和收益权等，既可以归于同一权利主体，也可以分别从属于不同的权利主体，即这些权利既可能处于相互分离的状态，也可以进行不同的组合。产权的各项权能集中于同一权利主体，是与个体的、纯粹的私人经济相对应的产权形式。随着社会化大生产的发展以及现代大公司的崛起，资本主义企业在所有权与经营权产生分离后，又进一步演化为公司的所有权与经营控制权的分离。

在产权分离的状态下，各种权利可以有不同的权能组合。例如，在资本主义大农业生产条件下，土地归属的所有权与土地占有的经营权是分离的。土地的所有者往往不是土地的经营者，土地的经营者也往往不是土地的所有者。这种土地归属的所有权与土地占有的经营权的分离，就是“资本和土地的分离、租地农场主和土地所有者的分离”[③]。而随着资本主义信用制度的发展，所有权与占用权等的分离更加凸显。例如，在银行融资经营

① 吴易风：《马克思的产权理论与国有企业产权改革》，载于《中国社会科学》1995 年第 1 期。

② 丁任重、杨惠玲：《马克思的产权理论及其现实意义》，载于《宏观经济研究》2004 年第 4 期。

③ 马克思：《资本论》第 1 卷，人民出版社 2004 年版，第 850 页。

条件下，储户将货币存入银行后，货币便转化为货币资本，货币资本的所有权分解为货币资本归属的所有权和银行借入资本的所有权，资本的占有权为银行资本家所拥有，使用权则由借贷货币的企业交给经营者所支配。

（二）马克思的企业产权理论

在《资本论》第1卷、第2卷中，马克思在研究剩余价值的生产、实现和资本的运动时，假设资本家是以自有的企业资本进行生产经营活动的，资本所有权的归属和使用权的支配统一于一体，也就是说，马克思把资本的产权看成完整统一的。与此不同，在《资本论》第3卷中，马克思在揭示剩余价值的实现与分割及资本的运动时，详尽地分析了货币借贷、土地租赁以及资本家与委托代理人——经理的关系，阐述了完整意义上的产权分解和不同情境下的产权分离。

马克思在《资本论》第3卷中分析借贷资本时，假定职能资本家是以借入资本进行生产和经营活动的，此情景下的资本归属的所有权与资本使用的支配权处于完全分离的状态。由于这种所有权与使用权的分离，资本的所有权的归属和使用权的支配分别为不同的权利主体：一个是借贷资本家，另一个是职能资本家。前者是资本的所有者，后者是“资本的非所有者”①，借贷资本家处在生产和流通的领域之外，单纯地代表资本归属的所有权；职能资本家处在生产领域和流通领域进行着价值增殖的生产和价值的实现，单纯代表资本支配的使用权。“同一资本在这里有双重规定：在贷出者手中，它是作为借贷资本；在执行职能的资本家手中，它是作为产业或商业资本。”② 借贷资本作为所有权归属的资本，追求的是相对固定的利息，实业资本作为执行职能的资本，追逐的是产业利润。

由于资本归属的所有权和资本使用的支配权处于分离的状态，那么企业利润——利息和企业主收入，也就必然是分离的，进而企业利润也就被分割成利息和企业主收入两个部分。“利息归货币资本家所有，归资本的单纯所有者，也就是在生产过程之前和生产过程之外单纯代表资本所有权的贷出者所有；企业主收入则归单纯的职能资本家所有，归资本的非所有者所有。……一个单纯地表现为资本所有权的果实，另一个则表现为用资本单纯执行职能的果实，表现为处在过程中的资本的果实，或能动资本家

① 马克思：《资本论》第3卷，人民出版社2004年版，第419页。
② 马克思：《资本论》第3卷，人民出版社2004年版，第408页。

所执行的职能的果实。”①

马克思对股份公司中的产权分离进行了颇有见地的研究，他注意到股份公司中资本的所有者和使用者发生了变化，他指出：“在股份公司内，职能已经同资本所有权相分离，因而劳动也已经完全同生产资料的所有权和剩余劳动的所有权相分离。”②“实际执行职能的资本家转化为单纯的经理，别人的资本的管理人，而资本所有者则转化为单纯的所有者，单纯的货币资本家。因此，即使后者所得的股息包括利息和企业主收入，也就是包括全部利润……这全部利润仍然只是在利息的形式上，即作为资本所有权的报酬获得的，而这个资本所有权这样一来就同现实再生产过程中的职能完全分离，正像这种职能在经理身上同资本所有权完全分离一样。”③也就是说，一方面，股份公司的经营管理不再由资本的所有者去打理，往往是由没有所有权的职业经理充当经营者；另一方面，股份公司的劳动者仍然为“资本”所雇用，他们没有生产资料，他们除了出卖自身的劳动力外，一无所有，他们的剩余劳动被资本的所有者无偿地占有。

股份公司的崛起与发展是现代企业产权制度的革命，在很大程度上扬弃了古典意义上的私人所有制，实现了产权安排的高度多元化和社会化。据此，我们可以把马克思注意到的公司制企业产权结构变化归结为以下几点：（1）企业资本的所有权主体多元化，股票的社会公开发行使股份公司的股东数量大幅度增多；（2）资本归属的所有权与资本占有的支配权相分离，产生了享有经营控制权的职业经理人阶层；（3）企业产权管理社会化，它是与所有权多元化相联系并通过所有权多元化实现的；（4）企业内部不同的机构依据各自不同的权利职能，各负其责，相互制衡，形成了一系列比较有效的制衡机制和内部治理结构。

二、马克思的企业控制权思想

（一）马克思的企业起源和性质的理论

在企业的起源问题上，马克思继承并发展了亚当·斯密的“社会分工

---

① 马克思：《资本论》第3卷，人民出版社2004年版，第420页。

②③ 马克思：《资本论》第3卷，人民出版社2004年版，第495页。

说”。斯密在《国富论》一书中指出：“分工起因于交换能力，分工程度，因此总要受交换能力大小的限制，换言之，要受市场广狭的限制。”[①] 这里可以进一步地说，分工创造的生产力是企业存在并不断发展的原因之一，而企业的规模“受市场广狭的限制”。但由于斯密没有严格地区分社会分工和企业内部分工，未能对企业的本质作以直接正确的评述。马克思在《资本论》第1卷中则科学地区分了社会分工和企业内部分工，并进而阐明了企业产生的深刻原因。

社会分工与企业内部分工是根本不同的，二者在客观上存在本质的差别。马克思指出，说到不同，“工场手工业分工以生产资料集中在一个资本家手中为前提；社会分工则以生产资料分散在许多互不依赖的商品生产者中间为前提。”[②] “工场手工业分工的前提是以资本家对于只是作为他所拥有的总机构的各个肢体的人们享有绝对的权威，社会分工则使独立的商品生产者互相对立，他们不承认任何权威，只承认竞争的权威”。[③] 也就是说，在社会分工中以生产者（或单位）彼此独立的不同劳动部门的产品买卖为媒介，除了竞争之外，他们不承认别的权威，偶然性和任意性支配着社会劳动在不同部门分配的比例，因而供求平衡经常遭到破坏；在企业内部分工中，生产资料积聚在一个资本家手中，劳动者只是局部工人，最终形成的产品——商品，是由局部工人间的协作劳动来完成的，分工以不同劳动力归一个资本家使用为媒介，服从于资本家的绝对权威，劳动按生产的要求的合理比例，预先有计划地在企业内部分配，因而能够更加符合企业主追求价值增殖的目的。

企业作为协作劳动的一种组织形式，它的出现是分工发展的必然结果。协作劳动的效率有力地促进了生产力的发展。企业的产生是与协作相联系的，而协作是指“许多人在同一生产过程中，或在不同的但互相联系的生产过程中，有计划地一起协同劳动。”[④] “较多的工人在同一时间、同一空间（或者说同一劳动场所），为了生产同种商品，在同一资本家的指挥下工作，这在历史上和逻辑上都是资本主义生产的起点。”[⑤]

简单协作是最原始的内部分工形式，也是企业的最初形式。协作的产

---

① 亚当·斯密：《国民财富的性质和原因的研究》上卷，商务印书馆1997年版，第16页。

②③ 马克思：《资本论》第1卷，人民出版社2004年版，第412页。

④ 马克思：《资本论》第1卷，人民出版社2004年版，第378页。

⑤ 马克思：《资本论》第1卷，人民出版社2004年版，第374页。

生在某种意义上说，也就是企业的产生。资本主义初期的简单协作是在具备以下两个基本条件后出现的：一是科学技术和生产力发展到一定水平；二是随着资本的一定程度上的积聚和集中，产生了生产协作的要求。从一定意义上说，企业是以人与人之间的协作劳动为纽带而从事生产经营活动，并向社会提供商品或服务的经济组织。

在马克思看来，个体小生产向协作的转化，从简单协作发展到分工协作和以使用机器为条件的协作，体现了劳动过程转化为社会过程的客观必然。而人与人之间的协作之所以产生，是因为这种协作能够生成比个体小生产更高的生产力或更好地节约生产成本，这包括原材料等费用使用上的节约、劳动空间范围上的节约以及人们在共同劳动中竞争心理所带来的效率。同时，一旦劳动成为协作劳动，就必然产生内部分工体系和与之适应的决策机制。“一切规模较大的直接社会劳动或共同劳动，都或多或少地需要指挥，以协调个人的活动，并执行生产总体的运动——不同于这一总体的独立器官的运动——所产生的各种一般职能。一个单独的提琴手是自己指挥自己，一个乐队就需要一个乐队指挥”。[①]

企业的产生，在起源上经历了简单协作和工场手工业两种具体的组织形式，这就使得个体的、私人的生产不断趋于社会化，特别是生产工具的专业化，不但提高了劳动生产力，而且为生产的手工工具过渡到机器大生产准备了技术条件。由于工场手工业狭隘的技术能力所提供的生产力和它本身创造出来的市场需求必然发生矛盾，社会生产力的进一步提高迎来了以机器大工业为基础的工厂制的出现。工厂制以机器协作为特征，而它的劳动生产力的提高必须以企业规模不断扩大为前提，而企业规模的大小是技术、协作、资本、市场、利润等多种基本经济因素共同作用的结果。也就是说，市场是企业规模扩张和利益实现的重要条件，提高劳动生产率是企业规模扩张的根本原因。[②]

马克思在《资本论》中从资本的角度分析了企业的发展与扩张。他认为，资本追逐利润的本质是企业扩张的内在动力，市场激烈的竞争是企业规模扩张的外在压力。因此，资本家的“资本的不断增大，成为保存他的资本的条件”[③]。在资本主义市场经济条件下，企业规模的扩大主要通过

---

① 马克思：《资本论》第1卷，人民出版社2004年版，第384页。

② 佟伟：《中国上市公司控制权配置问题研究》，吉林大学博士学位论文，2005年，第17页。

③ 马克思：《资本论》第2卷，人民出版社2004年版，第92页。

资本的内部积累和个别资本的集中两种方式实现的。特别是随着信用制度发展及股票市场出现，资本的集中越来越成为企业扩大规模的手段和方式，而资本的集中是靠通过改变社会各个资本组成部分的量的组合来实现的。“通过集中而在一夜之间集合起来的资本量，同其他资本量一样，不断再生产和增大，只是速度更快，从而成为社会积累的新的强有力的杠杆。”① 股份公司的融资是一种典型的资本集中形式，它使“生产规模惊人地扩大了”②。股份公司对社会资本的支配，消除了由于技术基础引致的企业规模扩张的阻碍，从而使生产进一步社会化。③

（二）马克思的企业经营控制权的“权威”学说

马克思首先是从资本与劳动的基本关系出发，对企业内部权利结构作了极为深刻的分析，他认为，尽管在流通领域资本家与工人的关系是平等的，但在企业内部资本家处于绝对的统治地位，具有对生产经营指挥和控制的权威。马克思指出，资本家与出卖劳动力的工人在市场上作为各自产权的所有者是不存在权威的，“劳动力占有者和货币占有者在市场上相遇，彼此作为身份平等的商品占有者发生关系，所不同的只是一个是买者，一个是卖者。因此双方是在法律上平等的人”④。这是因为，他们都各自拥有自己要素的所有权，他们对自己占有的东西享有支配权。他们彼此只是作为占有商品的买卖者发生关系，用等价物交换等价物，他们之间的契约完全取决于自己的意志，他们是作为自由的、在法律上平等的人来缔结契约的。

但资本家在流通领域获取了对劳动者的劳动力使用的支配权后，从市场领域走来，进入“非公莫入”的企业中，这种买卖平等的关系就宣告结束，取代“平等”的是资本家对工人的权威。正如马克思所指出的那样，在企业的“生产过程中，资本发展成对劳动，即对发挥作用的劳动力或工人本身的指挥权。人格化的资本即资本家，监督工人有规则地并以应有的强度工作”。⑤ 这是因为：一方面，劳动力交易是资本家购买劳动者身上

① 马克思：《资本论》第 1 卷，人民出版社 2004 年版，第 724 页。

② 马克思：《资本论》第 3 卷，人民出版社 2004 年版，第 494 页。

③ 吴宣恭：《产权理论比较——马克思主义与西方现代产权学派》，经济科学出版社 2000 年版，第 151 页。

④ 马克思：《资本论》第 1 卷，人民出版社 2004 年版，第 195 页。

⑤ 马克思：《资本论》第 1 卷，人民出版社 2004 年版，第 359 页。

劳动力的支配权，因此在企业生产过程中，劳动者（他所拥有的劳动力）就完全由资本家支配；另一方面，在企业生产的过程中，资本家要把许多人的劳动力当做一个共同的劳动力来使用，并要求劳动力在所有工序上的分配保持一定的数量比例，使他们在一个共同的目的下相互配合、协调一致地进行劳动，这就必然要从中产生指挥劳动的职能，也就是说，内部分工体系必然要求产生与之相适应的层级制度。马克思在考察资本主义相对剩余价值生产中的劳动协作时指出，一旦从属于资本的劳动成为协作劳动，“执行生产总体的运动”① 所产生的“管理、监督和调节的职能就成为资本的职能”②，并且“随着许多雇佣工人的协作，资本的指挥发展成为劳动过程本身的进行所必要的条件，成为实际的生产条件。”③ 也就是说，企业的经营管理者，“在劳动的过程中以资本的名义进行指挥。”④ 工人则必须服从这个权威。

马克思在分析资本的所有权与经营权相分离趋势时指出：“资本主义生产本身已经使那种完全同资本所有权分离的指挥劳动比比皆是。因此，这种指挥劳动就无须资本家亲自担任了。”⑤ 随着股份制企业的产生与发展，“‘我们工业制度的灵魂’不是产业资本家，而是产业经理”⑥。享有经营控制权的经理人已成为指挥公司制企业经营活动的权威。

三、结　语

通过梳理马克思产权理论及其企业控制权思想，我们从中能够获得一些有益的借鉴与启示。尽管现代西方经济学者对产权及公司控制权的问题做了大量的有价值的研究与探索，值得借鉴，但其研究范式往往是以个人主义、功利主义和自由主义为基础的，存在着一些重大缺陷。基于此，在研究控制权问题时必须承继马克思的基本思想，对控制权的理论合理地借鉴与科学地拓展，从而为现实问题的研究提供恰当的理论指导。

公司控制权源自于所有权，所有权的归属是公司控制权的基础，公司

①②③　马克思：《资本论》第1卷，人民出版社2004年版，第384页。

④　马克思：《资本论》第1卷，人民出版社2004年版，第385页。

⑤　马克思：《资本论》第3卷，人民出版社2004年版，第435页。

⑥　马克思：《资本论》第3卷，人民出版社2004年版，第434页。

控制权既不能脱离资本归属的所有权，也不能脱离由以资本归属的所有权为根基生成的公司所有权而独立存在。在现代企业中，所有者不再拥有管理企业的控制权，只是作为享有索取股权收益的股东，经理人获得了管理企业的控制权并支配着企业。尽管这种所有权与控制权关系改变及管理控制权发生了转移，但是，权力的转移是通过一定程序和规则进行的，公司的股东（主要是大股东）并没有放弃最终的控制权，而是通过一套规范的授权方式将公司控制权的相当多的权力“让渡”给不同的级层，形成一种层级分享制控制权模式。这种级层享有权力构成了一个完整的控制权体系。①

就现代企业控制权而言，权力是行为主体对有价值资源的控制力。在企业这样的组织系统中，这种控制权力是实实在在的，并往往以权威形式体现出来。权威作为一种不可见的权力，其隐藏于企业组织结构中，成为组织结构运行之间的连接件。权力是公司控制权的本质，公司控制权是通过一系列的公司控制行为来体现的。

在深化国企改革的过程中，我们一定要以马克思的产权理论为指导，深刻领会马克思的企业控制权思想的精髓，优化国有企业的控制权配置，进一步地完善国企公司的治理结构。当前，我国国有企业在引导社会资源优化配置中发挥着重要作用，但国有企业的治理结构还不完善，在公司控制权配置方面存在着内部人控制、大股东的超强控制、大股东控制和内部人控制相互重叠、监督权虚置等诸多问题。造成这些问题的原因较为复杂，既与股权控制结构直接相关，也与公司内部控制权力配置的制衡与协调不当相关，以及与控制权配置的一些外部条件、制度和环境有关。因此，应采取相应对策来完善我国国有企业的控制权配置。例如，完善国有股权控制结构，建立股权制衡机制；通过完善股东大会、董事会制度及重构监事会、加强利益相关者参与公司治理来达到对公司控制权内部配置的优化；完善控制权市场，为公司控制权市场创造良好的发展条件和制度环境。

多年来，我国的国企公司存在“一股独大”的问题，其股权结构必须进行调整和改善。在完善国企公司股权结构、建立股权制衡过程中，应引导第一大股东通过增发、配股和转让降低其持股比例，解决国有股“一股独大”的股权过于集中的问题。但一定要保持适度的股权控制集中度，从

---

① 梁洪学：《公司控制权的演进及其本质》，载于《江汉论坛》2008 年第 10 期。

而保证国有股的绝对或相对控股，实现国有经济的控制力。因此，国企公司在调整和完善股权结构解决“一股独大”问题过程中，一定要对国有股权持股比例有一个规定，尤其是对一定要保证国有经济具有控制力的上市公司更应有一个持股比例多少范围的规定。

国有企业在实施和完善对享有经理控制权的经理人激励制度过程中，应遵循物质激励与精神激励相结合，长期激励和短期激励相结合，效率与社会责任兼顾以及责任与风险相统一的原则，激励经理人充分发挥经营控制权效率，为企业带来利润的最大化。在正激励方面，要将物质激励和精神激励二者并重，在不断完善薪酬制的同时，积极探索出与国有企业相适宜的、可行的股权激励模式；要重视精神激励在整个激励系统中的重要作用，采取多种精神激励方式，充分调动起经理人的聪明才智、工作热情和创新精神。在对经营者的监督和约束方面，要完善并加强监事会功能，强化监事的作用，对经营者进行有效的行为监督，防止经理人做出损害企业利益和挥霍国有资产的行为。

附录：

入选会议论文目录

作者姓名	其他作者	第一作者单位	文章标题
白永秀	王颂吉 吴丰华	西北大学经济管理学院	关于“后改革时代”的系统思考
蔡继明	王成伟、 周炳林	清华大学人文社会科学学院	我国城市化战略选择与定量分析
陈瑾玫	徐振玲	辽宁大学经济学院	我国国际短期资本流动规模及其对宏观经济的影响研究
陈错		厦门大学经济研究所	政企关系的产权分析
陈乐一	李玉双 彭晓莲	湖南大学经贸学院	我国地区经济周期的差异性研究
陈立兵		中南财经政法大学经济学院	弱势群体自雇行为的规律性评估分析
陈亮	陈霞 杨静	中国人民大学中国经济改革与发展研究院	中国经济潜在增长率的变动分析与国际比较——基于日韩及金砖四国等典型国家1961～2010年的经验研究
陈少晖	朱珍	福建师范大学经济学院	分级所有：中央与地方国有资产产权结构的优化选择
陈银娥	何雅菲	中南财经政法大学经济学院	人口结构与贫困：来自中国的经验证据
陈甬军	尚震宇 胡德宝	中国人民大学国际学院	后危机时代中国银行业的转型研究
程承坪		武汉大学经济与管理学院	国有企业性质新探：市场与政府的双重替代物
程民选		西南财经大学经济学院	公民财产权利、社会资本与经济增长
程启智		中南财经政法大学经济学院	论马克思生产力理论的两个维度：要素生产力和协作生产力——兼论马克思主义经济学在当代的发展与借鉴

续表

作者姓名	其他作者	第一作者单位	文章标题
丁堡骏		吉林财经大学马克思主义经济学研究中心	中国经济体制改革的马克思主义政治经济学解读
丁任重	郭洪涛	西南财经大学	大国经济：中国的经济发展道路与转型
丁长发		厦门大学经济学系	“中等收入陷阱”：挑战与超越
杜书云	高雅	郑州大学旅游管理学院	中国经济增长的挑战与应对：城乡收入差距扩大与包容性发展
段文斌		南开大学经济学系	中国转型期国有企业绩效变动模式——基于治理机制和行业聚集的分析
范从来	刘绍保	南京大学经济学院	“资产短缺”假说的经验研究与中国的应对之策
范方志	鲁保林 胡梦帆	贵州财经学院经济学院	利润率下降规律视角下的中国经济增长动力分析
方竹兰		中国人民大学经济学院	论硅谷的超常型默示知识管理制度及其对中国的启示
高波		南京大学经济学院	全球化时代的经济发展理论创新
葛扬	管陵	南京大学商学院、南京大学长江三角洲经济社会发展研究中心	从要素投入增长模式向创新驱动增长模式转变
郭家虎	崔文娟	中央财经大学经济学院	全球化背景下的我国粮食安全问题：新粮食安全观的视角
韩文龙		西南财经大学经济学院	国有企业改革——基于动态关系治理的分析视角
韩玉玲		山东财经大学经济学院	利用绿色政府采购促进中国经济模式向“低碳”转型
洪功翔	刘家树	安徽工业大学经济学院	基于协同创新的科技成果转化绩效研究
洪银兴		南京大学	论产学研协同创新
胡磊		南京政治学院经济学教研室	论马克思劳动关系理论在当代中国的拓展
黄泰岩		辽宁大学经济学院	我国改革的民生诉求
黄瑾		福建师范大学经济学院	“占领华尔街”运动的政治经济学解读
黄锟		中国人民大学中国经济改革与发展研究院	城乡二元制度与中国农民工市民化进程

续表

作者姓名	其他作者	第一作者单位	文章标题
黄义衡	熊金武	上海财经大学	中国城市土地流转机制的问题和出路——基于讨价还价理论的模型解析
纪韶		首都经济贸易大学劳动经济学院	“十二五”期间京津冀都市圈农民工流动就业影响因素——微观决策模型分析视角
简新华		武汉大学经济发展研究中心	论攻坚阶段的国有企业改革——国有企业深化改革必须正确认识的几个基本问题
焦斌龙	孙晓芳	山西财经大学经济学院	自主性流动：我国劳动力流动新阶段
金兆怀	佟铃 宋晓巍	东北师范大学经济学院	关于经济发展方式转变的思考——兼论东北地区经济发展方式转变的现状及实现途径
康胜	金波	杭州师范大学政经学院	我国中小企业集群系统适应性演进问题探析——基于复杂系统自组织与他组织协同作用的视角
李碧珍		福建师范大学经济学院	海峡两岸服务贸易竞争力比较及合作研究
李丹	崔日明	辽宁大学经济学院	南北服务经济发展失衡和中国服务经济的发展路径——基于全球价值链分工视角的研究
李俊江	孙黎	吉林大学经济学院	中国企业国际生产组织模式选择及实证分析
李萍	王伟	西南财经大学经济学院	转型期中国生态安全与治理：基于利益相关者博弈的分析
李小平	卢现祥 陶小琴	中南财经政法大学经济学院	环境规制影响了中国工业行业的利润水平吗
李雪松	陈希	武汉大学经济与管理学院	限制开发区域的可持续发展模式与对策研究——基于区域外部性视角
李燕燕		郑州大学商学院	经济起飞的初始动力与转型升级的路径分析
李泳	张静海	中国政法大学商学院	我国维护经济安全进入关键期：挑战与战略
李政	佟鑫	吉林大学经济学院	FDI是否抑制了中国企业家精神的形成?
梁洪学		吉林财经大学	马克思的产权视阈下的企业控制权思想
廖添土		福建师范大学经济学院	我国财政科技投入的实证分析与绩效评价研究——基于灰色关联方法的应用
林岗	张宇 张晨	中国人民大学	关于进一步推进国有经济改革发展的一些意见
刘灿	韩文龙	西南财经大学马克思主义研究院	公民社会与财产权——兼论社会主义
刘东皇	沈坤荣	江苏技术师范学院商学院	要素分配、居民收入差距与消费增长
刘方健		西南财经大学经济学院	“以粮为纲”的思想渊源及其评判

续表

作者姓名	其他作者	第一作者单位	文章标题
刘凤义		南开大学经济学院经济系	“企业——社会共享型”劳资关系模式的理论探讨——以瑞典为例
刘刚		南开大学经济研究所	政府主导的协同创新陷阱与战略性新兴产业的发展
刘根荣	种璟	厦门大学经济学院经济研究所	促进消费视角下城乡流通协调发展研究
刘恒	李皞宇	西南财经大学经济学院	2000 年以来中国经济周期波动机理分析
刘鸿明		西安文理学院商学院	历史比较研究：发达国家早期发展与发展中国家的发展
刘建华	丁重扬、马多、李月	吉林财经大学经济学院	论马克思主义贫困理论在中国的创新与发展
刘静暖	庞娟	吉林财经大学马克思主义研究中心	凯恩斯异化意蕴甄别与 5G 绿色采购机制设计——基于马克思异化需求与自然力危机逻辑
刘乐山		湖南商学院经济与贸易学院	收入分配改革难点探析
刘艳梅		中央党校经济学部	中美政府在大宗农产品国际定价博弈中的行为对比研究
刘铮		上海大学社科学院	后工业化时代大城市郊区小城镇的成长动力——服务业将成为新的经济增长极
卢现祥	罗小芳	中南财经政法大学经济学院	中国能跨越“中等收入陷阱”吗——基于利益集团理论视角的分析
栾彦	李鹏	辽宁大学经济学院	主权债务危机的预警与防范
马丽娜	林尚佳	中国政法大学商学院	资本要素视角下的我国产业结构升级研究
乔晓楠	张欣	南开大学经济学院	跨越“中等收入陷阱”：产业结构变迁与城市化
乔榛	曹利战	黑龙江大学生产力研究中心	我国初次收入分配结构变迁：一个马克思经济学视角的经验分析
曲创	殷贤生	山东大学经济学院	群体竞争、立法博弈与行政垄断豁免
石晶莹	曹云祥 方岩飞	天津财经大学经济学院	我国工资增长影响因素的理论分析与实证研究
苏婧	陈飞翔	上海交通大学安泰经济与管理学院	人民币升值对出口比较优势的影响实证分析
隋振婥		辽宁大学经济学院	中国风险投资市场发展中政府干预导致的问题

续表

作者姓名	其他作者	第一作者单位	文章标题
孙咏梅		中国人民大学中国经济改革与发展研究院	新型农业合作制经济：历史经验与发展取向
王朝明	李梦凡	西南财经大学经济学院	极化效应下我国中等收入者群体的判断标准与规模变动——基于非参数 kernel 核密度估计的分析
王东风		辽宁大学经济学院	金融部门膨胀与货币政策：对日本泡沫经济危机和美国次贷危机的反思
王厚双	宋春子	辽宁大学经济学院国际经济与贸易系	价值取向整合是摆脱东北亚经济一体化“囚徒困境”的关键
王秋石	王一新	江西财经大学经济学院	中国消费率低估研究
王思文	管新帅	兰州商学院　中国人民大学商学院	企业迁移决定：来自中国工业企业的经验证据
王天义		中央党校经济学部	论中国特色社会主义经济理论创新
卫兴华		中国人民大学经济学院	政治经济学中的几个理论问题辨析
吴江		暨南大学经济学院	物本发展方式：我国发展方式的基本特征
吴宣恭		厦门大学	生产方式概念及其相关的几个理论问题
吴振球		中南财经政法大学工商管理学院	地方政府竞争与经济增长方式转变：1998～2010 年——基于中国省级面板数据的经验研究
谢地	刘佳丽	吉林大学经济学院	自然垄断行业监管改革新思路：监管机制、体制、制度功能“耦合”论
谢地	孟劢	吉林大学经济学院	汲取欧洲主权债务危机教训　有效防范中国公共债务风险
谢思全	汪明进	南开大学经济研究所	基于产业提升的科技协同创新体制机制研究
邢祖礼	罗涛	西南财经大学经济学院	威权租金、最优契约设计与经济发展
许莎雯	潘小春	北京大学光华管理学院	基于制度视角的中国企业对外直接投资研究
严法善		复旦大学经济学院	“三农”问题的由来与解决的一些思考
颜鹏飞		武汉大学经济思想史研究所	关于发展的多纬度思考
杨承训		河南财经政法大学	论隐在“无形之手”云雾中的“第三只手”——“两只手”说补正
杨德才		南京大学经济学院	论人力资本二元性对城乡收入差距的影响
杨蕙馨	李春梅	山东大学管理学院	中国信息产业技术效率及影响因素分析——基于随机前沿方法的省际实证研究

续表

作者姓名	其他作者	第一作者单位	文章标题
杨继瑞	杨蓉 马永坤	重庆工商大学长江上游经济研究中心	协同创新理论探讨及经济区协同创新机制的建构
杨文举	龙睿赟	重庆工商大学长江上游经济研究中心	中国地区工业的生态效率测度及趋同分析：2003～2010年
杨艳琳	谢琪媛 夏志明	武汉大学经济发展研究中心	提升我国产业园区发展质量的政策研究——以湖北省为例
杨永华		华南师范大学经济与管理学院	马克思的社会分工理论
姚会元		中南财经政法大学经济学院	从改善对小微企业融资入手，深化金融体制改革发挥“金融”对经济发展的推手作用
叶初升	唐晋荣	武汉大学经济发展研究中心	减贫视角的经济增长与收入分配——县域经济层面的实证分析
臧旭恒	李燕桥	山东大学消费与发展研究所	消费信贷影响我国城镇居民消费行为的作用渠道及检验——基于2004～2009年省际面板数据的经验分析
张二震	戴翔	南京大学商学院	“净出口负贡献说”辨析
张桂文		辽宁大学经济学院	中国二元经济转型的特殊性及其对城市化影响
张海鹏	曲婷婷	南开大学经济研究所	我国农地经营模式选择与现代农业发展
张嘉昕	杨妙姝	吉林大学经济学院	“民工荒”是短期现象还是结构性问题——对“民工荒”的实证研究
张俊山		南开大学经济学院	关于当前我国收入分配理论研究的若干问题思考
张培丽		中国人民大学中国经济改革与发展研究院	潜在经济增长率变化的国际经验及对我国的启示
张玉杰		中央党校经济学教研部	势力经济理论研究
赵德起		辽宁大学经济学院	“制度瓶颈”的形成机理、突破路径及治理体系构建的理论研究
赵新宇	范欣	吉林大学经济学院	自然资源禀赋与经济增长——对“资源诅咒”假说的再检验
郑吉伟		中国人民大学马克思主义学院	科学发展观与加快转变经济发展方式
支大林	孙晓羽	东北师范大学经济学院	论资源型城市可持续发展的若干问题

续表

作者姓名	其他作者	第一作者单位	文章标题
钟海燕		西南民族大学经济学院	城镇化、工业化与民族地区经济发展方式转变
周冰		浙江财经学院经贸学院	市场经济和发展道路上的陷阱
周文	孙懿	云南财经大学	“中等收入陷阱”与中国经济发展路径选择
周小亮	刘万里 方建国	福州大学管理学院	社会资本对广义收入差距的影响作用机理分析和实证检验
朱方明	贺立龙	四川大学经济学院	论搜寻、发现劳动形成自然资源商品的价值
朱巧玲		中南财经政法大学经济学院	走出“关系经济”困局的必要性和路径研究——基于新制度经济学的视角
祝健	沙伟婧	福建师范大学经济学院	小微企业融资交易费用控制——基于产业集群视角